iHuman

成
为
更
好
的
人

谁的历史

鲁西奇 著

广西师范大学出版社
·桂林·

谁的历史
SHEI DE LISHI

图书在版编目（CIP）数据

谁的历史 / 鲁西奇著. —桂林：广西师范大学出版社，2019.8（2021.12 重印）
ISBN 978-7-5598-1556-9

Ⅰ. ①谁… Ⅱ. ①鲁… Ⅲ. ①中国历史－文集 Ⅳ. ①K207-53

中国版本图书馆 CIP 数据核字（2019）第 014684 号

广西师范大学出版社出版发行
（广西桂林市五里店路 9 号　邮政编码：541004）
　网址：http://www.bbtpress.com
出版人：黄轩庄
全国新华书店经销
湛江南华印务有限公司印刷
（广东省湛江市霞山区绿塘路 61 号　邮政编码：524002）
开本：880 mm×1 240 mm　1/32
印张：15　　　　字数：335 千字
2019 年 8 月第 1 版　　2021 年 12 月第 3 次印刷
定价：78.00 元

如发现印装质量问题，影响阅读，请与出版社发行部门联系调换。

中国历史研究的主体性、核心问题与基本路径（代序）*

一、中国历史研究的"主体性"

中国历史研究的主体性，包括三个层面的问题：一是研究者的主体，即谁、站在怎样的立场上研究中国历史；二是研究对象的主体，即所研究的中国历史是谁的中国历史；三是研究目标的主体，即主要为谁而开展研究。[1] 三个层面的问题是密切联系、交织在一起的，其中的核心是研究者主体，因为谁、站在怎样的立场上研究、认识历史，往往决定了研究者对研究对象的选择及相关观念的使用或创造，也决定了其所界定和追求的研究目标。[2]

研究者在开展中国历史研究时，虽然未必清醒地意识到自己

---

* 本文写作于2018年，原刊《中国社会科学评价》2018年第3期。本文在写作过程中，曾得到诸多师友的指教。匿名审稿专家也提出了很多建设性意见，促使作者进一步思考相关问题，并仔细修正文中的表达。谨致谢忱。

的主体性，其主体性也可能是多层次的、多元的、变动的或模糊不清的，但就其对研究对象的选择与界定、分析问题的出发点以及明确的或潜在的目标而言，不少研究者不同程度地具有并表现出某种立场。总的说来，中国历史研究者（包括中国学者和国外学者）的立场，主要有三种：

一是"国家"立场。研究者站在"国家"（既可能是中国古代的王朝国家、近代意义上的民族国家，也可能是现当代的中国国家）的立场上，主要围绕三个核心问题——（1）"国家"的形成、兴盛、衰退乃到灭亡以及这一过程中国家"统治"或"治理"的成败得失，（2）"国家"的根源、类型、形态、结构及其政治、经济、社会与文化基础，（3）中国"国家"的形成、发展在世界历史进程中的意义——从不同历史时段、不同角度、不同层面开展研究。其研究目标主要包括：（1）"赞治""资治"，所谓"原始察终，见盛观衰"，"稽其成败兴坏之理"，[3]即总结历史经验教训，以帮助统治者更好地治理国家，实现长治久安；（2）通过对国家历史、功能与特性或某一具体领域的分析，寻找并选择"历史资源"，以论证历史或现实中国家的"合法性"，或论证现实中国家某一制度或政策的"历史根据"或"合理性"，即为国家主导的政治文化与意识形态的建构、国家制度与政策的制订与实行，提供足以服人的历史认识基础；（3）比较分析不同时期中国国家在"世界体系"中的地位与作用，明其升降变化之轨迹，以说明现实中的中国国家在当今世界体系中的地位与作用，并展望或预测其未来发展方向或趋势。从"国家立场"出发的历史叙述、分析与解释，乃是中国历史研究的主流；研究者的主体性在本质上是中国的"国家性"，其所选择并界定的研究对象是作为"国家"

的"中国"（虽然可能是不同意义上的"中国"），其研究的终极目标是为国家的、为中国的。

二是"世界"立场。从"世界"立场出发的中国历史研究，有两个重要预设。(1)世界历史的进程，具有某种基本的"统一性"，这种统一性源自人类的共性。世界历史发展具有统一性的预设，使研究者可以设定自己的"世界"立场，或"自觉意识"并选择这种立场，进而从"世界历史的统一性"出发，通过比较分析，考察中国历史进程的独特性及其在"统一的世界历史"中的意义。(2)世界历史的进程在总体上表现为"从相对孤立到普遍联系"、"从分散到整体"的过程，原本相互隔绝、相对独立地发展的各地区在历史过程中逐步联系起来，并不断强化此种联系，所以"全球化"乃是一种悠久的、不断加强的历史趋势。"从分散到整体"的世界史的预设，使中国历史的研究者，可以站在"中国"（乃至中国的某一区域或地方），放眼看世界，或者站在世界的其他"地方"（美国、日本以及其他），以世界的眼光，观察"中国"（以及构成"中国"的各区域或地方）如何逐步建立并强化与世界其他地区间的联系，分析中国及其区域或地方"构建"或"进入"世界体系的进程。"世界"立场的中国历史研究，把中国历史看作世界历史的统一性在中国的展开或表现，同时也是"整体的"世界历史不可分割的组成部分。因此，站在此种立场上的中国历史研究者，大多接受、奉行所谓"整体历史"或"总体史"的原则和思想方法，把中国或其不同区域、地方看作可以展现"世界历史之统一性"或"全球化进程"的一个整体，对其特定时段的历史进行地理、经济、政治、社会与文化等方面的综合研究，以反映这一整体的历史总貌。在这个意义上，研究者将中国历史或其区域历史"嵌入"具有基本统一性的或全球化的世界历史中,并相信中国历史研究(包括其区域历史研究)可以揭示世界历史的统一性或全球化进程及其实质;其所界定、选择的中国或其区域与地方乃是世界的中国或世界的区域与地方;其研究目标既是中国的、区域的、地方的,同时或最终是世界的。

三是"人"的立场。中国历史研究的"人"的立场有两层含义。(1)研究者立足于自身的现实需要、情感、兴趣、好恶、求知欲或价值观念,选择并界定研究对象,并在研究过程中"贯注"其个人性(包括个体的智慧以及求知、求真的诉求),其研究目标乃是表现其个人性,并满足其个人需求。(2)研究者立足于自觉意识的"人"的立场,从"人"的生存、欲望、认知、交往、精神等角度出发,选择并界定千百年来生活在中国土地上的"中国人"作为研究对象,并将"中国历史"界定为"中国人的历史",是中国各地区人群为了生存与发展、追求美好生活而不断"适应"并"改造"其所处的环境、摸索并建立适合自身生存与发展需求的社会组织与制度、创造并不断"改进"具有自身特色的文化的历史;其研究目标,乃是探究"中国人"的人性,思考与分析"人"的本质、中国人的本质及其在人类中的地位与意义。司马迁所谓"究天人之际,通古今之变,成一家之言",实际上是以"人"为本位,探究"人"在空间、时间中的位置,并加以描述、表达。在这一过程中,研究者"个人"所自觉意识并界定的"人"实际上超越了"个体的人",亦即在历史过程中表现为各种各样的具体的人,而成为相对于其所生存的诸种环境而言的"人";其所研究的历史乃是"人的历史",是以人为本位、以人为主题的历史,其核心问题就是"人"(中国人)的形成、演变,以及人与其生活的世界之间的关系，乃是为"人"的历史，为"中国人"的历史。当然，这样的"人"在历史进程中表现为一个个具体的、有血有肉、有情感、有思想的个人以及由他们组成的各种各样的人群、集团、阶层或阶级，并非抽象的"人"。

专业的中国历史研究者较少主动、自觉地思考、界定自己从事历史研究的立场，根据其所研究的问题或思想方法的选择而确定或改变其立场，这在很大程度上导致了中国历史研究中主体性的缺失——研究者没有明确的出发点，亦不明确其所研究的中国历史究竟是何者的历史，更不愿意追问自己的研究究竟是为了什么、对什么人有意义。主要立基于个人需要的历史研究并非完全没有价值，可是，如果要在中国历史研究领域中建构"中国学术话语体系"，突显中国历史研究在世界或人类历史研究中的意义，就必须明确中国历史研究的主体性——谁在研究、研究谁的、为谁而研究中国历史。"国家"立场、"世界"立场、"人"的立场，并无高下之别，其研究目标亦难分大小、远近，研究成果的水平与研究者的立场之间更没有直接的对应关系，但是，任何一项真正有价值、有意义的研究，都应当是具有鲜明立场或至少是立场明确的研究。同时，也只有立场明确的研究，才能与国际学术界的相关研究对话、交流，并在交流中突显出中国历史的特性与意义。

二、中国历史研究的核心问题

无论基于怎样的立场，中国历史研究的基本对象都是"中国历史"。不同立场的学者对于"中国"、"历史"和"中国历史"

均会有不同的理解和界定，而此种差异正说明中国历史研究的核心问题乃是何谓"中国"，"中国"是如何形成的，特别是当今之中国是如何形成的，以及如何看待、认识"中国"——这里的"中国"既可指中国这片土地、生活在中国土地的"中国人"以及他们所创造的文化，也可指作为"国家"的中国，作为世界组成部分的中国，亦可指"人"（个体的人与群体的人）认识、理解或"认同"的中国。质言之，中国历史研究的核心是"中国"。[4]

无论站在"国家"立场、"世界"或"人类"立场，还是站在"人"的立场观察、分析中国，大多数研究者都会承认：(1) 中国文明源远流长，是连续发展、未曾中断的文明体系，此即所谓"中国文明的连续性"；(2) 在较长的历史时期里，中国持续保持着政治的相对统一，形成疆域广大、内部复杂多样的政治体，此即所谓"中国政治的统一性"；(3) 经过百余年来的摸索，中国走上了一条中国特色的现代化道路，并取得了世人瞩目的成功，此即所谓"中国的现代转型"。这三方面认识，已成为大部分中国历史研究者（无论是中国学者，还是国外学者）的基本共识；而探究以上三个方面的历史过程、分析并解释其成因与意义，既是很多中国历史研究者的出发点，也是其所追求的目标。

（一）中国文明的形成、发展与特质

与"文明"一样，"中国文明"的范畴、内涵也非常复杂，难以界定和阐释。可是，开展中国历史研究，就必须努力弄清楚、说明白什么是"中国文明"——是"中国的"文明，是在"中国"这块土地上孕育、成长、发展起来的文明。

长期以来，在考古学界与上古史学界有关中国文明起源与形成问题的探讨中,"国家"曾被认为是中国文明的核心——很多学者根据恩格斯在《家庭、私有制和国家的起源》中提出的著名论断"国家是文明社会的概括",来论证中国文明的起源与形成问题。[5] 张光直先生将"酋邦"和"早期国家"理论运用在中国考古学与上古史研究领域而得出的认识,[6] 苏秉琦先生提出的从"古国"、"方国"到"帝国"的"三部曲"理论,[7] 王震中先生融汇诸家之说而提出的"邦国—王国—帝国"说,[8] 虽然吸纳了19世纪以来西方人类学的诸多理论与研究,亦结合中国考古工作与成绩做了非常深入而细致的思考,但实际上也是以"国家的形成"为核心线索的。不仅如此,所谓"社会复杂化"的理论及其在中国早期文明史研究中的运用,在根本上也是以"国家的形成"为指归的。[9] 国家及其形成(以及城市、文字的出现与发展,等等),基本上是人类文明史的普遍现象,并非中国文明所独有;中国文明的独特性在这方面的表现主要是国家形成的过程以及所形成的国家形态与结构。

中国文明起源的多中心论或多元论已经成为学术界的共识。苏秉琦先生用"满天星斗"形象地描述新石器时代至夏商周时期众多发展水平相近的地区性文明并存的面貌,并用裂变、撞击和融合比喻各地区文明起源与演变的不同路径,以及各地区文明不断融会的历史过程。[10] 张光直先生强调各区域文化在不断扩散的过程中深化了相互间的联系与作用,形成一种"相互作用圈"或"文化互动圈",而中国史前相互作用圈奠定了历史时期中国的地理核心,圈内的所有地域文化都在中国历史文明的形成过程中扮演了一定的角色。[11] 在苏、张等先生的基础上,严文明先生更着意于强调在各区域文化平行发展、不断融会或互动的过程中,中原文化得以博采周围各地区的文化而加以融合发展，逐步成为中国文明的核心，并在后来的发展中，不断强化此种核心作用，从而推进了中国文明的统一性的形成与发展。[12] 如果中国文明从源头上就是多元的、多中心的，是由不同地区的文明相互影响、互动、融会而成的，在长期的发展过程中又容纳了更多的区域文明（特别是所谓华夏周边地区的文明），那么，所谓"中国文明的形成、发展"的核心线索就应当是构成中国文明的各区域文明通过不断接触、交流、相互影响、互动，逐步加强彼此间的联系，进而一步步地融会在一起，并越来越强烈地表现出某种"统一性"的进程。中国历史研究的核心内容之一，就是要考察这一进程，分析推动这一进程的诸种要素，并解释这一进程对于"中国文明"的意义。虽然这一进程的结果应当是中国的"一体化"或"统一性"，但在这一进程中所展现出来的中国文明最重要的特征之一，却是其包容性——历史时期中国各地区的文明就如同流淌在中国土地上的众多河流，有汇入，有枝分，也有相对的孤立乃至隔绝，但它们都在中国这块土地上发源、流淌，在中国整体的环境系统里相互影响，润湿、浇灌着中国这块土地，并最终汇入中国文明的海洋。

包容性应当是中国文明最重要的特征。"中国文明的相互作用圈"内的各区域文明既得相对独立地生存、发展，又得在圈内互助互动，融会进步，同时又保持其多样性。"泛爱容众"，"和而不同"，应当可以较好地概括中国文明的包容性。而中国文明的形成与发展，又正是建立在"包容性"这一根本特征之上的——如果不能包容不同的区域文明，长期延续、未曾断裂的中国文明是不可想象的。僧肇云："会万物以成己，其唯圣人乎？"[13] 中国正因为包容、融会了中国土地上诸多地域文明，才形成为"中国文明"。据说，石头希迁读了上引肇论，很受启发，说："圣人无己，靡所不己。"[14]中国文明海纳百川，兼收并蓄，不独尊自身、排斥他者，乃得成就其自身的伟大；而中国文明的包容性，来自并蕴含于中国文明的形成与发展过程中，是中国文明内在的核心，也是中国文明给人类文明做出的最有价值的贡献。

"中国文明的包容性"应当成为中国历史研究领域的核心语汇之一。揭示中国文明的包容性，描述其在历史过程中的具体展现，分析其在中国文明与中国历史发展的过程中所发挥的作用，解释其对于人类文明的意义与启示，是中国历史研究者的重要使命。而以"包容性"为核心阐释中国文明的内涵、特质，叙述中国文明的发展历程，必将更好地展现出"中国学术话语体系"的博大胸怀与恢宏气象。

（二）多元、统一的中国之形成与发展

中国的统一性首先并主要表现为政治上的统一。作为统一的政治体的中国，是建立在权力的基础之上的，是一系列军事扩张、政治控制、制度设计与推行、法律强制与暴力压制的结果。中国历史上的统一与分裂有着丰富深广的内涵与多重复杂的原因，而其核心则是政治权力能否有效地控制并治理其幅员广阔的疆域以及各种各样具有不同文化传统和政治经济文化背景与诉求的人群。因此，"多元、统一的中国之形成与发展"这一问题的关键，乃在于中国的政治统一是如何实现并长期维持、不断强化的。[15]

古代历史上的中国没有建立或形成过统一的经济体系。各区域间的经济联系虽然通过税收、贸易而不断加强，但直到19世

纪，经济体系仍然主要是区域性的，中国存在着若干个内部经济联系密切、彼此间却相对孤立的区域性经济体系。[16] 同样，中国历史研究中所称的"中国社会"实际上是指不同时期以汉人为主体的、各种各样的地域社会或地方社会，历史时期并没有存在过一个整体的、向内凝聚的"中国社会"或某种同质的"中国社会"。[17]而所谓"中国文化"，则不仅是发源于黄河、长江流域的华夏文化，还包括历史时期曾活动于中国广大疆域范围内的诸种人群所创造的各种民族和区域文化，也包括诸多外来的、在中国扎根"重生"的诸种文化（如汉传佛教、藏传佛教文化以及中国伊斯兰文化等），因此，中国文化在源头上是多源的，在构成上是多元的，在形态与内涵上是多样的。多元化与多样性乃是中国文化的基本特征。[18] 既然历史时期中国的经济、社会与文化均未表现出相对明确的统一性或同质性，那么，"多元、统一的中国之形成与发展"这一命题，就可以化约为作为政治体的中国国家，是如何以"政治权力"为核心，对于散布着多种人群、经济形态与发展水平各异、社会组织与形态结构各不相同、文化面貌千差万别的广大疆域实现相对有效的控制的。而中国历史研究所关注的重点之一，就应当是历史上的中国国家，是如何控制其人群复杂、经济与文化形态各异的辽阔疆域的。

已有的研究已较为充分地揭示出历代王朝国家以及现代中国国家政权对于其所统治的诸种人群、地域、文化的差异性的认识，以及根据对这种差异性的认识所设计的不同制度、采取的不同政策及其变化历程。总的说来，中国国家对于疆域内的不同人群、地域采取两种最基本的统治方式。一是直接统治，即国家通过军事、行政、赋税、教育等手段，将其所制订的政治、经济、社会与文化制度推行到其可以直接有效控制的地区。二是间接统治，即对于未能有效、直接控制的地区，国家采取委托或接纳代理人（或中间人）的方式，在维护国家核心利益（如维护国家政权的合法性与领土完整）的前提下，向代理人"让渡"部分国家权力和利益，委托其作为国家的代理人，代表国家统治或治理相关地区，程度不同地保留其所"代理统治"的地区固有的政治、经济、社会与文化制度和结构。从国家统一性的角度而言，直接统治固然是国家权力不断追求的目标，但直接统治并不必然带来统一性的加强，反而可能会极大程度地限制国家疆域的扩张，激化部分地区或人群与国家体系之间的矛盾冲突。间接统治虽然不能彻底、有效地贯彻国家的"意志"，使国家的诸多制度、政策不能得到完全实行，但却至少在名义上维护了国家的统一，并给国家统一性的推行与实现，预留了可能的空间。因此，在中国历史的大部分时期里，国家政权均采取直接统治与间接统治并行的方式。

无论是直接统治，还是间接统治，在其具体实施的历史过程中，都是多种多样的、灵活多变的。即使在直接统治的情况下，制度规定也不是绝对的，其在各地区的实行，必须适应该地区的历史地理与社会经济背景，因地制宜，加以变革，从而使国家统一的制度在实行过程中形成诸多的地方类型，这就是"制度的地方化"。地方化制度的实行强化了地区之间的差异性，迫使国家权力采取灵活多变的策略，从而缓解了统一性制度的僵硬，为直接统治注入了地方性、多样性与灵活性。在间接统治下，"委托－代理"之间的关系受到国家"让渡"权力的大小、方式以及代理人的层级、实力等因素的影响，而形成不同类型；而这种关系本身又是不断变动的——在很多情况下，国家"让渡"给代理人的权力是有限的、不断缩小的；事实上，代理人行使或追求的权力却是不断扩大的；所以，国家权力不得不采取灵活多变的策略以应对这些变化。"委托—代理"关系的不同类型及其变动，形成了越来越复杂多样的间接统治方式，从而极大地丰富了间接统治制度的多样性和灵活性。在这个意义上，直接与间接统治的二元统治制度，在实际上乃表现为多种制度并存的局面。因此，"一国多制"乃是"自古以来"中国国家的基本制度，是"多元统一的中国"得以实现的根本性制度保障。

认识中国疆域内人群、经济、社会与文化的诸种差异，采取多样的、灵活多变的制度与策略进行统治或治理，是中国实现长期统一的"法宝"。在当今全球化浪潮与多元化、多样性潮流并存共行的时代里，探究中国历史的统一性与多样性、多元化的并存的客观事实，分析其对于"统一的中国"的作用，揭示其对于全球化发展的意义，应当是具有世界意义的中国历史研究的核心命题之一。

（三）中国的现代转型

所谓"转型"，是指某一事物的结构、形态、运行模式以及人们有关此一事物的思想观念发生了根本性的改变。中国的现代转型主要包括四个方面的内涵。（1）现代国家的建构，包括以中华民族为"国族"的近代民族国家的建构，和高度一元化领导的、合党政军为一体的现代主权国家的建构，此即所谓"国家转型"。民族国家和现代主权国家的建构是百余年来中国国家转型的两条主线索，二者交织在一起，而以后者处于主导地位。近代前夜的中国，乃是一个多族群、多元文化、多种制度并存的"帝国"，以之为基础，几代人努力凝聚中国境内的各种人群，构建"中华民族"，建立以中华民族为"国族"的近代民族国家；而在外部冲击与内部变乱的双重压力下，不断改造旧有的国家结构，在统一的意识形态与高度集中的现代政党组织的领导下，不断强化制度、思想的统一性，从而建立起一个高度一元化领导的、统一的现代主权国家。[19]（2）现代经济体系的建立，主要包括近现代工业体系的建立、发展与调整，传统商业体系向现代市场体系的转变，以及传统农业经济的现代化改造三个方面，此即所谓"经济转型"。在百余年的时间里，虽然历经曲折，但由以农业经济为主的传统经济体系向以工商业经济为核心的现代经济体系转变的总体趋势，是一直持续的；中国的经济结构和经济制度在此百余年时间里，已发生了根本性的变化，这不仅表现在经济总量的巨大增加、经济增长方式的转变、支柱产业的更替，还表现在经济结构的根本性变革和提升、经济体制的不断创新等方面，经济发展对于国家、世界的意义也发生了根本性的变化。[20]（3）中国社会从以乡村社会为主体的、相对封闭的传统社会，逐步转变为以城市社会为主导的、相对开放的、信息化的现代社会，此即所谓"社会转型"。在这一过程中，传统社会的结构、形态虽然受到根本性的冲击，社会运行状态也得到彻底改变，但其基本要素却与新生的现代社会要素纠合在一起，彼此冲突、融会，逐步形成新型的社会结构与形态。因此，"中国社会的现代转型"乃是一种整体性的社会发展过程，既不是传统社会的延续发展，也不是西方现代社会的"移植"，而是传统社会因素与现代社会因素相结合之后的"社会重建"，其所形成的中国现代社会将是一种新型的、前所未有的社会。[21]（4）多种人群、地域、宗教文化并存共行的中国传统文化，在西方文化面前，受到不同程度的冲击，自身既不断演化，又表现出越来越明显的同质性，逐步形成以国家主导的意识形态为中心的新型中国现代文化，此即所谓"文化转型"。中国文化的现代转型，主要有两方面内涵：一是现代化，即构成中国传统文化的各种地域性文化或人群、宗教性文化都在逐步适应现代化进程，通过调整、改造，以成为具有现代性的地域、人群、宗教文化；二是统一化，即多元多样的传统文化，亦不断调整、改造，以适应或加入以意识形态为核心的、统一的"国家文化体系"中——在这个意义上，中国文化的多样性逐步消减，而统一性则持续加强。换言之，中国文化的现代转型，在根本上是以统一的、同质性的现代文化，逐步替代多元的、多样的传统文化形态。[22]

中国在政治、经济、社会与文化各领域的现代转型，乃是百余年甚至三百余年来中国历史发展的主线索。因此，"转型"，也就应当是中国历史研究的核心命题。考察中国现代转型的历史进程，分析其动因、内在机制与外部环境及其对于转型的影响或作用，探讨新型的国家形态、经济体系、社会结构与文化形态的现实及其潜在的可能形式，揭示中国之现代转型及其成功之道对于世界与人类的意义，应当是中国历史研究者可以为中国与人类做出的最重要的贡献之一。

历史研究者长于叙述历史过程。可是，中国现代转型的历史叙述却是以对转型动因的认识为起点的。"冲击－反应"理论部分地解释了中国现代转型的起因，说明中国的转型是在西方列强入侵与西方经济文化势力强行进入的背景下开始其进程的。[23]由于"冲击"必然因应于"内在的机制"才能发生效用，而"反应"（或"回应"）则主要是中国国家与人民的"主体性"行为，所以，随着研究的不断深入，中国历史的研究者（包括中国学者和外国学者）越来越倾向于从中国内部探求中国现代转型的动因，以及中国内在变迁的可能性。以中国为主体，重新审视"中华帝国睁眼看世界"的过程、"中学为体，西学为用"思想的形成及其实践、"自强"运动的开展，乃至新文化运动和伟大的中国革命以及中国特色社会主义道路的探索，均可以发现中国内部蓬勃向上、不可抑止的生命力，而此种生命力实为中国现代转型的根本性动因。因此，中国的现代转型，虽然因外部的冲击而触发，却是由中国国家、人民为主体、自觉地进行的，是中国主动调整自身的政治经济文化体系，不断适应、进入现代世界体系，并逐步建立起现代中国的政治、经济、社会与文化体系，进而影响世界体系的过程。

在中国现代转型的过程中，由于国家主权和民族独立持续受到外部势力的压迫和直接破坏，中国现代化的先驱们亦受到近代民族主义与民族国家思潮的深刻影响，建构以中华民族为主体的民族国家和保持领土完整、内部凝聚的统一的现代主权国家，乃成为建设现代中国的"重中之重"。换言之，中国的现代转型，是以"国家转型"先行并主导的。晚清至民国，无数先烈前驱为挽救国家民族的危亡上下求索，前仆后继，提出了诸多的思想与方案，无论是"科学救国"、"工业救国"，或者"开启民智"、"立宪民主"，还是"社会革命"、"阶级斗争"，其核心目标，都是为了建立中华民族的、统一的、现代意义上的主权国家。因此，无论是近代以来工业体系的建立与不断壮大、改革开放以来市场体系的重建与调整、经济体制改革与经济发展模式的探索，还是"平均地权"主张的提出、二十世纪二三十年代中国共产党领导的土地革命与国民党主导的"农村复兴运动"，以及新中国时期的"土改"、集体化、"包产到户"等关涉中国社会结构性变化的诸多重大变革或举措,乃至现代教育科研体系的形成、新文化运动、马克思主义思想的传播与社会主义思潮的形成、社会主义核心价值观的提出与不断丰富等决定或影响现代中国文化转型的重大事项,基本上都是在政治力量的主导下,通过政治权力或以国家力量推行、实施或促进的。国家或政治权力主导下的全面转型,乃是中国现代转型的根本性特征,也是中国的现代转型的成就与教训的根源。中国历史研究的重要使命之一,就是揭示中国现代转型的这一主要特征及其意义。

三、中国历史研究的基本路径

研究中国历史,其最终目标不外乎去思考并尽可能地回答三个问题:一是世世代代生活在中国这片土地上的人们,是怎样生存、发展并创造自己的文明的?二是中国文明、中国历史在人类文明、世界历史上究竟有多大的重要性?三是中国历史对于我们认识、理解所生存的中国、世界,以及设想、建构未来的中国与世界,具有怎样的意义?第一个问题的目标,是揭示作为人类一部分的"中国人"的"人类共性",是立足于中国看人类、看世界;第二个问题的着眼点,是揭示中国、中国文明、中国历史的特性,其前提是需要对人类、人类文明、世界历史有较为全面的认识与总体把握;第三个问题的出发点,则是当下的中国与世界,是"站在今天看过去",其前提是对当今的中国与世界有较为清醒的认识与把握。因此,中国历史研究的一般性方法论原则就应当是:站在当今的中国,去看中国的过去;再放开眼界,去看当今的世界及世界的过去；然后回过头来，以历史和世界的眼光，重新认识、理解当今的中国，并思考其未来。

在这个意义上，当今的中国与世界，以及不同学科领域的学者对当今中国与世界的探索与认识，乃是中国历史研究者的"田野"。历史学者无法真正回到"历史现场"，却毫无疑问地生活在累积着历史的当下，因此，"进入"包含着历史过程的当今中国与世界，乃是中国历史研究者的"田野工作法"。中国历史研究者的"田野工作"应包括两个方面。一是作为当今的中国人，生活在当下的中国，"出生，受苦，死亡"，并去感受、认识世界的变化，进而以一种全球化的眼光，去观察、认识、理解中国人的社会与文化。二是作为当今的中国学者，在当下已具有世界意义的中国学术思想界开展学术研究，和中国及世界不同学科领域的学者们一起研究中国（历史学者是从"过去"认识中国），所以，当今中国乃至世界的学术界，乃是中国历史研究者的另一个"田野"——在这个"田野"中，中国历史研究者去观察、认识、理解其他学科领域的学者如何认识中国。因此，中国历史研究的"田野工作法"，并不仅仅是到名胜古迹去访古探幽，或者到穷乡僻壤去看庙寻谱，研究者想象自己与生活于斯的乡人或"古人""处于同一种情境"，并对后者给予"同情之了解"，从而得以"走向历史现场"，进而尽可能真正地认识历史事实；[24] 更重要的是，研究者应像当今的中国人一样，真正地生活在当今的中国和世界上，以及和其他学科领域的学者一样，真正地研究中国、中国的人、中国的社会以及其他——在这个意义上，研究者才能真正做到在"中国的田野"中研究中国，才能真正地与其所研究的中国、中国人乃至作为人类的"人"同呼吸、共命运，而这样的研究，才是真正具有生命力、也具有世界性和人类性的研究。

如果我们承认中国历史研究是站在当下，回溯"过去"，"从历史看中国"，那么，"过去"就成为研究当今中国（以及世界）的素材，而对于历史学者来说，"过去"乃是凭借着历史资料得以认识或建构的。张光直先生在谈到中国古代史研究在世界历史上的意义时说：

> 中国拥有二十四史和其他史料构成的文献史料，又由于史前考古和历史时代的考古，进一步充实了中国的历史资料，并把中国历史又上溯了几千年。在全世界，很少有哪个区域的历史过程有如此丰富、完整的资料。既然如此，在中国这样大的地域，这样长的时间内积累起来的众多资料中，所看到的历史发展的法则，是否应该对社会科学的一般理论，即对于社会科学关于文化、历史发展的一般法则，具有真正新颖的启示，或有所开创？[25]

从张先生的论述出发，我们可以把中国历史研究的具体方法，分解为三个步骤：一是鉴别、解读、分析丰富的、完整的历史资料（包括文献与考古资料），借此理清中国历史的进程与基本事实，即"从史料到史实"；二是从第一个步骤所认识到的"史实"中"看到"中国历史发展的某些法则，形成对中国历史总体趋势、基本结构、根本动因的认识，即"从史实到史识"；三是将第二个步骤中所得出的对中国历史的认识，与对世界历史的总体认识和人类文明发展的一般法则相比照，获得某些新的启示，或者形成某些对于人类历史的新认识,即"从史识到史观"。

中国历史资料的丰富性与复杂性,既给中国历史研究者带来诸多便利,也导致了研究工作的繁重和巨大的困难,对此,前人已有充分认识,并摸索出诸多鉴别、分析、运用史料以认识史实的方法与路径。[26] 需要进一步强调的是,中国历史资料不仅是丰富的、复杂的,其多样性也为世界各地区所罕见。中国历史文献的多样性,不仅表现为载体的多样性（如文献史料、物质史料、口述史料等）、来源的多样性（如传世文献、出土文献等）、类型的多样性（如系统的历史著述、文书、书信、日记、回忆录等）、性质的多样性（如官方文献、民间文献、私人文献等）,也不仅表现为历史资料在形成与流传过程中受主客观因素影响或制约而形成的诸多差异,更表现在历史资料所叙述的"历史"本身就是多层次的、多元的、多样的,是不同人群的、不同地方的、不同文化的"历史资料"——在同一历史过程中,不同人群、不同阶层、不同地方留存下来的历史资料是不同的,其所反映的历史事实是不完全一样的,其所关注的方面也会有很大不同。历史资料的多样性与多元性在很大程度上影响乃至决定了历史叙述及其所叙述的"历史事实与历史过程"的多样性与多元性,并深刻地影响着以之为基础的历史解释的多样性。因此,中国历史研究之"中国方法"的重要一环,就应当充分重视中国历史资料的多样性与多元性,从多样、多元的史料出发,梳理历史叙述及其所叙述之史实的多样性与多元化,分析其成因与意义,并进而探求"统一的中国历史"的史实。

不同的人、人群、阶层或不同的地方社会所叙述的"历史事实与历史过程"既然可能各不相同,那么,根据其叙述的"史实"

所得出的对历史发展脉络的认识亦可能各不相同。因此，至少在历史叙述中，存在着多样性的中国历史脉络：不同时代、不同人、不同人群、不同地方社会对于"中国历史"的叙述既各不一致，其所认识的"中国历史"亦各不相同，而其所叙述的自身层面的历史以及对于其历史的认识更是千差万别。在这个意义上，"历史"（包括史料、史实、历史叙述与历史认识）乃是复数。对于中国历史的认识的多样性，是中国历史研究生命力的体现，也是其得以持续发展的重要原因。承认并充分展示中国历史认识的多样性，将有利于在更高层面上形成对中国历史的统一认识。

多样性与多元化的中国历史认识，将使中国历史研究者有可能在中国历史的范畴内，通过比较不同的中国历史认识及其路径，即可以讨论人类的历史进程以及对世界历史的认识，因为多样性与多元化的中国历史认识，可能涵盖人类历史的不同路径及其认识；而多样性的中国历史认识，又将在很大程度上丰富对人类历史的认识。也许，中国历史的认识，对于人文社会科学关于人类历史之一般性法则的认识所带来的新启示，正在于这种认识的多样性——多样性的中国历史认识，或者将会极大地修正或改变对于人类历史之一般性法则的认知，甚至可能对此种一般性法则之存在与否提出质疑。[27]

注释：

1. 认识的主体性是指人在认识过程中表现出来的能力、作用和地位，即人的自主、主动、能动、自由、有目的地认识活动的地位和特性。历史认识的主体性，通常是指历史认识主体（包括历史研究者，但不仅仅是历史研究者）在历史研究活动中的能动性、创造性和自主性，主要表现为认识主体对历史认识的自觉意识和自觉追求、认识主体对对象的自主选择和主体对对象的观念创造，以及主体对研究目的的自觉界定和有意识追求等。参阅刘福森《主体性及其在认识、实践和社会历史中的表现》，《哲学动态》1991 年第 9 期；黄枬森：《关于主体性和主体性原则》，《哲学动态》1991 年第 2 期；张耕华：《试论历史认识的主体性——兼评西方史学思想的两种倾向》，《探索与争鸣》1992 年第 3 期；赵吉惠：《当代历史认识论的反省和重建》，《历史研究》1993 年第 4 期；张耕华：《关于历史认识论的几点思考》，《历史研究》1995 年第 4 期；万斌、王学川：《论历史认识的主体性与客观性》，《学术论坛》2007 年第 11 期；刘曙光：《历史认识的客观性与主体性》，《社会科学论坛》2008 年第 12 期，等等。

2. 很多历史学者无视或反对历史研究的主体性，或者把主体性与主观性甚至是唯心主义混为一谈，认为在历史研究过程中要尽可能地抑制、摆脱甚至"泯灭"主体性（主观性）；历史研究的目的是客观地、如实地"复原"、叙述并说明历史过程，要让"历史自己来说话"；历史研究要尽最大努力保持历史的客观性，而主体性则会妨碍或影响历史认识的客观性和真实性。这种"客观主义"的史学思想与方法虽然在"专业的"历史研究者中间仍有很大影响，甚至占据主流地位，但作为一种思想方法，事实上已被当代史学家所抛弃。近年来，对传统史学的主体性及其认知局限，中国历史学界有非常深入的思考与探索，最具代表性的成果反映在辛德勇《制造汉武帝》（北京：生活·读书·新知三联书店，2015 年）、葛兆光《宅兹中国：重建有关"中国"的历史论述》（北京：中华书局，2011 年）等论著中。实际上，马克思主义也十分重视并强调包括历史研究在内的认识主体性问题，请参阅陈志良、王于《主体性是马克思主义哲学的基本范畴》，《求是》1991 年第 14 期；王伟光：《关于哲学的主体和主体性》，《天津社会科学》1992

年第 3 期；徐梦秋：《恩格斯的认识主体性思想论纲》，《北京大学学报》（哲学社会科学版）1995 年第 6 期，等等。

3. 司马迁语，分别见《史记》卷一三〇《太史公自序》，北京：中华书局，1959 年，第 3319 页；《报任安书》，《汉书》卷六二《司马迁传》，北京：中华书局，1962 年，第 2735 页。

4. 近年来学术界关于"中国"的讨论，可主要参阅：（1）葛兆光：《宅兹中国——重建有关"中国"的历史论述》，北京：中华书局，2011 年；《何为"中国"？——边疆民族文化与历史》，香港：牛津大学出版社，2014 年；《历史中国的内与外：有关"中国"与"周边"概念的再澄清》，香港：香港中文大学出版社，2017 年。（2）许倬云：《我者与他者：中国历史上的内外分际》，北京：生活·读书·新知三联书店，2010 年；《华夏论述：一个复杂共同体的变化》，台北：远见天下文化，2015 年；《说中国：一个不断变化的复杂共同体》，桂林：广西师范大学出版社，2015 年。（3）葛兆光、徐文堪、汪荣祖、姚大力等：《殊方未远：古代中国的疆域、民族与认同》，北京：中华书局，2016 年。（4）许宏：《何以中国：公元前 2000 年的中原图景》，北京：生活·读书·新知三联书店，2014 年。（5）刘志伟、孙歌：《在历史中寻找中国：关于区域史研究认识论的对话》，上海：东方出版中心有限公司，2016 年。（6）黄兴涛：《重塑中华——近代中国"中华民族"观念研究》，香港：三联书店（香港）有限公司，2017 年。（7）姚大力：《追寻"我们"的根源：中国历史上的民族与国家意识》，北京：生活·读书·新知三联书店，2018 年。（9）楼劲：《近年"中国"叙说和构拟的若干问题》，《中国社会科学评价》2017 年第 1 期。

5. 夏鼐：《中国文明的起源》，北京：中华书局，2009 年，特别是第三章，第 80—100 页。关于中国文明起源与形成的研究概况，请参阅中国社会科学院考古研究所、古代文明研究中心编《中国文明起源研究要览》，北京：文物出版社，2003 年。

6. 张光直：《中国青铜时代》，《从夏商周三代考古论三代关系与中国古代国家的形成》，见氏著《中国青铜时代》，北京：生活·读书·新知三联书店，1983 年，第 1—56 页；《中国古代王的兴起与城邦的形成》，见氏著《中国考古学论文集》，北京：

生活·读书·新知三联书店，1999年，第384—400页。

7. 苏秉琦：《中国文明起源新探》，北京：生活·读书·新知三联书店，2009年，第129—168页。

8. 王震中：《中国古代文明的探索》，昆明：云南人民出版社，2005年；《中国古代国家的起源与王权的形成》，北京：中国社会科学出版社，2013年。

9. 陈淳：《文明与早期国家探源——中外理论、方法与研究之比较》，上海：上海书店出版社，2007年；郭立新：《长江中游地区初期社会复杂化研究》，上海：上海古籍出版社，2005年；郑建明：《环境、适应与社会复杂化——环太湖与宁绍地区史前文化演变》，上海：上海人民出版社，2008年，等等。

10. 苏秉琦：《中国文明起源新探》，第101—128页。

11. 张光直：《中国相互作用圈与文明的形成》，见氏著《中国考古学论文集》，第151—189页；张光直：《古代中国考古学》，印群译，沈阳：辽宁教育出版社，2002年，第10—12、233—308页。

12. 严文明：《中国史前文化的统一性与多样性》，《文物》1987年第3期，后收入氏著《史前考古论集》，北京：科学出版社，1998年，第1—17页。许倬云先生在此一问题上的思考路径与认识，大致与严文明先生相近，请参阅许倬云《从多元出现核心》，《燕京学报》新二十六期，北京：北京大学出版社，2009年5月，第1—13页。

13. [东晋]僧肇著、张春波校释：《肇论校释》，北京：中华书局，2010年，第227页。

14. [宋]普济：《五灯会元》卷5《石头希迁禅师》，北京：中华书局，1984年，第255页。

15. 中国历史上的统一与分裂，向来是中国历史研究领域最受关注的论题之一，重要的论述可参阅（1）葛剑雄：《普天之下：统一分裂与中国政治》，长春：吉林教育出版社，1989年；《统一与分裂：中国历史的启示》，北京：商务印书馆，2013年。（2）王柯：《民族与国家：中国多民族统一国家思想的系谱》，北京：

中国社会科学出版社，2001年。（3）黄朴民：《王者无外：中国古代国家统一战略研究》，长沙：岳麓书社，2013年。

16. 关于中国历史上的经济区与经济体系，重要的论述可参阅：（1）冀朝鼎：《中国历史上的基本经济区与水利事业的发展》，朱诗鳌译，北京：中国社会科学出版社，1981年；（2）施坚雅：《中国历史的结构》，《19世纪中国的区域城市化》，见王旭等译《中国封建社会晚期城市研究——施坚雅模式》，长春：吉林教育出版社，1991年，第1—24、54—94页。

17. 中国历史研究者一般在未经界定的情况下使用"中国社会"（包括古代中国社会、传统中国社会、近代中国社会等）之类概念，实际上主要是指"中国的社会"，亦即在不同历史时期生活在中国土地上的各种各样的人群所展现出来的社会行为、阶层、结构与组织等，并不假定此一时期的这些人群组成为一个联系起来的社会共同体（本文所称的"中国社会"，也是在这一意义上使用的）。同样，有关研究所揭示的"中国社会"的某些类型（同一类型的社会具有相对的同质性）也主要是以汉人或其他人群为主体概括出来的，而不同类型的"中国的社会"并不构成一种同质性的"中国社会"。关于何谓"中国社会"以及中国社会研究的基本路径，请参阅周积明、宋德金主编《中国社会史论》，武汉：湖北教育出版社，2000年，第3—219页；常建华：《社会生活的历史学：中国社会史研究新探》，北京：北京师范大学出版社，2004年，特别是第27—115页；应星主编《中国社会》，北京：中国人民大学出版社，2015年，第6—17页。

18. 中国历史研究所说的"中国文化"，一般是指以华夏文化（亦即汉文化）为主体、包含现今中国境内的少数民族文化在内的、多元一体的"中华文化"。关于这一问题的系统论述，可参阅顾颉刚《中华民族是一个》，见《顾颉刚全集》第36卷，《宝树园文存》卷4，北京：中华书局，2011年，第94—105页；费孝通主编《中华民族多元一体格局》（修订本），北京：中央民族大学出版社，1999年，特别是第1—36页；马戎：《中国民族史和中华共同文化》，北京：社会科学文献出版社，2012年。

19. 关于近代以来中国的国家转型，最新的研究请参阅：（1）王绍光：《安邦之道——

国家转型的目标与途径》，北京：生活·读书·新知三联书店，2007年；（2）萧功秦：《中国的大转型：从发展政治学看中国变革》，北京：新星出版社，2008年；（3）罗卫东、姚中秋主编《中国转型的理论分析：奥地利学派的视角》，杭州：浙江大学出版社，2009年；（4）郑永年：《全球化与中国国家转型》，郁建兴、何子英译，杭州：浙江人民出版社，2009年；（5）[美]孔飞力：《中国现代国家的起源》，陈兼、陈之宏译，北京：生活·读书·新知三联书店，2013年；（6）陈明明：《在革命与现代化之间——关于党治国家的一个观察与讨论》，上海：复旦大学出版社，2015年；（7）周平：《民族国家与国族建设》，《政治学研究》2010年第3期；（8）覃敏健：《以党建国：国家整合之中国式路径——基于现代国家构建的分析视角》，《理论探讨》2011年第5期；（9）张健：《民族国家建构与国家民族整合的双重变奏——近代中国国族构建的模式与效应分析》，《思想战线》2014年第6期；（10）李怀印：《中国是怎样成为现代国家的——国家转型的宏观历史解读》，《开放时代》2017年第2期，等等。

20. 关于近代以来中国经济转型的研究，最重要的研究可参阅：（1）许涤新、吴承明：《中国资本主义发展史》（三卷本），北京：社会科学文献出版社，2007年。（2）吴承明：《中国资本主义与国内市场》，北京：中国社会科学出版社，1985年；《市场·近代化·经济史论》，昆明：云南大学出版社，1996年；《中国的现代化：市场与社会》，北京：生活·读书·新知三联书店，2001年。（3）[美]劳伦·勃兰特、[美]托马斯·罗斯基编《伟大的中国经济转型》，上海：格致出版社，上海人民出版社，2009年。（4）[美]巴里·诺顿：《中国经济：转型与增长》，上海：上海人民出版社，2010年。（5）王绍光：《波兰尼〈大转型〉与中国的大转型》，北京：生活·读书·新知三联书店，2012年。（6）樊纲：《制度改变中国：制度变革与社会转型》，北京：中信出版社，2014年，等等。

21. 关于近代以来中国的社会转型，较新的重要研究可参阅：（1）陆学艺、景天魁主编《转型中的中国社会》，哈尔滨：黑龙江人民出版社，1994年；（2）孙立平：《现代化与社会转型》，杭州：浙江大学出版社，2005年；（3）陈国庆：《中国近代社会转型研究》，北京：社会科学文献出版社，2005年；（4）郑杭生等：《社会转型与中国社会学的理论自觉》，北京：中国人民大学出版社，2011年；（5）陈健民、钟华编《艰难的转型：现代化与中国社会》，香港：香港中文大学出版社，2016年。

22. 关于近代以来中国的文化转型，较新的重要研究请参阅：（1）耿云志：《近代中国文化转型研究导论》，成都：四川人民出版社，2008年；（2）袁伟时：《文化与中国转型》，杭州：浙江大学出版社，2012年；（3）桑兵：《近代中国的知识与制度转型》，北京：经济科学出版社，2013年；（4）金耀基：《从传统到现代》，北京：法律出版社，2010年；《中国文明的现代转型》，广州：广东人民出版社，2016年。

23. 关于"冲击—反应"理论以及对这一理论的讨论与修正，可主要参阅：（1）John King Fairbank, Ssu-yu Teng and other, ed. *China's Response to the West: A Documentary Survey, 1839-1923* (Cambridge, MA: Harvard University Press, 1954); 费正清：《伟大的中国革命》，刘尊棋译，北京：世界知识出版社，2000年，特别是其第一、第二部分；费正清：《美国与中国》，张理京译，北京：世界知识出版社，2000年，特别是其第二篇；费正清：《中国：传统与变迁》，张沛译，北京：世界知识出版社，2002年，特别是其第十章、第十一章；刘广京、费正清主编《剑桥中国晚清史（1800—1911）》，中国社会科学院历史研究所编译室译，北京：中国社会科学出版社，2006年，特别是上卷第一章"导言：旧秩序"（费正清执笔，第1—34页）与下卷第二章、第三章（第68—197页）。（2）列文森：《儒教中国及其现代命运》，郑大华、任菁译，北京：中国社会科学出版社，2000年，特别是其第一卷。（3）柯文：《在中国发现历史：中国中心观在美国的兴起》，林同奇译，北京：中华书局，2002年。（4）史景迁：《追寻现代中国：1600—1912年的中国历史》，黄纯艳译，上海：上海远东出版社，2005年，特别是其第二部分，第171—319页。（5）王俊义：《从"冲击—反应论"到"中国中心观"的历史转变——〈剑桥中国清代前中期史〉述评》，《社会科学战线》2010年第6期。

24. 关于田野方法在历史研究中的运用与实践，最新的重要论述请参阅：（1）陈春声：《走向历史现场》，《历史·田野丛书》总序，见赵世瑜《小历史与大历史：

区域社会史的理念、方法与实践》，北京：生活·读书·新知三联书店，2006年，第Ⅰ—Ⅶ页；（2）董建波：《史学田野调查：方法与实践》，上海：上海辞书出版社，2013年；（3）温春来、黄国信主编《历史学田野实践教学的理论、方法与案例》，桂林：广西师范大学出版社，2017年；（4）赵世瑜：《从田野中发现历史：民间文献、传说故事的知识考古》，见氏著《在空间中理解时间：从区域社会史到历史人类学》，北京：北京大学出版社，2017年，第531—568页。

25. 张光直：《考古学六讲》，北京：文物出版社，1986年，第2—3页。

26. 关于史料的鉴定、分析与运用，经典的论述主要有：（1）梁启超：《中国历史研究法》，上海：上海古籍出版社，1998年，特别是其第四章、第五章；（2）何炳松：《历史研究法》，上海：上海古籍出版社，2012年；（3）严耕望：《治史三书》，上海：上海人民出版社，2011年；（4）陈高华、陈智超等：《中国古代史史料学》（第三版），北京：中华书局，2016年；（5）荣新江：《学术训练与学术规范》，北京：北京大学出版社，2011年；（6）桑兵：《治学的门径与取法——晚清民国研究的史料与史学》，北京：社会科学文献出版社，2014年。

27. 张光直先生从考古资料出发，通过对中国文明起源过程及其型态的分析，以及对中国、马雅与苏米（苏美尔）文明的比较，提出文明起源与早期发展的"中国型态""很可能是全世界向文明转进的主要型态，而西方的型态实在是个例外，因此社会科学里面自西方经验而来的一般法则不能有普遍的应用性"。（张光直：《连续与破裂：一个文明起源新说的草稿》，见氏著《中国青铜时代（二集）》，北京：生活·读书·新知三联书店，1990年，第131—142页，引文见第133—134页）王国斌从比较史学的角度出发，通过对欧洲（特别是西欧）与中国近代化进程的比较分析，揭示所谓"欧洲经验"的局限，并进而希望从比较所得、对更大范围的社会演变轨迹的认识中，丰富并改进对人类历史发展的一般性认识（王国斌：《转变的中国——历史变迁与欧洲经验的局限》，李伯重、连玲玲译，南京：江苏人民出版社，1998年）。张光直与王国斌的思路给我们很大启发，使我们认识到，对中国历史的多样性的认识与揭示，很可能将从根本上质疑立足于西方经验的所谓"人类历史发展的一般性法则"，也许，人类历史的多样性，正是其最根本的"一般性法则"。

目　录

卷一　思考

人的历史与人的历史学 / 003

变幻的空间与空间结构的"解构" / 025

历史中的"时间"与"人" / 040

区域、地方与地域：空间维度下的历史研究　/ 062

中国历史的南方脉络 / 084

中古时代的滨海地域 / 110

中国古代乡村聚落形态研究的理路与方法 / 135

卷二　评论

多元、统一的中华帝国是如何可能的？ / 185

"画圈圈"与"走出圈圈" / 221
——关于"地域共同体"研究理路的评论与思考

石泉先生的学术创获和治学方法 / 252
——《石泉文集》编后感言

《椿庐史地论稿》读后 / 284

"小国家""大地方":士的地方化与地方社会 / 300
——《官僚与士绅:两宋江西抚州的精英》评介

化外之区如何步入王朝体系 / 317
——读《木材之流动:清代清水江下游地区的市场、权力与社会》

《传统中国日常生活中的协商:中古契约研究》评介 / 333

"帝国的边缘"与"边缘的帝国" / 355
——Empire at the Margins: Culture, Ethnicity, and Frontier in Early Modern China 读后

卷三 讲谈

学问须于不疑处有疑 / 379

权力的产生、形式及其集中 / 404

秦汉帝国的形成及其他 / 427

后　记／446

卷 一

—— 思 考 ——

人的历史与人的历史学[*]

传统时代的中国历史叙述、分析与解释，是站在高高的庙堂之上，以王朝国家的兴衰更替为核心线索、以"赞治""资治"为指归的，所谓"原始察终，见盛观衰"，"稽其成败兴坏之理"[1]，所记内容则多为治乱兴衰、政治得失、民生疾苦及美德善行，盖以历史为经世致用之具。传统的马克思主义中国历史叙述、分析与解释，则是站在政治革命的立场上，以社会形态的演进为核心线索，其目标与归结点是为中国革命与社会主义道路奠定历史基础，即证明"社会主义乃是中国历史发展的必由之路与必然结果"，在根本上也是服务于现实政治与现行政治经济社会文化制度的。

---

[*] 本文写于2013年5月—12月间。曾在2013年8月中山大学主办的"中国史研习营"及广西师范大学历史文化与旅游学院做过两次讲座。后整理修改，以《人为本位：中国历史学研究的一种可能路径》为题，刊于《厦门大学学报》（哲学社会科学版）2014年第2期，人大报刊复印资料《历史学》2014年第6期转载。

二十多年来，在中国历史学研究领域中占据主导地位的分析框架与阐释模式，则是"国家—社会"理论与研究方法，它试图从国家与社会的关系出发，探讨不同历史时期国家（在中国历史上大部分时间里，是王朝国家；近代以来，则是形成与成长过程中的民族国家）与社会（研究者使用"民间社会""地方社会""地域社会"等概念，或者笼统地称之为"社会"）之间的关系，特别是国家对社会的控制与渗透、社会对国家权力与话语的运用、地方社会或地域社会的建构等方面，并形成了"王朝控制论""地方精英论""国家内在于地方"等阐释性理论，其目标与归结点，则主要指向社会建构及其对于国家控制、凝聚及提升力量的意义。[2]

王朝兴衰、社会形态演进、国家与社会互动的分析模式与阐释框架，分别突显王朝国家、社会形态，以及"国家—社会"三方面要素在历史进程中的主导地位，抓住此三方面要素在历史进程中的变化作为中心线索，叙述中国历史的发展过程，探究中国历史发展的特征，分析其动因，进而形成对中国历史的阐释。显然，这三种中国历史的叙述、分析模式与阐释框架都有其内在与外在的合理性与必要性，也均从不同角度与层面上揭示了中国历史的本质与奥秘，并具有广泛而深刻的历史与现实意义。同时，毋庸讳言，上述三种历史叙述、分析与阐释理路，是从王朝国家或社会的立场出发的，都程度不同地忽略了中国历史进程的主体——人，世世代代生活在中国这片土地上的、活生生的、具有历史与生活经验的、有矛盾的心理和情绪的"人"，其所叙述、分析和阐释的，或者是王朝国家的历史，或者是社会形态演进的历史，或者是国家与社会互动的历史，虽然也有"人"的影子或因素，但却不是以"人"为主体的，所以并非人的历史，不是"中国人"

的历史。

而我们所理解的"中国历史",首先是指发生在"中国"这块土地上的历史,是千百年来生活于其间的各地区人群为了生存与发展、追求美好生活而不断"适应"并"改造"其所处的环境、摸索并建立适合自身生存与发展需求的社会组织与制度、创造并不断"改进"具有自身特色的文化的历史,而不仅仅是作为一个国家的"中国"的历史,也不仅是王朝国家或民族国家的历史,更不仅是国家与社会互动的历史。这样的历史,才是人的历史,中国人的历史;中国的历史学,就应当是叙述、分析、阐释这样的历史过程的学问。同时,中国历史学的研究,应当是为了"中国人"的历史学,是为当代中国人思考与分析"人"的本质、"中国人"的本质及其在人类中的地位与意义、为"中国人"的现在与未来提供历史素材与思考理路,其根本性目标,乃是探究"中国人"的人性。这才是以"中国人"为本位的"中国历史学"。

一 以"人"为中心叙述中国历史进程

人生活在世界上,最为关心、最为重要的问题,首先是生存。人生下来,就要学习生存的方法,亦即获取"生计手段"或"生计方式"。不同的人,因为生存环境的差异、际遇的不同、个人努力的差别,就会有生计手段或生计方式的差别。而无论采用怎样的生计方式,在大多数情况下,往往需要与他人进行合作——彻底的不合作是不可能的,即使是在原始的生存状态下,也需要父母教会获取食物的基本技能。向父母学习,就是"生计过程"中最基本的合作。随着社会的发展,合作逐步成为生计方式最基本的内涵。同时，在同一个生存环境中，会生存着不同的个体或人群，这些个体或人群在生计资源的获取上既有共享，也有竞争和争夺，围绕生计资源的分配与利用，就会形成越来越复杂的结构。比如，我们可以想象在一个河谷里，居住着一些早期人类群体：在河谷下游开阔平原上的那些人，捕鱼、采集，后来驯化了野生稻，发展了稻作农业；而河谷中游的那些人，则打猎、采集，后来驯化了麦、稷等旱作物，发展了旱作农业；而河流的上游，地势较高，两旁散布着广阔的草原，居住在那里的人，以射猎为生，后来驯化了羊，发展了游畜牧经济。这样，就形成了不同的经济形态。当然，对于复杂社会里的个体来说，不是"形成"而是去"适应"复杂的经济形态，并结合自己的努力，形成各自不同的经济生活方式。因此，人类的"生存"欲求，是人类经济生活与经济形态发生并演变的根源。

在寻求生存、学习并掌握生存技能的过程中，人不得不与"他人"交往。"与他人交往"是立足于人类本能以及生存、延续后代之基本需求的另一个根本欲望，可能也是人类社会得以形成并发展的根源之一。并不是有了人，就有了社会；而是有了人际（inter-individual），才有社会：人与人的交往，形成人际关系；更多的人进入交往过程中，就构成人际关系网络，亦即形成社会。人最亲近并密切的交往，首先是亲子以及配偶间的；这种交往，产生了家庭。家庭是人类最基本的社会组织。没有家庭，就没有人类。而单个的家庭是不存在的，因为一个家庭的形成，先决条件必须是存在另外两个家庭：一个家庭出一个男的，另一个家庭出一个女的，从这两人的婚姻中产生第三个家庭，且如此反复下去。因此，家庭从其出现的那一刻起，就绝不是孤立的，它处在一个由不同家庭组成的社会关系网络中。家庭之上的社会组织有无数种，如建立在血亲或拟制血亲原则之上的家族，同一生计链或生计区域内的一些家庭出于生计或其他需求而结成的地域性联合，在游牧或围猎活动中组成的季节性或临时性牧团或猎人群体，等等。家庭、家庭网络、家庭之上的各种组织，就构成了社会；反过来说，社会中的家庭、家庭网络、家庭之上的各种组织，就是社会结构。社会形成的过程，亦即社会形成或体现出"结构"的过程，则是社会的结构过程。因此，在社会学的立场上，交往是绝对的、不可或缺的，没有交往，就没有人类，更没有社会。虽然站在个体的立场上，孤独是绝对的、永恒的，可是孤独只能在一个有交往的社会里才能感受得到。在这个意义上，人类的"交往"欲求，是人类社会之所以"发生"的根源。

几乎每个人在其内心深处、原始的本能欲望里，都可能潜含着要超越、压倒、控制他人的欲望，也就是想要比别人强、让别人服从自己，并进而剥夺、占有他人，因此，绝大部分的人，都可能为获取威望、控制他人的欲望所驱使，这就是"权力"的根源。什么是权力？政治学、社会学给出了不同的界定。从根本上说，权力就是个人对他人的控制、控制的手段和工具，以及控制的过程本身。当然，权力是在人与人的交往过程中产生的，是交往的媒介，也是社会形成组织并进而结构化的关键性因素。在生活条件（生计系统中的位置）、威望（所在社会中的地位）等方面超过他人，并通过控制他人来获取更大的利益与威望，就是权力产生的根源。正是在立基于生计、交往的社会组织形成与结构化过程中，形成了立基于控制他人的"权力结构"：控制者与被控制者（几乎每一个控制者同时又可能是被控制者）通过控制与被控制，形成以权力为核心的、具有不同控制方式的控制体系，其中最可能的体系是层级制的，但也存在非层级制的控制体系。拥有并掌握权力的人，自然努力将初步形成的权力结构稳定下来，以确保其在这一结构中的优势地位或稳定地位。将权力结构稳定下来并赋予其外在形式和运作方式的设想与策略，就是制度设计，其内在基础是权力以及关于权力的构想和诉求；制度设计的实现及其延续，就是所谓"制度化"或"制度过程"。显然，国家（各种形式的国家）是这一从超越和控制他人的欲望发展出权力，由权力形成权力结构，进而形成制度的一系列演化过程的最终结果，也是其最基本的表现形态。而权力的运作、制度的设计与实现，以及在制度体系中使用权力，就是"政治"。质言之，控制产生权力，权力形成制度与国家，使用权力与权力运作则构成为政治。

"遂古之初，谁传道之？上下未形，何由考之？冥昭瞢闇，谁能极之？冯翼惟像，何以识之？明明闇闇，惟时何为？阴阳三合，何本何化？"[3] 类似的问题，是远古以来人们一直在追问、思考的问题。对这些问题的追问与思考，源自人类的求知欲。求知的欲望有相当部分是在人类生存、交往与控制过程中产生并付诸实现的，有着鲜明的功能性目标，其成果主要指向实践技能方面，可以归结为技术（"术"）；但也有相当部分主要源自人类对于未知世界的好奇心与想象，其结果主要指向对世界与人本质的看法，可以归结为哲学或思想（"知"）；游离于功能性追求与好奇心之间或者说融会二者的探讨与认识，则是学术或知识（"学"）。知识、技术、思想是人类求知欲的结晶，其中，思想以及思想的能力是最为重要的。帕斯卡尔说："人只不过是一根苇草，是自然界最脆弱的东西；但他是一根能思想的苇草……能思想的苇草——我应该追求自己的尊严，绝不是求之于空间，而是求之于自己思想的规定。我占有多少土地都不会有用；由于空间，宇宙便囊括了我、并吞没了我，有如一个质点；由于思想，我却囊括了宇宙。"[4] 正是在思想中，人得以了解、认识并把握世界和自己。因此，是求知欲推动了人的思考，促使人们去追问自己生存的世界以及自己本身，从而形成思想、知识与技术。人之所以成为人，就是因为人能够思想；而思想的根源，在于求知的欲望。

生存、交往、控制与求知，可能是人类最基本的四种欲求，也是人类历史的基本出发点：因生存欲求而产生了生计方式，进而形成了经济形态；因交往愿望而产生了关系网络与组织，进而发展为"社会"；因控制而产生权力，由权力的分配与争夺而形成政治、产生国家；因求知欲望而产生了学问，并进而形成系统的知识、技术与思想。这些因素紧密地结合在一起：生存需要交往与合作，交往当然以生存为前提；同样，对他人的控制是在交往过程中实现的，交往本身又必然包含着控制与被控制；而求知正是在生存、交往与控制的过程中孕育成形并付诸实现的。正是因为此，立基于生存欲求的生计方式与经济形态，在交往过程中形成的关系网络与社会结构，为了控制他人以及在控制过程中形成的权力结构和制度体系，以及在探索过程中逐步形成并不断丰富的知识、技术与思想体系，这四个人类社会的基本方面是交织在一起、互为前提与结果的。

显然，并非所有的欲望都有可能实现。首先，死亡必然终结生存状态。死生事大，无常迅速。社会不会死，制度、国家与思想也不会死，会死的是个人，所以死亡具有独特性；而每个人都会死，这是死亡的普遍性和必然性。死亡了结个人的生命，意味着人生的尽头，围绕它的恐惧和忧虑，便是个人意识形成的关键；它把人从社会与历史中抽离出来，使之强烈关注自己的命运。这是信仰与宗教之个人性的根源或根源之一。死亡的必然性与普遍性则推动了不同文化中诸种正式与非正式仪式的形成，并催生了关于死后或来生世界的集体性想象，这些仪式和想象被用以缓减度过这个人生最大和最后分水岭的焦虑，并最终用于延续因死亡而被打断了的生命及其蕴涵的文化使命。如所周知，信仰、仪式是宗教最基本的构成要素（组织却并非宗教所必需）。在这个意义上，因为必须面对死亡、处理死亡，从而形成的关于死后世界的想象（关于另一个世界的构想）以及处理死亡的仪式，很可能是宗教产生的根源之一。

其次，控制的对立面是抗拒。有控制，就会有抗拒、反抗或者至少是"不从"（不服从）。"据希伯来和希腊神话所载，人类历史的开创源于一种不从的行为。生活在伊甸园里的亚当和夏娃作为自然的一部分曾与自然和谐地相融一处，他们并未超越自然。在本性上，他们如同母亲子宫中的胎儿，既是人同时又不是人。只是由于他们不顺从某种命令，才使这一状况发生了改观。他们挣脱了与大地和母亲的维系，剪断了脐带，使人从一种前人类的和谐中突现出来，并得以向独立和自由迈出了第一步。"正是在这个意义上，弗洛姆说："人类历史肇始于一种不从的行为"，"全部人类文明都建立在一种不从行为的基础之上"，"人类因不从的行为得以不断地进化，不仅精神得到了尽可能的发展，而且智力也得到了发展。"[5]而当人的"不从"超越了精神与智力的层面，将"不从"付诸社会实践与行动，就形成了社会经济与政治领域的变革：激烈的"不从"导致革命或暴乱，温和的"不从"则催生改良，也可能孕育革命，两者都以不同形式推动历史前进。因此，对控制的抗拒，亦即"不从"，是推动人类历史进程的能动性要素之一。

死亡与不从，作为生存与控制的对立面，也可以说是生存与控制的衍生物：生死相倚，控制与抗拒共存。因此，死亡与不从，也是人类历史的基本要素。面对死亡的恐惧而形成的个人生命体验与意识，处理死亡的仪式，对死后世界的想象，以及建基于其上的信仰和宗教，乃是人类历史的重要方面；而不同形式的不从或抗拒，则以革命或改良的方式推动历史前进，也是历史进程的重要环节。

因此，如果我们站在"人"的立场上，从"人"出发，以历史上的"人"为中心，将历史看作生命的体现，叙述并分析历史过程，那么，生存—生计—经济、交往—关系—社会、控制—权力—政治、求知—学术—思想、死亡—仪式—宗教、不从（抗拒）—革命或改良—进步等六个方面及其过程，就应当是历史叙述与分析的主要内容。这就是"人为本位的历史学"最基本的内涵。

将上述理念落实到一个区域或中国各个区域以及中国历史的研究中，就是要梳理历史时期在所研究区域内，曾经居住、生存过哪些人或人群，为了获取生存的资源，怎样"适应"并利用其所处的特定生态环境，形成适合自己的生计方式，并逐步发展经济，建立起经济形态；在立基于生计需求的生产生活活动中，逐步产生人际关系与关系网络，进而建立起社会及其结构；而在实现生计需求与交往需求目标的过程中，人们控制他人、占有资源的欲望得到突显，从而产生了权力，对权力的追逐、分配与竞争，就是政治，进而形成国家或类似的政治组织形式；求知则导致了知识、技术与思想体系的建立和变迁；围绕着死亡与来生、现实与未来的诸多迷思、忧患与幻想，则导致信仰、宗教或其他超现实体系的产生；而在上述过程中，抗拒或不从，则起到了改变既有轨迹、推动历史进程的作用，是历史发展的驱动力之一。"人为本位"的中国历史学，就是要叙述、分析上述各方面发生、演变的历史过程；而只有沿着这一理路叙述与分析的中国历史，才是"中国人"的中国历史。

二 认识"中国人"的"人性"

"人为本位"的中国历史学，不仅如上所说，是叙述与分析"人"（中国人）的历史学，还应当是"为人"的历史学，是为了"中国人"的历史学，其根本性目标，应当是为当代的中国人（"我们"）思考与分析"人"的本质、"中国人"的本质及其在人类中的地位与意义、"中国人"的现在与未来，提供更为丰富的历史素材及可能的分析理路，给今天的中国、中国人提供"解释"，探究或努力指明其可能前进的方向。"古人"早已远去，"今人"依然活着，而且还要活下去。叙述、分析并理解历史上的人曾经怎样活着固然重要，更重要的却是"今人"为什么会这样生活、应当怎样以及未来会怎样生活下去。所以，"古人"的故事是由"今人"讲给"今人"听的，叙述、理解、分析历史的历史学者是"今人"，其对象是"今人"，目标也应当是"今人"。"人为本位"的中国历史学，就是以"今天的中国人"为本位的历史，是今天的中国人关于历史上的中国人的历史学。

如所周知，对于一个具体的个人，必须将之置于特定的空间、时间与社会结构、文化体系里，才能予以了解、认识及界定，而空间以及诸种社会结构、文化体系不仅具有时间性，而且只有在时间过程中才得以表现并形成。不存在脱离于时间的人，离开时间性也无从界定个体的人，而历史正是在时间里展开的。在这个意义上，时间性以及建基于时间性之上的历史性，乃是人的属性。何塞·奥特迦·伊·伽赛特（José Ortega y Gasset）说"人没有本性，而只有历史"，何兆武进一步阐释说："人的本性是由他的历史存在决定的，除此之外，人并没有先天的、不变的抽象本性。人性就是历史性，此外不存在历史性之外的人性"，"人是历史的动物，而其他生物或无生物则是非历史的。历史的积累使人一代胜似一代，其他生物则只是无意识地一代重复一代。作为一种历史动物，人就必须应付其历史环境。"[6] 然则，认识人性，就必须将人放在历史进程中加以考察，分析其历史性。

反过来说，研究历史的根本目的，就在于认识人性；其基本理路，就是通过分析历史上的人性，进一步认识今天的人性，明其所以来及所以然。司马迁谓"居今之世,志古之道,所以自镜也"[7]。志古之道，乃是为了供今之世人以"自镜"。柯林武德说："历史学是'为了'人类的自我认识。……历史学的价值就在于，它告诉我们人已经做过什么，因此就告诉我们人是什么。"[8] 因此，"人为本位"的中国历史学，就是要认识"中国人"的人性——不仅认识中国人的特点，中国人与其他人的差别，更要认识中国人之作为"人"的本性。概括言之，认识中国人的人性，就是要弄清：(1) 生活在中国这片土地上的人，是如何成其为"中国人"的？(2) 所谓"中国人"，是怎样的人？成为"中国人"的是什么？(3) 生活在中国这片土地上的人，为何是"中国人"而不是别的什么人？质言之，就是要回答："中国人"是什么或者什么是"中国人"，以及一个具体的"古人"与"今人"为什么是"中国人"？

当然，所谓"中国人"并不是抽象的，而是由一个个具体的、有血有肉、有情感有思想的个人构成的。所谓中国历史，是由每个人组成的人群创造的。每个具体的个人，在自然性与社会性方面均会有很大的差异，其思想、性格和作风亦各有不同，从而体现为"个人性"。个人性在很大程度上是自我造就、规范或自律的，并且在很大程度上决定了人的创造性。盖人作为自由的主体，需要对自己的行为负责；向何处去的问题，则要自己作出抉择。所以，创造多有赖于人为的、自觉而自律的努力，往往带有极大的个人性。每个人各不相同，每个人所创造的历史也各不相同。人性中主要源于个人性的创造性，乃是历史进程中最无法预料的部分。对于具体的个人来说，个人性及其历史乃是决定其所以成为自己的根本性因素。因此，"人为本位"的中国历史学，绝不仅在于揭示"中国人"的共性，更在于揭示历史上生活过的个人的"个人性"，揭示历史过程中那些蓬勃向上、富有朝气的、活生生的"个人"的生存与发展，他们对美好生活的企盼，在生活中的挣扎与努力，以及在这一过程中所表现出来的各种各样的能动性或创造性。这就需要去分析生活在中国这片土地上的人，究竟包括哪些人，是些怎样的人，这些人又是怎样分别形成并展现其个性的，以及"中国人"的共性是如何表现在无数个人的"个人性"身上或者说无数个性是如何具有"中国人"的共性的，等等问题。

个人从来就不是孤立的存在，它永远是相对于人群而言的。纯粹的、孤立的"自然人"实际上是无法分析的。由个人组成的人群及其生活的空间（地域空间与社会空间）虽然是一个不断变化的范畴，但仍然可能具有可供辨析的稳定性和边界（地域边界和社会边界）。在相对稳定与明确边界之内的人群，每个成员各以其独特的创造性而赋予了群体以朝气蓬勃的生命力，并使这一人群凝聚起来，进而表现出鲜明的特性来；同时，在这一特定的人群世界里，每个成员也可以更多地、更频繁地而且更方便地吸取自身以外的营养，塑造、发展自己的个性。不同人群所具有或表现出来的某些同一人群共有的特性，亦即人群的共性，我们姑且称为"人群性"。这样的人群可能是地域性的（以地缘因素凝聚起来）、血缘性的（以血缘或拟制血缘关系相凝聚）、政治性的（以诸种政治因素相凝结，比如"国人""城民"），也可能是以行业、利益为中心线索凝聚的，或者是以信仰、仪式、宗教等因素为中心凝聚的；可能表现为地域空间形态，也可能（更主要地）表现为社会空间形态（即在地域空间上是离散的，而在社会空间上是凝聚的）；不同意义的人群当然是可能叠合的，如一个具体的人，既属于某一地域人群，同时又属于某一行业人群，还属于某一信仰人群。无论如何，某一特定的人群均程度不同地存在着可供辨识的"边界"，其内部有程度不同的凝聚力，并表现为方式各异、紧密程度不同的结构或形态，蕴含着不同层面的共同性。人群性虽然主要在政治、经济、社会与文化等领域表现出来，但其背后很可能具有某些根本性的、决定性的信念或信念体系。揭示人群性，不仅是要探究特定性质的人群在政治、经济、社会、文化领域所表现出来的特点，更重要的在于整理、分析这些表现出来的特点背后所蕴含的信念或信念体系。

也许，"中国人"的共性可以表达为生活在中国这片土地上的诸种人群共有的"人群性"。在这个意义上，"中国人"可以看作一种"地域性人群"。但历史与现实均远非如此简单。"中国"不仅是指"中国"这片土地，更是一个政治实体，还是一种文化范畴。在讨论"中国人"的人性问题时，"中国人"更主要指向的应当是一种文化人群，而不是地域性人群，更不是政治性人群。作为文化人群的"中国人"的人性，我们姑且称之为"国人性"，虽然是建基于作为地域性人群、政治性人群的"中国人"的人性之上的，也仍然蕴含着超越地域性、政治性之上的信念或信念体系以及思维方式。同样的，揭示"中国人"的人性（"国人性"），重要的方面也在于揭示中国人共同或普遍的信念或信念体系以及思维或思维方式。

概括言之，"人为本位"的中国历史学，根本性的目标乃是站在当代中国人（"今人"）的立场上，探究"中国人"的人性，包括曾经及仍然生活在中国这片土地上的无数"中国人"的个人性、不同意义与层面的人群的"人群性"，以及作为文化人群的"中国人"的人性（"国人性"）。显然，这三个层面的人性也是交织在一起、互为前提的，在具体的研究中很难将之区分开来，而前两个层面的人性的研究，应当是分析"国人性"的基础。在具体的研究过程中，由于受到资料与研究方法的限制，关于个人性的分析可能需要置于人群性中加以考察。所以，就中国历史研究的现状与可行性而言，对于不同意义与层面的人群的"人群性"的探究，可能是目前研究的核心问题。

但是，在方法论上，对具体的概括并不意味着抽象的认知，对个人性、人群性的分析，并不能够必然得出对"中国人"的人性（"国人性"）的认识。问题的关键在于，"'中国人'的人性"这一命题，是在"人类的人性"这一大命题的背景下存在的，其讨论的前提乃是人类历史与文化视野下的比较研究。人类学家保罗·拉比诺（Paul Rabinow）曾经提出要用"人类学方法观察西方"（anthropologizing the West），尽可能从人类历史的立场上，揭示出西方历史与文化不同于其他国家和地区之历史文化的独特性，而不是以西方历史文化作为标尺，去衡量其他的文化。[9] 所谓"人类历史的立场"，就是承认人类生存、发展及其情感、认知等方面的共同性或普遍性（人类的共性），而这些共同性的发展与演化，则构成了人类历史的基本脉络，形成人类文化的基本架构；所谓"人类学家的出发点"，也就是排除了国家、社会与文化特征的"人类"的出发点。显然，"中国人"的共性，是相对于人类的共性而言的；而由于这个命题的出发点仍然是国家的或文化的，其所揭示的"中国人"之所以成为"中国人"的共性，对于人类的共性来说，恰恰是"中国人"的特性。而在另一方面，个人性与人群性上，则蕴含了更为丰富的人类的共性，可以更充分地展现出人类共性多姿多彩的具体表现形态和内涵。正是在这个意义上，我们认为：虽然"人为本位"的中国历史学的根本目标是揭示"中国人"的人性，而在具体的研究过程中，中心议题却是生活在中国这片土地上的无数具体个人的"个人性"，以及不同意义与层面的人群的"人群性"。

三 "人"写的"历史"

"历史"一词，有两层含义：一是指过去所发生的事情，一是指对过去所发生的事情的叙述和研究。前者是历史，是客观的，是唯一的（因为历史过程是不能重复的）；后者是历史学，是主观的、多种多样的（极端言之，每一个人都可能拥有自己对历史的叙述与解释，所以可以说历史叙述与阐释是无穷多的）。我们所赖以程度不同地认知客观的历史过程者，是前人留下的诸种形式的历史叙述与资料。傅斯年先生说："古史者，劫灰中之烬余也。据此烬余，若干轮廓有时可以推知，然其不可知者亦多矣。以不知为不有，以或然为必然，既违逻辑之戒律，又蔽事实之概观，诚不可以为术也。"[10] 将研究历史过程的资料喻为"劫灰中之烬余"，虽然强调历史叙述与历史事实之间的巨大差距，但仍然肯定资料的客观性。何炳松先生则断然否定史料的客观性，谓："就史料所供给之消息而论，大体可分三类：其一，为人与物。人死不能复生，物毁不可复得。故史家所见，皆非本真，盖仅心云上之一种印象而已。其二，为人群活动。史家所知者亦仅属主观之印象，而非活动之实情。其三，为动机与观念。其类凡三：一系撰人自身所表出者，一系撰人代他人表出者，一系吾人以己意忖度而得之者。凡此皆由臆度而来，非直接观察可得。故史之为学，纯属主观，殆无疑义。"[11] 我们调和二家之说，以为"灰烬"固然乃是由于人主观所为且留存，而史家"心云上之印象"则必有实物作为"印象"之底本，而非能"无中生有"（除个别外）。

毫无疑问，所有的史料——无论其为文字的叙述、实物的遗存，抑或现实的积淀，都与人有着程度不同的关系，是人留存下来的（无论其有意或无意，也都与"意"有关联）。直白地说：所有的历史书都是"人"写的。从根本上说，人类之所以有历史学，是因为人类有记忆，并拥有将记忆记录下来的能力。记忆是人类之所以会有"历史学"的根源。换言之，人们所知道、叙述的"历史"，不是历史过程与历史事实本身，而是人类记忆中的历史过程与历史事实的相关素材。当然，这些记忆的素材所根据的乃是客观的历史过程与历史事实，但人们所面对的所有东西，不过是经过记忆选择过滤之后的素材，或者说，是历史过程与历史事实的主观映象，而非其本身。而大部分的历史文献乃至口头资料，又并非历史事实发生过程的"即时性记忆"，而是事后的"回忆"乃至"追忆"。无论是记忆、回忆与追忆，在本质上都是对历史过程、事件或事物映象的述说，是某个时代的一部分人，对自己所处时代、所生存之环境、所经历之事件、所听闻之事实的一种感知与记忆，它们不是客观的历史过程与历史事实。通过这些史料，所可窥知者，首先而且主要是那些人的感知与认识，然后，凭借辨析能力与想象力，或许可以触及某些客观的历史过程与事实，但当著作者将自己的感知与认识撰写成文，所反映者也只是著作者的认知，而绝不是所谓客观的历史过程与事实。至于历史研究中越来越受到重视的物质遗存，亦即所谓"实物资料"，也是经过选择甚至重新"建构"的；被认为最具"科学性"的考古资料，在其发掘、整理、报告的过程中，没有一个环节没有经过"重构"。当考古工作者选定一个遗址确定发掘时，这个"重构"就已经开始了。更为重要的是，几乎所有物质遗存，都是历史过程中的某些人或人群"选择性"地遗留下来的，虽然这种"选择"未必是主动的、有意的。

因此，历史记录乃是历史学家对历史事实的表述方式，人们又是通过历史记录来认识已经成为过去的历史事实的。有"客观"的历史过程，却从没有"客观的历史叙述"。我们所面对的所有史料，都是"主观"的，建基于其上的"历史叙述"，更只能是主观的，是"人"对于客观历史过程的"主观叙述"与"主观认识"，是各种各样的智性组合。正是在这个意义上，由于叙述与认识者主要立足于自身探索人性的需求而形成的对中国历史的叙述、分析与认识，可能是而且应当是多种多样的，绝不可能是千篇一律的。对于同一历史事件、同一历史过程，不同的人会有不同的叙述和解释，从而形成千差万别的历史叙述与认识。而对于专业的历史研究者来说，最为关键的问题乃是，哪一种历史叙述在怎样的社会文化环境中会成为主流话语，又是哪一种历史叙述对哪些特定的群体有意义。因此，历史研究者的任务，也许并非透过历史资料去探索所谓"历史真相"，弄清"唯一"的客观历史；更重要的乃是将各种历史资料看作不同时代、不同的人或人群对历史的述说与认识，去分析这些述说与认识是如何形成的、为什么会如此叙述与认识，以及这些述说与认识对怎样的群体有意义、有怎样的意义，等等。换言之，历史学家所面对的问题，更多的是历史叙述与认识是什么，而不再是历史本身是什么；更多的乃是人们是怎样认识历史的运动的，而不再是历史过程是怎样运动的。

虽然所有叙述都有其存在的理由或合理性，但并不意味着真正的历史事实就不存在或不再重要。福建的某一支家族，不管其族谱中提供多少证据，说他们的祖先来自中原的某个望族，如果事实不是，再多的叙述也仍然改变不了事实。问题在于，真实的历史事实却越来越不再有意义，人们关注的、使用的，可能更多的是那些并非事实的"历史事实"，叙述中的"真实"压倒了客观历史中的"真实"。在现实的、活生生的"人"（今人）面前，历史事实是苍白无力的，而叙述中的"事实"却是光彩鲜艳的。三人成虎，曾参杀人，"叙述中的真实"之压倒"历史中的真实"者，或且有甚于此。

这样,"人为本位"的中国历史学的第三层含义,就是历史学研究的主要路径与方法,应当是分析"人"关于历史的叙述与认识,即分析叙述中的"历史事实",明其所以被叙述、何以被如此叙述以及被叙述之后的意义等,弄清历史叙述与认识的实质,才有可能进而真正理解并认识历史事实。"不知古人之世,不可妄论古人文辞也。知其世矣,不知古人之身处,亦不可以遽论其文也。"[12] 反过来说,不知古人之文辞,亦无以知古人之世;知古人之文辞,不知其身处,亦无以知其所处之世。故历史研究,必从历史文献的文本分析入手,考察历史撰述的假设、前提、思想方法及其性质,亦即明了其所反映的历史知识是如何形成的。质言之,"人为本位"的中国历史学,在方法论上,应把研究的重点从对历史事实与过程的叙述、分析与认识(我们姑且称之为"历史本体论"),转移到对历史知识及其形成、表达与蕴含或意义的分析、解释上来("历史知识论"),也就是从对历史过程本身及其性质的研究,转移到对历史知识论的研究方面。

当然,对历史知识论的重视,并不意味着就可以忽视乃至泯灭历史过程本身,如果是那样,就犯了"演丹麦王子而没有哈姆莱特"的错误。历史事实与历史认识是一个问题的两个方面,历史知识论与历史本体论也应当是统一的,哈姆莱特与戏剧中的丹麦王子是同一个人。很难说历史知识论是手段、工具,而历史本体论是目标、归结,或者反过来。"古之所谓良史者,其明必足以周万事之理,其道必足以适天下之用,其智必足以通难知之意,其文必足以发难显之情,然后其任可得而称也。"[13] "人为本位"

的中国历史学，应当是关于中国历史的"历史知识论"与"历史本体论"的高度统一。

注释：

1. 司马迁语，分别见《史记》卷一三〇《太史公自序》，北京：中华书局，1959年，第3319页；《报任安书》，《汉书》卷六二《司马迁传》，北京：中华书局，1962年，第2735页。

2. 我们从二十多年来出版的部分重要学术论著的名称，即可见出"国家—社会"的分析模式与阐释框架在中国历史研究中所占有的主导地位。如梁治平：《清代习惯法：社会与国家》，北京：中国政法大学出版社，1996年；刘志伟：《在国家与社会之间：明清广东地区里甲赋役制度与乡村社会》，广州：中山大学出版社，1997年；常建华：《清代的国家与社会研究》，北京：人民出版社，2006年；张小也：《官、民与法：明清国家与基层社会》，北京：中华书局，2007年；陈登武：《从人间世到幽冥界：唐代的法制、社会与国家》，北京：北京大学出版社，2007年；严耀中主编《唐代国家与地域社会研究——中国唐史学会第十一届年会论文集》，上海：上海古籍出版社，2008年；[美]李怀印：《华北村治——晚清和民国时期的国家与乡村》，北京：中华书局，2008年；[加]卜正民：《明代的社会与国家》，陈时龙译，合肥：黄山书社，2009年；科大卫：《皇帝和祖宗——华南的国家与宗族》，卜永坚译，南京：江苏人民出版社，2009年；郑振满：《乡族与国家：多元视野中的闽台传统社会》，北京：生活·读书·新知三联书店，2010年；包伟民：《传统国家与社会（960—1279年）》，北京：商务印书馆，2009年；方志远：《国家制度与古代社会研究》，北京：中国社会科学出版社，2010年；[日]工藤元男：《睡虎地秦简所见秦代国家与社会》，[日]广濑薰雄、曹峰译，上海：上海古籍出版社，2010年；王宇信、徐义华：《商代国家与社会》，北京：中国社会科学出版社，2011年；牟发松：《汉唐历史变迁中的社会与国家》，上海：上海人民出版社，2011年；邢义田：《天下一家：皇帝、官僚与社会》，北京：中华书局，2011年。还有很多研究，虽然在书名上未得到体现，但实际上也贯穿了"国家—社会"的分析模式，或程度不同地受到这一分析模式与阐释框架的影响。如侯旭东：《北朝村民的生活世界——朝廷、州县与村里》，北京：商务印书馆，2005年；仇鹿鸣：《魏晋之际的政治权力与家族网络》，上海：上海古籍出版社，2012年，等等。关于国家—社会研究理路在人文社会科学领域的运用，请参阅邓正来《国家与社会——中国市民社会研究的研究》，《中国社会科学季刊》1996年夏季卷；邓正来、J.C.亚历山大：《国家与市民社会：一种社会理论的研究路径》，北京：中央编译出版社，2002年；文史哲编辑部编《国家与社会：构建怎样的公域秩序？》，北京：商务印书馆，2010年；鲁西奇：《多元、统一的中华帝国是如何可能的？》，载周宁主编《人文国际》第2辑，厦门：厦门大学出版社，2010年，第1—18页。

3. [战国]屈原：《天问》，载[宋]洪兴祖《楚辞补注》卷三，北京：中华书局，1985年，第85—86页。

4. [法]帕斯卡尔：《思想录》，何兆武译，北京：商务印书馆，1985年，第179—180页。

5. [美]埃里希·弗洛姆：《作为一种心理学和道德学问题的不从》，载《人的呼唤——弗洛姆人道主义文集》，王泽应等译，上海：上海三联书店，1991年，第1—3页。

6. 何兆武：《历史理性的重建——奥特迦·伽赛特历史体系观散论》，载氏著《苇草集》，北京：生活·读书·新知三联书店，1999年，第104—105、115页。

7. 《史记》卷十八《高祖功臣侯者年表·序》，第878页。

8. [英]柯林武德：《历史的观念》（增补版），何兆武、张文杰、陈新译，北京：北京大学出版社，2010年，第11页。

9. Paul Rabinow, "Representations are Social Facts: Modernity and Post-Modernity in Anthropology", in *Writing Culture: The Poetics and Politics of Ethnography*, ed. James Clifford and George E. Marcus, Berkeley: University of California Press, 1986, p.241.

10. 傅斯年：《性命古训辨证》，上海：上海古籍出版社，2012年，第132页。

11. 何炳松:《历史研究法》,上海:上海古籍出版社,2012年,第9页。

12. [清]章学诚著、叶瑛校注:《文史通义校注》卷三《文德》,北京:中华书局,1994年,第278—279页。

13. [宋]曾巩:《〈南齐书〉目录序》,载《南齐书》,北京:中华书局,1972年,第1037页。

变幻的空间与空间结构的"解构"*

一 空间的结构及其"被结构"

在《中国历史的空间结构》的"代序"里，我曾经设想这样一个场景：在一个没有桌椅的教室里（即在每个方向都一样的平面内），老师任意选择一个位置，学生散立周围，以便看到老师，并听到老师的讲话；他们的排列易为半圆形，成排地面对老师，而且是密度很高地靠近老师。在这里，老师与同学们组成一个"空间"：每个人都有自己的"位置"（"区位"），人与人之间存在"距离"，每个人的目光都指向一定的"方向"，并共同构成一种存在内在"关

---

* 本文撰写于 2015 年 3—4 月间，是在《中国历史的空间结构》（桂林：广西师范大学出版社，2014 年）一书出版后，应广西师范大学出版社要求，为回答读者的提问而写的。曾以《从日常生活中感悟历史、理解历史》为题，发表在"澎湃新闻·私家历史"栏目，2015 年 4 月 16 日。

联"的空间。

我用这个设想中的场景来描述空间及其构成要素：位置、距离、方向。事实上，空间及其三要素，奠定了《中国历史的空间结构》的基本分析框架。(1)空间的分划，导致了"区域"观念，并由此形成了"中国历史与文化的'区域多样性'"特别是"中国历史发展的五条区域性道路"等认识（卷一）。(2)位置与距离的分析方法，直接启发了"核心"与"边缘"的讨论，其中，对于不同地区与集团在政治与社会体系中的"位置"与"距离"的思考，引导我重新界定"核心区"概念，关注"内地的边缘"以及"边缘区域内边缘人群中的'核心集团'"等论题（卷二）。(3)位置、距离与方向三要素的综合考虑，则是城市与乡村分析的基本出发点：对于城市威权意义的强调，展示出权力从中心位置发生并扩展的模式；对于乡村居住的集聚与离散两种倾向与事实的分析，则将村庄的位置、村落相互间及其内部家屋庭院间的距离以及村庄分化的方向等因素放在一起，加以综合的考虑（卷三）。

因此，《中国历史的空间结构》的"结构主义"倾向非常突出。我试图主要运用建基于欧氏几何的空间观念与思想方法，以空间分划（二维与三维空间）以及位置（点）、距离（线）、方向（坐标）等欧氏几何中的空间要素作为分析指标，构想并描述中国的政治经济社会与文化蓝图及其历史发展轨迹，并以"结构"的形式将之展现出来。多样性区域、核心区与边缘区（包括内地的边缘）、集村与散村，既是空间分析方法的具体运用，也是运用此种方法认知中国历史过程的结果。所以，"中国历史的空间结构"，是"被结构"出来的。

无须讨论中国历史进程自身的"结构"形式或"内在的结构性"

与作为认知框架的"结构"范式（或者可以称为"认识的结构性"）之间的关联，因为实际上，前者在根本上也不过是一种"认识"，其所谓"内在的结构性"也仅仅或主要在认识论上具有意义。关键在于：中国历史的"认识的结构性"（无论是空间结构，还是政治结构、经济结构、社会结构、文化结构等结构），都是研究者或思想者"主观""建构"出来的，都是"被结构"的。"被结构"出来的"结构"如何且不论，重要的也许是研究者或思想者建构某种"结构"的"主观"意图究竟是什么。

我本来无意于"建构"这个"结构"。在我早年的学习与研究生涯中，我曾徜徉于襄阳城下的鱼梁洲滩头，看落日舟渡，听逝水呜咽；也曾站在五门堰的堰坝上，遥想前人生计之艰，费力之巨，技艺之精；偶尔，我会抬起头来，看山峦起伏，草木无言，或者满天星斗，宇宙空寂。直到今天，我也更愿意停在路边，仔细观察一草一木，以及碌碌奔波的蜜蜂蚂蚁，而不愿在空中飞行，俯瞰苍茫大地。地方差异、文化多样、对地方感知的差别，对我而言，是生活的经验而不是学理的探究。我更愿意从生活的经验出发，想象自己就如曾经在这个世界的某一个角落生活过的一个不曾留下姓名的人一样，日出而作，日落而息，在自己的草庐前和邻居大碗喝水（没有酒），共话桑麻，听婆娘唠叨、儿女哭闹，一起痛骂官府老财。然后死去，归于黄土。我非常羡慕研究中古北族的罗新教授，如苍鹰一般掠过草原、沙漠，纵横万里千年，看狼烟起灭，天下浮沉。但我终不过是南方山谷里的一只燕雀而已。

可这是一只"中国燕雀"，生活在中国南方山谷里的一只燕雀。我不能不去想：我所生活的这个山谷，在这个世界的什么地方，它的（不是我的）往世与今生又是如何。我需要确定自己在世界中的位置、我与他人间的距离，以及我可能盘旋或飞翔的方向。同时，作为教师，我还有责任和同学们一起去思考并讨论这样的问题。虽然自己是燕雀，却不得不努力鼓励、引导同学们成为鸿鹄苍鹰。在《多元、统一的中华帝国是如何可能的？》（刊周宁主编《人文国际》第2期，厦门大学出版社，2010年）中，我曾经这样写道：

> 今天，任何没有偏见的学者都不会怀疑中国文化与作为政治经济和文化实体的"中国"在整体上的"统一性"，以及这种统一性的长期存在和稳定延续；同样，任何一位没有受到狭隘民族主义或"国家主义"等意识形态障蔽的学人，也不会无视这种"统一性"掩盖下中国内部各区域间社会经济与文化的巨大差异，以及不同区域与人群间明暗相间的矛盾与冲突，也不会无视这种多样性与多元性乃至矛盾与冲突的历史基础和未来前景。由此，就向历史学者（以及人类学者、社会学者乃至"文化学者"）提出了一个无可回避、也最具吸引力的课题：像中国这样庞大的政治经济与社会文化实体，涵盖了多种经济形态，包括了数十个不同渊源与文化背景的"人群"，内部有着如此巨大的文化差异，各区域所走过的历史进程又是如此不同，它是怎样形成、又是如何维系其"统一性"的呢？换言之，"多民族"、多元文化的中国是如何成立的？中国历史的"统一性"是如何体现的？或者说，"多元而统一的中华帝国"是如何可能的？

显然，这个问题大大超出了我的能力。《中国历史的空间结构》没有、也完全不可能"回答"这样的问题——也许，这个问题本来就没有答案，不可能也不需要得到回答。但这确然是我试图"建构""中国历史的空间结构"的"主观意图"。

二 在中国文化、人类历史与认识史意义上的"空间"

"结构主义"的思想方法早已受到广泛而深入的质疑与批判，今天，即使是"老牌的结构主义者"，也不再着意于揭示并描述某种"结构"，而更侧重于分析、阐释"结构"形成并演化的过程，亦即所谓"结构过程"或"结构化"。在这个意义上，《中国历史的空间结构》的思想方法并不新颖。虽然我将"结构"放在中国历史进程中去考察，但着眼点并不在于这个结构在历史进程中形成与演变的过程，而是它在历史进程中的展现。换言之，我所探讨的是中国历史进程所展现出来的"结构性"倾向，而并非这种结构的形成与演进。所以，我还没有走到"结构过程"这一思想阶段上，仍基本停留在"结构"本身的揭示（或建构）、描述与阐释阶段。

尽管如此，《中国历史的空间结构》仍然显示出我试图"建构"一种"结构性体系"的努力。显然，我没有能够给出这样的系统性描述与阐释。《中国历史的空间结构》出版后，不少师友和读者提出批评，认为它只是一些论文的结集，没有形成完整、系统的论述，不少论点更是一点即过，浅尝辄止，未予展开。这个问题，在我讲课时即已显露出来，很多听课的同学觉得我分别讲述了对几个问题的认识与思考，没有串联起来，以至于听了一学期的课，竟然无法形成一个总概性的认识。在整理成论文、修改发表、合集出版的过程中，更是删除了很多在课堂上会略加介绍的知识与学术背景。但是，没有能够给出系统性描述与阐释的根本原因，是我的思考本身就没有形成系统；而系统性的认识与阐释，甚至不是我的学术追求，或者说，我并未打算形成某种系统性的认识。事实上，我一直非常警惕或畏惧任何"系统性"认识或思想体系，担心其中潜含着诸多危险或陷阱，特别是可能隐藏着思想专制的倾向。

那么，如果沿着这样的思路进一步摸索、思考相关问题，会有怎样的方向、提出怎样的问题？实际上，我所设想用以说明空间及其构成要素的那个场景，还有不少可以进一步思考、阐发的地方：

第一，现实中的教室，大多是排定好桌椅的，老师和学生一般都处在排定的位置上，不太可能"任意选择一个位置"。教室更是按规制建好并配备相应的设施。显然，这个空间以及在这个空间中的位置、距离、方向都是预设的、给定的，是早已"被结构"的。这个"结构"既不来自老师、同学，也不来自"我"（外来的观察者），而来自先于老师、同学以及"我"存在的"制度"与"文化"，在"制度"与"文化"的背后又是"思维方式"在发挥作用。分析这个教室的"空间结构"固然可以窥见其背后的制度、文化乃至"制作"这个教室的人群的"思维方式"，但更重要的问题却是：处在教室中的老师和同学为什么会"心甘情愿"或不得不"心甘情愿"地接受这个教室，遵守、执行乃至强化其所给定的"秩序"？这种"空间结构"所给定的秩序与规范，又将以怎样的方式、在多大程度上影响乃至制约着老师和同学们的人生？把这个问题转换到中国历史的讨论上来，就是：中国历史进程中所展现出来的空间结构（区域多样性，核心与边缘的差异，城市与乡村及其各自的差别），究竟是怎样"塑造"了中国、中国历史与文化以及"中国人"？它将以怎样的方式、在多大程度上影响或制约着中国以及中国人的现在与未来？为了思考这一方向上的问题，我尝试着转换观察视角，不再从空间的角度观察人与社会，而站在人的立场上，去思考空间的意义。在《人为本位：中国历史研究的一种可能路径》（刊《厦门大学学报》[哲学社会科学版] 2014 年第 2 期）一文中，我试图从认知历史的个体出发，去看"结构"对于人的意义。但迄今为止，我在这个问题上的思考还是肤浅的，甚至没有明确的方向。

第二，无论是老师还是同学，处在教室这个空间中的时间都是有限的。老师和同学们会离开这个教室，在教研室、图书馆、操场活动，并回到各自的家中。虽然分处于不同的具体空间中，但在一定时间内，老师与同学们构成的那个空间还在，位置、距离与方向仍然在发挥作用。教室空间的"规范与制约"在远为广大的空间中散布开来，并深入到群体每一分子的日常行为与思维方式中。由此出发，我意识到空间及其结构是可以"流动"的：不是说人们分别处于不同的空间中（那是人在流动），而是说空间及其秩序是可以"脱离"特定的空间范畴而存在的。把这一思考方法转换到中国历史与文化的思考上来，中国历史进程中所展现出来的"结构性"倾向——建立在多样性之上的高度统一性，通过控制"核心区"统治庞大的帝国，以及以中心集聚和威权展示的方式控制乡村区域，就可能"超脱"于中华帝国的具体疆域而存续，并成为人类组织群体、构建社会的一种模式。换言之，对中国历史空间结构的认识与"建构",可以放在人类历史的空间结构及其类型或模式的总体背景下加以思考与认识。

第三,在我设想的那个教室空间里,老师和每一位同学,对其所处空间的感知、构想与描述是不一样的,其对于各自在教室空间中所处位置、与他者距离及其观察与注意方向的认识也各不相同,因此,在这个特定的具体空间中,实际上存在着许多种"空间"以及"被结构"的"空间结构"。同样,生活、活动在中国这片土地上的不同时期的不同人群,对于自身及其所属人群的历史的结构以及其与"中国历史"之间的关联,"中国历史的结构"的认知、构想与描述也各不相同,甚至完全相悖。在《层累、汇聚地造成的地域古史系统——以先秦越国的历史叙述为中心》(刊《历史人类学学刊》第11卷第2期,2013年12月)一文中,我曾讨论不同人群对先秦越国历史与文化及其与"中国(华夏)历史"的认识与构想的差异;而在《"越"与"百越":历史叙述中的中国南方"古族"》(刊《东吴历史学报》第32期,2014年12月)中,我则试图探讨关于越人历史与文化的叙述成为中国历史与文化叙述之组成部分的过程。通过这些探讨,我初步认识到:可能有很多种被构想、描述和阐释的"中国历史的空间结构"。这些"中国历史的空间结构"不仅是历史知识体系的组成部分,更直接关系到如何看待今天与未来的"中国"这样的大问题。也许,从知识史的角度,探究不同人群对于"中国历史的空间结构"的认识、构想与描述,比探讨"中国历史的空间结构"本身更为重要。

三 变幻的"空间"

那么，我会沿着上述思路进一步摸索、思考吗？我不能确定。除了自身认识、思考能力的限制之外，更为重要的原因，是我的思想方法正在发生着一些变化。

现实空间，即我们可以在物理世界上经验的空间，是三维的；平面是二维的，而直线是一维的。我们的空间直觉，在通常的意义上，是限于三维的。我们所讨论的历史时期，在三维之上，增加了时间维度，成为四维。而人类生活的多种面向，历史过程中的多种维度，使历史学者要考虑、处理的维度，较之于物理世界而言，远为复杂。如果用数学的语言表达，或者可以说：人类历史是在"四维空间"甚至是"n维空间"中展开的。这样，在历史研究中引进"四维空间"乃至"n维空间"的概念与方法，就是自然而必需的了。比如，我们可以把欧氏几何中的空间坐标 x、y、z 和"事件"的时间坐标 t 联合成一个四元数 x、y、z、t 的"四维空间－时间流形"，这样的四个数可以用四维空间中的一个点来表示。历史过程中的个体与事件，就可以看作是在"四维空间－时间流形"中的一个点。显然，由于其所处的四维空间是处于持续变动中的，即使这个点是相对稳定的，它也处于流动中。如果我们一定要以经验的语言表达，那它就是在一个变动的空间中闪烁着的一个点。而当我们需要考虑历史进程中更多的面向时，就不得不引进更多的维度，政治的、经济的、社会的、文化的乃至精神的、心理的、感知的，等等，而与这些维度相对应的时间维度并不总是一致（即使是同样的时间长度，在不同领域里可能具有完全不同的意义），所以并不一定可以将之纳入同一时间维中，可能需要 m 个时间元与之对应。这样，历史过程就可以表述为"nm 维空间－时间流形"。历史过程中的个体与事件，就是在这种"nm 维空间－时间流形"中变幻的影像：它有多种"变身"，无时无刻不在变换自己的位置与形象，所以，它是无法或很难"确定"、无法或很难"捕捉"的，当然，更难以描述。也许，我们所有的认识与描述，都不过是它在某一时刻的某一种"变身"的幻影而已。

在欧氏几何中，有一个著名的"平行线的唯一性"公设，即：通过不在给定直线上的任一点，能画一条且只能画一条直线平行于该直线。如所周知，所谓两条线平行，就是不论它们延伸多远，也绝不相交。这是在二维平面的直线的有限部分而言的。不用说，在三维空间中，过一点都有许多条直线不与一给定直线相交；即使在一个有限圆内，过一给定点也有无穷多条直线不与这圆内的一给定直线相交。所以，平行公设不能用经验来证明，从而相对"独立"于欧氏几何的其他公理。平行公设的独立性引发了诸多讨论，直接导致了非欧几何的产生，并提出了诸种模型。在双曲几何（波约伊－罗巴契夫斯基几何）开创了一条自由构造几何的道路之后，人们设想在一种非欧几何中，直线不是无限的，而是有限而封闭的。黎曼完成了这个设想，提出具有封闭的有限几何能以一种完全相容的方式给出。我们可以想象一个由球的表面形成的二维世界，并把连接球面的任意两点的"直线"定义为连接这两点的长度最短的曲线（长度最短，就是欧氏几何中平面上直线的特征）。曲面上的点分为两类，一是椭圆点，其邻域内的曲面与球面相似，且全部在这点的切平面的一侧。如果切平面平行移动，它就会与这曲面交成一条椭圆曲线。二是双曲点，其邻域内的切面是马鞍形的，且在这点的切平面的两侧。如果切平面平行移动，它就会与这曲面交成一个类似于双曲线的曲线。在曲面上一点的邻域内，测地"直线"的几何是椭圆几何还是双曲几何，是根据该点是椭圆点还是双曲点而定的。在这种空间几何中，空间每一点的"曲率"能改变其几何性质，而空间的曲率是由充满它的物质决定的。

人类生活在地球的球面上，这与我们的经验世界没有太大关联，且置于一旁。我们经验中的直线是有限的，其有限度取决于目力、望远镜及想象力；将限度极致的各点连接起来，就是一个封闭的圆圈（未必规则）。在现实社会中，很多"直线"并不平行却从不相交：芸芸众生的生命轨迹，从没有交汇，却完全不同。"距离"也有完全不同的含义而且无法度量：同枕共席的夫妻可能相隔万里、从未谋面、完全没有利益相关的两个人，却可能生死与共。许多研究指出，人类交往、组织与社会的基本形态是"圆形"：从费孝通的"差序格局"、施坚雅的"基层市场社区"，到台湾学者的"祭祀圈"，以及"核心"与"边缘"，等等，都是"圆圈"。在以往的学习、思考与研究中，我和许多学者一样，设想我们认知这个世界的基本方法，是以"我"为中心，画一个或多个圆圈，自内而外，关系由紧密而疏远，认知由清晰而模糊。并且，我们相信，"我"总是处于某些性质不同的"圆圈"里，并因此而获得生存空间和安全感。现在，我更愿意想象自己处在由空间中一个曲面（不一定是球面）组成的世界上，是那个曲面上的一个点，其运动的方向取决于"邻域曲面"的性质，以及"充满曲面的物质"的性质："我"可能随时"滑落"或者"被抛出"，也可能"永远"停留在某一个"双曲点"上。进而，我去构想历史过程中的个体、人群以及他们"制造"或"参与"的事件，发现它们在我的"视野"中全部"晃动"起来或处于准备"晃动"的状态中:每一个人、每一件事,都可能随时被抛弃、掩埋,当然,也随时又可能被"挖掘出来",用聚光灯照射,"闪亮登场"。处在"曲面"世界上的个体、人群,都有诸多的可能性方向,却无法确定,更无以描述。

在上述自学的、一知半解的数学(以及更少的物理学)知识与思想方法的启发下,我思考这些"莫名其妙"的问题。我曾经赖以建构"中国历史的空间结构"的基石——空间分划、位置、距离、方向,在我"建构"它们的同时,就已经"晃动"起来,这两年,"晃动"得更厉害了。而且,我因此而把自己置于另一个我无法知道"邻域"的曲面上,使我在诸多不可知的恐惧之上,增添了另一份不可知的恐惧。

四 解构"中国历史的空间结构"

所以,"中国历史的空间结构"还远远没有"建构"起来,我却已经决意将它"解构"。虽然匆忙了些,但我却愿意尽早地"忘却"这本拙著,就如我在几年前就已"忘却"我早年的"科学主义"的历史地理研究著作《区域历史地理研究:对象与方法》(南宁:广西人民出版社,2000年)一样。

2014年,我写了一篇文章,《中古时代滨海地域的"水上人群"》。在这篇文章中,我试图通过解析文献中所见的"海上人""白水郎"以及海螺姑娘的故事、"漂浮的罗浮山"的传说,去探究中古时代活动在滨海地域的"水上人群"的生活与流动,看他们与王朝国家间的关系,以及自我组织的方式。这是一篇立足于文献梳理与考证的文章,因为史料不足,证据不能完全落实,我不得不使用一些神话、传说"原型"解析的方法，并尝试着将"想象"运用到材料的处理与分析以及事实的构想上来。我知道这存在着一些危险，却仍然努力试图去突破自己。受到论文形式的限制，我不能在文中描绘我真正希望描述的一个图景：一个暴风雨的夜晚，乌云早已遮蔽了星空，一叶孤舟，漂荡在茫茫的大海上。他们的罗盘坏了，或者本来就没有罗盘。水手们疲倦至极，早已放弃了努力，任凭小船随波漂荡。后来，他们都死了，因为没有人会写字，也就没有"漂流瓶"留下他们的遗言。他们出海时并未登记，再完备的官府档案也不会有他们的踪影。但在那个夜晚，那个风雨交加的夜晚，那叶孤舟，孤舟上的水手，的确在这个世界上"存在"过。没有位置，没有距离，没有方向，他们不处在任何一个"结构"里，无论是地理的，还是政治的、社会的乃至文化的。但他们确然"存在"过。时光穿越，一道闪电划过，我们瞥见了海面上的那叶孤舟，一闪即逝。当然，这不过是我在电脑前打了个盹而已。

生命及其历史，原来如此而已。何必"中国历史"？何必"中国历史的空间结构"？又何必要写这篇"文字"？

在寂寥甚至略显空灵的暨南国际大学校园，随着那叶孤舟的亡魂，我越过南海，来到苏门答腊、爪哇、柬埔寨，开始研读这些地区发现的中古时代的碑铭。这些用梵文、巴利文、吉蔑文、泰文等文字书写的古代碑铭，经过 Georges Cœdès, J.G. de Casparis 等西方学者的整理、注释与研究，我这个仅受中国正统史学训练的学者勉强可以阅读。有一方碑铭，发现于苏门答腊巨港附近的格杜干吉夫，它告诉我们：682 年 4 月 23 日（或 683 年 4 月 13 日，不同学者的推算结果不同），一位国王乘船出发去远征。

5月19日（或5月3日），他离开一个小港湾；一个月后，他胜利回归，赢得了巨大的财富、权力和荣耀。学者们相信，碑铭中未具名的这位国王，就是中国求法僧义净在《南海寄归内法传》中所描述过的佛逝（室利佛逝）的国王阁耶那沙。两年以后，他又让人立了一方碑，上面铭刻着祈愿文，祝愿他的事业与功德能够普济众生，使他们开悟。我借助辞典，吃力地一点一点地读这些相关研究，有时一天只能读一页。恍惚间，我能感受到阁耶那沙国王可能正在瞪视着我，眼光里饱含着愤怒：这个待在台湾南投县埔里镇桃米坑的家伙，在企图把我放在一个怎样的"结构"里？

内亚的、中国的、海域亚洲的，这个"三分结构"，是我这两年来逐步关注、有些朦胧认识的一个更为宏大的"结构"。可以断言，我永远不会真的试图去建构或研究这个"结构"，而将一直停留在阅读与思考的层面上。这不仅因为我不可能有这样的能力与精力，更因为如上所言，我已经对"结构"及其思想方法失去了信心。可是，我一定要说明，把"中国历史的空间结构"置入一个更为宏大的"结构"中去观察，也是对"中国历史的空间结构"的一种"解构"。

显然，这两个方向是有矛盾的。一方面，我试图"越过"时间、空间等结构性要素，以生命的相似性或共同性为基础，直接去洞察曾经生活在这个世界上的人及其生活、情感与思想，而"忽略"其曾经生存过的那些时间、空间特征，像在夏日的夜晚观察闪烁的星星与星群那样，去看待历史长河（没有办法，这是一种"结构性"表达）中的人（个体与人群）。另一方面，我又试图去构想一个更为宏大的"认识性结构"，并将对"中国历史及其结构"

的认识置于那个"结构"中,以便用一种简约的方式去认知并把握这个世界。这种冲突和两难困境,既是一个在中国崛起与全球化进程背景下的中国学者都可能面对的问题,对我而言,更是一个现实的生活问题:我不能每日沉浸在自己的世界里喃喃自语,或者只是写下自己明白的文字;我还是要教书,我需要说一种能让同学们明白并理解甚至有点用的话。

承徐泓教授雅意,在facebook上发布我到暨南国际大学来客座的消息,许多师友见到了,都通过各种途径来打招呼,绝大部分师友,我都不知道他们现在哪里。暨大历史系只有12位老师(包括我在内),中午有课的老师和同学们常常聚在系办公室,一起吃便当,朴实而温馨,让客居的我如同在自己家里一样。傅月庵先生对我说:"大抵心安即是家。久居而难安,那是江湖了。"康僧会《安般守意经序》述四禅中第一禅之意境,谓"弹指之间,心九百六十转;一日一夕,十三亿意"。生活在全球化的时代里,"结构"既渐失其意义,复失去其可能,或者只能"心安即是家"了。

历史中的"时间"与"人"*

一 当我们看世界时，我们是在看它的"过去"

问：在不久前出版的题为《何草不黄》的《汉书》讲义的封底上，您用非常感性的语言，试图说明：历史的长河历经险阻波折，依然奔腾向前；而在历史的长河面前，您感觉到"时日已经静寂"，而人类将"直活到永永远远的"。在这里，您似乎在强调时间与历史的延续性乃至永恒性。在书的扉页上，您引用司马迁的话，"居今之世，志古之道，所以自镜也"，用以说明读包括《汉书》在内的历史典籍的现代意义。您好像赞同"一切历史都是当代史"的说法，但似乎又有所不同。这里实际上涉及一个大问题，即过去、现在与未来的关系问题。在讲义中，您并没有直接谈论这个问题，

---

* 本文是在《何草不黄：〈汉书〉断章解义》出版后，为了回答读者提出的一些问题，于2015年9月中旬，应澎湃新闻编辑之约而写的访谈体文章。

但一些想法，隐隐约约地贯穿其中。您愿意明确地谈谈您的一些思考与看法吗？

答：在《时间简史》里，霍金描述了一个在池塘表面上散开的涟漪的时空图。他描述说：将一块石头扔到池塘里，水表面的涟漪向四周散开，涟漪作为一个圆周散开并随时间越变越大。如果人们把不同时刻涟漪的快照逐个堆叠起来，扩大的水波圆周就会画出一个圆锥，其顶点正是石块击到水面的地方和时刻。"类似地，从一个事件散开的光在（四维的）时空里形成一个（三维的）圆锥，这个圆锥称为'事件的将来光锥'。以同样的方式可以画出另一个称为过去光锥的圆锥，它表示所有可以用一个光脉冲传播到该事件的事件集合。"这两个光锥把时空分成上述特定事件的将来、过去和他处。

我在自己的理解能力的基础上，用这个时空光锥的模型，来思考历史过程与历史认知中的时间问题。

今天，我们赖以认知历史事件（石头投入池塘之类）的，是透过漫长而广阔的时空传递到我们面前的"涟漪"。那块投入池塘的石头早已沉到了塘底，我们更不能亲见石头击破水面的那一刹那。今天的我们，站在池塘边的某一个点上，观察到一圈涟漪的一部分，认识到曾经有一块石头被扔进过池塘里。我们沿着池塘四周，去寻觅更多的涟漪；进而向前追溯，沿着霍金所描述的那个光锥的坡面，去看之前的某一个特定时间里池塘里的涟漪，最后将认知的焦点集中在事件（石块击到水面）发生的地方和时刻。在这个过程中，我们画出了一个倒的圆锥。对于事件而言，这个圆锥是它的"将来"；对我们来说，这个圆锥是"过去"。

在石头投入池塘之前，还有一系列的"过去"。从石头与池塘的生成，投石头的人，怎样投，以及为什么投，还有石头落入水之前的运动，等等。从石头击到水面的地方与时刻回溯，在每一个时刻都会有若干的因素将与石头投入水面这一事件相关联，距离石头投入池塘的时间与空间越远，这些因素所组成的那个圆周就越大；反之亦然。这样，以事件为顶点，就形成一个正立的圆锥。在这个圆锥里，诸多因素演变的结果，导致了事件的发生。换言之，这个事件，也就可能被定义为此前诸多因素的集合。我们沿着上一个由"涟漪"组成的圆锥，追踪到其顶点（事件）；然后由这个事件出发，再去追寻这个事件发生过程中形成的那个圆锥。对于事件而言，这个圆锥是它的过去；就我们而言，它是我们认知的"将来"。

现在，我们在这里读《汉书》，这是一个事件，就如同把石头投入池塘一样。这个事件有它的将来：读书的涟漪将在空间与时间里散布开来，形成一个圆锥。它的顶点是《汉书》。《汉书》的形成是一个圆锥：这个圆锥里包括了其所记载的诸多人与事，以及其他。通过阅读《汉书》，我们在现在的阅读、阅读的对象（《汉书》），以及《汉书》所记载的人与事等之间，建立起以时间为轴线的、由一连串圆锥所组成的图画。这个图画，将历史认知与历史过程联结起来，也就是将站在今天的池塘边的我们、池塘里不息的涟漪，池塘与石头以及他们的生成与关联，串联在一起；将之串联在一起的，就是时间。在这个意义上，历史不仅是在时间里展开的，而且是在时间里被认识的。

霍金以太阳熄灭为例，讲现在与过去的关系。他说：假定太阳就在此刻停止发光，它不会对此刻的地球上的事情产生影响，因为它们是在太阳熄灭这一事件的他处。我们只能在 8 分钟之后才知道这一事件,这是光从太阳到达我们地球所花费的时间。只有到那时候,地球上的事件才在太阳熄灭这一事件的将来光锥之内。类似的,我们也不知道这一时刻发生在宇宙中更远处的事:我们看到的从遥远星系来的光是在几百万年前发出的,发出那些光的星体也可能已经不存在了。因此,"当我们看宇宙时,我们是在看它的过去"。

同样,当我们看我们所处的这个世界时,我们是在看它的过去。当我们透过池塘边的涟漪认识到石头扔入池塘这一事件时,这个事件早已成为过去,导致这一事件发生的诸多事件与因素更是在这过去的事件之先。事实上,当我们观察这个世界时,我们看到的每一个事件,都如同石头落入池塘的事件那样,均已是过去发生的事件。而我们之所以要去看这个世界,是因为我们生活在这个世界上,这个世界所发生的诸多事件都与我们相关——或者影响到我们,或者我们就是事件的参与者,或者两者兼具。我们就处在历史认识与历史过程的圆锥链中,是这个圆锥链的一个点。

正因为此,在讲义里,我一直强调,我们读史书,是给自己读的,不是给古人读的。我们之所以要从池塘的涟漪去追溯石头扔入池塘事件,是因为我们站在池塘边,而即使我们自己没有扔,也还是有很多石头被扔到池塘里。如果今天这个世界上再也没有石头掉入池塘的事件发生,我们大约也不会注意到池塘里很久以前落入石头所留下的涟漪。或者,这个世界竟是没有了池塘,也没有了石头,当年石头落入池塘的涟漪也更无从寻踪了。

在人类历史的长河中,可能曾经有很多的"太阳"熄灭了,也有无数的"池塘"和"石头"不再存在。它们没有留下光,没有留下涟漪,所以,它们不在我们的这个世界上,也可能不在我们的认知世界里,它们在"他处"。

"一切历史都是当代史"的著名论断曾经给我很大的影响。有所不同的是:我相信在过去与现在所组成的圆锥链之外,有"他处"的存在。"他处"在过去存在过,当下却已经没有了;而且由于没有留下"光"或"涟漪",我们也无从认知它。但是,"他处"绝不是没有意义的,它包含了历史发展的其他可能性。在没有或只有较少"光"与"涟漪",甚至没有池塘与石头的情况下,去追寻"他处"的石头扔入池塘事件,并追问此类事件消失在历史长河中的原因,亦即探究"不在当代"的过去的历史,常常对我有莫大的吸引力。《汉书》讲义中有所涉及的一些"绝响",就是这种吸引所留下的结果。

因此,当我们看这个世界时,不仅看到的是这个世界的过去,还可以看到这个世界的"他处"——它告诉我们,世界原来还可能成为另一种样子的,甚至可能成为好几种样子。另一种样子的世界的可能存在,给我们一个或更多的梦想,使我们对世界的未来抱持着希望。

二 时间的相对性

问:在分析《汉书·高帝纪》(以及《史记·高祖本纪》)时,您只抓住史籍中对刘邦早年经历的叙述加以细致分析,而对我们更为熟悉的楚汉相争、建立汉朝等没有展开探讨。这当然是因为您试图揭示的重点在于历史叙述是如何成立的,关于刘邦早年经历的叙述比较适合这一分析目标。而在关于《李夫人传》的分析中,您也集中于那"一见"的成立。同样的,您在讨论汉武帝时,将焦点集中在武帝早年的思索与晚年的反省两个环节上;在关于王莽的分析中,您也只是抓住了几个时间点,重笔浓墨,展开细致的分析。我理解这是您的分析理路与教学的需要,但依然感受到您对于所要讨论的历史内容的选择,隐含着一些更为深刻的想法。您可以谈谈这些讨论背后的思考吗?

答:我们都有过这样的经验:在特别重要的事情将要发生之前,时间过得非常慢,时钟的分针与秒针好像都黏滞了,走不动,所谓"度日如年"就是对这种感觉的描述;而在紧张工作的过程中,我们往往感觉不到,时间很快就过去了。当我们回首往事,对人生中某些重要的时刻及其所发生的事情,记忆深刻而清晰,我们甚至可以以小时为单元回顾某些重大事件;而对于大部分平淡的岁月,却往往只是一闪而过,用几句轻描淡写的话,就"顺"过去了。

这里,我谈到的是两种感知的时间:前者是在历史过程中的时间感知,是历史过程中的人所感知的时间,它本身就有慢与快两种,其快慢之别,主要取决于人在这一事件过程中的参与程度以及事件对于感知者的意义。后者则是记忆中的时间感知,是记忆者对历史过程中时间结构的记忆、想象与重建,在这个过程中,时间被拉长、放慢或压缩、加快,其快慢之别,取决于回忆者对历史过程的记忆及其对记忆内容的主观判断。

历史学是一门关于时间的学问。从近代科学理念与方法出发,人们强调时间的客观性,认为它是均质的,因而是可以用科学方法加以度量的。但是,这个均质的时间,却与我们感知中的时间并不一致,我们在日常生活与阅读中,时常感受到这种冲突。如何解释这种冲突呢？

我们知道，广义相对论的预言之一，是说在像地球这样的大质量的物体附近，时间显得流逝得更慢一些，因为光能量和它的频率有一种关系：能量越大，则频率越高；当光从地球的引力场往上行进，它失去能量，因而其频率下降，这表明两个相邻波峰之间的时间间隔变大。人们利用一对安装在水塔顶上和底下的非常准确的钟，证明了这个预言：水塔底下那只更接近地球的钟走得较慢。地球上不同高度的钟的速度存在差异，现在已成为常识。

受到这些想法的启发，我去思考：不仅在我们的感知中，时间是不均质的，有快慢之别，即便在客观的历史过程中，时间很可能也不是均质的。在历史过程中的某一个时间段内，事件发生的频率相当高，各种人物、人群密集交会在一起，在每一个固定的时间单元里，都有非常多的事件发生，有非常多的人参与其中，从而使时间放慢了步伐。时间是慢的。反之，在更长而事件发生较少的时间段里，时间悄悄地流逝，它是快的。换言之，历史过程中时间的快慢，是与参与其中的人与所发生的事件的密集程度成反比的：人物与事件越密集，时间越慢；反之亦然。当然，这是就同一个空间下不同的时间而言的。

2015年4月，我随同暨南国际大学的师生，到南投县山区布农人的部落里去实习。我们这一群人的到来，不仅打破了山谷的宁静，还很可能改变了布农人的时间：对于他们来说，这一天有了太多的事情要做，要说更多的话，时间因此而变得漫长。不仅如此，这些学生晚上还升起了篝火，拉着他们聊天，从而在客观上也拉长了他们的一天。

我们都熟悉所谓"天上一年，地上百年"的说法。在很多神仙的故事里，描述一个人因缘际会，来到神仙洞府或天上仙界，与神仙下了一局棋，之后，回到家乡，却早已物是人非，几代人过去了。很长时间里，我不能明白这类故事里时间发生变化的原因。现在，我可以给出的解释是：天上的神仙太少了，而且他们无事可做。

不仅如此。著名的"孪生子佯谬"是说：一对孪生兄弟，其中的一个去高山上生活，而另一个留在较低的平原上，前一个将比后一个老得快些。如果他们再相会，一个会比另一个老（我们的经验可以印证或至少是不反对这个结论。不仅如此，生活条件较差的农村人，一般会比居住在条件相对优渥的城市的同龄人，显得老，虽然这个原因远为复杂）。在这个例子中，年纪的差别非常小。但是，霍金说：如果其中的一个孩子在以接近光速运动的航天飞船里作长途飞行，这种差别就会大得多。当他回来时，他会比留在地球上的另一个年轻得多。

之所以会如此，是由于我们相信，存在着一种绝对的时间，并且我们用这种绝对时间去度量人的生命历程和历史过程。但事实上，时间在不同的空间里是会发生变异的。在不同的空间里，一个人的运动方式及其对空间环境的认识可能完全不同，所以他对于时间的测度也就不同。大都市里快节奏生活的人们，与宁静乡村里生活的人们，对于时间的理解、测度，存在着很大的差异。所以，如果我们离开绝对时间的思想方法，而用一种相对论的观点去看待时间，就可以发现：每个人都有他自己的时间测度，这依赖于他在何处并如何运动。

这就是我所理解的时间的相对性。贯穿于人的生命历程与人类历史过程的，不再是绝对的、均质的时间，而是相对的时间。

时间的相对性既表现在我们的感知里与认识里，也表现在客观的历史过程中，更重要的，它还是一种思想方法，它让我们去思考：对于不同时空下的人来说，他们可能会因为自己生存环境与行为方式的不同，而有不同的时间测量、理解与认识，而只有这样的时间对他们来说，才有意义。

所以，如果说在《中国历史的空间结构》中，隐含于各种论述背后的，是空间的相对性的话，那么，在这本讲义里，我隐藏着一个思考的前提：时间的相对性。在我的思考中，时空都是相对的：空间不再仅仅是人类历史发生、发展的舞台，而更多的是由人类参与设计、制作并改造的生存场所以及生存方式；同样，时间也不再仅仅是历史过程得以展开的纵向轴，而更多的是由人类及其不同群体给予界定、划分并可以随其感知与愿望而拉长或压缩的一个因素。时间与空间不再是人类历史的背景，而是人类历史的动因之一，时空的结构影响着历史发展的进程，同时又在历史过程中形成自己的结构。换言之，时间与空间不仅影响着人类的历史进程，而且被历史过程的每一件事或人所影响着。

由此，我得以解开困惑了很多年的时间的起始与终结问题。现在，我相信时间不是无限的，它应当有始，也应当有终结。或者，时间开始于人类产生的那一刻，也将在人类灭亡时终结。

对于我们来说，显然，慢的时间可能更有意义。在缓慢的时间过程里，我们的生命更为充实、丰富多彩，从而得以充分地展现，并且提供了可以再现（回忆）的内涵。而快的时间使我们的人生显得平淡、贫乏，如白驹过隙一般，转瞬即逝，连回忆的素材都没有留下多少。可是，蓦然回首，时光还是在不知不觉间消逝了。而且，更重要的是，我们早已不再向往一个丰富多彩的人生。

也许，正因为我们自己不会在宏大的历史进程中留下什么，我们的生命注定了平淡如水，我们才因此更愿意、也更需要关注历史过程中那些慢的时间，以及在那样的时间段里的人与事。

三　短时段、中时段、长时段以及"永恒"

问：您取"何草不黄"作为这本讲义的正题，使它弥漫着一种悲伤的气息，虽然是淡淡的。而仔细地品味，我发现，您所要表达的，却更是原上草在枯黄之后第二年春季的重生，以及作为常态的枯荣。何草不黄，或者应当有下一句的，"何草不青"？在序言中，您直言汉武帝当年的丰功伟业，富贵繁华，"亦不过如深秋草原上的枯草罢了"；同时，您却高高标举孔子的仁义旗帜，说它将与"天地永在"。无须回避或掩饰，您有意无意地，表现出对帝王功业、国家兴衰、王朝更替等重大事件的忽略甚至是无视，而更着意于突显思想与知识在人类历史上的意义。对于前者，您似乎在强调它的短暂，从而表现出一种"虚无"态度；对于后者，您很明显地在强调它的永恒，很让人怀疑您在一厢情愿地夸大思想的作用。我们在这本讲义以及您的其他著作里，看见您在"抬头仰望蓝天"，我想知道，您在蓝天上看见了什么？或者，您希望在蓝天上看见什么？

答：我当然看见了蓝天，还有各种各样的云，白云、乌云或者彩云；白天有太阳，它太刺眼，我很少愿意看它；夜晚有星星，它们很可爱，引人遐思。

我的老家有句谚语：七八月看巧云。千姿百态的云朵，白云苍狗，曾经伴随着我度过了少年时代无数的孤独时光。我的母亲第一次坐飞机，很认真地问我：飞机怎么能穿透云呢？我把帝王功业、王朝国家、英雄伟绩等等，比作云，各种各样的云，包括乌云，意在强调它们的变幻无常，兴灭不定。我从不敢无视它们，也从没有质疑过它们的客观性、物质性，及其"合法性"乃至意义。但是，它们变幻无常、兴灭不定，让我感到困惑，还有遥远。

夜晚的星星，是最有魅力的。我把它们比作人类的思想者。我希望自己在天空中看到的，是思想的光芒。帕斯卡尔说："人显然是为了思想而生的；这就是他全部的尊严和他全部的优越性；并且他全部的义务就是要像他所应该的那样去思想。"我们（特别是作为读书人）全部的尊严就在于思想。如果人类没有思想者，也许就不成其为人类；而如果我们（读书人）没有思想，我们将失去尊严乃至生存的意义。思想的永恒性，也许不过是一个读书人的自我期许或梦想吧。

而且，一个历史学者，应当同时或者首先需要是一个思想者。他需要确定哪些历史事项是可供研究的、研究它有什么意义，以及怎样才能弄清它。这里涉及对历史过程的基本认识、过去与现在和未来的关系、历史文献记载与真实的历史过程之间的关系等问题，既有历史本体论，也有历史认识论。何兆武先生说："对历史理解的高下和深浅，首先取决于历史学者本人思想的高下和深浅。"我赞同这一认识，并且尽可能朝成为一个有见识、有思想的历史学者的方向去努力。

当然，天空中最为耀眼的，是太阳。我很少看见，偶尔想看看，也无法细看，因为它太过耀眼。

如果把"虚无"换成"短暂"，也许更能表达我的真实想法。任何功业都是短暂的，它从孕育、养成、成就，到极盛、衰退与崩解，是一个生命历程。王朝、国家亦复如是。人生苦短,功业自然如过眼烟云。同样,如果把"永恒"换成"久远",也许更好一些,因为我前面已经提到,我相信时间是有始终的,所以无所谓"永恒"或"无限的时间"。久远的思想,是指对人类能够产生久远影响的思想,因而也就是具有普适性的思想。

关键在于多么长的时间是短暂的,多么长的时间又可以称作为久远的?布罗代尔曾经谈到:任何历史研究都关心如何分解过去的时间,根据或多或少有意识的偏爱或排斥,选择不同的编年现实。他说:传统历史学(他那个时代的传统历史学)关心的是短时段、个人和事件,其叙述节奏往往是急匆匆的、短促的,其所描述的历史侧重于历史这场大戏中的一个或几个场次,一幕或几幕戏(折子)。短时段对应的是个人(先不说是怎样的个人)与事件。这样,历史过程就可以看作由几幕戏(折子)串联而成的一出大戏,它由一堆各种各样的事实与人物构成,它们构成所谓微观史学的研究对象。由于显而易见的原因,微观史学不免会受到"碎片化"的批评。但是,时间毕竟是由一天天积累而成的,历史过程也毕竟是通过具体的人与事件展开的,微观史学的魅力正在这里。

王朝史或断代史实际上可以视为一种中时段的研究,其所探究的核心,乃是王朝国家兴衰的周期性,既包括政治变迁的周期性,也包括经济与社会变化的周期性(在中国古代史中,后两者往往被看作是从属于前者的)。经济与社会史研究侧重于经济与社会变化的周期性运动,其所关注的相应时段从数十年到数百年不等。中时段的研究撇开或不停留在对具体事件与短暂的政治、经济或社会变动的分析上,把着眼点放在总体局势及其变动的把握方面，并最终指向"结构"或"形态"——政治结构、经济结构、社会结构乃至文化结构，或者最后归结为特定时段内的"历史结构"——及其变动上。

对于"结构"或"形态"变动的考察，理所当然地把研究时段拉得更长，从而引出了"长时段"的概念。它试图在周期性变化的基础上，探讨超越周期性变化的长期趋势，并进而追寻制约或影响此种长期性趋势的内在因素——这并不必然导致结构主义的分析方法，也可能找到其他的解释，比如社会形态或文化，五种社会形态的演进，以及文化史观指导下的历史叙述与阐释，都属于长时段的研究范畴。"结构"、"形态"与"文化"三个概念，支配着长时段研究的思路。其中，"结构"是近二十年来对中国史学研究影响最突出的概念。布罗代尔说：结构是在一段长时期里由时间任意支配并连续传递的一种实在；某些结构有很长的寿命，因而它们成为历经无数代人而稳定不变的因素；它们挡在历史的路上，阻遏历史的流逝，并以此规定历史。结构是在历史过程中形成的，并制约或规定历史的发展。这一思想对我影响很大，在《中国历史的空间结构》中有比较明显的表现。

在文化史观指导下对某些文化要素的分析，逐步超越了长时段研究的目标，因为它必然要进一步追问：哪些文化（广义的文化）因素不仅在长时段的结构、形态或文化演变中发挥作用，而且在人类历史发展的总体进程中，一直持续不断地发挥作用（虽然作用的方式与意义可能不同）？这就是对人类发展的终极动因、关怀的追寻。其中可供历史学者研究的部分，主要是久远不变的需求、情感、行为模式以及久远发生作用的知识、思想和隐藏在其后的思维方式等。

我大致能够明白上述几种时间划分的历史研究的理路及其目标，也曾经尝试不同的时间划分下的研究实践。但是，我想坦率地承认，我对时间的敏感程度远远赶不上空间，作为一个历史学者，我经常觉得很惭愧。我曾经尝试着观察一个特定事件的具体进程，也曾经分析一群人的一次力役，这都是短时段的研究理路。我当然热衷于断代史的分析方法，它至少在材料的使用方面不是太吃力。而教学的需要促使我做更多的长时段思考，并试图提炼出某些关涉结构性变化或总体趋势的认识来。在不同的时间尺度里转换研究的立足点，常常使我迷失在博尔赫斯所描述的交叉小径的花园里。在讲述汉武帝的思考、反省及王莽的荒唐与无奈时，恍惚间，我会觉得他们就生活在当下；在描述中古时代那些逸出或试图逸出于王朝控制体系的水上人群时，我宛若就是他们中间的一分子。意识到这一点，我会非常惶恐，怀疑自己作为一个历史学者的立场。但我慢慢地克服了自己的恐惧，因为我越来越意识到：那些人的确就活在当下，而我也的确就生活在那些人中间。这很可能是事实，而不是我的错觉。

四　他们出生，他们受苦，他们死亡

问：您说到了人，似乎有些抽象但却又是活生生的人。在《汉书》讲义中，您实际上讲了几种人，从皇帝（汉武帝与王莽）、官僚（循吏、酷吏与能吏），到游侠儒生与编户齐民。您强调自己试图把晚年的汉武帝看作一个落寞的老人，在丰功伟业的盛宴之后，如何去反省自己。显然，您在试图揭示作为皇帝的汉武帝的"人性"。您在分析酷吏、循吏以及游侠儒生时，也同样着意于分析其人格的缺陷或魅力。更为重要的是，您在《汉书》之外，花了一章的篇幅，去讲汉代普通的百姓，那些活生生的、有血有肉的生命个体。您综合使用传世与出土文献的材料，努力复原他们的家庭、生计、身份、负担及其相互间、与官府间的关系。您利用居延的材料，说到居住在昭武乡万岁里的孙时一家：孙时，橐佗延寿燧的燧长，20多岁；妻子孙第卿，21岁，身份是大女；女儿叫王女，3岁；妹妹叫耳，9岁。王女和耳的肤色都比较黑。一个西北边地军人家庭的形象就显现在我们眼前。结合您其他著作中的论述，我猜想，您在试图把人（当然包括有身份的人）当作历史叙述的主体，去想象并构建"人为主体"的历史叙述和历史阐释。您可以谈谈在这方面的思考吗？

答：我们这一代人，至少中间的一部分，大约在20世纪80年代到90年代前期，逐步走出"五种社会形态演进"的历史叙述、阐释与分析框架。当20世纪90年代中后期我们开始进入学术领域、从事自己的学术研究时，基本上是以王朝国家或民族国家作为历史主体的，自然而然地，大多采取了断代史的模式。就我自己来说，大约在2001年前后，开始对这种研究理路产生了疑问。最初的疑问来自田野的经验。那时我在做地理考察，虽然关注的重心是地理因素，但不可避免的，会与人打交道。在这个过程中，我逐步认识到：国家，无论是王朝国家还是民族国家，对于地方民众的生活来说，很可能是一种"外部力量"。在很多时候，我能够明显地感觉到民众与国家的疏离或对抗。他们有自己的生活，以及生活的历史。我开始想：我学习与研究（还以之为职业）的历史究竟是谁的历史？谁需要这样的历史呢？一句话：我在做什么？

带着这样的问题，我开始关注以科大卫、萧凤霞、刘志伟、郑振满、陈春声等先生为代表的华南学者的研究以及人类学研究的理论与方法。花了四五年的时间，我才大致弄明白华南研究的基本理路。我理解华南研究的目标，不在于探讨中国历史上的国家（官府）与社会（地方或地域社会、民间）的二元或多元体系形成与演变的过程及其文化表达，而更在于破除国家与社会的分析框架，去探寻历史过程的人，如何经营自己的生活，如何与他人交往，因此形成不同的社会；在形成社会的过程中，历史过程中的各种人，如何把国家机制及其文化引入到自己的生活当中，并利用它为自己的生存与发展服务。刘志伟老师说：如果我们的历史认知是从人出发的，那么，国家、官府与社会、民间，都不过是由人的行为在人的交往过程中形构出来的组织化、制度化单元，这些制度化的组织，当然影响并规定着人的行为和交往方式，但在根本上来说都是人的历史活动的产物和工具。而如果历史的主体是人，那么我们就可以相对自由地由人的行为去建构起一个"人"的历史学。

受到这些启发，我逐步认识到：所谓"中国历史"，应当是发生在"中国"这块土地上的历史，是千百年来生活于其间的"人"为了生存与发展、追求美好生活而不断"适应"并"改造"其所处的环境、摸索并建立适合自身生存与发展需求的社会组织与制度、创造并不断"改进"具有自身特色的文化的历史，而不仅仅是作为一个国家的"中国"的历史，更不仅是王朝国家或民族国家的历史，也不仅是国家与社会互动的历史。这样的历史，才是人的历史，中国人的历史；中国的历史学，就应当是叙述、分析、阐释这样的历史过程的学问。

沿着这些思路，结合自己的研究，我慢慢地去思考，把人作为历史的主体、以人的行为与思想为核心线索，去叙述、分析、解释历史过程的可能性，以及实施路径。我摸索的重心，是怎样把这些理念落实到具体的历史研究中去。

第一个问题，是哪些人、什么样的人，以及如何找到这些人？历史过程中的人，是个非常抽象的概念。在具体的研究过程中，怎样落实它呢？我们知道，进入历史学家视野或者说在历史文献中得到记载的"人"，绝大部分是从国家（王朝国家或民族国家）的立场予以界定并描述的，所以，我们必然要从其"国家身份"入手。我们分析汉高祖、武帝的"人"的一面，当然要先看他们皇帝的一面。剥掉其皇帝的外衣，才能看到他们的躯体；透过其威权的势场，才能洞察其心理、情感与思想。但即便剥掉他的皇袍与光环，他也还不是一个完整的人，因为他的"人性"被"皇帝性"所覆盖了。我会说：皇帝不是人。虽然有些极端，但意思是明白的。同样的，官僚和准官僚也不是人，因为其行事与思想的根本原则，是官场规则或政治理性，而不是人性。《汉书》讲义中的编户齐民，也主要或首先是"民"，而不是"人"。我们现在要从这些"人"的国家身份——皇帝、官僚、侠客、儒士以及编户齐民——入手，将他们"还原"为"人"。当我看到汉武帝发愁（虽然是为怎样做皇帝发愁）、后悔、怕死，我相信（没有充足证据地相信）他这个时候是人，不全是皇帝。同样，那位告别妻子、挟剑而去的侠客也是人，唠唠叨叨地让百姓种菜养鸡的龚遂也是人（不全是渤海太守了）。至于肤色较黑的王女、耳和孙时、第卿，就更是人了。

更具体地说，在研究过程中，我试图首先弄清楚历史过程中的一些人或人群，他们的国家身份是如何获取的，具有怎样的意义，然后去窥视其在国家身份的背后作为"人"的真实状况。而最好的办法，显然是看他们在获得特定的国家身份之前的"自然人"（一个不合适的表达，但我还没有找到更好的表达方式）的状态。在《释"蛮"》（刊《文史》2008年第3期）、《"越"与"百越"：历史叙述中的中国南方"古族"》（刊《东吴历史学报》第32期）、《中古时代滨海地域的"水上人群"》（刊《历史研究》2015年第3期）、《楚秦汉之际的"楚人"》（刊《早期中国史研究》第8卷第1期）等论文中，我一直尝试用不同路径，去观察那些未进入或尚未被全部纳入国家控制体系中的各种人及人群，看他们的本初或自然状态。至于我所看到的和描述的，究竟在多大程度上是他们的本初或自然状态，那又是另一个问题了。

除了国家力量所未及、逃亡等可能的形式使历史过程中的人可能未获得、脱离或暂时脱离"国家身份"之外，还有一种脱离方式，那就是死亡。在死亡面前，人基本上是平等的，而死亡使人程度不同地得以脱离其国家身份。关于死亡的构想以及死亡的处理方式，可能使我们能够观察人的部分本来状态。在关于买地券的研究中，我注意到这种可能性。

第二个问题，是如何叙述、分析并解释人的历史，亦即从哪些方面探讨历史过程中人的生存、生活、认识及其所组成的社会。对于这个问题，这些年我想得比较多，在《人为本位：中国历史学研究的一种可能路径》（《厦门大学学报》[哲学社会科学版] 2014年第2期）做了一个初步总结。我认为：生存、交往、控制与求知，可能是人最基本的四种欲求，也是人的历史的基本出发点：因生存欲求而产生了生计方式，进而形成了经济形态；因交往愿望而产生了关系网络与组织，进而发展为"社会"；因控制而产生权力，由权力的分配与争夺而形成政治、产生国家；因求知欲望而产生了学问，并进而形成系统的知识、技术与思想。同时，死亡与不从，作为生存与控制的对立面，也可以说是生存与控制的衍生物：生死相倚，控制与抗拒共存。因此，死亡与不从，也是人的历史的基本要素。面对死亡的恐惧而形成的个人生命体验与意识，处理死亡的仪式，对死后世界的想象，以及建基于其上的信仰和宗教，乃是人类历史的重要方面；而不同形式的不从或抗拒，则以革命或改良的方式推动历史前进，也是历史进程的重要环节。

因此，如果我们站在"人"的立场上，从"人"出发，以历史上的"人"为中心，将历史看作为人类群体生命的体现，叙述并分析其历史过程，那么，生存—生计—经济、交往—关系—社会、控制—权力—政治、求知—学术—思想、死亡—仪式—宗教以及不从（抗拒）—革命或改良—进步等六个方面及其过程，就应当是历史叙述与分析的主要内容。

这样，我就大致搭起了一个简陋的框架，这个框架的背后，是欲望、需求、情感、梦想等"人性"的基本要素。十多年来，我的思考大致是围绕着这些问题展开的，并试图逐步将之落实到具体的研究实践中。

第三个问题，是如何建立以人为主体的历史的架构，使之尽可能避开所谓"碎片化"的问题。我们去讲历史过程中的人，无论是个人还是人群（群体的人），都只是历史过程中人的一部分，极少的一部分，每个人或人群都有自己的特征、利益诉求、行为方式，并因此而结合成不同的社会，形成不同的文化传统。揭示这种多样性固然极具魅力，由此而形成的历史叙述虽然丰富却不免枝蔓零碎；而建立在多样性历史叙述的基础上，必然会提出多样而多元的历史分析与解释，历史解释的多样性与多元化则必然会加剧这种研究的碎片化。那么，我们怎样搭建这种研究的架构，以使它不至于太过零碎呢？

我本来没有想过这个问题，是姚大力老师的提问促使我去思考。我目前大致的想法，是想以出生、受苦、死亡三个环节，作为构想人的历史的基本框架。他们出生，他们受苦，他们死亡，是句老套的话，却正可以看作人的基本轨迹。每一个人，每一代人，每一群人，以及人类总体，都无法逃脱这句老话的桎梏。我相信逐步的研究会给这三个环节赋予越来越丰富的内涵，比如出生，不仅是指一个自然人的出生，他的政治与社会身份的获取，都可以看作"出生"的过程。同样，受苦与死亡的内涵就更为丰富了。如果我们根据人在这三个环节中的生命轨迹来叙述历史过程，那会是一种怎样的历史呢？有可能做到吗？我还完全不知道，但这种可能的前景对我有很大的吸引力。

五 "我能活几年？"

问：我们知道，以王朝国家兴衰更替为研究对象的传统历史研究的根本目标，是为国家兴亡总结经验教训，是"资治"的；五种社会形态演进的历史叙述与阐释，是为中国革命的必然性提供历史解释；而以国家—社会为核心线索的历史研究的目标与归结点，则主要指向社会建构及其对于国家控制、凝聚及提升力量的意义。那么，您认为所谓"人为主体，以人的行为与思想及其演变为核心线索的"的人的历史学,其目标又究竟是什么呢?

答:人的历史学,当然是为人的历史学。叙述、分析并理解历史上的人曾经怎样活着固然重要,但却不应当是我们的目标,重要的更应当是"今人"为什么会这样生活、应当怎样以及未来会怎样生活下去。司马迁谓"居今之世,志古之道,所以自镜也"。志古之道,乃是为了供今之世人以"自镜"。柯林武德说:"历史学是'为了'人类的自我认识。……历史学的价值就在于,它告诉我们人已经做过什么,因此就告诉我们人是什么。"人的历史学,就在于告诉我们人是什么,现在怎么样,以后可能怎么样。

我得承认,我在考虑人的历史研究为何的时候,首先想到的是为我自己,为了作为"人"的那部分的我(我也有"非人"的那部分)。人到中年以后,我越来越需要给自己找一个从事历史研究的理由,而我越来越找不到更大的理由,除了为我自己。我不想欺骗自己,更不想欺骗年轻的同学们,以及同人,乃至社会和国家。我知道自己在不远的将来将不存在,甚至怀疑自己在"当下"世界里的存在。我逐渐想明白,我努力地工作着,真正的意义仅仅或者说首先是为了证明自己的存在,至少是在当下的存在。我从年轻时,就特别喜欢阿赫玛托娃的诗。有一首,《我问布谷鸟》,很短,只有几行:

> 我问布谷鸟
> "我能活几年?"……
> 松树梢摇摆着,
> 一道黄色阳光落在草地上,
> 但在林中清新的空气里

没有出声……
我要回家
冷风触摸我发烫的头额。

这是台湾诗人李魁贤先生的译本。我对这首诗的理解是：我在这个世界上的存在是如此短暂与虚无，以致我对自己在时空中是否存在及其将来状态感到怀疑。宇宙默然不答，以自身的存在昭示我的存在。我由此而找到自己的家园，智慧与理性，并且窥知到世界的真谛。

很显然，这一节里使用的"我"，并不是我一个人，鲁西奇，而是人。人的历史学，就是用人的智慧与理性，去寻找或建设人的家园。

区域、地方与地域：空间维度下的历史研究[*]

时间与空间乃是人类历史发展最基本的要素：人类历史在空间中展开，在时间中演进。因此，时间与空间的观念及其方法，乃是历史叙述、分析、解释之最基本的观念与方法：在时间过程中考察空间的特点、结构及其形成与演进，遂构成"时间维度下的地理学"，或者可称为"地理学研究的时间取向"；而在空间的结构及其结构过程中分析历史的进程、展开及其特点，则构成"空间维度下的历史学"，或者可称为"历史学研究的空间取向"。无论是时间维度下的地理学，还是空间维度下的历史学，都强调事物形成与演变、事件发生顺序、"结构"生成与演进的连续性、相关性，促使人们在一个"整体性"的时空范畴内考察事物、事件与"结构"；而由于事物、事件、结构等的"发生"必定具备

---

[*] 本文撰写于 2014 年 8—9 月，曾刊于澳门大学主办的《南国学术》2014 年第 4 期。

特定的时空条件,又必然在特定的时空中得以展现,所以,"具有时间性的空间"和"特定空间中的时间"遂交织、融会,形成"时空整体"。整体性的时空范畴和时空融会的时空整体,是时间维度下的地理学与空间维度下的历史学得以成立的基础,而不同学科领域与学术取向的学者从不同角度理解并界定整体性的时空范畴,遂使时空整体在区域、地方以及地域等不同层面上得以展开。

"空间"的观念与方法,虽然最初主要是地理学提出并使用的,但随着经济社会与文化发展之空间差异不断加大与相关研究的不断深入,在经济学、人类学、历史学乃至政治学等领域得到广泛接受和运用,并围绕"空间"等核心概念,展开了相当深入而细致的讨论,提出了诸多立足于不同学科出发点的理论与方法。与之相适应,同时也是史学研究内在理路演进的结果,近年来,历史学领域对空间研究的兴趣也大为增加,许多学者从不同角度理解、界定"地方""地域"或"区域"等概念,根据自己的学术要求与实际情况,选择不同空间尺度的"区域"(从村落到"大区"),对其历史过程与特点展开研究,从而形成了具有不同取向、路径与特点的区域历史地理、地方史、地域社会经济史以及村镇史、城市史研究。我们把这种立足于空间观念与方法,将不同空间尺度的地理空间作为研究对象,探究其历史过程与特点的历史学研究,总概称为"空间维度下的历史研究"。

一 "区域"与区域历史地理研究

在西安半坡新石器时代遗址的北部居住区,中间有一条东西向的小沟,将居住区分成南、北两部分。虽然很难判定这条小沟是自然沟壑还是人工沟渠,但它确实分割了这个居住区,使它表现出两个小区的格局。在早期人类的生存空间里,居住区、墓地、陶器作坊等功能区一般分别开来,有着相对明确的划分;河边的采集种植地、山坡上放牧牛羊的草地,以及山上可供打猎的树林,都构成了居住者生活生产的不同空间;而小河、河边的几棵树、山口的大石头、山峰、山坳,则可能标志着这个聚落生存空间的边界。在早期聚落人群的心目中,对这些区划、界线等,都可能有着清晰的认识与把握:人们用它们来描述自己的生存空间,界定自己生活与生产活动的范围,并把它们看作具有指示和限定作用的标识。

所以,"区域"(region)的观念与方法,可能起源于人们对于生存空间的功能性划分与边界限定。它既是人们看待并把握自己生存世界的方式,也是人们开展生产生活活动的"指示标":人们据此到河边去采集、种植,到山坡去放牧牛羊,到山林里去打猎,走到山口的那块大石边就回来,绝不轻易渡过小河,也不为追赶受伤的猎物而越过山坳——"越界"可能会导致非常恶劣的后果,甚至是死亡。在这个意义上,"区域"观念与方法,源于人们认识、把握自己的生存空间,以及生活生产过程中的功能性划分,但它同时又成为人们认识并描述世界的基本方式,并构成了人们生产生活活动的基本结构。换言之,人们在"区域"里生存,用"区域"划分并描述世界,也同时被限定在"区域"里。

当然,即便是早期的人类,也不是为"活着"而"活着"的。我们可以想象,生活在河谷里的一群人,也会仰望星空,去苦思冥想那个幽远深邃、有无数眼睛的世界;他们会死亡,死去亲人的尸骨就在山坡的墓地里，或者就在居住房屋的地下，亡者的灵魂没有走远，就飘荡在河谷间。这样，人们就有了三个不同的世界：生活的那片河谷，天空，以及河谷的"地下"或"空气"。河谷是"我们"生活着的地方，天上住着神明，地下住着祖先（他们也在河谷的空气中游荡）。这三个世界，构成了人们认识、把握世界的三大区域，它们虽然有所交叉，但界线是大致分明的。天上、地上、地下的划分，可以看作是一种纵向维度的空间划分，它们同样构成不同层面的区域，并且在人们认识、把握世界的过程中发挥着重要作用。

可能出于偶然，也可能不得不然，人们走出自己生存的河谷地，来到山梁的另一边，见到了在另一片河谷里生存的另一群人。他们争夺、冲突，或者和平地来往、互为婚姻对象，都会产生"我者的区域"与"他者的区域"的区别与划分。人们不断地迁徙，或者扩大自己的生存空间，接触、往来、交流的人群越来越多，这就产生了具有不同人群与空间特征的区域。"我者的区域"与"他者的区域"的二元分划就越来越无法适应人们的需要，从而逐步形成越来越复杂的区域划分方法。较早、也相对简单的区域划分方法是以"我们自己"为中心，根据不同空间单元与"我们"之间的"距离"，由近及远，从中心到边缘，依次划分出不同的区域来。邑、郊、牧、野或邑、郊、鄙、奠（甸）的划分方法，以及《尚书·禹贡》所记"五服制"（甸服、侯服、绥服、要服、荒服）的划分方法，都是典型的"同心圆式"的区域划分方法。卜辞所见的四土、四至及诸方，则基本上可视为一种方格区划方式。《汉书·地理志》说：

> 昔在黄帝，作舟车以济不通，旁行天下，方制万里，

画壄分州，得百里之国万区。是故《易》称"先王建万国，亲诸侯"，《书》云"协和万国"，此之谓也。尧遭洪水，怀山襄陵，天下分绝，为十二州，使禹治之。水土既平，更制九州，列五服，任土作贡。[1]

方制，颜师古曰："制为方域也。""方制万里"，也就是将"万里"疆域区划为若干"方"，以"方"划分并界定疆域。画壄，颜师古注："画，谓为之界也；壄，古野字。"也就是划定疆域内部的各区域，并确定其各自的界线。其中，一"方"也就相当于一个"百里之国"（这当然仅是一种模式化的表述），而一"州"则包括若干"方"，亦即若干"国"。显然，方、国、州都被假定为不同层次的方形区域。

如所周知，对已知地理空间的认识、描述与划分，导致了地理学的产生，而"区域"也就成为地理学最基本的观念与方法：从区域出发，将已知世界划分为若干区域，分别加以描述，比较其各自的异同，分析各个区域的特点，概括其共同性，乃是地理学最基本的任务，也是其基本的方法。所以，区域的观念与方法，是地理学用以观察、描述、分析世界的基本方法；地理学考察的主要特征就在于它是"区域"的，而且只能是"区域"的。这种表述包括三方面内涵：（1）区域是地理学研究的具体对象。虽然对于"区域"究竟在多大意义上可以视为一种客观存在，历来有不同的看法（虽然也不乏主张区域具有"绝对客观性"和"绝对主观性"的学者，但总的说来，大多数学者都调和其间，承认区域主要是一种主观观念，但也有一定的客观依据），但地理学者在具体的研究过程中，几乎无不选择特定的区域作为自己的研究对象，即使是"纯粹的"系统地理学研究者，也很少有可能研究某一地理要素在全世界的空间差异。(2)区域是地理学家赖以认知、描绘、分析世界的基本工具和方法。自康德以来,区域是一种自然、经济、政治、社会、文化综合体的观念,早已深入人心。地理学家们普遍相信,任何一个区域的现象,都表现为密切联系的区域复合体,要想理解一个地区较之于其他地区的特征,必须观察、分析区域内的所有现象,并与不同地理单元的相同或相类指标相比较。因此,区域综合遂被视为区域研究的基本方法和目标。地理学家的任务,就是要描绘出所研究区域的综合性知识,进而将这些区域综合的知识缀连起来,形成对世界整体的认识和描述,进而分析世界的总体结构及其特征。(3)"区域特性"是地理学探讨的核心内容之一。对区域特性的探讨与揭示,是地理学形成、发展并具有社会意义的根源。关于区域独特性的问题,不同的地理学家的认识很不相同,但越来越多的地理学家相信:既然世界上的每一个人都是独一无二的,那么,每一个区域也是独一无二的;每个区域都具有或可能具有与众不同的特性,与"人"一样,其特性在很大程度上是本身历史的产物。区域研究的目标,就是要揭示这种特性,即"区域特性"。区域特性,特别是区域的地理特性,构成了地理学实践的核心。

正是在承认区域及其特性乃是其本身历史的产物这一前提下,"区域历史地理研究"得以提出。在学理上,区域历史地理研究是区域地理学的历史回溯或"逆向延伸",旨在探究区域特征形成的历史过程,分析区域特征是如何形成的,是试图"回到历史过程中"看区域特性的形成。任何一位严肃的地理学家,都不可能不考虑所研究区域的过去,探寻往日的踪迹。一个区域的特性,特别是其文化特性,必然在"时间过程"中才得以展现出来,忽略"时间性"的区域特性是不存在的。区域的"时间性"绝不仅仅是简单的纪年时间，而是有其丰富的内涵：首先是研究者的"时间性"，即研究者所处的特定历史阶段与文化情境；其次是研究区域人群的"时间性"，即生活在研究区域内的那些人群自身创造、发展其文化（广义的"文化"）的历史过程，以及他们对这一历史过程的描述；最后是所谓客观的"时间性"，亦即研究者假定尽可能排除了自身及研究区域历史人群之主观性的、以纪年时间为基准排列的"客观"历史过程。

因此，区域历史地理研究的立场是非常明确的，那就是研究者自身所处时代的社会与文化，是站在"今人"的立场上，从"今天"的区域面貌及其特性出发，"回首"去看这种面貌与特性形成的历史过程。所以，区域历史地理研究的基本方法，乃是"回溯法"，或称"逆推法"，亦即"由今溯古"。其具体研究路径一般是：首先，由研究者所处时代的区域地理面貌出发，逐次向前推，根据研究的需要，选取不同的时间段，建立反映各不同时段区域面貌与特性的历史地理剖面（如研究秦巴山区的历史地理，就可以首先依据当代地理数据，弄清 21 世纪初该地区的地理面貌与特征；然后向上回溯，逐次建立起 20 世纪 80 年代、20 世纪 50 年代初、20 世纪初、19 世纪中叶、18 世纪中叶、17 世纪中叶等时间段的历史地理面貌及其特征）。然后，将不同时间段的历史地理面貌与特征加以比较，分析究竟哪些方面发生了变化，引起变化的原因或机制是什么，哪些因素并没有发生根本性的变化，这些相对稳定的因素意味着什么。这样，就可以理清该地区历史地理面貌及其特征演变的轨迹，描绘出各要素变化的曲线，明了其变化的内涵与意义。最后，将研究区域放在一个更大的地理空间范围内，或者将对研究区域历史地理过程及其特征的认识，置入对广泛意义的历史地理过程及其一般特征认识的总体认识体系中，分析所研究区域的独特性与共同性，进而界定其地位与意义。

区域历史地理研究的出发点是区域地理，目标是理解、认识区域地理面貌及其特性的历史过程，所以，它在研究方法上有很强的"地理性"和"科学性"。研究者一般会从区域自然地理条件入手，对区域自然资源条件、生态环境及其变迁、资源开发与经济发展、区域人地关系系统及其演变等问题，展开深入细致的考察，其特点是强调科学方法的运用，特别是数量分析与模型分析，弱点则是在观念上以"物（地理事物）"为本，对区域民众缺乏关注，往往有"见地不见人"之失。这就要求研究者在"回溯过去"的过程中，需要尽可能充分地考虑历史时期区域居住人群的需求和立场，以他们的眼光描述、评价其生存区域的环境、面貌与特性，而不能单纯从"今人"特别是研究者的立场出发。这种观察视角的转换，在具体的研究中，是相当困难的，但唯有如此，才可能最大限度地去除观察者的主观性，去洞察、理解与"今人"相距遥远、内涵相异的历史文化及其所依存的区域。

二 "地方"与地方史研究

"地方"(local)这个概念，与"地点"(place)、"场所"(locale)、"区位"(location)等概念联系、交织在一起，很难做出明确的区分和界定，不同学者的看法也存在巨大差别。大致说来，地点、场所、地方这些概念，都与使用者确定、描述自己或他人在这个世界上所处的位置有关，主要用于界定自己或他人（或事物）的位置或地位。比如我们描述自己居住在哪里、在怎样的地方、是什么地方的人。它当然可能表现为一种固定的实体形式，比如房屋、街道、商店、村落、城镇乃至河谷；但也可能并不具有明确的实体内涵，比如我们说自己"处于社会底层"或者是"中间阶层"（这也是一种"位置"，是在社会体系中所处的"地点"），或者说自己具有"中等文化程度"（这是"文化位置"，在文化体系中所处的"地点"）等等，虽然并无实体形式，但其所表达的一个人在这个世界中的"位置"（它可能比那些实体形式的位置更为重要），是非常清楚的。

地方、地点、场所等观念，首先是一种主观概念，它所表达的，主要是使用者的主观认知与界定，强调的是使用者在这个世界上的"亲身经历"。我们立在街头，观察并描述自己所看到的景物，即可向朋友传达自己的位置信息，不需要或无法使用精确的经、纬度指标；同样，我们描述自己的家乡，也主要依据自己的观察与感性认知，而不是"科学数据"（虽然"科学数据"也并不客观）；我们描述自己的社会地位，虽然有一定的财富、权力指标，但更主要的乃是一种认识，一种自身与所处群体的感觉和认识。因此，对于"地方"的认知与描述，一般是从认知与描述者自身（"我者"）的立场出发的，是一个以"我"为中心的同心圆或辐射面；认知与描述的目的，是界定并突显出"我"在这个世界上的存在及其位置。所以，"地方"是人界定、认同自己身份以及描述自己的根据。立足于一个"地方"，就可以拥有一个面向世界的基点，从而可以把握一个人在世界秩序中的位置；如果失去了可供作为基点的"地方"，一个人就会"漂浮"在这个世界上，无所凭依，也无所适从。人们在精神与心理上对"地方"的依恋或归依感，根源也就在这里。

在这个意义上,地方、地点、场所等观念,是一种相对观念,它需要依靠由"他者"构成的参照系来确定自身。我们站在街头通过电话向朋友描述自己的位置,前提是朋友对我们所描述的事项可以理解并把握。同样,我们对家乡的描述,也以接受此种描述的人可以理解所描述的事项为前提。而这些前提的核心,是描述者与接受描述者处于同样或可以沟通的社会文化环境中。因此,"地方"的观念,在一个特定的社会范围和文化环境中才有意义,它需要有一个在相对固定的空间范围内的个体之间相互作用所形成的社会关系网络,才能发挥作用。因此,地方的观念,至少在其初起之时,是与"小区""共同体""群落"(community)之类的概念联系在一起的,其意义在于某一"小区"或"共同体"及其成员以其生存生活的空间范围作为界定自身的重要指标,并且这一"小区"或"共同体"的存在就立基于这一"地方",这一"地方"甚至可能被视为生活于其间的"小区"或"共同体"本身。所以,地方的观念,强调的实际上是居于此一"地方"的社会,所指的主要是生存生活于这一"地方"的人群所结成的社会关系网络,即"小区"或"共同体"。而所谓"地方性"或"地方特性",强调的也主要是某一地方的社会关系网络的特点,或者说是某一"小区"的社会特点,是由多种个人、团体及其利益在空间中集聚所形成的社会能量和作用的总和。

尽管如此,"地方"仍然很难确定为必然是一种"客观"的社会实体。"地方"的"存在",在很大程度上仍取决于人们在主观上的认同,即"地方感"的存在。很难明确"地方感"的具体内涵,只能大致表述为对"地方"的感知、理解和认同:对地方的"感知"应当以"亲历"为基础;"理解"则是从自身出发对"地方"在人类(包括理解者自身)生存与活动中意义的认识;"认同"或者可以表述为,个体作为人群或社会的一员,处于一个群体内部并属于这个群体的"感觉"、肯定及表达。"地方感"可以表现为人对地方的热爱("恋地情结",topophilia),而其本质则是人类与其所生存的地理环境的感情纽带。在这个意义上,"地方"与"地方感"一样,在本质上是一种主观概念。而在当代社会中,地方、地方感以及与之相对应的诸种地方景观特征,正在被渐渐根除;"地方""地方感"都在慢慢消失,沦为边缘或弱势话语。

因此,"地方史研究"的目标(不论所研究"地方"之地理空间范围的大小),应当是站在"本地人"的立场上,揭示"地方特性"及其历史过程,是为"本地人"理解、突出其"本地"特色服务的,或者说是试图通过对本地历史过程的梳理,认识本地的"地方特性"。简言之,地方史是地方人群对自身历史的叙述与认识。其所关注的,并非历史的客观过程,而更在于通过对本地历史的想象与叙述,彰显本"地方"的历史叙述在更为宏大的历史叙述中的意义,并借此以界定其本地人群及其文化在更为广大的人群与更为宏大的文化中的特点与地位。而外部研究者关注地方史,则主要是分析地方人群对自身历史的叙述与认识,所持的主要是一种"文化史"的立场。

湖南省华容县有一批地方学者,以李春阳、江良发两位先生为代表,多年来锲而不舍,一直在探讨著名的"华容道"问题,试图证明"赤壁之战"后曹操败走的"华容道"就在今天的华容县境内,并为此做了大量的文献考证、实地考察工作,形成了一些初步成果。对于李春阳、江良发等地方文史工作者的诉求与工作，很多历史学者往往不能理解。2005—2008年，我曾有机会几次到华容县做田野考察，得与李春阳先生等当地文史工作者相识。经过多次交流，我才慢慢地认识到：华容道是否在今华容县境，对于李春阳先生及其朋友们来说，绝不是一个单纯的学术问题，而关系到他们对于家乡历史的建构，以及他们所生长的这片土地在中华帝国及其漫长历史过程中的地位，换言之，是一个关涉他们从哪里来、在哪里、做过什么、发挥过什么作用的大问题，所以，在很大意义上，其可以表述为"一个关于生存及其意义的问题"。在华容，我多次听到李先生及其朋友们以及地方政府的领导说起"如何提高华容知名度"的问题。初听之下，以为这不过是时下最为流行的"文化搭台，经济唱戏"的地方工作思路的组成部分；仔细思索，则觉其中更蕴含着"华容在中国历史上的地位与作用"这样的大问题，有其丰富的文化内涵。显然，华容在中国历史上曾经具有怎样的地位、发挥过哪些作用，关系到界定当今华容县在当代中国经济、文化乃至政治生活中的地位与作用，也就是关系到如何定义"华容"与"华容人"。因此，对于华容人来说，是一个"安身立命"的大问题。

所以，"地方史"应当主要是当地人的历史，是由当地人叙说、为当地人服务、讲给当地人听并且让他们相信的历史；而无论历史的真实性如何，也无论"经院派"的历史学者们叙述的"历史真实"如何，只有当地人自己相信为"真实的历史"，才是当地人群自己的"地方史"。

三 "地域"与地域史研究

"地域"(locality)一词,或者可以看作"地方"与"区域"的融会。至少在中文语境中,"地方"所指的空间范围相对较小,主要是与村落、市镇之类可以看作不同层面的"小区""共同体"的社会网络体系相对应的空间观念。当我们讨论的空间范围中可能包含较多的小区或共同体时,使用"地方"就不足以涵盖其所涉及的地理空间。于是,以"地方"为基础,适度地扩展其空间范围,就形成了"地域"的概念。"地域"主要是研究者设定的概念,其空间尺度是不确定的,其内涵也不太明确。一般说来,"地域"不是一个能够划定边界线的简单的空间领域,而是根据一系列复杂的、变动中的社会关系及其过程来确定的、不稳定的地理空间;在"地域"的观念下,研究者所关注的,也是特定地理空间范围内诸种社会关系的生成、结构及其演变,所以研究者也可能根据社会关系网络的演变,调整其所研究的"地域范围"。

与"地方"不同,"地域"的概念及其划定一般是外来的观察者或研究者从"外部"给予并加以界定的,生活于研究区域内的人或人群自身,一般并不使用"地域"的概念,也不了解研究者所界定的"地域"范围及其概括出来的"地域性"。在这个意义上,"地域""地域性"是相对脱离于所研究地域的人群的,这与"地方""地方性"主要是当地人使用、界定的概念形成鲜明对比。"地域"所指的地理空间范围一般比"地方"也要大一些,其所包含的社会关系网络及其形成与变化过程,也可能比"地方"复杂得多。即便是使用"地域共同体"之类的概念,其蕴含也比"小区"更为复杂。质言之,"地域"的观念主要是外部研究者提出并使用的,而"地方"的观念则一般是"本地人"(包括本地研究者)的。

作为一种思想方法,"地域"的观念与方法将"区域"与"地方"两种观念及其对应的方法结合起来:"地域"研究者主要从外部划分并确定其研究对象的地理空间,并将之界定为"地域",这种做法,主要来源于"区域"的观念与方法,可以看作划分世界的方式;同时,"地域"研究者也强调生存于研究区域范围内的人与其所生存的地理环境之间的依存关系,关注地域人群对"本地"的依恋与归属感,这样的思考方法,则主要来源于"地方"的观念与方法;此外,"地域"研究者一般也会关注研究区域的空间分异与结构,讨论研究区域内的"小区"或不同层级的"地域",这种办法又融合了"区域"与"地方"两种观念下的研究理路。但也正是因此,"地域"观念的界定多少显得有些模糊不清,研究者的立场也往往在"本地"(局内观察者,"我者")与"外部"(局外观察者,"他者")之间游移、变动,从而显得不够清晰。

由此,我们可以大致明晰"地域史研究"与"地方史研究"的异同。"地域史"一般是外部研究者基于自己的研究立场,从外部划分出特定的地理空间和社会范围,考察其范围内社会体系的形成及其变化过程。虽然"地域史"的研究者也往往强调其出发点是地域的或地方的,但其立场仍然主要是外部的,目标是探究社会体系的不同类型及其形成、变化过程;其所说的"地方性"实际上是"外来观察者眼中的地方性",而不是当地人的"地方性"。当然,从地域史的角度出发研究一个特定地域,也需要尽可能去理解当地人对自身历史的认识与叙述,但即使研究者就是本地人,这种理解仍然是"外来者"的。

地域史研究关注的核心问题，是研究范围内的社会，亦即以人际关系网络为基础的社会的形成与演变，所以，在根本上可以归入"社会史"。这里的"社会"，是在广泛的意义上使用的，它包括人们因生存欲求而产生生计方式，进而形成经济形态；因交往愿望而产生关系网络与组织，进而发展为"社会"；因控制而产生权力，由权力的分配与争夺而形成政治角逐与结构；因求知欲望而产生了学问，并进而形成系统的知识、技术与思想；等等。从地域史的角度出发，经济开发与经济形态乃是地域社会得以生成并发展的基础，国家权力或其他来自地方（地域）之外的政治权力则在地域社会的形成与变化过程中发挥了至关重要的作用，而社会伦理规范与文化叙说则既是地域社会形成的"能动性"因素之一，又是其结果。所以，地域史的核心线索，就是地域的整体社会史，它实际上涵盖了地域范围内的经济、政治、社会与文化的各个方面及其过程，是关于特定地理空间范围内人的活动的整体史或总体史。

强调所研究地域的整体性或总体性，可以说是地域史研究最重要的特征。从事地域史研究的学者，都把所研究的地域看作一个内部有着密切关联或凝聚性的整体，将之视为在特定地理空间范围内，一些由因果关系或其他关系及其过程联结形成的复杂综合体，并且可能独立地成为更为广泛的社会关系过程中强有力的社会实体（虽然它事实上未必是"客观存在的"社会实体），进而在更为广泛的社会、政治与文化进程中施加影响、发挥作用。所以，地域史研究的整体性，主要有三方面含义：一是作为一个"社会实体"（无论它是"主观的"，还是"客观的"）的地域及其形成，即"地域的形成"；二是作为一个整体的地域内部，诸种关系的形成、密切程度及其表现，以及由此而展现出来的地域整体的特性，即"地域的特性"；三是作为一个整体的地域，在一个更为广泛的历史进程中究竟发挥了怎样的作用、具有怎样的地位，亦即"地域的意义"。地域的形成、特性及其意义，应当是地域史研究的三个主要方面。

与地方史研究相同，地域史研究也强调"本地人群"在地域历史进程中的主体地位，同时也关注地域在"本地人群"的形成过程中所发挥的作用。换言之，"本地人群"既是"本地历史"的创造者，也是"本地历史"的结果，它正是在"本地历史"的进程中逐步形成的，或者说，是由"本地历史"塑造的。"本地人群"世世代代生活在这一地域，是一些活生生的、具有历史与生活经验的、有矛盾心理和情绪的"人"。他们为了生存与发展、追求美好生活而不断"适应"并"改造"其所处的环境，摸索并建立适合自身生存与发展需求的社会组织与制度，创造并不断"改进"具有自身特色的文化的历史；而在这一过程中，他们也形成了对自身的认同与界定，具有了自身的"地域性"或"族群性"，并用自己生存的地域给自己贴上了标签。地域史研究的目标之一，就是要理解、认识并描述这样的"地域人群"，并倾听、记录他们对自身及其历史的叙说，进而提示其"人群的特性"，亦即地域的"人群性"。

因此，地域史研究的归结点是"人"，是理解并认识所研究地域的"人""人群"及其特性，其最终目标是理解、认识"人性"，是从地域出发探究"人性"，特别是揭示人性的"地域特性"，分划人性的地域"类型"，并最终为探讨人类的基本特性及其发展轨迹而做出贡献。

四　区域、地方与地域："人的空间"

如上所述，区域历史地理研究的归结点是"地"，是研究区域的区域特性，它最终是为认识我们生存的这个世界的地理空间奠定基础的，是从区域出发探究世界的"空间特性"的；地方史研究的归结点是"地方人群"，是当地人群怎样认识、看待、叙述自己的历史，并借此对其本身、本身的历史与文化给出界定，最终是为当地人群认识并界定自己服务的，其落脚点是"当地人"；地域史研究的归结点则是"人的地域性"，是通过对地域历史与文化的考察与分析，探讨"人性"在不同地域背景下的表现及其方式，最终是为认识"人性"（人类的根本性质）奠定基础的。显然，要理解"地"（空间），不能离开生活在"地"上的人以及不同的人对"地"的描述与认识；要认识"人"，也不可能忽视其所生存生活的"地"，和他们对"地"的认识、适应、利用与改造以及描述。所以，将区域历史地理、地方史、地域史研究的相关理路结合起来，把对"人"与"地"的认识联系、整合在一起，实为学术内在理路发展之必然。而在这一结合过程中，"人为中心"的空间，则应是从空间维度观察、分析历史过程的根本出发点。

毫无疑问，空间是以自然的地理形式（geographic form）和人为建构的环境（built environment）为基本要素及中介物的，它同时又是依存于其上的人群通过各种活动不断建构的结果。[2] 这里有三层内涵：第一，空间的"自然地理形式"需要通过"人"的认知与利用才会被赋予"意义"；第二，"人为的建构环境"乃是空间的核心内涵；第三，空间具有特定意识形态或知识背景，是在特定政治经济与社会文化条件下不断建构的结果。显然，"人"

在空间及其建构过程中，居于中心地位。将这一认识落实到空间维度下的历史研究中，就需要把区域、地方、地域等概念与对象，主要视为"人的空间"，即因人的存在、认识与活动而得以获取意义的空间实体。

以历史时期乡村聚落（村落）的研究为例。乡村聚落是乡村居民最重要的生产生活空间，选取什么样的地方建造自己的房屋、建造怎样的房屋、怎样安排自己的宅院，以及怎样处理房屋与耕地、左邻右舍（如果有的话）、村落中的其他设施（道路、公共设施）之间的关系，是农民生活中的大问题，甚至是与婚姻、生育等人生大事同等重要的事情。所以，研究历史时期乡村聚落的形态，必须努力站在历史时期研究区域内乡村居民的立场上，设想与他们处于同一种特定的历史、地理与社会情境中，复原并想象其生存、生产与生活的地理与社会空间，方有可能对其居住形式给予一种最大程度上符合历史实际的描述与解释。这就是所谓"走向历史现场"的历史人类学立场。陈春声先生曾经谈到历史人类学立场的区域历史研究，"既要把个案的、区域的研究置于对整体历史的关怀之中，努力注意从中国历史的实际和中国人的意识出发理解传统中国社会历史现象，从不同地区移民、拓殖、身份与族群关系等方面重新审视传统中国社会的国家认同，又从无时不在、无处不在的国家制度和国家观念出发理解具体地域中'地方性知识'与'区域文化'被创造与传播的机制"[3]。这些原则，也同样适用于历史时期乡村聚落形态的研究。

站在"人的空间"的立场上研究历史时期乡村聚落的形态，可能提出许多饶有趣味的新问题和新阐释。比如，乡村聚落起源于定居生活，没有定居（至少是季节性定居）也就无所谓乡村聚落。

那么，人们为什么会选择定居这种居住方式？早期的解释倾向于认为是农耕生活的需要导致了定居，并催生了聚落。但是，早在早期游牧群落的文化中，就发现了至少是某种定居的倾向，一个以岩画或巨石冢为标志的礼仪或祭祀中心，像候鸟迁徙那样相对固定的、每隔一段时间就会回来的地点。凡此，都引导我们去思考：定居，或较长时间的居住，并不一定起源于原始农业的发展，而很可能起源于人类早期的生活与信仰。芒福德说：

> 在旧石器时代人类不安定的游动生涯中，首先获得永久性固定居住地的，是死去的人；一个墓穴，或以石冢为标记的坟丘，或是一处集体安葬的古冢。这些东西便成为地面上显而易见的人工目标，活着的人会时常回到这些安葬地点来，表达对祖先的怀念，或是抚慰他们的灵魂。虽然当时的采集和狩猎的生产方式不易形成固定地点上的永久性居住，但至少死去的人可以享受到这种特权。[4]

固定的墓地、相对固定的礼仪与祭祀场所（与生产生活有关的巫术举行地），很可能是最终引导早期人类较长时间居住于某一特定地点或有规律地回到这个地点的最重要的原因。

另一方面，即便是在农业经济已相当发达的明清时期，也并不一定所有从事农耕的乡村居民都采用定居的方式。明清时期，进入秦巴山区的移民在很长时间里仍然采取游耕和流动居住方式。严如煜《三省山内风土杂识》记载，进入秦巴山区的流民"不由大路，不下客寓，夜在沿途之祠庙、岩屋或密林之中住宿，取石支锅，拾柴作饭。遇有乡贯便寄住，写地开垦，伐木支橡，上覆茅草，仅蔽风雨。借杂粮数石作种，数年有收，典当山地，方渐次筑土屋数板，否则仍徙他处"。"棚民本无定居，今年在此，明年在彼，甚至一岁之中，迁徙数处。即其已造房屋者，亦零星散处，非望衡瞻宇、比邻而居也。"[5]只有在当地取得稳定的生计来源，特别是取得了稳定的土地所有权或租佃权、建起了堰坝等水利设施之后，这些流民才会真正地考虑定居下来，死后不再回葬故里，甚至将祖先从故乡迁葬新居地。唯有如此，流民才真正在移住地扎下根来，建立起稳定的新聚落。

再如，一般认为，聚居是人类最初的居住方式，血缘组织则是最早的聚落社会的骨架。而我们对汉水流域新石器时代文化遗址所反映的聚落状况的分析表明：新石器时代汉水流域的聚落是内凝式的，整个聚落的房屋、墓地、手工业作坊，紧密地聚集在一个规定的范围内。每个聚落的独立性或自给自足性十分明显，人们在聚落中居住、生活，组织生产和有关的经济活动，就是死后也以聚落为单位进行安葬。聚落的人口承载量是有限的，少则数十，多则一两百人。聚落与聚落之间的距离一般较远，距离最近者，也控制在各自的农业生产区不相接壤的原则上。聚落间没有明显的性质上差别；相邻的聚落间可能有文化交往，甚至发生姻亲关系，但相互间不相隶属与依存，各聚落均是独立的。因此，可以肯定，至少在汉水流域，新石器时代的聚落最先是表现为散漫型的，以散居为主；只是到后来，随着史前农业的发展和社会组织的进步，才逐渐出现较大的中心聚落乃至城壕聚落，形成集聚村落；但即使在出现集聚村落的新石器时代晚期，散居仍然是汉水流域人类居住的主要形态。这种情况，大约到春秋战国时期也并未发生根本性的改变，只是后来随着人口的逐渐增加与地区经济的不断发展，才逐渐发展成为规模较大的聚居村落，并进而发展成为城。结合我们对汉宋时期长江中游地区乡村聚落形态及其演变的考察，可以相信，在长江中游地区，散居，而不是聚居，是人类最初的居住形式，也就是这一地区人类居住的原始倾向。由此出发，我们进而认为，从农业生产的角度来看，"位于田地中央的孤立居住的形式，是一种很优越的居住方法，它给农民以自由，它使他靠近田地，它使他免除集体的拘束"[6]。因此，经济生活的需求，是导致散居作为一种原生居住方式的根本原因。

在上述简要分析中，乡村聚落这一地理事项，是因为人的需求而产生的，是"为人"的、"人建"的，并因此而具有"人性"。这个空间不是"死的"，而是活生生的、富有人性的。同样，我们相信，无论从何种角度出发研究区域、地方或地域，它们都是活生生的、富有"人性"的，所不同的是观察与被观察的"人"不同而已。

不仅如此，在空间里生存、活动并建构空间的那些"人"，是处于特定空间中的"人"，而不是抽象的、用数字表示的"人口"。历史学与地理学研究区域，都涉及研究区域范围的人口，而且都从人口迁入、分布与增长入手。但是，一般论及区域人口，多着重于考察人口数量，以给出人口数增长曲线为归结点，其所讨论的区域人口，往往是抽象的人口数据，是"人口数"，而不是努力谋求生计、改善生活条件与社会经济地位的、活生生的地域民众。"人的空间"维度下的历史研究，首先就是要在已有研究理路的基础上，把"区域人口"还原为"地域民众"，关注地域民众的基本需求、能源选择、生存适应、信仰与文化等生存生活的基本方面，努力站在地域民众的立场上，去认知其所生存生活的环境，考察其适应、利用地域资源与环境条件的方式方法，而不仅仅是以"外来观察者"的身份，秉持所谓"科学、理性的"态度，高高在上，对区域历史与现状做出评判。因此，所谓"人的空间"维度下的历史研究，就是要研究区域、地方或地域内居住人群的历史，是千百年来生活在那里的"人"为了生存与发展、追求美好生活而不断"适应"并"改造"其所处的环境，摸索并建立适合自身生存与发展需求的社会组织与制度，创造并不断"改进"具有自身特色的文化的历史。

注释：

1. 《汉书》卷二八上《地理志》上，北京：中华书局，1962年，第1523页。

2. 黄应贵主编《空间、力与社会》，"导论"，台北："中央研究院"民族学研究所，1995年，第3—4页。

3. 陈春声：《走向历史现场》，《历史·田野丛书》总序，见赵世瑜《小历史与大历史：区域社会史的理念、方法与实践》，北京：生活·读书·新知三联书店，2006年，第Ⅰ—Ⅶ页，引文见第Ⅲ页。

4. [美]刘易斯·芒福德：《城市发展史——起源、演变和前景》，宋俊岭、倪文彦译，北京：中国建筑工业出版社，2005年，第5页。

5. 参阅张建民《明清长江流域山区资源开发与环境演变》，武汉：武汉大学出版社，2007年，第467—522页。

6. [法]阿·德芒戎：《农村居住形式地理》，见氏著《人文地理学问题》，葛以德译，北京：商务印书馆，1993年，第169页。

中国历史的南方脉络 *

一 对以北方中原历史为主线索的中国古代史叙述的质疑

有关中国古代史的传统阐述,从总体上看,是以北方中原地区的历史发展为主要阐述脉络或叙述线索的,甚至可以表达为一种"北方中心论"或"中原中心论"。在以"王朝更替"为主要叙述线索的中国古代史阐释体系中,有关南方地区的历史发展,

---

* 本文最初是写给自己看的一个工作计划,第一稿题为《关于南方中古历史研究的几点思考》,写于 2008 年 1 月 18 日;第二稿题为《关于南方历史研究的入手点与研究步骤》,写于 2008 年 7 月 31 日;第三稿是为在复旦大学历史地理所的报告而准备的,题为《中国历史的南方脉络:一种研究理路——以中古时代为中心》,写于 2009 年 11 月 15 日,于 2009 年 11 月 17 日在复旦大学历史地理研究所(王振忠教授主持)作了一次报告,并与姚大力、王振忠、张伟然、李晓杰、安介生、张晓虹诸教授及史地所其他同人进行了很好的讨论,他们给我以很大教益。2011 年,在前三稿基础上,又作了一些修改,改作今题,作为拙著《人群·聚落·地域社会:中古南方史地初探》(厦门:厦门大学出版社,2012 年)的代序。

主要被叙述为中原武力向南方地区的扩张与征服，北方人口南移带来了南方地区的经济开发；然后是王朝制度在南方地区的推行——建立起强有力的官僚系统（以及附属于官僚系统的诸种制度设置，诸如选官制度、法律体系等），对南方地区实施有效的行政控制，使这些地区的民众纳入王朝国家的户籍与赋役体系之中；再进一步，则是所谓"教化"的展开，王朝国家通过诸种手段或途径，诸如教育系统、选举系统、奖励表彰与惩罚手段等，推行所谓"王化"，将正统意识形态灌输到南方地区，"变夷为华"或"化蛮为夏"，最终完成对南方地区的"文化改造"，即所谓中国文化的"标准化"或"正统化"过程。

半个多世纪以来，中国历史学界主要从两个方面，对这种以中原历史为中心线索的历史叙述和阐释，提出了较全面的批判。一是中国文明起源的多中心论或多元论。经过苏秉琦、张光直、石兴邦等几代考古与古史研究者的多年探索与努力，现在，黄河中下游地区（中原地区）为中华文明起源的单一中心论，已经被抛弃，中国文明起源的多中心论或多元论已经得到广泛的承认。考古与上古史学界已大致认同如下的观点。距今 6000 年至 4500 年间的中国早期文明，至少有几条线索：(1) 中原地区以所谓"华夏集团"为主体的仰韶文化—龙山文化（早中期）；(2) 山东半岛南至江淮地区以所谓"东夷集团"为主体的大汶口文化—山东龙山文化；(3) 江南环太湖地区亦以"东夷集团"为主体的马家浜文化—崧泽文化—良渚文化；(4) 长江中游地区以所谓"苗蛮集团"为主体的大溪文化—屈家岭文化—石家河文化；(5) 燕北辽西地区很可能是以"黄帝集团"为主体的红山文化—后红山文化（小河沿文化）或夏家店文化；(6) 内蒙古中南部可能也是后来属于所谓"黄帝集团"为主体的仰韶前期—海生不浪文化—龙山文化;(7)以鄱阳湖、珠江三角洲为主轴的南方地区的仙人洞—筑卫城—吴城文化及西樵山(玲珑岩)文化—石峡文化;(8)巴蜀地区的三星堆文化—十二桥文化。考古工作者与古史研究者虽然对这些文化区系的划分及其相互关系、内部分区与类型有诸多不同认识,但总体方向上,认为中国早期文明是由不同源流构成、拥有多个中心和多元特征,相互融会,"大浪淘沙",逐步从"多元"中形成"核心",则是一致的。[1] 这种理路,从根本上改变了文明起源史研究中的"传播扩散"阐释模式,从而对所谓"中原文化南下"(以及向四周扩散)的古史阐释系统带来根本性的冲击或否定。

对以中原历史为中心线索的历史叙述和阐释提出全面批评的第二个方面,来自"华南学派"以东南沿海地区为中心的有关地方社会之建构,或称之为历史人类学的研究理路与方法(又以珠江三角洲及西江流域、福建莆田平原与闽西山地、台湾地区的研究为中心)。华南研究的出发点之一,乃是试图摆脱王朝通过军事扩展、政治控制与教化,从中原向周边(包括向南方地区)扩张,最终建立起统一中华帝国的阐释模式,而是把中华帝国视为一个文化的观念。帝国权威的隐喻向南方边疆社会的渗透,不是通过自上而下地发布法令去实行的,而是通过本地人自下而上提升自己的动力而得到实现的。他们在某个历史时期采用了来自政治中心的命题,并在建造地方社会的过程中,把这些命题当作国家秩序的语言加以运用。[2] 换言之,移民、教化、开发与文化传播的历史,不仅仅是文明扩张的历史,更应当被理解为基于本地社会的动力去建立国家秩序的表述语言。在这样的思路下,不同的地方,在进入中华帝国政治经济社会与文化体系的过程中,实际上走过了不同的路程,并因之而具有不同的内涵。[3]用科大卫、刘志伟两位先生的话说,就是:"在大一统的概念下,在不同的时空里实行同一个制度,可以存在着极大的分歧。理由很简单,明清帝国均拥有庞大的地域与人口,东、南、西、北各个部分的地理环境有极大差异,风俗也各不相同;不同的地区,在帝国内也扮演着不同的角色;更重要的是,不同的地域即使经历过共同的王朝历史,也各自有着内容上很不相同的本地历史过程。"[4]显然,华南研究的魅力之一,正在于展示了中华帝国晚期历史发展和地方社会建构的多样性。

相比较而言,中国中古史的研究,主要是两汉魏晋南北朝隋唐宋元史的研究,虽然也表现出一些多元化的倾向,但总的说来,仍然是以中原地区的历史发展特别是以王朝兴替的历史为主要脉络的。虽然对六朝时代、中晚唐九国、南宋时期南方地区历史的研究取得了很大进展,但是,如果我们仔细琢磨有关上述三个时段的历史叙述与阐释的总体取向,可以发现:相关研究仍然主要是放在其对于南方地区之发展的意义上,强调的是这一时期南方地区经济社会取得了长足的发展,所以可以表述为"王朝历史之下的南方地区史";而不是放在它对于中国历史发展的意义上,强调的不是它在中国历史上的意义,所以不是"南方地区的中国史"。更重要的是,有关两汉、隋唐乃至北宋历史的阐释与研究,基本上仍然是以中原王朝历史为主要脉络的,南方地区的历史,基本上被视为一种附属的地位。我们对这一漫长时期里南方地区的历史,所知其实并不很多,在已有的中国历史叙述与阐释体系中所占的比重也相当轻。

这中间有两个重要的关节。第一，统一的隋唐王朝，其所继承的南方地区，与其所继承的北方中原地区，实际上是两个历史传统：前者是六朝以来的南方传统，后者则是主要形成于北魏、东西魏及北周、北齐时代的北方传统。就土地制度、乡里制度、徭役制度而论，已有的研究已充分地揭示出魏晋北朝是一个一脉相承的系统，其演变线索是清晰的；而六朝特别是东晋南朝是另一个系统，这个系统在两汉时代即与中原地区有异，在六朝时代的演变过程中，与北方中原地区的差距越来越大。那么，隋唐统一之后，这两个历史传统是如何逐步融会的呢？这就出现了是否存在所谓"南朝化"的争论。但争论双方的着眼点，乃是隋唐统一王朝的制度渊源，并未全面触及统一王朝的制度如何在各地推行、实施的问题。具体地说，隋唐统一的过程实际上表现为北方中原王朝对南方政权的征服，那么，在制度实施层面上，立基于北方中原地区的诸种制度（如以封闭空间隔离人群为主要特征的里坊制、以限田为核心的均田制、较之东晋南朝远为严格的户籍制度、在西魏大统间成熟的府兵制，等等）是如何向南方地区推广并具体实施的？换言之，这些主要从北朝历史上一步步形成、演化而来的诸种制度，在隋唐统一后，如何吸纳以及吸纳了多少六朝以来的"南方传统"？融会北、南两个传统（以北方传统为主）之后形成的诸种制度，是否在南方地区得到普遍推行？如果回答是肯定的，那它们又是如何实施的？比如在南方分散居住的丘陵山区，以户籍控制为核心的乡里制度是如何实施运作的？在存在大量可垦荒地的长江上中游及岭南福建地区，以限田为目标的均田制又是如何实施的？在南方地区大部分继承六朝以来城垣形态的治所城市里，是如何建立起像长安、洛阳、平城、太原那样规整的里坊的呢？而如果我们的回答是否定的，那么，其情形究竟如何？王朝国家又是如何在南方地区（当然不是整体的南方地区）实现其统治的呢？

第二，北宋统一后所继承的南方地区，与其立基的北方，其实也是两个历史传统。赵宋王朝是从晚唐河北、河东藩镇、五代政权中脱胎而来的，向无异辞（毛汉光先生曾有详尽的讨论），其所直接延续的乃是中唐以后逐步变化而以河北、河东藩镇为核心的北方传统，陈寅恪先生将这一传统称为"胡化"，虽仍可讨论，但却切中要害，即中晚唐五代的演变轨迹，是对"唐"的"反动"，或者说是"非唐的"。而中唐以后，南方地区其实就走上了与北方不太相同或很不相同的道路：在很大程度上，前后蜀、杨吴—南唐、钱氏吴越乃至马楚、南汉、荆南，都是在李唐的基础上继续向前走，是继承唐制的，当然有诸多复杂而多样的变化，但其根基是唐制，应当没有太大疑问。那么，北宋统一后，这个南方传统，是否以及怎样融入北宋的统一制度中去的呢？治宋史的学者习称"宋沿唐制"，那么，宋究竟从哪里继承了唐制，又继承并发展了哪些唐制？从唐制演变而来、经过改造之后的制度，在多大程度上反映了南方地区的具体需求？它又是如何推行到各地去的呢？

同样的问题，其实也存在于元代。我们知道，元朝所继承的南方地区是南宋的传统，与辽金以来以燕京为中心发展演变而来的北方传统大异其趣；而南方地区的这一南宋传统，至少是不绝如缕地一脉相传至明代，成为洪武朝建构一统制度的重要资源。对这一问题，李治安、郑振满等先生近年从不同角度出发，都有一些深入而有趣的思考，值得关注。因此，明清时期的南方历史，应当是与南宋以来的传统相承绪的。

如果我们对上述问题展开深入的思考与研究,也许可以追寻到"中国历史上的南方脉络"(并不是南方历史的发展线索);或许,"南方脉络"的梳理,会有助于我们对中国历史发展的认识。这是我近年来有关中国古代史思考的出发点之一。

二 有关南方地区中古历史文献记载的初步梳理与辨析

欲重建南方历史的叙述与阐释体系,全面思考中国历史发展的南方脉络,第一步应当是对我们可能凭借的历史文献及考古材料、田野调查所得的口述材料等,作全面的梳理、辨析,以明其价值与局限。

在2003年以前,我与大部分研究者一样,相信传统文献中有关南方社会、经济、文化乃至环境等方面的记载,借以研究问题,比如把《史记·货殖列传》《汉书·地理志》等关于"楚越之地"的描述作为认识两汉时期南方地区情况的基本材料。后来,慢慢地发现这里有问题:这些文献基本上出自北方士人之手,带有浓厚的华夏色彩或中原中心论观念,其对于南方人群、经济、社会、文化各方面的描述,大约只能反映他们的认识,而并非客观实际情况。最初的怀疑产生于宋元时人对京湖路(京西南路与荆湖北路)的不同描述:在南宋人如陆游、王十朋、陆九渊的笔下,京西、荆湖北路是荒凉的,十分落后;经过宋蒙长达四十年的战事之后,在元朝北方士人的笔下,京湖地区竟然非常繁富。这种鲜明的对照,让我开始考虑是什么人留下了这些记载:主要来自江南东西、两浙路的南宋士人当然看不上京湖路,而来自北方乃至西域、蒙古的一些作者，则显然很感叹这些地区的富庶。

由此出发，我开始系统地琢磨有关中古时代南方地区历史文献记载的来源、类型及其价值。经过几年的摸索，我现在初步将这些文献（材料）就其来源分成如下几种：

一是华夏士人（中原士人）的叙述与书写。可以相信，至少在北宋及北宋以前，有关南方历史记载的主要文字材料，大都属于这一部分。其核心部分是正史、编年体史书中所见的南方历史资料，这是传统上用以建构南方历史发展线索的基本根据。现在，我们知道，这部分材料主要反映了中原华夏士人对其所处时代南方社会经济文化状况的一种认识，是"他者"（外来观察者）对南方历史的叙述与阐释。我们需要仔细辨析这些文献的记载与阐释，看其中哪些可能反映了南方历史的某些实相，或者采用了南方社会自己的阐释，而哪些部分则不过是"他者"（"外来的"观察者）及其所处时代的主观想象或认识。其入手点应从《春秋左传》《国语》的南方意象说起，进而考察《史记》《汉书》等正史中有关南方历史记载的"史源"——其来源是什么。《三国志》与南朝四史中包括了较多南方因素，但仍然是出自具有或持有华夏观的士人之手。唐初修《晋书》《隋书》《南史》《北史》，则是大一统局面下对南方历史作出重新阐释的典型例证。五代、北宋所编撰的旧、新《唐书》与《五代史》，实与此类似。宋、元、明史更无须论。这些正史，构建了传统历史学对南方历史叙述与阐释的基本框架。我们现在就要从这里出发，"解构"这个叙述传统，指出这一切都不过是王朝正统论下，中原中心观下对南方历史的认识与叙述，并不是南方"自己"的历史，因而也就不能较好地说明南方地区的历史发展在中国历史发展中的意义。

二是南方士人立足于"南方"的叙述与书写。怎样界定"南方士人"及其立足于"南方",我还不能确定,只有一点模糊的想法。出身与成长环境固然是最先考虑的,但关键却在于其叙述与阐释是否持有与南方社会"同情"(处同一情境)的立场。南方士人立足于南方的叙述与书写,这一传统,或者至少可以追溯到屈原与楚辞。我以为南方叙述在汉初(武帝之前)曾有过相当大的影响,《史记·楚汉之际月表》之重张楚,可能即因于此,而司马迁有关吴、楚、越的叙述,也可能主要来源于南方自己的叙述传统,再加以剪裁的。《华阳国志》《越绝书》以及六朝地志、山水游记均值得仔细分析。这些六朝著作中显出了南方士人试图对自己地方的历史作出自己的叙述与阐释的努力。可惜这种努力既不执着,也为时甚短,很快就被淹没了。晚唐五代的南方士人大多心向中原,向往大唐(或以真正的大唐自居),故甚少见有立足于南方的书写。但钱氏吴越、孟氏后蜀(甚至是王氏闽国),皆颇着意自己的"文化建设",所以也留下了一些立足于南方的记载,需要分析。北宋南方士人的叙述与书写传统基本上还是立足于中原或华夏的。南宋时期以至于元,士大夫之关注点向"地方"的转移(韩明士揭示了这个转向在南宋时期的情形,我以为这一转向基本上是在元代完成的),促使他们更多地立足于南方,叙述与书写南方的历史。明清时期,南方士人的叙述与书写呈现出复杂多元的状况:一方面,相当多、可能占主流地位的叙述与书写传统仍然是立足于中原或华夏立场的,并通过这些叙述与阐释,成功地将南方的历史与文化纳入以中原为中心的华夏或中国历史文化体系之中;另一方面,主要立足于南方特别是特定地方社会的叙述与书写,也逐步形成为一种新的传统,这一传统虽然在很多时候掩盖在"某一地方及其社会在中国历史上的地位与作用"这样的论题之下,但其实是立足于本地的,旨在强调本地方的特点、重要性,并由此逐步构建起一种立足于地方社会的历史观与历史知识体系。族谱(虽然一直以来,族谱被界定为民间文献,但其实在族谱修撰过程中起主要作用的,仍然是士人与士人的观念,所以,族谱仍然主要属于士人或士大夫的叙述传统)集中体现了这两种看似矛盾冲突的叙述与阐释方向:一方面要向上,强调本族的源远流长,以与"中原""华夏"及其文化联系起来;另一方面又要向下,突显本族在地方社会中的主导地位及其重要影响。有关族谱的研究已经较充分地揭示了这一点。

三是南方"民众"的叙述与阐释。这里主要是指士人的叙述与书写之外的文献资料,主要包括契约(阳契与冥契)、科仪书等宗教文书与造像碑等信仰资料、民间历史传说与故事、族谱中的部分资料以及造像、图画等非文字资料。我以为这些才是真正的"民间文献"。他们是民众需要并使用的文献。如契约,大多非出于士大夫之手(即便是士大夫书写的,他们也不是以"士大夫"的身份去写的),书券人(书人、书契人)多不是士大夫,但民众了解这些契约的含义及其意义(书契过程中的"沽酒"过程与朗读,使立契双方及相关人得以了解其含义),并广泛地采用这种形式。这些文字或图像资料,反映了民众对于自己历史的叙述与观念。如唐宋契约中关于"遇赦不除"的规定,明清契约中大量白契的存在及其表达,均不同程度地暗示民众对王朝或国家权力的漠视,说明民间一直存在着某种外在于王朝国家权力的系统。我相信,通过对这些文字与图像资料的梳理,可以窥知南方地区民众生活的某些实相,并构建出立足于民众(或民间)的历史认识。

梳理并辨析上述记载、反映南方历史发展线索及其若干层面的文献资料,可以分析:(1)出自何人之手,他是怎么知道的?即史源学的分析;(2)他为什么这样写,而不是那样写?他是怎样整合那些纷歧的资料的,取舍之间有些什么考量?主要方法是辨析不同记载之间的差异,以及产生这种差异的原因,我把这称作"史书写作的分析";(3)他写这些做什么用,他为什么要写这些?即写作目的与意图的分析。弄清这些问题,我们才可以放开手去使用这些材料,并进而讨论南方地区的历史发展。同时,通过这些工作,我们也可以建立起具有特点的"历史文献学"。

三 研究的切入点与研究工作之开展(思路与设想)

在上述初步思考的基础上(实际上,这些思考是在下述研究的过程中逐步形成的),我开始尝试着展开一些专题性的研究工作。由于我的工作基础与资料积累主要是长江中游地区特别是汉水流域的,所以,相关的专题研究理所当然地从长江中游地区开始。在近五年的思考与研究中,逐渐形成了一些想法,但大部分还未能落到实处,只是一些思路与研究设想。

(一)南方居民(或人口)的来源、族群分划及其本质

传统中国历史阐释体系中有关南方地区历史发展叙述与阐释的核心线索之一,是北方人口南迁以及由此引发的南方人口构成、分布的变化,而南方地区的经济开发、社会发展乃至政治控制秩序之建立,都是伴随着北方人口的南迁而实现的。因此,欲重建南方历史的认知与阐释体系,就必须重新认识这一论说体系。

经过这几年来的思考与初步探讨，我以为上述论说体系至少是不全面的，或者说在方向上是存在偏差的，并初步形成了一些粗略的看法：南方地区（从总体上来说）居住人口的主体部分，是南方地区的土著人口逐步发展而来的；北方移民及其后裔，虽然在南方各地区所占的比例不尽相同，但总的说来，并未占南方各地总人口的大部分（各时期都是如此）；传统解说体系中认为现今南方地区大部分人口的来源均可以溯源至北方中原地区的说法，很可能是错误的。

因此，我们需要做的第一步，就是辨明"南方人口北来说"的历史真实与"文化创造"。这就需要重新检视中国历史上的几次大规模北方人口南迁运动对南方人口构成及分布带来的影响，并做出总体的评估。特别是长期以来一直被认为改变南方人口构成并引发所谓南方地区大开发浪潮的三次移民运动（永嘉之乱后、安史之乱后、靖康之乱后）及其影响，是问题的关键。可以相信，这三次移民运动给南方地区增加了相当多的人口，但比起南方地区固有的土著户口来说，北方移民及其后裔可能并不占有绝对优势（这需要作仔细的文献考辨与数据分析）。南方地区户口的基本构成仍是南方土著居民。华南的学者们关于粤闽宗族的研究，特别是刘志伟、郑振满等先生对族谱的解读，已相当充分地证明：粤闽各地族谱中有关其祖先来自中原的传说或记载，绝大部分是一种"文化建构"，这种"历史记忆"不过是将自己转化为帝国秩序中具有"合法"身份的成员的一种手段。[5] 因此，使用族谱资料研究移民史的路径就不得不加以重新考量。

第二步，就是要进而辨明：(1) 这些南方土著居民，究竟是些什么人——具有哪些特征；(2) 他们是如何被界定的，以及他们自己是如何界定自己的；(3)这些南方土著居民又是如何逐渐被认为是（他们自己也以为是）"来自中原"的，即"南方居民源自中原说"是如何成立的，以及这一说法的实质是什么。这些问题，当然需要分时段展开考察。其中涉及南方"民族"史上的一些重大问题，比如越、蛮、巴、僚、瑶的渊源流变、族群本质等，我们总的倾向是认为这些历史上的南方的族或族系名称，基本上可以视作华夏士人从外面加于南方土著居民之上的，是"他称族名"，而主要不是其自身的界定，因此，也就不能全面而切实地反映其自身的真实状况。随着其中的相当部分渐次被纳入王朝国家的版籍系统，接受了代表"华夏文明"的文字与文化，逐渐从"化外"进入"化内"，他们遂脱离其土著背景，被改写为"来自中原的华夏移民"（他们自己，特别是其精英分子、士大夫们，在这一改写过程中发挥了至关重要的作用）。[6]

弄清楚以上两点，我们可以对南方地区的人口发展、分布及其族群本质作出重新阐释。探讨这一问题的立场应当是人类学的，而不应是民族学的，只有将我们讨论的立足点放在人群的构成（移民与土著）这一背景下，才能回避所谓民族界定、划分等存在诸多分歧的问题，而将问题集中在：究竟什么人，才是南方历史发展的主体？北方移民抑或南方土著？

（二）古代制度的南方类型与制度演变的南方道路

传统中国历史阐释体系中，有关南方地区历史发展解说体系的另一个核心线索，是王朝国家通过各种手段、途径，在南方地区逐步建立起王朝的政治、经济与文化制度，并通过这些制度及其运作，将南方各地区稳步、牢固地纳入王朝国家控制体系之中。

"制度"一直是中国古代史研究的核心,也被看作是王朝国家控制南方地区(以及其他地区)最重要的途径。

这一解说的前提有二:(1)专制主义中央集权的力量是强大的,有足够的力量在各地区推行其制度;(2)因为第一点,"制度"在各地的推行与运作,至少是比较整齐划一或一致的。而现有的研究,对这两个前提都提出了质疑。由此,我们在思考:王朝国家的诸种制度设计,在南方地区推行实施的过程中,是否可能因地制宜地形成某种"南方类型"(或者有更多的地方类型)?而这种制度的演变,是否表现出某种"南方道路"?关于这一问题,我目前的思考集中于如下四个方面:

(1)我的思考首先是从乡里制度出发的。我们知道,春秋、战国逐渐萌芽,秦汉特别是汉代建立起来的乡里制度,实际上是以北方地区的聚居村落为基础的——居延汉简等出土文献揭示了这种乡里制度实施的实况乃是所有居民都居于有土垣或篱栅围绕的"里"中,因而构成了相对整齐划一的"百户为里"的居住方式与乡里系统。而江陵、长沙、江都等南方各地所出之汉、三国简,则说明南方地区根本不存在这样的集聚聚落,而是分散居住于小规模的散村中,甚至很多自然村只有两三户乃至一户,也没有任何证据表明这种自然村落周围会筑有土垣。[7]显然,散居状态下,"百户为里"的乡里制度的推行只能采取变通的方法:以地域为主,划地为里,集里成乡。即乡里制度表现为"地域组织",其基础是地域,而不是村落。[8]这是南方地区的乡里制度与北方地区的乡里制度(王朝国家确定的标准制度)在实施过程中发生的变异,而这种变异因为发生在源头上,所以对后来的演变实有很大的影响。

（2）我思考的第二个出发点是南方的城市以及城市内外的制度。我们知道，城市是王朝权力的象征，所以，它要求城市（治所城市，下同）的形制与结构尽可能地遵从所谓"礼制"的要求。很多研究中国建筑史的专家都强调古代城市建设对《考工记》的遵守，我们在北方也看到了大量方方正正、符合制度规定的古代城垣。明清时期南方地区的治所城市，也努力遵守这些规定，但做得不够好，还是显示出某些不合礼制的倾向，最重要的是，他们似乎更倾向于遵守地形、实际需要与"风水"的要求。地形、实际需要与风水原则下的南方城市形制，与礼制原则下的北方城市，显示出古代城市形制的两个方向——当然，我们现在所看到的南北方城市，更可能是这两种方向共同作用的结果。沿着同样的理路，我试图去看隋唐时代的里坊制是如何在南方地区的治所城市中推行实施的。在《唐代地方城市中的里坊制及其形态》一文中，我论证说：唐前中期，除了少数新筑或全面重修城郭的州县治所城市，大部分地方城市中并不存在以坊墙或篱栅环绕的封闭式里坊；在沿用旧城垣的州府城、罗行里，以及未立城郭的州县治所城市中，或置有属于城乡基行行政组织系统的里、坊。安史之乱后，随着大部分州府治所城市及部分县城普遍增修或扩修罗城，里坊制得到较普遍推行；这些里坊主要是以户籍控制、科税和治安为目的而编组的基层行政单位，其形态是以街巷为中心、向两边展开的街区。同时，许多城市的附郭也有市场，进一步说明即便在唐前中期，城市商业活动也并未完全被限制在封闭的"市坊"之内。[9] 换言之，当隋及唐前期里坊制度确立的时候，南方地区的大部分州县治所城市沿用六朝以来的格局，根本没有实行里坊制；而在中唐以后，南方封疆大吏们却在南方地区普遍推行包括里坊制在内的唐制,特别是在节镇驻所城市中建立起了里坊。这样的解释,与自加藤繁以来有关里坊制(或坊市制)的解释大不相同,进而影响到我们如何认识宋代城市发展方向的问题。

(3)我思考的第三个方面是关于南方地区行政区域的设立与划分。一般认为,行政区划是在统一的中央集权制国家之下进行的分地域与分层级的行政管理体系,是集权的中央政府自上而下地对其所统治地域进行的分割与分层,即所谓"体国经野"。实际上,政区的形成与划分是一个更为复杂的过程,很多时候并不是出于中央政府的制度设计,而是一系列政治、经济、军事乃至人事因素共同作用的结果,地方政局变动、区域政治格局、地方政治势力、经济兴衰以及军事行动、军事策略等多方面因素对地方政区的形成与变动都会带来很大的影响。如西晋永兴元年(304)设置寻阳郡,就是为适应张昌起义平定后进一步加强对长江中游地区的控制而采取的措施之一;永嘉元年(307)寻阳郡境域之扩展与属县之增加,则很可能与华轶力图拉拢寻阳地方势力有关;永嘉二年至五年间寻阳县治之南移,很可能是由于华轶为保守江州、收缩防线所致;至东晋末年寻阳、上甲之省并及松滋、弘农二郡之降为寻阳郡属县,则是刘裕整顿措施的一部分,主要是借此削弱荆、江二州实力。唐初的"山南道",也并非当时朝臣根据舆图所示、依其"山川形便"划定者,而是对西魏北周乃至两晋、北魏以来不断变化的地理观念及政治地理格局的继承与发展,实有其特定的政治、军事乃至经济、文化基础。进而言之,贞观十道中各道的划分及其地域范围的确定,或皆非仅以"山川形便"四字所可解释,而有其深厚的历史政治地理背景。如河南、河北道,即显然与北魏、东魏、北齐以来的政治地理格局及其变化有着密切关联。因此，欲探究唐初"贞观十道"之渊源及其划分之原则，必须结合晋魏以来地理观念与政治地理格局之变化，方能明了。[10]

（4）我思考的第四个方面是关于役法的实施。《说文》云："役，戍边也。""古文役从人。""赋，敛也"，"租，田赋也"。编户齐民要纳赋服役，乃是王法。在关于中国赋役制度史的研究中，赋比较受重视，其演变之迹也大致清晰；而役的研究，则相对薄弱，诸多关节都不大明白。我最初关注到南北役法的不同，是读《宋会要辑稿》"食货·水利"部分，注意到北宋北方编户的河工之役甚重，而南方（淮河以南）则基本没有此项力役。后来系统地读张泽咸、郑学檬、王毓铨诸先生的研究，即颇着意不同时代役法在各地实施过程中的差异。然此一领域非常难，我还未能进入，只是有些很不成熟的想法，可能是以后的研究中最为费力的部分。

兵役和力役乃是中古徭役制度的核心部分，也是编户齐民负担最重的役。我试图从兵役出发，探讨北、南朝兵役的异同，但还没有理出头绪。总的说来，北朝是从部落兵制逐步发展到了府兵制，基本是军民分立，所以虽然频繁征发汉民为兵，如北魏孝文帝南征时，发州郡之民，"十丁取一以充行"，但在周武帝改革府兵制以前，汉族农民的兵役负担大抵不是很重。而南朝则大不相同，自孙吴以来，即频繁征发民户为兵，到东晋南朝时，乃形成所谓"三五取丁"之制。如刘宋元嘉二十七年（450），"发南兖州三五民丁"；[11]"大明五年（461），发三五丁"[12]。所谓三五丁制，就是五丁取三。汉民编户齐民兵役之重，远过北朝，且役期甚长。鲍照诗云："少壮辞家去，穷老还入门"；"去乡三十载，复得还旧丘"。[13]这是兵役的北、南两个系统。北周、隋统一南方，将府兵制渐次向南方推广，但南方置府甚少，且大多不过长江，则南方编户兵役负担大减。故隋唐统一后，是将北方的兵役之法向南方推行。在《西魏北周时代"山南"的"方隅豪族"》一文中，我即试图在毛汉光研究的基础上，说明府兵制是如何随着西魏北周的征服，向山南地区推行并在推行过程中发生变化的。[14]

如果说中古时代南方地区民众的兵役相对较轻的话，运役即运输之役则相对较重。隋唐时代，江淮以南，每年都要北运大批粮食，以致"江左困输转"[15]，"水漕陆輓，方春不息，劳人夺农，卒岁何望，关东嗟怨"[16]。安史之乱后，唐王朝仰给东南财赋，"征师四方，转饷千里，赋车籍马，远近骚然，行赍居送，众庶劳［苦］（止）。或一日屡交锋刃，或连年不解甲胄，祀奠乏主，室家靡依。生死流离，怨气凝结。力役不息，田莱多荒。暴命峻于诛求，疲氓空于杼轴。转死沟壑，离去乡闾，邑里丘墟，人烟断绝"[17]。这是德宗朝山南、淮南、江南诸道的情形。南方运役之重由此可见一斑。

总之，中国古代的乡里制度、城市里坊制度、赋役制度等重要的制度设计，主要是立足于北方地区的，是大致与北方地区的地理、经济生产方式、社会状况相适应的，所以，当这些制度推行到南方地区，就必须加以变通，从而产生了"制度的南方类型"；因为在实施之初，就与制度设计和规定不尽相符，在后来的演变过程中，就形成了越来越多的南方特征，从而发展出"制度演变的南方道路"。这些制度的南方类型及其演变的南方道路，又反过来影响制度设计本身，这种影响越到后来越大，使古代制度体系逐步走向"南方化"。

（三）南方地区的民间信仰与仪式

2003年以来，我很大一部分时间与精力，放在买地券的研究上。我之所以研究买地券，有三个理由。第一，它是真正的民间文献，是那些不太识字或完全不识字的老百姓请人书写的，书写人多为地理师、阴阳先生、僧道之流，不是士大夫。第二，人在这个世上，无论荣华富贵抑或穷困潦倒，都是要死的。因此，如何对待及如何处理死，是人生大事。通过买地券，可以窥知古代民众如何看待以及如何处理死的问题。第三，买地券的源头是战国晚期、西汉时代楚地所出的告地策，因此，我倾向于把它看作南方部分地区（长江中下游或整个长江流域）处理死亡的早期传统。从汉魏六朝的材料看，武夷君、安都王可能是南方地区较早的冥君，与北方地区的泰山神君不同，可能是另一个源流。换言之，在佛教传入并成为大众信仰之前，南方民众关于阴间的构想，是与北方地区有很大不同的另一个系统。从楚至汉代告地策，到衣物疏、买地券，很可能是源自南方特别是楚地的一种死亡处理系统。当然，这一传统到唐宋时代，影响扩及各地，甚至西北地区（敦煌吐鲁番的材料），而这可以看作是南方民间信仰的扩展，或者说北方信仰受南方信仰影响的过程。[18]

第二个方面，是关于民间丧葬仪式。这一问题，实际上是前一问题的延伸，因为买地券的研究只处理文字资料，还不是活的历史。那么，怎样在当代的人类学观察中，透视出古老的仪式传统呢？我与几位朋友，主要是刘永华教授，不断地摸索这个问题，永华对科仪书的文本解读，对我帮助很大。但文字传统，无论其适用范围多大，都是可以及于很多人的；而一个仪式，参与者是有限的，但参与者的参与程度，远过于阅读或聆听文字的表达。因此，仪式及其过程，是最能显示出地方性的。自从武雅士以来，很多研究民间信仰仪式的学者，都把着眼点放在从仪式上观察国家权力系统的折射或沉积，这固然是重要的一方面，但我以为很多仪式主要是面向地方社会、当地民众而做的，需要得到民众的理解与认同，因而它是"地方的"。仪式的地方性，可能会是我以人类学的眼光去看待古代史的着眼点之一。但具体会怎样做，我还完全不知道。

（四）南方地区民众生计的多样性与经济形态的多元化

传统中国历史阐释体系中有关经济发展的一般性叙述模式是：人口增加（劳动力增加）→土地增辟（田亩增加）→生产力提高（主要表现为铁农具与牛耕的推广、农田水利事业的发展，后者又主要表现为灌溉水利的发展）→农业经济发展（农产品总量的增加）→商品交换的发展与商品作物种植→手工业经济的发展。这种经济发展史的叙述与阐释，主要是就单纯的农耕区域而言，对北方地区特别是农耕与畜牧兼营的地区并不合适。就南方地区来说，民众生计所依靠者，除了以稻作为核心的农耕之外，还包括山林（以采集与果木种植及伐木为主）、河湖海洋（捕捞与养殖）这两个重要方面。因此，南方地区的"农业资源"，就与北方中原地区相对单纯地依靠"土地"不同，所以其农业经济的结构也就与北方地区不同。这样，从资源出发，考察南方地区农业经济的结构，就成为研究的第一步。山林、水面所有权，可能是研究这一问题的重要入手点。

由于农业经济不单纯依赖"田地"，生计来源多元化，不同类型产品间的交换很可能就成为必然。我揣测南方地区的交换、贸易的频繁程度要比北方地区高,商品经济的发展程度也可能比北方地区高,越到后来越是如此。换言之,南方地区的商业传统要比北方地区相对发育。这样,就构成了南方地区多样化的经济形态:(1)稻作农业为主的农耕经济,(2)果木栽培、山林采伐为主的山林经济,(3)捕捞、养殖为主的渔业经济,(4)主要表现为产品交换的原始商品经济。土地资源及其利用方式的多样性,是经济形态多样性的基础。多样性的经济形态,或者说生计方式的多元化,使南方居民的生活相对而言不太匮乏,故南方地区的经济发展相对平稳,不像北方地区那样大起大落。这是南方地区社会经济发展相对平稳、未发生大断裂的重要原因。[19]

以稻作农业为主、渔猎经济为辅的多元化经济形态,给南方地区的社会经济生活带来很大影响。《史记·货殖列传》云:"楚越之地,地广人希,饭稻羹鱼,或火耕而水耨,果隋蠃蛤,不待贾而足。地埶饶食,无饥馑之患,以故呰窳偷生,无积聚而多贫。是故江、淮以南,无冻饿之人,亦无千金之家。"[20]《汉书·地理志》有关南方诸郡的记载,也证实了司马迁的描述。如巴、蜀、广汉,"本南夷,秦并以为郡,土地肥美,有江水沃野,山林竹木疏食果实之饶。南贾滇、僰僮,西近邛、莋马旄牛。民食稻鱼,亡凶年忧,俗不愁苦,轻易淫泆,柔弱褊阨"[21]。南迄海南岛上的儋耳、珠崖二郡,亦"男子耕农,种禾稻紵麻,女子桑蚕织绩"[22]。这里描述了一个相对平等、分散而自给、自治的社会,与黄河中下游地区的集中与专制形成鲜明对比。就基本的生产方式而言,稻作农业需要有明确的田块和田埂,还必须有灌排设施;与旱地农业相比,稻作农业需要较高的技术和更加精心的管理。因此,从事稻作农业的人们，比种旱地的农人更倾向于稳定，也易于养成精细和讲究技巧的素质，有利于某些技巧较高的手工业的发展。丰富的水产与山林资源则提供了稳定而可靠的补充食物。凡此，都促进了稻作农业下自给性生活方式的形成。[23] 同时，南方地区早期的稻作农业主要在河谷地带和平原边缘地带展开，小规模的协作即可进行，对大规模协作的要求不很强烈，这使得小规模的家庭生产成为可能。另一方面，平原湖区密集的河网或山区崎岖的道路，均促使农民将居住地与耕种的土地尽可能靠近安排，散居乃成为南方地区主导性的乡村聚落形态。质言之，稻作农业为主的经济形态，在很大程度上决定了南方地区分散、自给乃至自治的倾向。[24]

这一思考的最后一方面，应当是"传统中国思想发展的南方源流"，包括：(1) 儒家学说的"南方化"，(2) 南方地区的佛教与佛学，(3) 中国本土宗教道教的南方起源及其流变，等等问题。这些问题我还未及思考，只是于 2010 年撰写了一篇《温州龙湾国安寺千佛石塔宋代铭文考释》[25]，算是开始涉足这一领域的研究，还说不上有什么体会。

这里所谈到的大多数想法都还未能落到实处，在今后的研究中也应当会有所调整，甚至有较大改动，但今后十余年，我大概会沿着本文所谈到的方向与理路继续探索，希望能够逐步形成一些较成熟、有意义的认识。

注释：

1. 参阅苏秉琦《关于考古学文化的区系类型问题》，《文物》1981年第5期；《中国文明起源新探》，北京：生活·读书·新知三联书店，1999年，特别是第4—7、34—128页；佟柱臣：《中国新石器时代文化的多元论和发展不平衡论——论中国新石器时代文化发展的规律和中国文明的起源》，《文物》1986年第2期；张光直：《古代中国考古学》(据耶鲁大学出版社1986年第四版译)，印群译，沈阳：辽宁教育出版社，2002年，第233—308页；严文明：《中国史前文化的统一性与多样性》，《文物》1987年第3期，后收入氏著《史前考古论集》，北京：科学出版社，1998年，第1—17页；石兴邦：《中国新石器时代考古文化体系研究的理论与实践》，《考古与文物》2002年第1期；许倬云：《从多元出现核心》，《燕京学报》新二十六期，北京：北京大学出版社，2009年，第1—13页。

2. 萧凤霞、刘志伟：《宗族、市场、盗寇与蛋民——明以后珠江三角洲的族群与社会》，《中国社会经济史研究》2004年第3期；刘志伟：《地域空间中的国家秩序——珠江三角洲"民田—沙田"格局的形成》，《清史研究》1999年第2期；刘志伟：《地域社会与文化的结构过程——珠江三角洲研究的历史学与人类学对话》，《历史研究》2003年第1期。

3. 刘志伟：《地域社会与文化的结构过程——珠江三角洲研究的历史学与人类学对话》，《历史研究》2003年第1期。

4. 科大卫、刘志伟：《"标准化"还是"正统化"？——从民间信仰与礼仪看中国文化的大一统》，《历史人类学学刊》，第六卷第一、二期合刊，2008年10月，第1—21页。引文见第3页。

5. 科大卫、刘志伟：《宗族与地方社会的国家认同——明清华南地区宗族发展的意识形态基础》，《历史研究》2000年第3期；刘志伟：《传说、附会与历史真实：珠江三角洲族谱中宗族历史的叙事结构及其意义》，见上海图书馆编《中国谱牒研究：全国谱牒开发与利用学术研讨会论文集》，上海：上海古籍出版社，1999年，第149—163页；刘志伟：《族谱与文化认同——广东族谱中的口述传统》，见王鹤鸣主编《中华谱牒研究：迈入新世纪中国族谱国际学术研讨会论文集》，上海：上海科学技术文献出版社，2000年，第1—6页；郑振满：《明清福建家族组织与社会变迁》，长沙：湖南教育出版社，1992年；北京：中国人民大学出版社，2009年，修订本；郑振满：《乡族与国家：多元视野中的闽台传统社会》，北京：生活·读书·新知三联书店，2009年。

6. 鲁西奇：《释"蛮"》，《文史》2008年第3期。关于这些土著族群如何进入王朝国家系统的问题，我在《西魏北周时代"山南"的"方隅豪族"》(刊《中国史研究》2009年第1期)以及《宋代蕲州的乡里区划与组织——基于鄂东所见地券文的讨论》(刊《唐研究》第11辑，北京：北京大学出版社，2005年)二文中曾有所涉及，但思路尚未形成。在《内地的边缘：传统中国内部的"化外之区"》(刊《学术月刊》2010年第5期)一文中也有所阐述，但仍未能展开。

7. 鲁西奇：《汉宋间长江中游地区的乡村聚落形态及其演变》，《历史地理》第23辑，上海：上海人民出版社，2008年，第128—151页；《〈水经注〉所见南阳地区的聚落及其形态》，《燕京学报》新二十五期，北京：北京大学出版社，2008年，第43—88页；《〈水经注〉沔水篇所见汉水上游地区的聚落形态》，武汉大学历史地理研究所编《石泉先生九十诞辰纪念文集》，武汉：湖北人民出版社，2007年，第125—147页；《城墙内外：古代汉水流域城市的形态与空间结构》，北京：中华书局，2011年，特别是第一部分，"《水经注》所见汉水流域的城邑聚落及其形态"，第1—148页。

8. 在上引有关长江中游聚落及其形态的几篇论文中，我未能指明此点。但在《宋代蕲州的乡里区划与组织》一文的结语部分，以及《隋唐五代买地券丛考》(《文史》2007年第2期)的讨论部分，我简略陈述了这个看法，请参阅。

9. 鲁西奇：《唐代地方城市中的里坊制及其形态》，刊《厦门大学国学研究集刊》第二辑，北京：中华书局，2009年，第1—17页。关于南方城市的发展及其形态与空间结构的问题，我断断续续写了几篇文章，除上文外，还有《城墙内外：明清时期汉水下游地区府、州、县城的形态与空间结构》，刊陈锋主编《15至20世纪长江流域社会经济史论》，武汉：武汉大学出版社，2006年，第228—

291页;《山城及其河街：明清时期郧阳府、县城的形态及其空间结构》，收入陕西师范大学西北环境与经济社会发展研究中心编《历史环境与文明演进——2004年中国历史地理研讨会论文集》，北京：商务印书馆，2005年，第538—559页;《双子城：明清时期襄阳—樊城、光化—老河口的空间形态》，载张建民主编《10世纪以来长江中游区域环境、经济与社会变迁》，武汉：武汉大学出版社，2008年，第379—395页;《空间与权力：中国古代城市形态与空间结构的政治文化内涵》（署名鲁西奇、马剑），《江汉论坛》2009年第4期;《城墙内的城市？——关于中国古代城市形态的再思考》（署名鲁西奇、马剑），《中国社会经济史研究》2009年第2期;等等。这些文章的主要内容，均收入拙著《城墙内外：古代汉水流域城市的形态与空间结构》之第三部分，"明清时期汉水流域府、州、厅、县城的形态与空间结构"，第279—448页。

10. 参阅江田祥《两晋寻阳郡领县与辖区考》，《中国历史地理论丛》2005年第2期；鲁西奇:《"山南道"之成立》，《中国历史地理论丛》2009年第2期。这一理路大致是在2003年写作《唐代长江中游地区政治经济地域结构的演变——以襄阳为中心的讨论》（收入李孝聪主编《唐代地域结构与运作空间》，上海：上海辞书出版社，2003年，第97—139页）时初步形成的，后来在指导江田祥探讨东晋南朝江州寻阳郡领县与辖区变化问题时慢慢明晰，到2008年撰写《"山南道"之成立》时基本形成。

11.《宋书》卷九五《索虏传》，北京：中华书局，1974年，第2349页。

12.《宋书》卷九一《孝义传·孙棘》，第2256页。

13.[南朝]鲍照:《东武吟》《结客少年场行》，《六臣注文选》卷二八《乐府下》，北京：中华书局，1987年，影印本，第528—529页。

14. 鲁西奇:《西魏北周时代"山南"的"方隅豪族"》，《中国史研究》2009年第1期。

15.《新唐书》卷一二三《李峤传》，北京：中华书局，1975年，第4370页。

16.[唐]李隆基:《幸东都制》，《全唐文》卷二十，北京：中华书局，1983年，影印本，第一册，第238页。

17.［唐］陆贽:《奉天改元大赦制》,《文苑英华》卷四二一,北京:中华书局,1956年,第三册,第2131页。

18. 关于这一论题,我陆续撰写了一些文章,现已刊出者有六篇:(1)《汉代买地券的实质、渊源与意义》,《中国史研究》2006年第1期;(2)《六朝买地券丛考》,《文史》2006年第2期;(3)《隋唐五代买地券丛考》,《文史》2007年第2期;(4)《宋代蕲州的乡里区划与组织——基于鄂东所见地券文的考察》,《唐研究》第11辑,北京:北京大学出版社,2005年;(5)《甘肃灵台、陕西长武所出北魏地券考释》,《中国经济史研究》2010年第4期;(6)《北魏买地券三种考释》,《魏晋南北朝隋唐史资料》第26辑,2010年。请参阅。

19. 参阅鲁西奇、杨国安、徐斌、江田祥《内地的边缘——明清时期郧西县地域社会史的初步考察》,收入陈锋主编《15至20世纪长江流域社会经济史论》,武汉:武汉大学出版社,2005年,第431—493页;鲁西奇、杨国安:《香口柯家湾:清代鄂西北山区移民的生计、发展与宗族形态》,见行龙、杨念群主编《区域社会史比较研究》,北京:社会科学文献出版社,2006年,第275—299页;鲁西奇、董勤:《南方山区经济开发的历史进程与空间展布》,《中国历史地理论丛》2010年第4期。

20.《史记》卷一二九《货殖列传》,北京:中华书局,1959年,第3270页。

21.《汉书》卷二八下《地理志》下,北京:中华书局,1962年,第1645页。

22.《汉书》卷二八下《地理志》下,第1670页。

23. 严文明:《稻作农业与东方文明》,见氏著《农业发生与文明起源》,北京:科学出版社,2000年,第48—49页。

24. 参阅鲁西奇《中国历史与文化的"区域多样性"》,《厦门大学学报》(哲学社会科学版)2010年第6期;《中国历史发展的五条区域性道路》,《学术月刊》2011年第2期。

25. 鲁西奇、林昌丈:《温州龙湾国安寺千佛石塔宋代铭文考释》,收入曹凌云主编《明人明事——浙南明代区域文化研究》,北京:人民出版社,2012年,第526—546页。

中古时代的滨海地域 *

一 问题之提出

在《中国历史发展的五条区域性道路》一文中，我曾经讨论过中国历史发展道路的区域多样性，认为在中国历史上，并非所有区域的历史进程都是一致的，不同区域所走过的历史道路可能会有根本性的不同，从而形成不同的历史发展模式；并初步概括出中原道路、南方道路、草原道路、高原道路与沙漠—绿洲道路等五条基本的区域性历史发展道路；进而指出，中国历史发展道路的区域性差异，根源在于各地区生存环境的差别、生存于其间的各种人群的不同，以及不同的人群对其所处环境及其变化的"适应"与"应对"采取了不同的策略与方式。[1]

---

* 本文写作于2016年1—5月间，原为英文讲稿，改写后刊于《南国学术》2016年第4期。

在撰写该文时，我已逐步进入东南沿海地区历史地理的研究，并开始思考：在中国历史上，滨海地域的地理面貌及其变化如何？其历史发展道路具有怎样的特点？换言之，是否可以概括出一种"中国历史发展的滨海道路"？

"滨海地域"这一概念，是陈寅恪率先提出的。在《天师道与滨海地域之关系》一文中，陈先生揭示滨海地域在汉末至北魏之世政治变局与文化演进中的意义，以为此三百余年间，"凡天师道与政治社会有关者，如汉末黄巾米贼之起原，西晋赵王伦之废立，东晋孙恩之作乱，北魏太武之崇道，刘宋二凶之弑逆，以及东西晋、南北朝人士所以奉道之故等"，皆可"用滨海地域一贯之观念"解释之；而"海滨为不同文化接触最先之地"，故天师道"信仰之流传多起于滨海地域"，或当缘于滨海地域之易于接受"外来之影响"。[2]陈先生所言，关乎者甚大，其所揭示"滨海地域"之概念，实颇可解释汉隋间政治变局、社会变动与文化演进之若干重大关节，更可进而拓展为解析中国历史上环中国海区域、内地以及"内亚"三大政治经济与文化区域之形成及其变动的分析工具。然未知何故，数十年来学界于陈先生昔年所揭示之若干重要概念如"关陇集团""山东豪族""河北胡化"等，皆颇多阐发、继承或讨论，惟于此"滨海地域"之概念与理路，却甚少见有具深度之阐发与讨论。

陈先生所揭示的滨海地域，乃是相对于非沿海州郡而言的总概性概念，只能视作一种文化区域或较抽象的研究框架，很难将之作为独立的政治或经济地理区域加以界定，更难以落实到具体的历史地理空间上。因此，欲将"滨海地域"作为一种研究对象，就必须对"滨海地域"之概念，作出相对明晰之界定。结合自己的历史地理背景,我把"滨海地域"初步界定为:濒临海洋、居住人群之生计与海洋环境有着密切关系或受海洋环境影响甚巨的地区,包括大陆的沿海地区、沿海诸岛屿及相关水域。滨海地域的范围,固然与其和海洋间的空间关系直接相关,但更重要的乃是生活、活动于其间的人群在生计方式、居住方式与生活方式诸方面依赖于海洋:他们以捕捞、采集、养殖、制盐或海上航行、运输、贸易作为主要的生计手段,靠海为生。质言之,"滨海地域"应当是靠海为生的人群生活、活动的区域。

对"滨海地域"作了初步界定之后,我进一步明晰了自己研究的出发点,是区域历史地理与地域史视野下的"区域"或"地域",是把滨海地域作为联结陆地与海洋的特殊"区域"而展开考察的;研究者的立足点,是在"滨海地域",是站在滨海地域的立场上,既看背后的陆地及王朝国家,也看面前的海洋及海外的世界。这一种研究视角,既不同于布罗代尔(Fernand Braudel)、乔杜里(K.N.Chaudhuri)、滨下武志的海洋视角(亦即从海上看陆地边缘),也不同于航海史、海外交通史与海外贸易史的陆地视角(从陆上走向海洋及海外),更不同于海疆史研究的国家视角(站在王朝国家的立场上看海疆地区)。我的总体思路是:把"滨海地域"作为一种在中国历史发展进程中具有独特意义与特殊地位的"区域",考察中国历史上受到海洋因素影响的地区,具有怎样的环境,居住于此种地区的人群具有怎样的生计形态,形成何种社会与文化,以及国家如何控制此种地区,亦即这种滨海地域在经济、社会、政治、文化领域表现出怎样的特点,观察此种地域与国家政治变局、社会变动及文化演进之关系,进而对起源于海滨地域之文化要素在中国历史文化形成与发展过程中之地位与意义作出思考。显然，这项研究的出发点，融会了区域历史地理的"区域"立场、社会经济史的"地域"立场与政治文化史的"中国"立场，力图通过对滨海地域历史进程及其政治经济社会文化之多元性与多样性的考察，从一个方面揭示中国政治、经济、社会与文化的多元性与多样性。

在开展了五年左右的初步研究之后，我逐步将上述想法具体化，提出了五个问题，作为展开研究工作的大致方向：(1) 谁住在海边？具体地说，在不同的历史时期，有哪些人、怎样的人居住、活动在滨海地域并主要依靠海洋为生？(2) 他们怎样生活？或者说，他们依靠怎样的海洋资源、采用怎样的方式维系生存并尽可能发展？(3) 他们有怎样的社会生活？具体地说，他们互相之间怎样交往并组成自己的经济、社会关系网络？又是在哪里、如何与从事农耕的人群及其他人群交往的？他们的交往方式、经济社会关系网络与农耕人群相比较，有怎样的特点？(4) 他们与国家（王朝国家与近现代民族国家）之间的关系若何？具体言之，他们入籍吗？如果入，怎样入籍，入哪种类型的籍？其赋役负担如何？他们怎样看待自己的身份以及与国家的关系？国家又是如何看待他们的？(5) 他们的思想与文化如何？具体地说，他们信仰、祭拜什么神，有怎样的传说或神话？从中可以看出哪些是他们独特的世界观念或者文化？

显然，这是一项需要宏大视野与深入细致研究相结合的研究设想。本文即试图在近五年来初步研究与思考的基础上，以汉唐时期为中心，围绕谁住在海边、他们怎样生活、他们在哪里来往和交易、他们信仰怎样的海神等四个问题，简述初步形成的几点认识。

二　谁住在海边？

在古代，哪些人、因为怎样的原因居住、活动在海边，并依赖海洋为生呢？从《山海经》"海外南经""大荒南经"所记的长臂国、张弘之国，《吕氏春秋》《史记》所记的"海上人""东海上人"，到鉴真在舟山群岛一带见到的以及圆仁在海陵、扬州间见到的"白水郎"，《太平寰宇记》所记泉州的"夷户"，广州新会县的"蜑户""卢亭户"，琼州城外的"蕃、蜑二坊"户，都表明自先秦以来，从渤海湾到北部湾滨海地域，一直有各种各样的、靠海为生的人群居住并活动着。可是，由于历史文献中关于这些人的记载多出于主要在"内陆"（相对于滨海而言）生活的文人、官员及偶然经过的鉴真、圆仁等，一些传说、故事更是扑朔迷离，需要经过细致辨析，才能窥知若干真相的片段。《中古时代滨海地域的"水上人群"》就是试图从文献解析入手，对相关记载作一些辨析。[3] 在这篇文章的基础上，我才可以大致地梳理清楚中古时代居住、活动于滨海地域，并主要依靠海洋为生的几种人群。

(1) 渔民。文献中，见有采用不同方式在滨海水域捕鱼拾蛤为生的渔民。一是主要利用海鸟捕鱼的渔民。这个人群流动性较大，他们追逐鱼群和气候，随季节流动，也可能深入到较远的海域。二是在海边插网捕鱼的渔民。南朝陈顾野王撰《舆地志》记载说："扈业者，滨海渔捕之名。插竹列于海中，以绳编之，向岸张两翼。潮上即没，潮落即出。鱼随潮，碍竹不得去，名之云扈。"[4] 这些渔民采用在潮间带列网的方式捕鱼，应当是在松江入海口附近活动。三是主要在近海海滩上捕捞采集的渔民。《太平寰宇记》卷102记泉州同安县"煮海里"，"一边在海中，有岛屿四所，计百余家居焉，无田畴，人以钓鱼拾螺为业"。钓鱼拾螺，也主要在近岸的潮间带和浅海地带开展。这些渔民已被编入户籍系统，居住应当比较稳定。

(2)"艇户"。敦煌所出《水部式》规定："沧、瀛、贝、莫、登、莱、海、泗、魏、德等十州，共差水手五千四百人，三千四百人海运，二千人平河。宜二年与替，不烦更给勋赐，仍折免将役年及正役年课役。兼准屯丁例，每夫一年各帖一丁，其丁取免杂徭。"沿海十州所差水手，特别是其中的海运水手，当出自滨海人群。《水部式》另一条规定说：安东都督府都里镇防人所需食粮，由莱州"召取当州经渡海得勋人、谙知风水者，置海师贰人，拖师肆人，隶蓬莱镇，令候风调海晏，并运镇粮"[5]。海师、拖（舵）师均谙知海上的风向、海潮起落与海流，显然来自海上人家。

被征发为海运水手以及海师、拖师的滨海人家，应当入了籍，被纳入王朝国家的户籍系统中。从事海运就是他们应服的役。白水郎可能就是这样的人。由于海运需要专门的技术，所以海运水手可能属于一种特殊的役职。他们的家庭可能也被编入特殊的户籍中。这些被纳入海运役职的人户，很可能仍住在滨海地域，也仍然捕鱼拾蛤，但不再频繁流动，偶有流动，也是在有限的沿海范围内。有的艇户或白水郎，可能上了岸，在岸上建有固定的房屋。

(3)盐民，即从事制盐的人户。海盐生产，不仅需要对滨海地带的占有或控制，还需要较大的投入与协作，绝不是一家一户就可以"煮海制盐"的。盐民必然依赖控制滨海地域、可以投入物资与资金并负责运输、销售的官府或土豪巨商，在其控制下，才能从事制盐。据此，我把从事海盐生产的盐民分为两种类型：

一是官府直接控制的盐户。汉代盐官控制下的海盐生产，据

《史记·平准书》《汉书·食货志》所录盐铁丞孔仅、东郭咸阳的说法,是"煮盐,官与牢盆"。也就是说,由官府提供生活必需品与生产工具给煮盐者(盐民)。曹魏、西晋、北朝政权亦多推行官营制度,盐官且多加戎号,以军事方式管理盐业,盐民更处于官府的直接控制之下。唐代南方沿海地区的盐业生产,在实行榷盐法后,逐步形成以盐城、海陵、嘉兴、临平、兰亭、富都、新亭、永嘉、侯官等九监为主体的盐产管理体系(岭南盐产则不在九监之内),盐户则被纳入由九监控制的亭户系统,归属设在滨海地区的监、场管理、控制。在官府直接控制下的盐户,在户籍系统中单列门类,中唐以后统称为"亭户"。在唐代榷盐法下,官府规定了亭户每年必须完成的生产定额,向亭户支付盐价,作为亭户完成盐产定额的报酬;而亭户生活所资,主要就是官府所给予的盐价。

二是在土豪富商控制下的盐民。在汉武帝时实行盐铁专卖制度之前,"豪强大家,得管山海之利,采铁石鼓铸,煮海为盐。一家聚众,或至千余人,大抵尽收放流人民也。远去乡里,弃坟墓,依倚大家,聚深山穷泽之中,成奸伪之业,遂朋党之权,其轻为非亦大矣"[6]。豪强大家,盖得控制滨海产盐之地,聚集"放流人民",供给其衣食工具,让他们煮海制盐,然后收集盐产,运销各地。那些由豪强大家控制的"放流人民","远去乡里,弃坟墓",显然逸出于王朝国家编户齐民体系,必须"依倚大家"方得生存。六朝乃至唐前期南方沿海的海盐生产,大抵一直控制在此种"豪强大家"之手。即使在中唐实行榷盐法之后,岭南沿海及浙闽沿海部分地区的海盐生产也仍然处于土豪富商的控制之下。

(4)海盗。在中古时代,从辽东湾到北部湾,中国沿海可能一直有各种各样的海盗在活动着。他们航行在海上，抢掠、走私，也参与合法贸易。我主要根据其活动"基地"的不同，将中古时代中国海域活动的海盗区分为三种类型[7]：

一是"岸基海盗"，即以岸上陆地为基地的海盗。他们基本居住在沿海陆地上，专事抢劫在海上航行的船只。天宝七载（748）冬十一月，东渡日本在海上遇风的鉴真一行在漂流十七日后，"到振州江口泊舟"；在振州略事休整后，"别驾冯崇债自备甲兵八百余人，经四十余日，至万安州"。《东征传》云：

> 万安州大首领冯若芳请住其家，三日供养。若芳每年常劫取波斯舶二三艘，取物为己货，掠人为奴婢。其奴婢居处，南北三日行，东西五日行，村村相次，总是若芳奴婢之住处也。若芳会客，常用乳头香为灯烛，一烧一百余斤。其宅后，苏芳木露积如山，其余财物，亦称此焉。[8]

显然，冯若芳就是居于海南岛东部岸上、专事抢掠经过万安州以东海域的广州——南海航线上航行船只的大海盗。《东征传》说他是万安州大首领，很可能拥有正式官方头衔；振州别驾冯崇债能够"自备甲兵八百人"，必是当地豪强，很可能也从事海上抢掠活动。

二是"岛基海盗"，即以岛屿作为活动基地的海盗。他们一般居住在岛屿或滨海洲滩上，以岛屿或洲滩为基地，乘船去抢掠海岸陆地上的村庄、市镇甚至城池，事成后携带抢掠财物，甚至挟裹部分人口，回到岛、洲上。东汉永初三年（109），"海贼张伯路等三千余人"，寇掠乐安、北海、东莱、勃海等九郡国，为官军所败后,"遁走辽东,止海岛上。五年春,乏食,复抄东莱间,雄率郡兵击破之。贼逃还辽东,辽东人李久等共斩平之"[9]。显然,张伯路等海贼的根据地就在山东半岛与辽东半岛的渤海海峡诸岛屿上,所以进可以扰掠东莱、北海、勃海诸郡国,退则可以遁归海岛。在官方文献中,这些海盗往往被称为"海贼""海寇",他们一般逸出于王朝国家的控制体系,甚至武装对抗官府。但他们在海岛、洲滩上也往往从事捕鱼、采集与耕种,是沿海岛屿与洲滩最重要的开发者。

三是"海基海盗",即以特定海域为活动区域,甚至控制此一海域的航行与贸易,主要从事海上走私活动的海盗。他们的势力一般比较大,形成有组织的走私贸易网络,甚至参与沿岸地区的政治活动,成为某种政治组织。根据长庆元年(821)平卢军节度使薛苹奏称,在9世纪前叶,在黄海北部及渤海海域与沿岸存在着一个庞大的掠卖新罗户口到唐沿海诸道的贩卖人口的网络,经营并控制此一网络的,就是各色"海盗"。[10]《新唐书》载:

> 有张保皋、郑年者,皆善斗战,工用枪。年复能没海,履其地五十里不噎……自其国皆来为武宁军小将。后保皋归新罗,谒其王曰:"遍中国以新罗人为奴婢,愿得镇清海,使贼不得掠人西去。"清海,海路之要也。王与保皋万人守之。自太和后,海上无鬻新罗人者。[11]

张保皋(朝鲜金富轼《三国史记》作"弓福")、郑年之徒,盖本即出于海盗,出没于新罗、大唐间。张保皋集团据有新罗清海镇(今莞岛)后,垄断或控制新罗、大唐间的海上贸易,进而发展成为影响新罗政局的一个政治集团,其所依赖的,乃是对此一广大海域及其沿岸走私贸易的控制。[12] 当然,上述四种人群的分类仅仅是一种叙述框架。对于生活于滨海地域的人群而言,区分绝不会如此清楚。居住于海边僻远海岛的渔民很可能拓殖岛上的荒地,也可能在海边置灶煮盐,同时将自制的盐航海运往内地销售("私盐");偶尔,他们也可能会在某个夜晚结伙到海上或岸上去"做一票生意",或者去给人运一船货物。这样,他就兼具渔民、农夫、灶户、水手甚至是"海盗"的多重身份。

三 他们怎样生活?

在传统时代,可供开发利用的海洋资源主要有三个方面:一是以鱼为主的各种海产品,获取的手段主要是捕捞和养殖;二是海盐,获取的方式主要是煮海水为盐,后来发展为晒盐;三是航行,海岸港湾提供了便利的停泊点(港口),广阔的海洋提供了海上交通与运输的便利(近海航路),从而给滨海人群提供了一种重要的生计手段,即做水手,从事航海运输。海鱼(包括贝类)、海盐与海路乃是滨海人群所可赖以为生的最主要的三项海洋资源。

直到最近,有关中国海洋渔业史的研究,仍然是主要根据一个世纪以来对海洋渔业资源的现代调查,去追踪历史时期海洋渔业的分布、渔业活动。这一分析方法的前提,是假设古代的人们对海洋渔业资源有较为全面的了解与把握,自然而然地会集中在渔业资源丰富的海域从事渔业生产。可是,我们根据文献史料的记载与个案分析,发现中古时代的渔业活动及其分布地区主要集中在渤海湾、莱州湾、海州湾、长江口两侧、杭州湾以及浙南福建沿海各海湾、岛屿间，珠江口两侧、北部湾等近海水域，特别是黄河、漯水、浮水、无棣河、淮水、长江、浙江水（钱塘江）、椒江、瓯江、闽江、九龙江、珠江、符江等河流入海口及近海岛屿附近水域。滨海渔业产品，除各种海鱼之外，还见有海蛎、蛤、蚶、螺、珠及紫菜、菰米之属。据此推测，中古时代的海洋渔业当属于沿海渔业，渔业活动大抵限于距离海岸（包括离岛海岸）一日间航程以内的海域；捕鱼捡蛤应当是滨海渔民的主要生计活动，除了在潮间带插网捕鱼、利用驯化的海鸟到稍远的海域捕鱼，在沿岸浅滩及岛屿采集贝类与海藻亦占据相当重要的地位。

显然，中古时代渔业生产的分布及其与现代海洋资源调查所得的认识，并不一致，或者说，中古时代渔业活动集中的地区，并不一定就是海洋渔业资源丰富的地区；而近海捕捞更是中古渔业主要的生产活动；渔业活动的周期性也未必与鱼汛形成对应关系。这虽然是受到渔业资源、航海技术与捕捞方式的影响，但更重要的原因可能是：一方面，渔民需要在渔船上装载淡水和谷物，他们的船太小，也不够坚固，所以他们很难在远离海岸的海上过夜；另一方面，渔民需要将他们的渔产品卖给岸上从事农耕的人家或者市场，而农耕人家及市场都集中在河流入海口附近。

同样，中古盐业生产的分布与盐业资源的分布之间，也并不完全对应。汉唐时期海盐生产的分布，向来受到关注。总的说来，中古时代滨海地域的盐业生产主要集中在黄河、海河、济水入海口的渤海西岸、西南岸地带（汉代渤海郡、千乘郡、渔阳郡、北海郡、东莱郡，北魏沧、瀛、幽、青，唐代沧、棣、青等州），苏北沿海地区（汉代盐渎县，唐海州、盐城监、海陵监），江南滨海部分地区（汉会稽郡海盐县，孙吴海盐、海昌、南沙司盐都尉，唐嘉兴监、临平监），浙东舟山群岛（唐富都监）及浙闽沿海部分地区（新亭监、永嘉监、候官监等），以及珠江口两侧（唐东莞县、新会县）等。

在理论上，海盐生产主要受到海水的含盐度及海岸地带的物质环境两方面因素的制约或影响。显然，近海水域海水含盐度越高，越便于海盐生产，特别是在广泛采用"煮海为盐"生产技术的中古时代，更应当是如此。同时，在"煮海为盐"的制盐技术下，宽广的潮间带（便于提取卤水）和芦苇滩（可以提供燃料）是海盐生产的两个必备条件。中古时代，今苏北沿海近海水域的海水含盐度，很可能是最高的（在黄河夺淮入海之前）；它又有宽广的潮间带的芦苇滩，是最合适的海盐生产区。自古以来，这里也是最重要的盐产区（汉代盐渎县，唐海州、盐城监、海陵监）。但是，渤海西南部近海水域，以及长江、钱塘江之间的东海近海水域，受到黄河、海河、长江等河流注入的较大影响，海水含盐度并不高，在理论上并不是很好的盐产地（虽然它们满足地势低平、芦苇滩宽广的条件）。但事实上，这两个地区（特别是渤海西南部沿岸）在汉唐时期却集中了许多盐场，分布着众多的盐灶，并且生产了大部分的海盐。

何以会如此？重要的原因也许在于，上述地区密布着众多的河流与湖泊。较大的可以航行的河流是用于运输的，将盐区产的盐外运，并将盐区需要的谷物、工具等运进来。我们更注意那些小的河流，以及湖泊，它们显然不能运输大宗盐、物，但对于盐民来说，却也是必不可少的：他们乘着很小的船，去收割芦苇作为燃料，汲取淡水，采集菰米、莲籽、莲藕，以弥补谷物的不足。

由此，我触及到滨海渔民与盐民生计的一个重要特征，即不能自足。受到文献记载的限制，我们无法估算海产品在中古沿海渔民食物构成中所占的比例，但它应当不会很高。换言之，滨海渔民绝不会总是吃海鱼或贝类，而盐民更不会以吃盐为生。他们需要从外界获取粮食、衣物或其原料，甚至淡水。更为重要的是，他们的生产原料也需要从外界输入：滨海渔民需要获得木料以打造渔船，得到麻等织物以编织渔网；盐民生产所需的铁锅等工具，大都是先向官府或控制海盐资源的巨商借贷的，然后用生产出来的盐来偿还。

因此，考虑到滨海渔民、盐民在食物结构上的结构性短缺，特别是其生活必需的淡水、谷物，以及生产必需的造船用的木料、纺织渔网的织物及铁锅等，必须从其生计系统的外面获取，我们把中古滨海渔民与盐民的生计界定为一种不能自足的生计形态，而由此形成的区域经济形态则是一种结构性短缺的经济。[13]

弄清楚渔民与盐民生计的不自足性及其经济的结构性短缺之后，从事海上运输的"艇户"的生计就一目了然了：海上运输本身更不能生产任何食物，其赖以为生的船只也需要从外界获取原材料才能打造。所以，艇户的生计更不能自足；而海上运输在中古时代甚至不能构成一种经济类型。

那么，渔民、盐民以及艇户又是如何解决这种生计的不自给性或者经济形态的结构性短缺的呢？第一，是适应，即尽可能将从事渔业、盐业生产的地点，选在靠近淡水资源、又便于采集野生谷物的地方。第二,是交易,即通过不同途径,用自己的产出(海鲜与海盐)与劳动力(对从事运输业的水手来说)换取必需的粮食、衣物或其原料、木材、铁锅等生活、生产必需品。第三，是垦殖，即采取不同手段,自己开垦土地,从事农耕。滨海洲滩与岛屿的早期垦殖,很可能相当大部分即出于滨海渔民、盐民等人群之手。第四,是抢掠和走私,即通过抢掠和走私手段,以获取粮食、财物作为一种生计手段或补充。在这个意义上,做"海盗"是一种生计方式。

显然,滨海人群生计的不自足性及其经济形态的结构性短缺,促成了滨海地域经济网络的外向性和流动性:自古以来,滨海地域就需要通过与外界的交流与贸易,才能建立起自己的经济体系。因此,滨海地域乃至海洋区域的外向性与流动性,是根基于其内在生态生计系统的。同时,无论从事渔业、盐业生产,还是从事海上运输,甚至是海上走私和抢掠,均需要较强的技术条件和特定的生产工具,也需要不同行业的配合,从而强化了滨海人群间的相互依存。区域内部人群的交流、依存及其和外部环境之间的交流、贸易的必要性,乃是滨海地域经济形态的重要特征。而此种地域经济形态的存在,在一定程度上说明,所谓中古时代的经济形态以自给自足、封闭、独立为根本特征的看法,至少对于滨海地域及其人群而言,可能是不适用的。[14]

四 他们在哪里交往?

既然滨海地域的人群必须开展内部与外部的交往,那么,他们互相之间怎样交往并形成自己的社会组织或网络,又是如何与主要从事农耕的岸上农民、商贩乃至官府打交道呢?这也是一个非常重要而复杂的问题,今见材料与相关研究还远不足以回答。

我的思路,是先看他们在哪里、在怎样的地方进行交往,然后再去看他们怎样交往。显然，无论是滨海渔民、盐民，还是从事海上运输的艇户，甚至海盗，都需要港口。港口无疑是他们内部及与外部间交往的重要处所。

迄今为止，关于中国历史上沿海港口的研究，主要集中在较大的贸易港口，特别是国际贸易港口方面。这些贸易港口大都靠近治所城市，或者本身即是治所城市的组成部分，如登州港、扬州港、明州港、泉州港、广州港等。在这些港口进行贸易和交往的人，主要是社会经济地位居于中上层的群体，包括官员、商人、文人和其他较为富裕的人群；在那里交易的货物则主要是丝绸、香料、金银器和其他手工制品，以及米粮、食盐、衣物等城市居民消费品。事实上，渔民、盐民与艇户等真正靠海为生的人群，虽然也有一部分经常在这种港口活动甚至居住在周围地区，但其中的大部分人却主要是在远离治所城市的较小的港口活动。

在《隋唐五代沿海港口与近海航路》一文中，我曾经综合使用相关文献记载，细致考定隋唐五代时期文献所见沿海港口的具体位置。我注意到：除了上述治所城市附属的港口外，相当多的沿海港口，都与其所在州县的治所城市之间存在相当大的距离。如浮游岛、三山浦分别在莱州城（掖县）西北四十里、北五十里，实际上都是靠近海岸的岛屿，其港口即在岛屿与海岸之间形成的海湾中。文登县的成山浦、赤山浦分别距离县治一百八十里、六十里，距离登州治所更远；浃口（望海镇）距离明州城七十里；海门山距离台州城一百二十六里；作为广州外港的扶胥口在广州城东八十余里；作为廉州通海港口的海门镇也在廉州城南七十余里处，等等。

这些港口，才是滨海人群真正使用的港口。有的港口是因为其地有鱼盐之利而兴起并为渔民、盐民服务的。如莱州牟平县境内滨海处早在汉代就置有盐官，到金代在宁海场的基础上设置福山县，之罘山、八角口就在其附近。距海陵县甚远的掘庭港附近有盐官，又有"白水郎"居住，使用它的显然主要是渔民、盐民和艇户。晋南朝南沙县乃吴时沙中司盐都尉所升置，唐代福山浦港即在其地。沪渎更因滨海捕鱼而得名，附近并有盐田。海盐、澉浦、盐官三港之兴起也与盐业发展有关；浃口（望海镇）更以"地滨海口，有鱼盐之利"著称。

另一些港口的兴起，则与造船业有关。晋南朝至隋唐横阳县，乃吴时横屿船屯所升置；福州海口镇的前身，是吴时建安典船校尉府，"主谪徙之人作船于此"；甘棠港（黄崎镇）的前身，也是吴时温麻船屯。这些港口，虽然是作为官府的造船基地而被记录下来，但在官府将之作为造船基地之前，其地当已有造船业的发展，港口的形成最初应当是以民间造船业为基础的。

还有一些港口，是作为海上航行的标志或中转停泊地而逐步形成的。如崞山、大朱山、锯门山、海门山、屯门以及九州岛石、象山等。锯门山扼三门湾出口，来往船舶须于其下候潮涨波平之时，方可得渡，因而形成港口；屯门盖因航海船舶需要在此候风转帆而形成的。这些港口的主要功能，是在航路上发挥指示方向、修理船只、补充航行物资等作用。

这些海滨港口与州县治所之间相距既远，关系也较为疏远，表现出程度不同的独立性。有的滨海港口，因为在对外交通与贸易上的重要性，官府特别置官管理，从而将之较严密地纳入王朝国家的控制体系中。如以平卢军节度同十将兼登州诸军事押衙充任的勾当新罗使，就住在赤山浦岸上的赤山村，直接代表平卢节度使和登州刺史，处理相关事务；唐后期在淡口置立望海镇，直属浙东观察使管辖，不属明州刺史；在广州外港扶胥口设立南海庙，朝廷与地方官府多次派人致祭。但更多的港口，事实上与其所在州县的治所城市之间关系较为疏远，从而表现出对王朝国家控制体系的巨大疏离。如乳山浦距离牟平县一百六十里，在其附近岸上形成一个新罗侨村。当圆仁表示希望在其地留住时，村勾当大包大揽地回答说："如要住者，我专勾当，和尚更不用归本国。"[15] 表现出对官府制度规定的极大蔑视。大朱山驳马浦距离密州（治诸城县）一百八十余里，载炭前往楚州贩卖的新罗人往往停泊其处，显然是由于其地没有官府巡察。由苏州城出海的两条要道娄江、松江的入海口，娄江浦与沪渎，在唐代都没有设县置镇；鉴真一行尝泊舟娄江浦（狼沟浦），也未见有官府巡察，说明官府对此种港口的控制相当疏松。浙闽岭南沿海的很多港湾更是崎岖复杂，水道也更为繁复难明，滨海港口往往距所在州县治所更远，交通更为不便，故官府对港口及海道的控制更为疏松。在广州至安南海道上占有重要地位的冈州崖门、雷州碙洲、围洲等处，距离州县治所既较远，亦无任何军事建置。

因此，这些港口的功能，主要是作为居住在滨海地带、主要从事鱼盐生产的人群，以及在海上漂泊流动的水上人家活动、联系、交往的据点而发挥作用。由于这些滨海或海上人群并未或未彻底纳入王朝国家的编户系统，所以，这些港口在其作为滨海与海上人群生产与交往活动中心的初起阶段，事实上并未完全纳入王朝国家的控制体系。随着王朝国家控制力不断向滨海地域的扩张与渗透，王朝国家通过设立船屯、盐官等方式，不断强化对此类港口的控制；另一方面，滨海与海上人群的生产生活需求，也促使他们不断"上岸",与王朝国家控制的编户齐民进行贸易(主要是以鱼、盐交换粮米、布帛等生活必需品及铁器、木料等生产必需品),从而逐步进入王朝国家的政治经济与文化体系之中,但仍然保持着程度不同的疏离。[16]

由此,我初步认识到:滨海人群交往的地方,很可能主要是那些远离官府政治经济控制中心的偏僻之地,在那里,官府的控制相对薄弱,他们的自主性也就相对较强。为了区别治所城市的港口("治城港口"),我把这些港口称作"自立港口"。"治城港口"通过内河水路、陆路,将其所吸纳的诸种物资与人力资源输送到王朝国家的政治经济与文化中心,并强化了对其联系的滨海地域的政治经济与文化控制;而"自立港口"则主要通过近海航路,将滨海地域联系起来,形成相对松散、空间范围不稳定、但联系不断的经济网络,进而将滨海与海上人群联系起来,组成相对独特的"滨海地域社会"。这是中古时代乃至整个传统时代中国滨海地域历史进程的两个方向,虽然王朝国家为主导的前一种方向不断强化对滨海地域及"自立港口"的控制,但以滨海与海上人群为主导的后一种方向,在很长的历史时期内都顽强地保持着自身的发展势头,并在中国传统社会后期(明清时期)成为中国经济与文化向海外发展的重要路径和历史根源。

五 他们信仰怎样的"海神"?

中古时代,靠海为生的滨海人群几乎没有留下任何自己书写的材料,所以,要探索其思想与信仰世界,大抵只有两条线索:

一是被辗转记录下来，通过分析基本可以确定来源于滨海人群的传说、故事；二是可能确定是滨海人群所信仰并奉祀的"海神"。

我最初的思考是从寻觅滨海人群的神话与传说开始的。著名的"海螺姑娘"的传说，很可能就来自滨海的水上人群，其中在风雨中飘然而去的海螺姑娘，或者就是后世闽粤沿海"不落夫家"女子的早期形象；海螺姑娘本身，则是滨海人群将海洋生物（鱼、螺等）人格化的结果。中古时代传说与故事中对各种海洋人物的人格化乃至神格化，以及中晚唐以后逐步成形并渐次丰富的对海底世界（以"龙宫"为中心）的想象与描述，很可能最初或主要来自滨海人群。

正是从这里出发，我注意到滨海人群最初信仰的海神，很可能大多来源于海洋生物或滨海生物。《山海经·海外北经》与《庄子·大宗师》中所见的"北海神禺强"，与《庄子·逍遥游》所说之"大鲲"皆当出于鱣，亦即鲸；其形象据说是"鱼身手足"，其本体是一条大鱼（鲸），"手足"显然是其人格化的结果。[17]《史记·秦始皇本纪》记秦始皇三十七年（前210）东巡，回归途中，"梦与海神战，如人状"。问占梦，博士曰："水神不可见，以大鱼蛟龙为候。今上祷祠备谨，而有此恶神，当除去，而善神可致。"[18]博士将海神分为恶神与善神两类，而以大鱼蛟龙为恶神，以从未有人见过、只在始皇帝梦中现过身的"如人状"的海神为善神，恰恰说明当时的海神形象正是这些大鱼蛟龙。《列异传》载兖州苏士以母病往祷度索君庙，"见一人，着白布单衣，高冠，冠似鱼头"。度索君告诉苏士，此即南海君。[19]这个南海君戴着鱼头冠，显然是鱼变的。至于《山海经》所见的东海神禺䝞，南海神不廷胡余，西海神弇兹，则都是"人面鸟身"，珥两蛇，践两蛇。鸟抓蛇的形象，正与鱼鹰捕鱼的形象相近。所以，东海、南海、西海神的本来面貌，很可能是渔民捕鱼使用的海鸟。以鱼、鸟为本体的海神形象，应当均出自滨海人群。《魏书·地形志上》沧州乐陵郡"乐陵"县原注："大家姑祠，俗云海神，或云麻姑神。"[20] 麻姑神、蒲姑神等海神，其本初面貌应当是麻、蒲等滨海植物的神格化。

滨海人群信仰的第二类海神，是来自海上的人格化女神。《会稽记》载："东海圣姑从海中乘船，张石帆至。"《舆地记》则说会稽大禹庙内"别有圣姑堂，云禹平水土，天赐玉女也"[21]。这个圣姑据称是从海上乘船而来，显然是滨海水上人群信奉的神明。文献所见的东海圣母、东海姑、圣姑、圣母等，大抵皆与此类相同。他们大抵是以滨海人群的保护者形象出现并得到奉祀的。

滨海人群信仰的第三类海神是海域的统治者。隋唐时润州丹徒县有一个传说，说"昔高骊国女来此，东海神乘船致酒礼聘之，女不肯。海神拨船覆酒，流入曲河湖，故曲阿酒美也"[22]。这位东海神应当是位男性。邢子励《赵记》中记载了另一个故事，说是曹魏青龙二年（234）四月的一天，一位名叫郝女君的女子正"与邻女采樵于滱、徐二水合流之处"，忽有数妇人从水出，至女君前曰："东海公聘女君为妇，故遣相迎。"遂敷连茵褥于水中，置女君于茵上，青衣者侍侧，顺流而下，给东海公做妻子去。[23] 这个东海公也是位男神。《列异传》有一则故事，则说东海君因为与葛陂君的夫人发生关系，而受到处罚。[24] 文献中还见有东海明王、海王神、海龙王、东海君等称谓，大都贪色霸道，不似"善神"。连做了东海公之妇的郝女君后来都非常强势。我怀疑此类海神的本来面目，很可能就是一些海盗首领。

以上三类海神，大抵皆为滨海人群所信仰。这些海神，与王朝国家所祭祀之五岳海渎中的海神，其初当非属同一系统。盖王朝国家的海神祭祀，源于华夏中心的五方四海说，以为除中方外，四方之外各有海，四海各有神主之（一般认为，南海神曰祝融，东海神曰勾芒，北海神曰玄冥，或作颛顼，西海神曰蓐收），其地位与性质，则与山川岳渎之神相同，故朝廷致祭之。汉时立于东莱郡临朐县的海水祠、立于临淮郡海陵县的江海会祠，隋时立于越州会稽县、唐时立于登州的东海神祠，隋唐均立于广州南海县的南海神祠，都是国家祭典，其神明之来源、形象均与滨海人群没有直接关系，至少在其初也并未得到滨海人群的信仰。滨海人群所信仰的海神系统与王朝国家祭祀的海神系统间融会变化，是个非常复杂的过程，其结果则是彼此融会，互有取舍，其中国家奉祀的南海神与东海神渐次得到滨海人群的信仰。

六 几点初步认识

即使仅仅出于研究资料的考虑，本项研究的重心也应当放在宋元明清时期。可是，我尚未能开展宋元时期滨海地域的研究，更遑论明清时期。受到资料的限制，关于中古时代滨海地域历史与文化的探讨，无论怎样充分地使用可见数据，所得的认识都可能仅仅是一些零碎的片段，我们据此所看到并描述的中古时代的滨海人群及其生活，都不过是一些在历史的时空中闪烁变幻的影子。尽管如此，我们依然可以捕捉到某些影像，并把它们用粗线条勾勒出来。

第一，自古以来（我们无法知道"古"到何时），在北起辽东湾、南迄北部湾的滨海地域，就一直活动着主要靠海为生的各种人群，其主体部分未必来自内陆，而更可能是滨海地域的"原住民"。汉唐时期，因为各种原因，在陆地上以农耕为生的人群以不同方式来到滨海地域或"海上"，成为渔民、盐民和艇户，乃至海盗（"入海"），但也有相当部分滨海人群沿着海岸移动（"浮海"），并最终成为农耕人群（"上岸"）。在任何时期，中国沿海的任何地区，都可能既有"入海"的人群，也有"上岸"的人群，同时存在着漂浮于海上的人群。他们中间的很大一部分没有"入籍"，逸出于王朝国家的控制体系，是"没有身份的"人，所以，他们不会被记载下来，我们也无法估算他们的数量。

第二，滨海人群的生计是不能自给自足的，由此形成的经济形态存在着结构性的短缺。这与中古时代农耕人群的生计基本可以自给自足、由此形成的"自然经济形态"形成鲜明对照。滨海人群生计的不自足性和地域经济形态的结构性短缺，造就了滨海地域的外向性（或开放性）以及流动性——它促使人们采用各种方式，向外界获取生存资源，拓展生存空间与社会发展空间，从而与农耕人群相对的"封闭性"和"安土重迁"区别开来。开放而活动的滨海地域及其人群，在中国历史上具有怎样的意义，还无法作出评估。

第三，滨海人群互相之间交往以及与农耕人群、市场以及国家交汇的地方，一般是远离治所城市的、较为偏僻的沿海港口。以这些港口为中心，形成滨海人群开展经济活动、社会交往乃至文化活动（如海神信仰和祭祀）的网络。这一网络体系在功能上主要是面向在滨海地域居住生活的人群的，是为适应滨海地域人群的生计、往来而兴起并发展的，是滨海人群的社会经济网络。

所以，相对于以陆地农耕人群为主体、以王朝国家的控制体系为中心的社会经济与文化体系而言，它在政治控制、行政管理、经济往来乃至文化表达方面，都显示出程度不同的疏离倾向。这种疏离的极端表现是以不同形式"乘桴浮于海"的各种人群以及海盗和海盗集团。

第四，滨海人群的海神信仰以及相关传说、神话，折射出滨海人群与海洋的关系，反映出存在一种滨海地域文化的可能性。将海洋与滨海生物（鱼、鸟等动物以及麻、蒲等植物）视为神明而予以信仰，是海洋人群信仰的通例；[25]女神面貌的海洋神，在世界各地的水神信仰中，也比较普遍；而海域由神明统治的观念，则很可能是陆地统治权力在海洋区域的反映。在这个意义上，中古时代滨海人群的海神信仰，早已显示出不同源头的信仰互相融会的趋势。尽管如此，滨海人群的海神信仰，仍然相对独立于王朝国家的海神祭祀，从而表现为两个系统并存的局面：前者是立足于滨海看海，并在生活中感受到海的力量和神秘；后者是立足于中原看四方的海，是王朝国家政治空间想象与建构的组成部分。

注释：

1. 鲁西奇：《中国历史发展的五条区域性道路》，《学术月刊》2011年第2期。

2. 陈寅恪：《天师道与滨海地域之关系》，初刊于《中央研究院历史语言研究所集刊》第三本第四分册（1933年），后收入《金明馆丛稿初编》，上海：上海古籍出版社，1980年，第1—40页，引文见第1、39—40页。

3. 鲁西奇：《中古时代滨海地域的"水上人群"》，《历史研究》2015年第3期。

4.《初学记》卷八《州郡部》江南道"扈渎、盐田"条，北京：中华书局，1962年，第187页。

5. 刘俊文：《敦煌吐鲁番唐代法制文书考释》，北京：中华书局，1989年，第330—332页。

6. 王利器校注《盐铁论校注》卷一《复古》，北京：中华书局，1992年，第78—79页。

7. 鲁西奇：《中古时代环中国海域的"海盗"》，未刊稿。

8. [日]真人元开著、汪向荣校注《唐大和上东征传》，北京：中华书局，2000年，第68页。

9.《后汉书》卷三八《法雄传》，北京：中华书局，1965年，第1277页。

10.《唐会要》卷八六《奴婢》，北京：中华书局，1955年，第1571页。

11.《新唐书》卷二二〇《东夷传》，"新罗"，北京：中华书局，1975年，第6206页。

12. Ha Il Sik, "Dynastic Crisis and the Ruling Strata in the Eighth and Ninth Centuries: Political Administration and Bureaucracy", in *State and Society in Middle and Late Silla*, edited by Richard D. McBride Ⅱ, Cambridge, MA: Korea Institute, Harvard University, 2010, pp.161-164.

13. 鲁西奇：《中古时代滨海地域的"鱼盐之利"与滨海人群的生计》，《华东师范大学学报》（哲学社会科学版）2016年第4期。

14. Lu Xiqi, "Fish, Salt, Freshwater and Cereals: The Livelihood of Coastal Fishermen and Salt-Producers in Medieval China", paper presented at the "Resourceful Things: An Interdisciplinary Symposium on Resource Exploration and Exploitation in China", Cambridge, MA,: Harvard University, the Fairbank Center for Chinese Studies, April 20-22, 2016.

15. [日] 小野胜年:《入唐求法巡禮行記の研究》卷二,京都:法藏馆,1988年,第17—18页。

16. 鲁西奇:《隋唐五代沿海港口与近海航路》,武汉大学三至九世纪研究所编《魏晋南北朝隋唐史资料》第29、30辑,上海:上海古籍出版社,2014年,第80—136页。

17. 袁珂校注《山海经校注》,上海:上海古籍出版社,1980年,第248—249页。

18.《史记》卷六《秦始皇本纪》,北京:中华书局,1959年,第263—264页。

19.《太平御览》卷八八二,北京:中华书局,1960年,影印本,第3919页。

20.《魏书》卷一〇六上《地形志上》,北京:中华书局,1974年,第2473页。

21.《太平寰宇记》卷九六,北京:中华书局,2007年,第1925、1930页。

22.《太平寰宇记》卷八九,第1759页。

23.《太平寰宇记》卷六六,第1345页。

24.《太平御览》卷八八二,第3919页。

25. Paul D'arcy, *The People of the Sea*, Honolulu: University of Hawaii Press, 2006, pp.40-49.

中国古代乡村聚落形态研究的理路与方法[*]

一 中国古代乡村聚落形态研究的两种理路

历史学领域对中国古代乡村聚落形态的关注与研究,主要有两种理路:一是从日本东洋史学界关于"都市国家"或"邑制国家"的理论预设出发,主要对先秦至魏晋南北朝时期特别是秦汉时期乡村聚落形态的考察,着眼点是古代中国是否存在由以"城居"为代表的集聚居住方式向以"散村"为代表的分散居住方式的演化;二是从所谓"村落共同体"的理论预设出发,主要是对明清以来乡村聚落形态的分析,着眼点是传统中国乡村是否存在相对自治的"村落共同体"。这两种研究理路从不同的理论预设出发,对具体问题展开讨论,所涉及的历史时段,前者侧重于先

---

[*] 本文撰写于2011年,原刊于《历史学评论》第一卷,北京:社会科学文献出版社,2013年,第200—227页。

秦至魏晋南北朝时期特别是秦汉时期，后者侧重于宋元明清民国时期，特别是晚清民国以来。

第一种研究理路，大致可追溯到20世纪50年代甚至"二战"以前。50年代，日本学者宫崎市定相继发表《中国上古时代是封建制还是都市国家？》《关于中国聚落形体的变迁》《中国村制的成立——古代帝国崩坏的一面》等论文，系统提出所谓"都市国家"的假说，认为应把商周至汉代的历史，"看做是都市国家的成长、发展和解体的过程"，其中殷商至春秋是所谓"由城市形成国家"的时期，战国到西汉前期是"多数大城市发展的时代"，同时也是都市国家解体、领土国家形成并解体以及古代帝国形成的时期。[1]宫崎市定概括说："都市国家本来是独立自治的团体；中国古代实际上存在的很多都市国家逐渐被兼并，过渡到战国时代的领土国家，后来这些领土国家也解体了，出现了秦汉古代帝国的大统一；可是古代都市国家的遗制到汉代还残存着，形成了汉代社会的特点。"[2]在这一论说体系中，研究的重心当然是城市（邑、国等都市），讨论的核心问题是邑、国居住人群的构成、结构与功能、性质及其演变等，指向则是中国古代国家的性质。但是，"都市国家的成长，必须以高度发达的集村型聚落形体为前提"。所以，在《关于中国聚落形体的变迁》一文中，宫崎乃着意论证"中国古代社会乃是极端集中的聚落形态"这一观点，以说明以农民为主体的农业都市是古代都市国家的基础。由于受到资料限制，他主要立足于汉魏六朝的文献记载，从作为"古代都市遗制"的汉代聚落，去推知更古时代的聚落情形，认为：在汉代，"不论是亭是乡，还是乡以上的县，都是指的一个个的聚落而言，本来是古代都市国家的遗制。虽然失去了政治上的独立，但外形直到汉代还保留着；它周围环以城郭，是稠密的聚落，很多的农民住在里面，只有烧炭的和渔夫是例外，人民很少住在城外的。城里也是依道路划分为几个区域，一区就是一里，大致以百户人家为标准。所谓县、乡、亭，都不外是包括若干个里的城郭都市，虽有大小之差，但差别是很有限的"。他进而推测：汉代以前的"里"，并不是自然村落，而"是城里的一个区域，像唐代城里的坊那样，周围环以墙垣，里中的人民只能从被指定的里门出入"。"古代的里制具有很强的自治的意义。里中的父老居于指导的地位。"[3] 这样，宫崎就描述了古代中国以农民为主体的各色人群大都居于有围墙环绕的、大小不一的各种"都市"之中的图景。

不仅如此，宫崎还进一步论证说：在汉帝国的崩溃过程中，农民由于各种各样的契机离开了城郭，在远离城郭的乡野里形成了新的聚落——临时性的坞与永久性的村（邨），"在整个中国，过去的小型城郭渐渐为人民所抛弃，终于成为后世方志中所载记的故城，代之而起的则是各地更小的散村。这种村落的保护者往往是豪族，不过以同姓同族聚居而互相扶助者居多"[4]。这样，宫崎就构建了一个汉魏南北朝时期农村从古代城市中离析出来并逐步成长、乡村居住形态从以县、乡、亭、里城郭为中心的"城居"逐步过渡到主要表现为"散村"形态的分散居住的一整套阐释体系。与此同时，曾经主要是农业城市的古代城市，在后汉至六朝时期，作为政治、军事与工商业城市的性质浓厚起来，特别是到了"五胡"统治的时代，在重要的城市里配置了游牧族的军士，其军事性质乃更趋加强。这样，遂形成"作为行政治所、并拥有较大数量人口的城郭都市，与脱离城市而散布于田野的村落"之间的对立。[5]

应当承认，日本学者关于先秦至汉魏六朝时期乡村聚落形态的研究，无论具体观点如何，基本上都是从"都市国家"论这一假说出发的；反对其说者也多从聚落的形态入手，讨论先秦至秦汉时代的乡村聚落，究竟是如宫崎所说的那样、以居于围墙之内的农业都市为主，还是以主要被称为"里"、具有民间共同体性质的自然集落为主。[6] 当然，在研究过程中，不同的学者从不同角度不断地丰富这一论说的具体内容，增加了社会控制、地域社会等考量指标，或受到"村落共同体"理论的影响，更着意于从聚落形态方面探究乡村聚落内在的自律性和自治传统，由此又与传统中国乡村聚落的实质究竟是"自然村"还是"行政村"的讨论结合在一起。中国学者的讨论，无论其出发点如何，也都或多或少地受到这些论点的影响。如侯旭东先生在综论先秦至两汉时期乡村聚落的变化过程时说："自先秦至秦汉，百姓居住场所经历了由集中在封闭有围墙的聚落（城居）到逐渐以城居与生活在无围墙聚落（散居）并存的变化。早先这种有围墙有门定时开闭的封闭聚落多位于规模较大的城邑内，出现乡里编制后，这种聚落则成为'里'。""至晚从战国末年开始就已出现了百姓脱离封闭聚落，另找居所的现象"，就形成了一些没有封闭围墙的、分散的聚落，并不断增加。而"这些散居聚落尽管是自发形成的，拥有自己的名称，却也不会脱离官府的控制，亦应被编入'乡里'体系而隶属于'某乡'，且具有'某某里'的称呼"[7]。他所描述的，实际上也是中国古代乡村聚落存在一个由封闭的"城居"向分散的"散居"演变的过程。而邢义田先生则强调："秦汉农村聚落内空间布局形态非一，不像文献中描述的那样整齐划一。""城邑中的里经过规划，格局较为整齐一致；乡野农村即使纳入里的编制,其分布与内部布局仍然更近乎随水土之宜而存在的农业聚落。"他说:"从春秋战国以来,列国统治者为了更有效掌握人力物力资源,一个总的大趋势是将本来行于'国'中的乡里制,透过分层负责的郡县统治体系,逐渐推行到国外之'野',终于模糊了国、野的界线。"[8]这里暗示,在秦汉之前,在围墙围绕的邑、国之外,还存在众多分布于"野"的散居聚落,乡里制本仅行于"国"中,后来才推广到"野"。

第二种研究理路,应当追溯到 20 世纪三四十年代以来日本学者关于传统中国"村落共同体"的讨论。如所周知,日本近世的村社,一般拥有相对独立的自治传统:村民共有的山林、湖泽、水利设施等皆属村社所有,村民在一些重要生产活动中互相协作甚至共同组织生产活动,有共同的祭祀(社);村中一般设有庄屋、组头和百姓代,负责村落事务并充当村与领主交涉的带头人,村中各户的户主组成的议事机构"寄合"是村社最高的权力机关。这样的村社就是一种高度自治的社会实体,即"村落共同体"。[9]村落既然是一种具有机能的社会组织,在村落形态与空间布局等方面势必有相应的体现。因此,在探讨村落经济与社会结构时,就必然会涉及其形态与空间结构的分析,其中的核心问题有二:一是集村状态下,村落的布局特别是公共设施在村落中的位置;二是散村状态下,"村落共同体"是否存在,以及如果存在,包括若干散村的"村落共同体"是如何形成并运作的。因此,日本学者有关村落形态的研究,基本上是立足于村落社会经济生活及其结构的,一般将村落的空间结构视为其经济社会结构在地理空间与形态上的表现。

因此,当 20 世纪上半叶日本学者开展中国传统乡村社会经济的研究时,自然而然地,就把日本的村社共同体作为一种参照系,用它来观察、比照中国乡村社会,从而提出了传统中国乡村是否存在"村落共同体"的问题,而且把他们研究日本村社的理路同样应用于传统中国乡村聚落的研究中。著名的"满铁"调查资料中,大多详细记录了调查各村(均为集村)的空间形态和布局,其重要参与者平野义太郎(主张传统中国存在"村落共同体"的代表人物)还发表了《北中支における農村聚落の鳥瞰》一文,对华北地区乡村聚落的形态作了概括。而在有关传统中国是否存在"村落共同体"的论争中,双方也都围绕自然村与行政村、集村与散村等问题展开讨论。[10] 直到最近,日本很多学者关于传统中国乡村聚落形态的考察,关注点仍然是村落内部的关系及其是否构成"村落共同体"的问题。[11] 在这一系列讨论中,滨岛敦俊的研究最引人注目。他在讨论明清时期"乡村一级"的祭祀系统时,指出:"作为探讨村落一级共同祭祀、信仰的前提条件,我们有必要弄清楚该地的村落、聚落的形态、结构。"[12] 所以,他首先从费孝通所描述的开弦弓村的聚落形态与其村落的共同惯例出发,然后以苏州府长洲县相城镇和盛桥镇为例,对长江三角洲低乡地区的集聚村落和高乡地区的散居村落进行了细致的考察,进而分析集村地区与散村地区社会关系网络的差异,认为在集村地区,地域社会关系网络的重要单位是"村";而在散村为主的低乡地区,整合地域社会关系网络的根据则是"地块"。他的研究虽然已远远超出"村落共同体"理论的本初内涵,但其所关注的中心问题,即对"村落居民的共同性"的关注,则是一脉相承的。

中国学者有关明清以来特别是近代以来乡村聚落形态的分析,也基本上是从乡村社会的建构、控制与秩序的立场出发。

在《近代冀鲁豫乡村》之第一部分《乡与村的社会结构》中，王福明指出：华北大部分村庄始于明代；村庄之规模，清末民初，定县每村平均有81户稍多，华北大部分村庄为百户以上的大村落；村落的外观，是房屋集结在一起，周围或筑有土墙。19世纪后半期，围绕着村庄的维修和祭祀，村落内部发起自治组织，村落渐渐取代里社成为乡村生活的基本单位。乡村组织是在村落发展到一定阶段、一定规模、原有的官方组织已不足以维持和调节村落内部的生活秩序之后才产生的。[13]显然，王福明是把乡村聚落的形态与乡村组织结合在一起加以考察的，这与日本学者有关"村落共同体"的研究理路是一致的。王庆成先生主要依据方志等地方文献以及西方人士在华旅行的记述，探讨了晚清时期（19世纪后半叶）华北地区村落的外部形态，认为北方村落规模多为中小村落，百户以上大村不占多数；若干村落环筑土墙或设立"庄门"，很多村落在村内、村外掘井、立庙。他细致描述了村落的街巷、房舍结构和道路交通情况，并摹录了一些显示当时村落形态的村图。他的研究虽然很重视村落形态与空间结构的考察，但出发点仍然是把村落看作在乡村社会中发挥独特作用的自然单位，是为研究华北的社会经济史奠定基础的。[14]章英华、范毅军、黄忠怀诸氏关于明清时期华北地区村落形态与社会变迁的研究，虽然路径各有不同，具体论点相差较大，但其出发点与思考路径，基本上也都是社会经济史的，即试图从村落形态的形成与变化，观察乡村社会的变化历程。[15]

人类学学者和受人类学影响的历史学者，关于村落社会结构及其形成过程的考察，也往往从村落的空间形态与结构出发。林美容关于台湾汉人聚落可从其血缘性，区分为一姓村、主姓村与杂姓村的著名研究，就是以富田芳郎关于台湾乡村聚落可分为南部的集居型、北部的散居型和中部的迁移型为基础的。[16] 在关于草屯镇土地公庙的研究中，她通过分析土地公庙的信仰内涵，区分现已团聚在一起的各"角落"（部落、自然村）的本初面貌与其分界，并由土地公庙的位置考察土地公所保护及管辖的范围。[17] 这种通过祭祀圈观察村落空间范围与结构的方式，对于村落形态的研究具有重要的方法论意义，而其出发点，则仍然是乡村社会及其变迁。

显然，上述研究理路，都有强烈的理论预设，是为了探讨特定的理论问题而开展对乡村聚落形态的研究的，其所关注的，主要还是乡村聚落在王朝国家的政治进程及社会的结构化过程中所表现出来的形态及其所发挥的作用，并非历史时期不同人群的居住方式与生活方式。这些研究当然是非常重要的，但是，我们思考的出发点，却并非完全在上述研究理路的脉络里，而是历史上曾经生活在乡村区域范围内的那些人群（主要是农民），究竟是在怎样的环境中，采用怎样的居住方式，以作为自己生产生活之基础的。换言之，是历史上的人们怎样在土地上"安顿"自己的。我们更着意于把乡村聚落看作乡村人群的生产生活空间，关注乡村人群的生活方式。正是从这个立场出发，近年来，我们主要以长江中游地区为中心，尝试着进行了一些有关古代乡村聚落形态的探讨。[18] 本文即在此前实证性研究的基础上，就古代乡村聚落形态研究的主要问题、展开讨论的方法，谈一点我们的看法。

二　集村与散村：聚居还是散居？

"聚"的本义，是"会"、"集"，引申为邑落，即集中居住的村落。《说文》释"聚"，谓："会也。……邑落云聚。"[19]《史记·五帝本纪》记舜耕历山、渔雷泽、陶河滨，"一年而所居成聚，二年成邑，三年成都"[20]。聚与邑、都并列而规模较小，显然是集居的聚落。张守节《正义》释作"谓村落也"，虽大致不误，但未能指明其为较多人户集中居住的意思。《汉书》卷五一《枚乘传》录枚乘谏吴王濞书，中谓："舜无立锥之地，以有天下；禹无十户之聚，以王诸侯。"[21]以"十户之聚"与"立锥之地"并提，意在强调"十户之聚"是较小的"聚"，一般的"聚"要多于十户。凡此，都说明"聚"是指集中居住的居民点，大抵不能低于十户，"十户之聚"是小"聚"了。"落"字从"艹"，本有零落、离散之意。《说文·艹部》："落，凡艹曰零，木曰落。"[22]《史记·汲郑列传》"此两人中废，家贫，宾客益落"句下司马贞《索隐》称："落犹零落，谓散也。"[23] 藩篱所环绕之草庵居室亦得称为"落"。《文选》卷十二郭景纯（璞）《江赋》"于是芦人渔子摈落江山，衣则羽褐，食惟蔬蠚"句下张铣注曰："落，庵屋之类，言其作屋于江滨山侧，为庵也。"[24] 同书卷二六范彦龙（云）《赠张徐州谡》"轩盖照墟落"句下吕向注曰："墟，居；落，篱也。"[25] 所以，中文语境下的"聚落"，本义就包括了集中与分散两种居住类型，也就是集村与散村两种形态。《汉书·沟洫志》录哀帝时贾让上书，谓战国以来沿河筑堤，堤内"填淤肥美，民耕田之。或久无害，稍筑室宅，遂成聚落"[26]。其所说的"聚落"，即包括规模较大的集村（聚）与较小的散村（落）。

在西文语境下，"聚落"的语义，主要是指安顿，英文的

Settlement 与德文的 Siedlung，均含有"安顿在土地之上"的意思，而法文的 Ètablissment humaine，则主要指人类的建造物，含有"形态"的意义。[27] 其所强调的，都是人们在土地上安顿、居住的形态或方式以及由此而形成的景观，而其核心则是人类为居住而形成的建造物在地表之上的展现方式，亦即集中抑或分散。正因为此，当 19 世纪中期德国地理学家梅村（A. Meitzen）在考察德国北部的农业聚落时，就根据土地区划、住宅布局、道路网等构成要素，首先将聚落分为集村（Haufendorf）与孤立住宅（Einzeldorf）两大类型。后来，施吕特尔（Otto Schlüter）将他的分类进一步科学化，正式提出了集村与散村的分划。法国地理学家维达尔·白兰士（Vidal de la Blache）在 1922 年出版的《人文地理学原理》一书中，也把村落分为集聚与分散两种类型，并且从自然与人文两方面，阐明其产生的因素。[28] 他的弟子白吕纳（Jean Brunhes）与德芒戎（Albert Demangeon）均沿着同样的理路，特别重视集中与分散两种聚落形态，并着意阐明其地理意义，分析其形成的过程和原因。[29]

因此，历史乡村聚落地理研究的第一个问题，就是考察研究区域内的乡村聚落，究竟是以集村为主，还是以散村为主。所谓集村与散村，主要是根据农家房舍集合或分散的状态来区分的，至于集聚与分散的程度，则可以因不同时期不同地区的文化或自然环境而异。[30] 集村，即集聚型村落，就是由许多乡村住宅集聚在一起而形成的大型村落或乡村集市，其规模相差极大，从数千人的大村到几十人的小村不等，但各农户须密集居住，且以道路交叉点、溪流、池塘或庙宇、祠堂等公共设施作为标志，形成聚落的中心。集村形态本身也有农家集合疏密程度的差异，但通常农家集中于有限的范围，耕地则分布于所有房舍的周围，每一农家的耕地分散在几个地点。宅上除了供农家居住的房屋之外，也包含附属建筑物（牲畜棚、围墙、篱笆等）、庭园、菜园以及环绕房屋栽种的林木（住宅林）。村落所属的耕地往往开阔而无遮掩，分别属于聚落中的农家。散村，即散漫型村落，每个农户的住宅零星分布，尽可能地靠近农户生计依赖的田地、山林或河流湖泊；彼此之间的距离因地而异，但并无明显的隶属关系或阶层差别，所以聚落也就没有明显的中心。[31] 最典型的散村是一家一户的独立农舍，所谓"单丁独户之家"；而最典型的集村则当是聚族而居、多达数千人的大村落，或市廛繁庶、工商业发达的市镇。

集村与散村的根本区别并不仅在于人口多少及其空间规模的大小，更在于其各个民居之间及其与所依赖的田地、山林、湖泽之间是呈现出集聚、互相靠近的趋向，还是表现出离散的趋向。"在（集聚）村庄的景观中，房屋群聚在一起，这多少有点加强了耕地上的孤寂感；村庄与其土地似乎是截然分开的。在散居的景观中，房屋不远离耕地，房屋相互间的吸引力，远小于房屋和田地之间的吸引力。农庄及其经营建筑物都建在田地附近，而且每块耕地的四周，常有围墙、篱笆或沟渠。甚至那些被称作小村（hameau, Weiler, hamlet）的小房屋群，似乎也应当一般地看作散居的形式，因为它们几乎总是意味着房屋和田地是靠近的。"[32] 换言之，集聚村落本身表现出集聚化倾向，而村落与田地、山林之间则相距较远；散居村落各农户之间相距较远，而每个农户都尽可能地靠近其耕种的土地、赖以为生的山林湖泽。如果一个聚落的大部分居民均程度不同地脱离了农业生产，其生计主要不是依靠田地、山林或湖泽，那么，这样的聚落即不再属于乡村聚落，而应被视为"城市"。

采用怎样的居住方式,是集聚居住(形成大村)还是分散居住(形成散村或独立农舍),对于乡村居民来说,至关重要,它不仅关系到他们从事农业生产的方式(来往田地、山林或湖泊间的距离,运送肥料、种子与收获物的方式等),还关系到乡村社会的社会关系与组织方式,甚至关系到他们对待官府(国家)、社会的态度与应对方式。德芒戎注意到:聚居地区与散居地区人们的生活习俗乃至心理状态都会有很大差别。他指出:

> 每一居住形式,都为社会生活提供一个不同的背景。村庄就是靠近、接触,使思想感情一致;散居则"一切都谈的是分离,一切都标志着分开住"。因此就产生了维达尔·德·拉·布拉什所精辟指出的村民和散居农民的差异:"在聚居的教堂钟楼周围的农村人口中,发展成一种特有的生活,即具有古老法国的力量和组织的村庄生活。虽然村庄的天地很局限,从外面进来的声音很微弱,它却组成一个能接受普遍影响的小小社会。它的人口不是分散成分子,而是结合成一个核心;而且这种初步的组织就足以把握住它。……"因此,从散居人口到聚居人口,有时存在着精神状态和心理状态上的深刻差异。A. 西格弗里德非常机敏地指出这一点:在分散农舍地区,是"在篱笆或树行后面有点怕和人交往的离群索居,不信任人的个人主义",对外人怀有的敌意,和对外来思想意识的一种不可渗透性;在村庄地区是集体行动的便利,配合的意识,外来影响的渗透和传播。[33]

一般说来，在中国传统社会中，集聚村落的居民之间的交流相对频繁，关系相对紧密，从而可能形成相对严密的社会组织结构；同时，由于居住集中，官府也易于控制，国家权力对集聚村落的渗透也就相对深入、广泛。而在分散居住的区域，各农户之间的来往、交流与互相依靠均相对少一些，彼此之间相对疏远，其社会联结方式与社会组织结构则要复杂得多；官府控制散居村落的难度较大。因此，探究某一区域范围内的乡村居民究竟是聚居还是散居，不仅有助于我们更好地理解不同地理环境下人们对环境的适应与改造，更是考察其社会经济生活方式、社会组织方式等问题的前提。

当然，某一区域内的乡村聚落以集村为主，并不意味着这一区域就没有散村；而在一个散村占据主导地位的乡村区域，也一定会有规模较大的集村，甚至是集市乃至市镇。实际上，在一个特定区域内，集村与散村两种类型的聚落，可能并不是相互排斥的，而是相互补充的。在江汉平原腹地，我们曾观察到：一些位于自然或人工堤防上的村落规模较大、历史较为悠久，已表现为集村；而分散在低洼湖区墩、台之上的农家，则往往移居不久，一般表现为独立住宅或两三户聚合的小聚落，显示出高度的分散性。[34] 同一区域内集村与散村的差异，反映出聚落成立在时代上的早晚：一般说来，规模较大的集村形成较早，而分散的小村则可能是从集村中分立出来的或者由后来者新建的，形成较晚。集村与散村的混合分布，不仅反映了各村落在发生学上的差异，更反映了地区开发和社会变迁的历史进程。

那么，怎样考察古代某一地区的乡村聚落是以散居为主还是以聚居为主呢？

滨岛敦俊在考察江南乡村社会及其变迁时，曾主要使用地方志特别是市镇志的有关记载讨论不同地理面貌特别是地形下聚落形态的差别。苏州府长洲县北部的相城镇位于阳澄湖的北岸，与常熟县境相连，地势低洼，属于"低乡"。民国十九年（1930）成书的镇志《相城小志》卷三《户口》记载了各聚落的名称及其户口统计的详细统计数字，全镇共有8334户、30033人，村名中含有"街"的聚落共有三处：陆巷176户，相城241户，消泾125户，合计542户。除此三街之外，还有69个村7792户，平均每村113户，其中最少的村落有40户，最多的村落有223户。从地理学的聚落形态上看，属于典型的"集聚村落"，即集村。滨岛据此判断说："经历了清代前期的人口膨胀期后，江南三角洲圩田地带的村落平均户数可能在100户左右。"换言之，江南圩田区占主导地位的聚落形态是集村，其平均规模可能达到100户左右。而在开发较晚的江南三角洲东北部地区，即今上海郊区，则表现出明显的散居状态。滨岛使用了民国初年刊行的《盛桥里志》的材料。《盛桥里志》也记载有各个聚落的户口数据。这一带受长江南岸自然堤的影响，地势稍高，属于"高乡"。据《盛桥里志》卷三《舆地志》记载，清末民初，盛桥共有236个自然聚落、2449户、12148人。如果简单平均的话，每个聚落有10.38户。即使这个简单的平均值，也比相城镇少得多。考虑到其乡中心盛桥镇有86户，大村宅有140户，大曹家宅88户，赵家宅43户，除了这几个较大的聚落之外，其余的大部分聚落规模可能平均只有七八户，而不满5户的极小聚落（包括只有一户的孤立庄宅在内）也占有76个。因此，这是一个散村占据绝对多数的地区。[35]

在分析随枣走廊地区的乡村聚落形态时，我们曾经使用同样的方法。枣阳县位于湖北省北部，是低冈丘陵地区。民国《枣阳县志》卷十三记载，清朝末年，枣阳县共有6249个集镇村落、85261户、394884口，平均每个集镇村落有13.64户、63.19口。其中阜阳乡每个居民点平均9.08户、43口，华阳镇为6.36户、31口，白水镇为5.67户、39口。考虑到这些平均数中包括了人口相当集中的聚居点——集镇，则每一自然村落大约只有三四户、二三十口人。据此，我们初步判断包括枣阳在内的随枣走廊低冈丘陵地区以散村为主导性的聚落形态。[36]

我们曾经仔细研究江汉平原腹心地带的乡村聚落形态及其演变历程。潜江县中部偏东的杨市公社（今为杨市街道办事处）位于东荆河东岸，北接潜江县城关镇园林镇，东邻沔阳县（今仙桃市），南与总口农场接壤；境内地势平坦，海拔高度一般在32米左右，曾长期受汉水、东荆河、（潜江）县河、通顺河溃口洪水的威胁。据《潜江县地名志》记载，全境共有348个自然村、5个自然镇，另有22个自然村被列入"消失地名"下，其中称为"某某台"的地名共有194个（在22个"消失地名"中，有18个以"台"命名）。在这些地名中，以单姓命名、称为"某家台"的村落共有142个，居大多数（73%），以双姓命名的村落有21个，称为六姓台、五姓台、三姓台、七姓台者各有1个。1981年，这些聚落的平均人口规模为约121人，以当时杨市公社平均每户约5.61人计算，每村约有22户。显然，这些自然村落最初都是由一户或两三户、四五户人家发展而来的。[37]

一些文献中的描述性记载也有助于我们确定一个地区以散村

为主导性聚落形态。同治《汉川县志》卷十《民赋志》录嘉庆二十一年至二十三年间（1816—1818年）任汉川知县的樊钟英所上"通禀汉川地方情形民间疾苦"云：

> 汉川地处襄江下游，形势低洼……素称泽国，除梅城、长城两乡地处高阜，其余尽属垸畈。每年泛涨，不破堤，仅厂畈被淹，若破堤，则垸内亦淹。……民庐多居墩、台。墩者，乃民间锄土造筑而成。若水淹久，则墩、台亦多坍卸，故居民多造茅屋竹篱，略加墙垣。夏秋水至，则拆屋移居，撑船远逃；春冬水退，则［刈］（于）茅索陶，亟其乘屋。[38]

一般说来，墩多系人工堆筑而成，规模略小；台则是自然形成的丘阜，规模比墩略稍大，但二者并无根本差别，都是江汉平原腹心地带略高于周围的冈阜。由于平原湖区频受洪水侵袭，人们不得不选择地势稍高的天然丘阜作为相对稳定的居住点；在没有适当天然丘阜的地方，则集中人力堆筑成墩台，以作为栖身之所。康熙《潜江县志》卷二十《艺文志下》录张承宇《秀野园记》称："吾邑苦无山……凡筑室者，虑无不有事于畚锸，高高焉，下下焉，而后可居。"[39] 所谓"高高焉"即堆土为台，"下下焉"则是掘土成塘。1883年，英国商人阿奇博尔德·约翰·立德乘小帆船从汉口出发，经沌口进入长河，溯长河而上，辗转达沙市。经过汉阳县西境蒲潭一带时，他写道："我们今天经过的地区，夏天是一个巨大的湖，孤零零的秃山像海岛一样在水面上只露出10至200英尺的山头。蒲潭村就建在其中一座山头上，与夏季的洪峰等高。"

在蒲潭以西，沿途所经的地方景色十分单调，"打破这种单调景观的只有一些可怜的村庄，每隔三四英里，可以见到一个高出平原约10英尺的圆形土丘，丘顶上挤着十间八间泥屋"[40]。前者所说的是汉阳西境蒲潭、马影一带的低丘陵地带，蒲潭村所在正是一个自然残丘；而那些"高出平原约10英尺的圆形土丘，丘顶上挤着十间八间泥屋"，则正是"台"或"墩"。

陕西韩城县西北部是山区，包括王峰、枣庄、桑树坪、独泉、薛峰、林源、盘龙、板桥、乔子玄等九个乡。其平均海拔600—800米，山峦起伏，沟壑纵横，村落多散布于山岭间的川道、坡地和梁峁间台地。据当地调查资料称：相传明清时期立村的约400余处，绝大多数为10户以下的散村，不少仅1—5户农居而已。民国十三年（1924）修成的《韩城县续志》卷二《兵防》下录有吉廉锷撰《伏峰川道里记》一文，对韩城县西庄镇西北伏峰川道浅山部分的村落描述甚详悉：

  治北二十余里，西庄镇西北有川，曰伏峰川。川口路途窄小，崎岖不易行，北为牛鼻山，南为枝子庙。入川四里许，居民数家，曰赵家河。又行二里许，曰龙湾村，东有煤窑。又行三里，曰坪头村，隔川相对曰凤凰山，上有祖师殿。沿川而上约二里，曰涧东村，村西斜对晋公庙。上曰下庄村，村上有吴王砦，系秦时董翳所居，村下有水田百六十余亩，亦秦时所修。又行二里许，曰上庄村，村东有吴王墓，村西有严福寺，村下水田数十亩，系民国二年开修。盘道川与小长川汇合于此。由村南上二里许，曰汉岭村；北上七八里，曰道口梁；西北上曰韩家山，山北为保泉川，南为小场川；西南上曰砦子坪，坪上为盘道川，翻底桥在焉。伏峰川共长十余里，大小七八村，每村三四十家不等，土地狭隘，人情俭朴。[41]

虽然下庄村吴王砦及其村下水田为秦时所修的传说未必可靠，但伏峰川各村皆有悠久历史、并非明清时所建村落，当无疑问。各村户口，盖以赵家河为最少，仅"居民数家"；龙湾村，因为有煤窑的缘故，可能人口较多；下庄村和上庄村各有水田百六十亩、数十亩，应当相对富裕，户口可能也较多。在民国《韩城县续志》卷首所列纂志采访诸员中，吉廉锷被注明是"韩城县立高等小学堂甲等毕业，邑人"，则此文当撰写于民国初年，反映的是民国初年的情形。约七十多年后，20 世纪 80 年代末，伏峰川各村的户口与耕地数虽然有较大幅度的增加，但规模仍然相对较小（平均每村 37 户）。此数村还都处于川口，更向山区伸展，村庄的规模越来越小。据统计，盘龙乡其余村落耕地多在 100—200 亩间，十余户人。在盘龙乡 79 个村子中，有 45 村人口在 15 户以下，28 村在 10 户以下，13 村在 5 户以下。[42] 显然，山区资源条件的限制乃是这些村落长期维持在较小规模水平上的根本原因。

三　古代乡村聚落的区位分析

在观察并分析研究区域内集村与散村的历史成因时，必然要涉及各个聚落的具体位置。这就是历史乡村聚落地理研究的第二个问题，即乡村聚落的区位分析。

地理学者界定一个乡村聚落的区位，主要依靠自然地理条件、交通格局两个指标。自然地理因素（包括地形、海拔高度、气候、水文等因素）与交通因素对聚落的影响乃至制约作用是非常明显的，前人也已作了充分的讨论，日本学者甚至根据村落所处地形地貌的差异，概括出谷底、谷壁下端、湖泊沿岸、谷壁、河阶、山腰斜坡、山麓斜坡、山脚山稜、山顶丘陵顶、鞍部山口、高原、山麓、冲积扇、台地、沙丘地、盆地、冲积平原、平原、海岸、海岸海阶、海岸岛、沙洲等聚落类型。[43] 李旭旦先生在《白龙江中游人生地理观察》一文中，也按照聚落所处地形位置将白龙江流域的乡村聚落分成冲积平原聚落、冲积扇聚落、阶地聚落、山间盆地聚落、高谷聚落、高山孤屋、山隘小村等七类。[44] 陈桥驿先生在研究绍兴山会平原及其沿海地区聚落的形成与发展时，主要根据地形，将历史时期山会地区的乡村聚落共分为山地聚落、山麓冲积扇聚落、孤丘聚落、沿湖聚落、沿海聚落、平原聚落等六种类型，并认为"每一种地域类型的聚落，不仅有其特殊的自然环境，而且也有其特殊的聚落职能，即聚落居民所从事的主要生活活动"[45]。尹钧科先生在分析北京郊区村落的分布及其成因时，也主要是从地形、交通网格、河湖水道及其演变三方面展开的。[46]

但是，主要基于地形的聚落分类，虽然可以对长期以来聚落稳定地处于某些特定的地形位置上提供一种解释，但却无法回答，在地形条件基本未变的条件下，聚落的位置何以会发生变化；也无法解释，在基本相同的地理条件下，何以会形成性质、规模均有很大差异的聚落（比如同处于海岸线上相邻的两个村落，可能一个是渔村，而另一个则是农耕聚落）。同样，交通格局的分析方法，虽然可以解释某些位于道路交汇点的聚落，但对只是沿着交通道路、却并不处于交汇点的聚落，不能提供有力的说明，更易于陷入道路与聚落孰先孰后的悖论中。最重要的是,地理区位与交通网络的分析方法,主要是研究者立足于自身对研究区域的认识而作出的解释,可能与聚落人群的实际生活及其对环境的感知是相脱节的。

人们选择某一位置建立聚落,首先考虑的是生存生活的需求:在这样的位置上,便于获取生活资源。所以,乡村聚落的区位,首先是指它在当地生计系统中的位置:其周围的耕地、山林、河湖水面或海面、草地,与聚落本身构成一种相对的空间关联。对于聚落的居住人群来说,这是最重要的区位关系。地形地貌、水文、气候等自然地理因素,是通过这个生计系统对聚落位置的选择与确定发生作用的。其次,聚落人群需要考虑的,是与所在区域内其他人群的经济交往与社会联系,超出聚落所属生计范围的道路系统,正是在聚落间的交换和社会交往过程中形成并发挥作用的。所以,只有把地理条件、交通网络等因素,置入聚落人群的生计、经济与社会系统中,才能真正理解它们与聚落位置之间的关联。

在讨论江汉平原腹地的乡村聚落时,我们描述一个聚落的位置,往往使用"位于平原湖区、河湖岸的自然或人工堤防之上或湖区墩、台上"之类的表达,就包含了上述各主要指标:平原湖区是有关地形地貌的描述,位于河湖岸堤防之上或墩台之上既指明了其在交通网络上的位置(因为河湖水系是传统农业时代江汉平原腹地的主要交通线路),也暗示了它在区域经济开发进程与土地利用系统中的地位(位于堤防之上的聚落可能形成较早、规模较大,并且是堤垸的建筑者和垸田的早期开发者,而居于墩台之上的聚落则可能形成较晚、规模较小,是垸田开发的后来者)。不仅如此,区位不同的聚落,在当地社会关系网络中也可能具有不同的地位。在汉川南湖垸，位于田二河镇东北的白果村是当地林氏宗族的发源地。民国四年（1915）修《汉川林氏宗谱》卷十八《世系》云：

>　　汉川本泽国，值元季变乱，人烟寥落，田旷赋悬。洪武初，听客户插业，画土为疆，差兼官民，是称闸业。初祖秀一公避难由沔入川，卜吉于鸡鸣里斗步头之白果台，朋入六甲尹姓户册完粮，改姓尹。嘉靖中改复原姓。果台属南湖水口，山水汇合，风俗醇美，始基立焉。六世后，分居远近各村落，藉秀水为环抱，茔墓依之，耕读世业，衍于无穷。万历间，襄流泛溢，亦有避水患迁居城乡高原者。[47]

白果台即今汉川田二河镇斗埠头村所属之白果树自然村，直到民国时期，这里仍是南湖之滨（今南湖已垦为良田）。此台很可能即为林氏先祖所筑。六世之后，林氏人丁渐繁，遂散居于白果台、阳春台、台头（当即斗步头）、二房台、四屋嘴、五房堤（又作"五房台"）、七屋台、八屋湾、幺屋台等村落。白果台的地理区位并无特别之处，但它是林氏先祖最早的落脚处，也是南湖垸围垸的开端之处，更是汉川南湖林家的发祥地，所以，它在南湖垸的经济开发进程与社会关系网络中具有重要地位，而这种地位对于聚落的发展又有着非常重要的影响。[48]

在汉川汈汊湖区，我们曾观察到这样的居住形式：一栋两间或三间的孤立平房（直到2005年，还很少见有楼房），坐落在湖边的堤岸上；房前岸上插几根木棍，挂晒着渔网；湖里停泊着一只小木船（有时会另有一只较大的水泥船）。康熙《汉阳府志》卷一《舆地志》"风俗"栏称：

> 汉川四周皆水，湖居小民以水为家，多结茭草为簰，覆以茅茨，人口悉居其中，谓之茭簰，随波上下，虽洪水稽天不没。凡种莳牲畜，咸在其中，子女婚嫁，靡不于斯，至于延师教子弟者。其同塚一带，土瘠民贫，西成之余，即携妻子乘渔艇，转徙于沔之南、江之东，采菱拾蛤以给食；至东作时，仍归事南亩。逐岁习以为常。嘉、沔之人苦之，然亦莫能禁也。[49]

今日所见散居于河湖之旁孤立房屋里的民户，大抵就是这些曾以茭簰、渔舟为家的渔户们的后裔。据此，我们可以大致推知明清时期那些居于湖区的渔户们（实际上也耕种田地）高度分散的居住状态。分散程度较之上岸渔户稍低的，是那些居于围垸腹心地带台、墩之上的农户。他们的房屋散布在平旷的田野中间，往往位于沟渠或较小湖塘的旁边，堆筑起台、墩；相隔十几米或数十米乃至数百米，在另一个台墩上住着另一户人家。几乎每户人家的台基边上均植有柳树，以便加固，附近会有一个堆筑台墩时取土而留下的池塘。在台与台之间，铺展着稻田或菜园。各个农户之间，会有弯曲的小径相联系。这是居于围垸腹地台墩之上的人家与那些居于河湖岸边的上岸渔户最重要的差别：后者相互之间可能没有小径相连，即便有，也为荒草覆盖着，说明各个上岸渔户间的联系并不密切；而台墩之上的人家则不同，他们即便相隔数百米，仍互相看作为"邻居"，属于同一自然村落。

在关于韩城县村落分布的研究中，研究者曾经考察村落与水系的关系。从所绘制的"村落选址与水系关系图"上可以见出，虽然有相当部分村落位于河流两岸（又以右岸为多），但韩城县的大多数村落，虽然都距水不远，却并不选择紧邻河水的河谷，而是距河水保持一定距离的塬上。何以会如此？一个解释是黄土地质不稳定，暴雨易造成山洪暴发，对塬边、河川边的村庄威胁甚大，极易造成塌方、滑坡等灾害。另一种解释是经济的，或生计的，认为村落的选址需要考虑村落与耕地的关系：因为耕地主要在塬上，所以村落的位置尽可能地靠近耕地。研究者在解释韩城村落的形成过程时说：韩城村落的形成一般分为四个阶段，第一阶段多选择背依塬、面向河川的平坦地段，或者选择塬上腹地居住。第二阶段，"由于生产发展和人口增加，居住地会向较高的塬上迁徙，这样，可得到平整的耕地并逐渐扩大，还能利用塬的自然地形，抵御盗贼与洪水"。第三阶段，在村落周围建立围寨，形成村落治安防卫体制。第四阶段，或者新建围寨，或者在原有围寨附近的平地上另避新居住地，从而形成"村寨分离"的格局。[50]显然，村寨位置的确定，首先考虑的是生计的需求（耕地与水源），其次是安全的需要。

因此，对于历史时期乡村聚落所处区位的分析，绝非仅仅观察其所处的地形、水文等自然条件及其在交通道路网络中的位置，而是要将它放在更为复杂多元的社会经济乃至文化网络中加以定位。在广袤的平原上，地形地貌与水文等条件可能惊人相似，交通条件也没有根本性的差别，仅从自然条件与交通格局的角度进行分析，可能完全不能解释某一聚落何以处在其位置上以及它何以会与周围聚落不同，只有联系其所在区域的经济开发进程、经济格局特别是市场体系的形成以及社会秩序的建立、文化中心的建构等经济、政治与社会、文化因素加以探究，才能给出合理的解释。所以，乡村聚落的区位分析，首先当然是其生计区位（地形、水文等自然地理环境所提供的生计资源，以及聚落人群对这些资源的利用），其次是它在区域经济体系的区位（包括它在区域经济开发进程中的位置，及当地经济体系中的位置），再次是它在地域社会中的区位（包括它在行政管理或政治控制体系中的位置，以及当地社会关系网络中的位置），最后是它在当地文化系统中的区位（包括它在当地人群观念中的位置，以及地方文化系统对它的界定和述说）。只有把这些区位分析叠合在一起，我们才能真正理解一个聚落为什么会在它所在的那个位置上。

此外，许多学者强调风水对传统乡村聚落选址的影响乃至制约性意义。如李秋香在讨论徽州村落的选址时说："徽州的村落很讲究风水。村子的水口，在村子的下游。入村道路一般都溯溪河而来，水口便是第一道村口。据堪舆术，水口溪河左右应有小山或小高地错列夹峙，称'狮象把门'，不让溪河水'直泻无情'，以利'藏风聚气'。为了加强'关锁'，水口还常有文昌阁、关帝庙、桥、长明灯、牌坊和'文笔'之类，形成水口建筑群。"[51]到乡村作调查，也一定会谈到风水，很多村落都会有自己的风水阐释。在大多数情况下，村中人都会说自己的祖先们选了一个好风水的地方，并会有种种传说故事。但是，严格说来，风水只是一种"解释"，是从风水理论出发，对已经确立的村落选址作出的一种解释。换言之，是先有村落、后有风水的解释，而不是如村民们所宣称的那样，是先看好了风水，才建立起村落的。风水的阐释与村落的建构是同步的，而绝大部分系统的风水阐释，是在村落形成之后才形成的。风水的阐释是村落的"文化",就历史过程而言,是后起的。所以,同一个村落,关于其风水会有不同的说法,研究者也可以从不同的风水理论出发,给村落选址及其布局以不同的解释。因此,对村落选址的风水分析,主要是在文化层面上展开的。

四 古代乡村住宅的形式及其空间布局

在构成乡村聚落景观的诸要素中,自古以来最受人注意的,就是住宅。德芒戎说:

> 在组成这个人造景观(指聚落——引者)的所有要素中,没有比农民的住宅,即乡村的房屋更生动的了:它体现了人在建设中有永久性和个性的那一部分。人在那里安置财物、收获品、工具、牲畜、炉灶、家庭,人按照自己的爱好和需要来建造供每天使用的房屋。这是人亲手制造的、适应生活的产品。由于这种亲密性,它几乎是被赋予生命的一种创造物。它是经过许多世纪塑造的农村生活的体现。……乡村的房屋不仅仅是景观中一个地方性的色调,它是一种劳动形式——法国固有的财富——的初级工场。[52]

换言之,乡村住宅不仅是农民居住、生活的地方,还是农民保存其全部(或大部)财物、生活用品以及生产工具、肥料等的场所,部分生产活动也直接在这里进行。所以,乡村住宅除了人们直接居住的房屋之外,还包括附属建筑(手工作坊、粮仓、牲畜圈或牲畜棚、围墙或篱笆)以及庭院、晒谷场、护宅林、池塘、井等附随设施等。

这样,考察历史时期乡村聚落的农家住宅,首先要弄清楚的,就是房屋的材料与外形。房屋是农家住宅的核心。使用什么样的材料建筑房屋(墙体与屋顶)、房屋采用怎样的外形(房屋的平面形状与立体形状)、建筑方法如何(版筑、土砌等),都反映了人类对环境的适应与利用,也在很大程度上反映了居住者的社会特性和文化取向。如《汉书·地理志》云:

> 天水、陇西,山多林木,民以板为室屋。及安定、北地、上郡、西河,皆迫近戎狄,修习战备,高上气力,以射猎为先。故《秦诗》曰:"在其板屋";又曰"王于兴师,修我甲兵,与子偕行"。及《车辚》《四载》《小戎》之篇,皆言车马田狩之事。汉兴,六郡良家子选给羽林、期门,以材力为官,名将多出焉。[53]

所谓"板屋",当是以木板构筑的木屋,不仅屋顶,连墙体也当是以木材拼合而成。当地居民以射猎为先,青壮年男子又多从军,以板屋为主体的住宅大抵不须具备农耕家庭常见的大庭院。颜师古注"在其板屋"句云:"《小戎》之诗也。言襄公出征,则妇人居板屋之中而念其君子。"男子出征在外,妇人居于板屋之中,心曲殷殷,"言念君子",正是青年夫妇小家庭的居室面貌。可以想见,这样的板屋,大抵只有两三间,甚或只有一间,规模是较小的。我们从这段简单的文献记载中,已可大致窥见秦汉时期天水、陇西等六郡住宅情形之一斑。

其次，是房屋的结构，即房屋内部的空间布局，或者说是内部隔间的状态。房屋的内部布局（隔间）反映居住者的生活方式，是以建筑物观察人们生活方式的最佳途径。后藤久说：

> 旧石器时代的竖穴住居，还未达到空间分化的程度。然而，在新石器时代的住居之中，已经出现以入口处附近作为厨房与起居室，而里面则作为寝室的状况。也就是说人们已经注意到了洞口与洞里的气氛上的差异，前者有着开朗热闹的团圆之感，后者具有距离入口较远的安全感及静谧的感觉。萌生了空间区别的意识，于是人类的住居与其他动物的巢穴产生了区别。两房住居加上附属的前庭与门廊基本形式完成后，基于每个地区的气候与材料取得的便利性不同，进而衍生出五花八门的住居形态。[54]

较早的两房式住宅，一般由小的前室（厨房）和大的主室（寝室）构成，两个房间之间，由墙壁隔开。在出入口处，则逐步形成了前庭和门廊。在漫长的历史过程中，至少在黄河流域的部分地区，逐步形成了"一宇二内"的住宅结构。睡虎地秦简《封诊式·封守》记一个涉案的某里士伍"甲"有室"一宇二内，各有户，内室皆瓦盖，木大具，门桑十木"。这个"甲"的身份是士伍，大抵是下层军士，居于某里中。他有子女各一个，妻子已亡故，另有臣（当系家仆性质）一人，妾一人，则居于家中的共有五人。大女儿还没有结婚，小儿子称为"小男子"，当皆未成年。妾应当是妻死后续纳的,时间当未久,故尚未有子女。这样的一个家庭,大概在秦代属于中等之家,所居住的一宇二内,瓦屋,应当是比较好的。[55]《汉书》卷四九《晁错传》录晁错所上守边备塞之策,建议募民常居边塞,官府"先为筑室,家有一堂二内,门户之闭,置器物焉"[56]。所谓"一堂二内"或"一宇二内",当即一间堂屋,两间内室,外有门,内有户。这应当是汉代民居的基本形式,所以晁错才以这种形式作为建设西北边塞移民住宅的蓝本。河南陕县刘家渠8号东汉墓所出小型陶院落,平面呈长方形,前后二进平房。大门在前一栋房的右侧,穿房而过,进入当中的小院。院后部为正房,房内以"隔山"分成前、后两部分,应为一堂一室。院之左侧为矮墙,右侧为一面坡顶的侧屋,当是厨房。这一院落大约接近汉代一般民居的布局。[57]《太平御览》卷一七七《居处部五》"台"下引盛弘之《荆州记》云:隆中诸葛亮"宅西有三间屋,基迹极高,云是孔明避水台"。孔明避水处只有屋三间,无院落,是孔明的临时居处,而生活较苦的一般平民则可能多居此种住宅。

第三,是宅院的总体布局。如上所述,乡村住宅除了供家庭成员居住的房屋之外,还包括粮仓、牲畜圈、围墙或篱笆、晒谷场、护宅林、池塘、井等附随设施,这些设施的布局,特别是它们与房屋之间的关系,反映了人、物与牲畜之间的关系以及乡村住宅的职能和实质。德芒戎说:农村住宅的根本特性,"主要来自建筑物的由农业需要产生的内部所安排。农民的房屋要解决一个极其重要的问题,即人、牲畜和财物之间建立起什么样的相互关系"。也就是说,乡村宅院的布局是基于农业生产与生活需要而安排的,是对所在地区农业经济的适应。在这个意义上,乡村住宅是一种"农业工具","它从属于生产经营的特性,给予人、牲畜及物品以合理的位置。当要遮护耕作工具或收获品的时候，它在一个狭小的空间内形成一个紧密的整体；或是相反，当要保持一群数量相当大的牲畜的时候，它向牧场敞开和松散"。"农民是按照生产规模的大小来建造房屋的，这不仅造成建筑物占有的面积和空间有差异，而且还导致住宅本身布局不同。"在这些认识的基础上，德芒戎把法国农村住宅分成四大类型：简单房屋（把住宅的所有主要部分置同一屋顶下的布局）、紧靠式房屋（长方形的、围着一个院子的建筑物，肥料堆在院子中央，有一个巨大的谷仓）、疏开式房屋（适用于畜牧经济比重较重的情形，以牲畜为主的农村经济）、层叠式房屋（畜厩在底层，人的卧室在楼上，仓房在最高层）。[58]这些类型分析，对我们考察中国历史上的乡村宅院，有着很重要的启发意义。

敦煌所出 P.3121《年次未详(9 世纪后期、10 世纪)沙州囗万子、胡子宅舍田园图》，形象地反映了 9、10 世纪之交敦煌城外乡村宅院的大致格局。[59]这张图上虽未绘出"宅"，但"门前圈"，应当就是宅门前豢养家畜的地方。考虑到牲畜圈距离家宅不会太远，所以所谓"门前圈"的门，就应当是宅门。换言之，这幅图中所绘的圈、平水园、地，皆当在万子、胡子宅的前面。由图中下方所绘地块中注明"舍南地二十亩半"可知，舍，就在本图所绘的北面。在门前圈的东南方，有一个"井"。"平水园"，当是未书姓名的"平水"（管理渠道灌溉的官员）所有之园。东园，与门前圈之间，绘有一处"门"，说明二者是相通的（平水园与东园、门前圈之间无门相通，说明它不是属于万子、胡子的）。园、场、地，当是三种土地利用方式。园，种植蔬菜用的菜园；场，当即打谷场。二者可能为一地两用，亦可能是相邻的两块地。厅，是区别于宅舍、用于接待宴会宾客之所。[60] 这样，我们对中古时代河西地区乡村宅舍的布局就可形成一个大致的初步认知。

五　古代乡村聚落的形状与空间结构

在散居占据主导地位的乡村区域，农家的宅院与耕地紧密联系在一起，呈现出程度不同的分散性：有时农家房屋沿着道路或堤防、河湖岸线排列，在分散中保持某种秩序；有时房屋聚集成小群，两三家或三五家靠在一起，形成小村；有时是全面的分散，房屋散布在山间、谷地或田野间，每家都很独立，看不出什么规律性的排列。散村的分布及其所呈现出来的面貌，是地理学与社会学极好的观察与分析对象，但对于历史时期的散村，由于资料的限制，却很难展开探讨。

因此，历史乡村聚落地理有关乡村聚落平面形状与空间结构的探讨，主要是就集村而言的。1895 年，德国地理学家梅村（A. Meitzen）在考察德国北部地区的农业聚落时，将分布于易北河与威塞河流域的村落，根据聚落的平面形状以及居民住宅配置、道路体系等构成要素，区分为圆形村庄（Rundorf）、沿街（条状）村庄（Strassendorf）等几何类型，树立了乡村聚落形态的基本类型概念以及村落景观分类的标准。后来，施吕特尔（Otto Schlüter）将他的分类进一步科学化，奠定了村落形态分类的基础。[61] 在《法国农村聚落的类型》一文中，德芒戎主要使用一万分之一的军用地图，对法国各地村庄的形状及其空间结构作了分析，然后区分出长形村庄、块状村庄、星状村庄等三种聚居类型和趋于分散的类型，并分析其成因，构成了以后聚落按其平面形状分类的地理学范式。[62]日本学者绵贯勇彦提出以村落内部空地的分配情况，结合住宅间的疏密程度来划分村落的类型。他指出："内部空地包括房屋排列间的隙地、道路与广场。村落形态不仅受制于道路网或内部空地，而且在于住宅的形态及其相互间隔疏密程度的关系。这三者的相互关系组成了聚落或疏或密的结果。"[63]沿着这一理路，则可将集村按照农家房舍集合的疏密程度，区分为密集村和疏集村：密集村的农家宅地相邻，房屋之间的间隔短，房屋间仅以围墙相互隔开，形成较密切的状态。疏集村除了宅地本身较宽广之外，房屋周围有住宅林环绕，有的更间以庭园、菜园、晒谷场、牲畜圈等，使房屋的间隔大为拉长，形成较疏散的集合状态。集村中农家集合疏密的程度，与宅地面积、宅地内建筑物的配置状态、宅地相邻的方式等均有关。[64]

这些研究，固然给我们很多启发，但是，考察历史时期特别是中国古代乡村聚落的形状与空间结构，最切实可行的切入点，可能还是发生学的，即通过梳理村落形成与演变的脉络，分析其形态与结构。从聚落发生学的角度，一般将乡村聚落区分为自然发生的乡村聚落与计划设定的乡村聚落两种：前者系因聚落居住人口不断增加，自然分家营建新住宅所成，或者因有他人从外地迁来定居，慢慢扩大，经过较长时期而形成的；形态往往呈现出不规则的块状，聚落内的道路迂回弯曲，耕地与宅地的界线不是直线形的，而且无论耕地或宅地，区划均大小不一，内容复杂而缺乏统一性。后者通常由官方或民间经过策划，事先划定一定面积的土地，分别规划为耕地、宅地、道路、沟渠等用途与区划，然后再吸纳居民移居，一般会在较短期间内形成；其形态，依其秩序井然的土地规划，农家房舍均规则配列，全体呈现出统一性；

其平面形状一般比较规整，方形、长方形比较常见，也有圆形。[65]显然，大多数军事移民及由政府组织的各种移民所建立的村落，都可以看作为计划设定的村落；而南方平原湖区及山地很多看上去漫无规矩的村落，都可能属于自然发生的村落。

当然，这是就村落起源与形成过程而言的。事实上，自然发生的村落，随着规模不断扩大，或者出于安全防卫的需要，或者出于村落内部建立或重构社会秩序的要求，或者出于官府或其他因素从外面施加的影响，也会开展并落实相关的规划：在散漫的村落周围围起了土垣，整理了村内的道路，甚至按照风水的要求配置村内的公共建筑和场地，并逐步形成关于村落布局的种种风水或宗族的解释。这样，自然发生的村落在其形态与空间结构上，也就被赋予了"规划"的内涵。计划设定的村落，在经过一定时期之后，由于居民的生计和发展需求，也势必发生变化：新住宅的建立未必再严格地遵守最初的规划，很可能突破原定村落界线（土垣或围墙等）的限制；"侵街"的现象时有发生；公共设施和场地受到破坏或侵占，功能发生改变；更为重要的是，原先设定的村落中心可能会随着居民生计方式与社会生活方式的变化而被放弃，出现"空心"现象。这样，计划设定的村落的发展也就表现为一种"自然"的过程。当然，其最初计划的基本结构或基础配置，依然可以长期左右聚落的总体形态。追溯某一个或某种类型的村落发生、演变的过程，探讨它如何从"自然发生"走向"规划布局"，或者从"计划设定"走向"自然演变"，将可揭示出村落社会的丰富内涵。

那么，具体的研究究竟应从哪里入手呢？考古发掘的新石器时代聚落遗址，如半坡、姜寨、仰韶等，房屋整齐地排列着，表现出某些规律性；公共设施与场所位于聚落的中心或其他突出的位置；聚落周围围以土垣、壕沟；出现了明显的功能分区，可以清晰地分划出居住区、手工作坊区、墓葬区等。这些遗址所展现出来的聚落面貌，似乎是经过"计划设定"的。但我们很难想象这个聚落在"发生"之初就是如此，更可能的历史过程是在"自然发生"之上的"规划"。秦汉时期以土垣环绕的封闭的"里"应当是经过规划的聚落，而"聚""丘"则可能是自然发生的村落。但即便是有围墙的"里"，也可能经历过一个从"自然发生"到"设计规划"的过程。《史记》卷五《秦本纪》记商鞅变法，谓："（秦孝公）十二年，作为咸阳，筑冀阙，秦徙都之。并诸小乡聚，集为大县，县一令，四十一县。为田开阡陌。东地渡洛。十四年，初为赋。"[66] 这里的"并小乡聚"，很可能就是把原来分散居住在较小聚落（自然发生的）中的民户"归并"到一起，按照官府的"设计"，建立起有围墙的"里"。所以，秦汉时期在关中与西北地区频见的有围墙环绕的"里"，很可能是在商鞅变法后"并小乡聚"，经过官府规划设计而建立起来的（考另详）。

因此，对于历史时期乡村聚落形态及其空间结构的考察，最可靠的路径，应当是发生学的。陕西韩城县的集村，就其空间形态的展现而言，大致可分为四种：(1) 线状的集村，即在一条道路的一侧或两侧布置住宅、宅院，道路或直或曲，有人称为路村。这类村落的规模较小，结构简单，其形成多半是先有路后有村。(2) 长条状的集村，一般具有两三条平行的主要街道，村落形态在纵向的发育较横向较为充分。这类村落因受地形或其他因素制约，横向难以展开，故形成长条状村落，有的则是在线形村落基础上扩展而成的。(3) 块状（团状）村落，村落形态的纵横两方面发育比较均衡,街路呈网络状。(4)组合式村落,一个村落被分成两个或两个以上的组群。如党家村即由村庄和泌阳堡两部分组成。韩城的很多村落都由村与寨(堡)两部分组成,有的村还有两个或两个以上的寨,而且这些寨平常也有人居住。[67]这四种形态的村落,在形成时间上是存在先后关系的。一般说来,较简单的线状村落形成较晚,而组合式村落规模一般较大,形成时间也较长。换言之,这四种不同的村落形态,其实反映了村落形态形成与发展的过程,或者说是四个阶段。村落一般是由简单结构发展起来的,一户或数户人家居住下来,形成的自然是最简单的结构;随着一代代增殖人口,扩大规模,村落的结构也日渐复杂起来——条状的、块状的,然后是组合式的。其间,可能会经过若干次扩建和改造,除增筑宅院外,还涉及街路网的整治与改造。但村落的扩张和发展并非漫无节制的,经过一定时间的发展,达到一定规模,即进入村落的定型期。我们观察一个村落,中心部分未必是最早建成的,很可能相反,是后建的,因为村落的核心部分可能是发展后重新调整的结果。比如一些处于村落中心的公共建筑(如祠堂),很可能是后建的。建筑学家会强调此类公共建筑的中心位置,认为村落是围绕着这个中心规划、建设的。这种方向可能是错误的,一个村落的中心,应当是多次调整之后的结果。

讨论村落内部的空间结构,一般会集中考察两个方面:(1)公共设施与公共空间的位置。主要包括水井、池塘、溪边、磨坊等与村落生计相关的公共设施与公共空间,以及庙宇、祠堂、公所、牌坊等表现村落权力与信仰的建筑和场所。(2)街巷与住宅的布局。街巷是村落的骨架,特别是主要街道及其走向,决定了村落生活空间与社会空间的诸多方面。住宅的布局则是从空间角度探究社会关系的入手点，大规模集村中的阶级分化与社会结构有时可以在住宅的空间布局上得到形象与切实的反映。

六 区域分析、长时段观察与历史人类学阐释

由于乡村聚落形态的各方面，均程度不同地受到其所处地理环境的影响，带有鲜明的区域性；同时，在传统农业经济背景下，乡村居民的生产生活方式长期保持相对稳定，所以，研究乡村聚落形态及其演变，从区域入手，以长时段的视角，乃是切实可行的理路之一。

陈桥驿《历史时期绍兴地区聚落的形成和发展》一文，考察了历史时期绍兴地区聚落形成与发展的进程，特别着意于聚落的起源、环境、职能及其发展方向（如向集镇的演化）的分析。[68]虽然陈先生主要侧重于聚落地理分布的分析，对聚落形态的考察仅限于少数城邑，并未及于乡村聚落，但此文却是从长时段角度考察区域聚落演变的较早范例。张伟然在开展湖北历史文化地理研究时，将民居和聚落作为两项重要的文化要素，综合使用不同时段的文献记载，从民居的建筑材料、空间形态、地域分布、文化生态及聚落的外部环境、空间形态、地理分布等方面，开展探讨，对历史时期湖北地区乡村聚落形态的空间差异与演变，提供了一个大致的认识。[69]尹钧科则以先秦至新中国成立以后北京郊区的村落为研究对象，从村落的起源与形成、规模和形态、地域分布、村落的迁移与合并等方面，综合运用各种方法，对北京郊区村落的形成、发展、变迁开展了长时段的考察。[70]

在《聚居与散居：汉宋间长江中游地区的乡村聚落形态及其

演变》一文中，我们综合使用传世文献、出土文献与考古材料，结合实地田野调查所得认识，考察了自两汉六朝以迄隋唐两宋时期近1500年间长江中游地区的乡村聚落形态及其演变，认为：长江中游地区的乡村聚落当以分散居住的小规模散村为主，大部分时间范围内、大部分地区的乡村聚落都是平均规模在十户、二十户左右的散村，各村落的农舍均尽可能地靠近田地、山林或湖泊等村民生计所赖的资源，独立的农舍或由几家、十数家组成的小村落散布在广袤的山野、平原上。当然，散居的小村与集聚的大村乃至市镇之间并没有绝对的界线，分散居住的地区也一定会有集中居住的大村落和集镇。早在汉代，散居占据主导地位的长江中游地区就并不缺少户口规模超过百家的较大村落；东汉末年开始的长达数百年的社会动乱以及由此而引发的北方人口的南迁，使长江中游的部分地区特别是北部的南阳荆襄地区，聚落形态向以坞壁城堡为代表的集聚聚落演化，部分地区原有的南方土著居民也在此影响下逐渐建立了自己的集聚村落，而大部分土著居民（所谓"蛮"）则仍然保持散居山野的状态，从而形成了"巴夏居城郭，夷蛮居山谷"的分野；唐中后期以迄宋代，人口不断增加，社会经济相对稳定的发展，特别是工商业的发展，促使原有的集聚村落规模不断扩大，其突出表现就是市镇的形成、普遍及其规模不断扩大。然而，集聚村落（包括未脱离所在区域农业经济生活的大部分市镇）的扩大、聚居区域的扩展，并未从根本上改变长江中游地区以散居为主的乡村聚落形态：在星罗棋布的集聚村落（包括市镇）周围，散布着为数更多的散村和独立农舍，虽然不少散村随着户口的增加、住宅的密集化以及内部组织的逐渐紧密而进入集聚村落的范围，但也有不少农户脱离其原先居住的集村而另立小规模的散村，从而使散村得以保持其主导地位。[71]虽然该文仅探讨了汉宋时长江中游地区的乡村聚落究竟是以集村为主、还是以散村为主的问题，但我们相信，尽管有相当难度，但对历史时期长江中游地区乡村聚落的区位、乡村住宅形式、村落形态及其演变的考察，是完全可能开展的。

乡村聚落是乡村居民最重要的生产生活空间，选取什么样的地方建造自己的房屋，建造怎样的房屋，怎样安排自己的宅院，以及怎样处理房屋与耕地、左邻右舍（如果有的话）、村落中的其他设施（道路、公共设施）之间的关系，是农民生活中的大问题，甚至是与婚姻、生育等人生大事同等重要的事情。所以，研究历史时期乡村聚落的形态，必须努力站在历史时期研究区域内乡村居民的立场上，设想与他们处于同一种特定的历史、地理与社会情境中，复原并想象其生存、生产与生活的地理与社会空间，方有可能对其居住形式给予一种最大程度上符合历史实际的描述与解释。这就是所谓"走向历史现场"的历史人类学立场。陈春声先生曾经谈到历史人类学立场的区域历史研究，"既要把个案的、区域的研究置于对整体历史的关怀之中，努力注意从中国历史的实际和中国人的意识出发理解传统中国社会历史现象，从不同地区移民、拓殖、身份与族群关系等方面重新审视传统中国社会的国家认同，又从无时不在、无处不在的国家制度和国家观念出发理解具体地域中'地方性知识'与'区域文化'被创造与传播的机制"[72]。这些原则，也同样适用于历史时期区域乡村聚落形态的研究中。

站在历史人类学的立场上研究历史时期乡村聚落的形态，可能提出若干饶有趣味的新问题和新阐释。比如，乡村聚落起源于定居生活，没有定居（至少是季节性定居）也就无所谓乡村聚落。那么，人们为什么会选择定居这种居住方式？早期的解释倾向于认为是农耕生活的需要导致了定居，并催生了聚落。但是，即使在早期游牧群落的文化中，也发现了至少是某种定居的倾向，一个以岩画或巨石冢为标志的礼仪或祭祀中心，像候鸟回游地那样相对固定的、每隔一段时间就会回来的地点。凡此，都引导我们去思考：定居，或较长时间的居住，并不一定起源于原始农业的发展，而很可能起源于人类早期的生活与信仰。芒福德说：

> 在旧石器时代人类不安定的游动生涯中，首先获得永久性固定居住地的，是死去的人：一个墓穴，或以石冢为标记的坟丘，或是一处集体安葬的古冢。这些东西便成为地面上显而易见的人工目标，活着的人会时常回到这些安葬地点来，表达对祖先的怀念，或是抚慰他们的灵魂。虽然当时的采集和狩猎的生产方式不易形成固定地点上的永久性居住，但至少死去的人可以享受到这种特权。[73]

固定的墓地，相对固定的礼仪与祭祀场所（与生产生活有关的巫术举行地），很可能是最终引导早期人类较长时间内居住于某一特定地点或有规律地回到这个地点的最重要的原因。

另一方面，即便是在农业经济已相当发达的明清时期，也并不一定所有从事农耕的乡村居民都采用定居的方式。明清时期，进入秦巴山区的移民在很长时间里仍然采取游耕和流动居住方式。严如熤《三省山内风土杂识》记载，进入秦巴山区的流民"不由大路，不下客寓，夜在沿途之祠庙、岩屋或密林之中住宿，取石支锅，拾柴作饭。遇有乡贯便寄住，写地开垦，伐木支橡，上覆茅草，仅蔽风雨。借杂粮数石作种，数年有收，典当山地，方渐次筑土屋数板，否则仍徙他处"。"棚民本无定居，今年在此，明年在彼，甚至一岁之中，迁徙数处。即其已造房屋者，亦零星散处，非望衡瞻宇、比邻而居也。"[74] 只有在当地取得稳定的生计来源，特别是取得了稳定的土地所有权或租佃权、建起了堰坝等水利设施之后，这些流民才会真正地考虑定居下来，死后不再回葬故里，甚至将祖先从故乡迁葬新居地。唯有如此，流民才真正在移住地扎下根来，建立起稳定的新聚落。[75]

再如：一般认为，聚居是人类最初的居住方式，血缘组织则是最早的聚落社会的骨架。而我们对汉水流域新石器时代文化遗址所反映的聚落状况的分析表明：新石器时代汉水流域的聚落是内凝式的，整个聚落的房屋、墓地、手工业作坊，紧密地聚集在一个规定的范围内。每个聚落的独立性或自给自足性十分明显，人们在聚落中居住、生活，组织生产和有关的经济活动，就是死后也以聚落为单位进行安葬。聚落的人口承载量是有限的，少则数十，多则一二百人。[76] 聚落与聚落之间的距离一般较远，距离最近者，也控制在各自的农业生产区不相接壤的原则上。聚落间没有明显的性质上差别；相邻的聚落间可能有文化交往，甚至发生姻亲关系，但相互间不相隶属与依存，各聚落均是独立的。因此，至少在汉水流域，可以肯定，新石器时代的聚落最先是表现为散漫型的，以散居为主；只是到后来，随着史前农业的发展和社会组织的进步，才逐渐出现较大的中心聚落乃至城壕聚落，形成集聚村落；但即使在出现集聚村落的新石器时代晚期，散居仍然是汉水流域人类居住的主要形态。[77]这种情况,大约到春秋战国时期也并未发生根本性的改变,只是后来随着人口的逐渐增加与地区经济的不断发展,才逐渐发展成为规模较大的聚居村落,并进而发展为城。[78]结合我们对汉宋时期长江中游地区乡村聚落形态及其演变的考察,可以相信,在长江中游地区,散居,而不是聚居,是人类最初的居住形式,也就是这一地区人类居住的原始倾向。由此出发,我们进而认为,从农业生产的角度来看,"位于田地中央的孤立居住的形式,是一种很优越的居住方法,它给农民以自由,它使他靠近田地,它使他免除集体的拘束"[79]。因此,经济生活的需求,是导致散居作为一种原生居住方式的根本原因。

这样的认识与解释当然还有很大的讨论余地。有关历史乡村聚落形态的研究可能还刚刚起步,类似的问题还有很多,尚有待于深入细致的探讨。

注释:

1. [日]宫崎市定:《中国上代は封建制か都市国家か》,《史林》杂志第33卷第2期(1950年),后收入氏著《アヅア研究》第三卷,京都:同朋舍,1970年,第139—154页;《关于中国聚落形体的变迁》,见刘俊文主编《日本学者研究中国史论著选译》第三卷,北京:中华书局,1993年,第1—29页;《中国村制的成立——古代帝国崩坏的一面》,见中国科学院历史研究所翻译组编译《宫崎市定论文选集》,上卷,北京:商务印书馆,1963年,第33—54页。"都市国家"说得到贝塚茂树、宇都宫清吉、增渊龙夫、伊藤道治等学者的赞同和补充论证,虽然其具体表述和论点不尽相同。请参阅江村治树《古代城市社会》,见佐竹靖彦主编《殷周秦汉史学的基本问题》,北京:中华书局,2008年,第20—47页。

2. [日]宫崎市定：《中国村制的成立——古代帝国崩坏的一面》，见《宫崎市定论文选集》，上卷，第33—54页，引文见第33页。

3. [日]宫崎市定：《中国村制的成立——古代帝国崩坏的一面》，见《宫崎市定论文选集》，上卷，第33—54页，引文见第34、36页。

4. [日]宫崎市定：《关于中国聚落形体的变迁》，见《日本学者研究中国史论著选译》第三卷，第25页。

5. [日]宫崎市定：《六朝時代華北の都市》，见所著《アジア论考》卷中，东京：朝日新闻社，1976年，第103—128页。

6. 对宫崎的主张提出系统批评的，应以池田雄一为代表。他在《中国古代の聚落形态》《中国古代の"都市"と农村》《汉代の里と自然村》《马王堆出土〈地形图〉の聚落》等系列文章（并收入氏著《中国古代の聚落と地方行政》，东京：汲古书院，2002年，第65—156页）中，对宫崎说提出了系统批评，认为秦汉及其以前的"里"主要是自然村落，没有或较少有土垣围绕，规模也不甚大，基本可视为散村。堀敏一强调秦汉时代的"里"在性质上是行政村，但是在自然村的基础上设定的，实际上也不同意宫崎的论点。见堀敏一《中国古代の里》，见氏著《中国古代の家と集落》，东京：岩波书店，1996年，第155—207页。

7. 侯旭东：《北朝的村落》，见氏著《北朝村民的生活世界——朝廷、州县与村里》，北京：商务印书馆，2005年，第26—59页，引文见第42—44页。另请参阅侯旭东《汉魏六朝的自然聚落——兼论"邨"、"村"关系与"村"的通称化》，见黄宽重主编《中国史新论：基层社会分册》，台北：联经出版事业股份有限公司，2009年，第127—182页。

8. 邢义田：《从出土资料看秦汉聚落形态和乡里行政》，收入氏著《治国安邦：法制、行政与军事》，北京：中华书局，2011年，第249—355页，引文见第334—335页。

9. 参阅郭冬梅《近代日本的地方自治和村落共同体》，《日本学论坛》2004年第1期；《关于中日"自治传统"的比较分析》，《日本学论坛》2005年第1期。

10. 李国庆：《关于中国村落共同体的论战——以"戒能—平野论战"为核心》，《社会学研究》2005年第6期；[日]丹乔二：《试论中国历史上的村落共同体》，虞云国译，《史林》2005年第4期。

11. 参阅[日]津田良树《中国江南沿海村落の民家について——浙江省宁波市象山县东门岛の民家を中心に》，《日本建築學會計畫系論文集》，第73卷，第625号（2008年3月），第683—688页；[日]深尾叶子：《中國陝西省北部農村の人間關係形成機構》，《東洋文化研究所紀要》第144册（2002年5月），第75—114页。

12. [日]滨岛敦俊：《明清江南农村社会与民间信仰》，朱海滨译，厦门：厦门大学出版社，2008年，第129—164页。

13. 从翰香主编《近代冀鲁豫乡村》，北京：中国社会科学出版社，1995年，第61—76页。

14. 王庆成：《晚清华北村落》，《近代史研究》2002年第3期；《晚清华北乡村：历史与规模》，《历史研究》2007年第2期；《晚清华北的集市和集市圈》，《近代史研究》2004年第4期。

15. 参阅章英华《清末民初华北农村的村落组织和村际关系》，"中央研究院"民族学研究所集刊第72期，1991年。范毅军：《华北农村聚落的形成及其土地问题：河北丰润县米厂村、昌黎县梁各庄、平谷县大北关三个村的个案研究》，收入许倬云等编《第二届中国社会经济史研讨会论文集》，台北：汉学研究资料及服务中心，1983年，第317—354页；《由两份村图管窥清末华北基层社会的一些断面》，《新史学》第19卷第1期（2008年），第51—104页。黄忠怀：《整合与分化：明永乐以后河北平原的村落形态及其演变》，上海：复旦大学博士学位论文，2003年；《从聚落到村落：明清华北新兴村落的生长过程》，《河北学刊》2005年第1期；《明清华北平原村落的裂变分化与密集化过程》，《清史研究》2005年第2期；《明清华北村落发展与近代基层制度变迁》，《浙江学刊》2006年第2期。

16. 林美容：《一姓村、主姓村与杂姓村：台湾汉人聚落型态的分类》，《台湾史田野研究通讯》第18期，1991年，第11—30页。

17. 林美容：《土地公庙——聚落的指标：以草屯镇为例》，《台湾风物》第37卷第1期（1987年），第53—81页；《草屯镇之聚落发展与宗族发展》，《"中央研究院"第二届国际汉学会议论文集·民俗与文化组》，台北："中央研究院"，1989年，第319—348页。

18. 鲁西奇：《散居与聚居：汉宋间长江中游地区的乡村聚落形态及其演变》，载《历史地理》第23辑，上海：上海人民出版社，2008年，第128—151页；收入氏著《人群·聚落·地域社会：中古南方史地初探》，厦门：厦门大学出版社，2012年，第57—115页。鲁西奇、韩轲轲：《散村的形成及其演变：以江汉平原腹地的乡村聚落形态及其演变为中心》，《中国历史地理论丛》2011年第4期。

19. [汉]许慎：《说文解字》，北京：中华书局，1963年，第169页。

20. 《史记》卷一《五帝本纪》，北京：中华书局，1959年，第34页。

21. 《汉书》卷五一《枚乘传》，北京：中华书局，1962年，第2359页。

22. 《说文解字》，第23页。

23. 《史记》卷一二〇《汲郑列传》，第3113页。

24. 《六臣注文选》卷十二，郭景纯（璞）《江赋》，北京：中华书局，1987年，影印本，第244页。

25. 《六臣注文选》卷二六，范彦龙（云）《赠张徐州谡》，第488页。

26. 《汉书》卷二九《沟洫志》，第1692页。

27. 陈芳惠：《村落地理学》，台北：五南图书出版公司，1984年，第1页。

28. 陈芳惠：《村落地理学》，第13、15、23页。

29. [法]白吕纳：《人地学原理》，李旭旦、任美锷译，南京：钟山书局，1935年，第119—166页；[法]阿·德芒戎：《农村的居住形式》《法国农村聚落的类型》，见氏著《人文地理学问题》，葛以德译，北京：商务印书馆，1993年，第 140—192、279—317 页。

30. 对乡村聚落地理的研究，一般是在传统农业经济的定居背景下展开的。原始粗放农业状态下的不定居住、居住在船上的水上人家（疍民）、游牧人群的季节性移居和季节性定居，都不能形成稳定的居住景观（聚落），也就很难说得上对其形态进行分析。当然，不定居住、船居、游牧人群的冬营地或夏营地，也都可以看作广义的"聚落"，只是我们暂时未将其包括在讨论范围之内。

31. 左大康主编《现代地理学辞典》，"乡村聚落形态"条，北京：商务印书馆，1990 年，第 699 页；《村落地理学》，第 114—132 页。

32. [法] 阿·德芒戎：《农村居住形式地理》，见氏著《人文地理学问题》，第 140—192 页，引文见第 146 页。

33. [法] 阿·德芒戎：《农村居住形式地理》，见《人文地理学问题》，第 192 页。

34. 鲁西奇、韩轲轲：《散村的形成及其演变：以江汉平原腹地的乡村聚落形态及其演变为中心》，《中国历史地理论丛》2011 年第 4 期。

35. [日] 滨岛敦俊：《明清江南农村社会与民间信仰》，第 132—134 页。

36. 鲁西奇：《区域历史地理研究：对象与方法——汉水流域的个案考察》，南宁：广西人民出版社，2000 年，第 512—513 页。

37. 潜江县地名领导小组办公室编《湖北省潜江县地名志》（内部资料），湖北潜江，1982 年，第 135—162 页。

38. 同治《汉川县志》卷十《民赋志》，《中国地方志集成·湖北府县志辑》本（据同治十年刻本影印），南京：江苏古籍出版社，2001 年，第 9 册，第 240 页。

39. 康熙《潜江县志》卷二十《艺文志下》录张承宇《秀野园记》，《中国地方志集成·湖北府县志辑》本（据光绪五年刻本影印），南京：江苏古籍出版社，2001 年，第 46 册，第 331 页。

40. [英] 立德：《扁舟过三峡》，黄立思译，昆明：云南人民出版社，2001 年，第 15—16 页。

41. 民国《韩城县续志》卷二《兵防》，民国十四年韩城县德兴石印馆石印本，第三页B面—四页A面。

42. 周若祁、张光主编《韩城村寨与党家村民居》，西安：陕西科学技术出版社，1999年，第43—45页。

43. 陈芳惠：《村落地理学》，第74页；[日]藤冈谦二郎：《人文地理学》，王凌云等译，天津：南开大学出版社，1989年，第65页；[日]佐佐木彦一郎：《人文地理学提要》，东京：古今书院，1931年，第130—133页。

44. 李旭旦：《白龙江中游人生地理观察》，《地理学报》第8卷（1941年），第3—20页。

45. 陈桥驿：《历史时期绍兴地区聚落的形成和发展》，《地理学报》1980年第1期。参阅车乔越、陈桥驿《绍兴历史地理》，上海：上海书店出版社，2001年，第83—98页。

46. 尹均科：《北京郊区村落发展史》，北京：北京大学出版社，2001年，第354—370页。

47. 汉川《林氏宗谱》，又题作《汉川南湖林氏宗谱》，或《敦本堂林氏宗谱》，凡有八修，余所见为民国四年刊之七修本。2008年5月29日，鲁西奇、周荣在汉川田二河镇白果村林丑才先生（82岁，曾任斗埠头区支部书记）家拍照。

48. 鲁西奇：《明清时期江汉平原的围垸：从"水利工程"到"水利共同体"》，收入张建民、鲁西奇主编《历史时期长江中游地区人类活动与环境变迁专题研究》，武汉：武汉大学出版社，2011年，第348—439页。

49. 康熙《汉阳府志》卷一《舆地志》"风俗"栏，国家图书馆藏，胶卷，抄录时未记下页码。乾隆《汉阳府志》卷十六《地舆》汉川县"风俗"下所记大致相同，文字略异。《中国地方志集成·湖北府县志辑》本（乾隆十二年刻本，据中国科学院图书馆藏钞本影印），南京：江苏古籍出版社等，2001年，第166页。

50. 周若祁、张光主编《韩城村寨与党家村民居》，第32—37、64—65页。

51. 秋香：《中国村居》，天津：百花文艺出版社，2002年，第12页。

52. [法]德芒戎：《法国的农村住宅：划分主要类型的尝试》，见氏著《人文地理学问题》，第249—277页，引文见第249、251页。

53.《汉书》卷二八下《地理志下》，第1644页。

54. [日]后藤久：《西洋住居史：石的文化和木的文化》，林铮顗译，台北：博雅书屋有限公司，2009年，第41页。

55. 睡虎地秦墓竹简整理小组：《睡虎地秦墓竹简》，北京：文物出版社，1990年，第149页。

56.《汉书》卷四九《晁错传》，第2288页。

57. 孙机：《汉代物质文化资料图说》，北京：文物出版社，1991年，第190页。

58. [法]德芒戎：《法国的农村住宅：划分主要类型的尝试》，见氏著《人文地理学问题》，第249—277页，引文见第254—255、276—277页。

59. 唐耕耦、陆宏基：《敦煌社会经济文献真迹释录》第2辑，北京：书目文献出版社，1990年，第487页；[日]池田温：《中国古代籍帐研究》，龚泽铣译，北京：中华书局，2007年，"后图"，第523页。

60. 朱雷：《敦煌所出〈万子、胡子田园图〉考》，见氏著《敦煌吐鲁番文书论丛》，兰州：甘肃人民出版社，2000年，第306页。

61. 陈芳惠：《村落地理学》，第13—16页。

62. 德芒戎：《法国农村聚落的类型》，见氏著《人文地理学问题》，第249—277页

63. [日]绵贯勇彦：《聚落形态论》，东京：古今书院，1935年，第171、175页。

64. 陈芳惠：《村落地理学》，第114—116页。

65. 陈芳惠：《村落地理学》，第112—113页。

66.《史记》卷五《秦本纪》，第203页。

67. 周若祁、张光主编《韩城村寨与党家村民居》，第82—155页。

68. 陈桥驿：《历史时期绍兴地区聚落的形成和发展》，《地理学报》1980年第1期。

69. 张伟然：《湖北历史文化地理研究》，武汉：湖北教育出版社，1999年，第100—169页。在此之前，张伟然曾从民居习俗与聚落景观的角度，主要引证诗文资料，讨论了唐宋时期湖南地区的聚落形态，认为唐宋时期湖南大部分地区的乡村聚落分布稀疏，规模较小，民居以草木结构为主，见所著《湖南历史文化地理研究》，上海：复旦大学出版社，1995年，第175—181页。类似的研究还有张晓虹：《陕西历史聚落地理研究》，《历史地理》第16辑，上海：上海人民出版社，2000年，第75—88页；另见氏著《文化区域的分异与整合——陕西历史地理文化研究》，上海：上海书店出版社，2004年，第322—349页。

70. 尹钧科：《北京郊区村落发展史》，北京：北京大学出版社，2001年。

71. 鲁西奇：《散居与聚居：汉宋间长江中游地区的乡村聚落形态及其演变》，载《历史地理》第23辑，上海：上海人民出版社，2008年，第128—151页；又见氏著《人群·聚落·地域社会：中古南方史地初探》，厦门：厦门大学出版社，2012年，第57—115页。

72. 陈春声：《走向历史现场》，《历史·田野丛书》总序，见赵世瑜《小历史与大历史：区域社会史的理念、方法与实践》，北京：生活·读书·新知三联书店，2006年，第Ⅰ—Ⅶ页，引文见第Ⅲ页。

73. [美] 刘易斯·芒福德：《城市发展史——起源、演变和前景》，宋俊岭、倪文彦译，北京：中国建筑工业出版社，2005年，第5页。

74. 参阅张建民《明清长江流域山区资源开发与环境演变——以秦岭—大巴山区为中心》，武汉：武汉大学出版社，2007年，第467—522页。

75. 参阅鲁西奇、杨国安、徐斌、江田祥《内地的边缘——明清时期湖北省郧西县地域社会史的初步考察》，收入陈锋主编《明清以来长江流域社会发展史论》，武汉：武汉大学出版社，2006年，第431—494页，特别是第462—281页。

76. 从考古学角度复原某一遗址的人口数量,主要是根据墓地所出的人骨数量,结合同期居址的数量和面积大小来推算的。目前汉水流域所发掘的新石器时代遗址,尚无整体揭露者,且所发现的墓葬出土人骨也多保存不好,无法判明具体遗址的人口数量。因此,只能通过考察遗址面积的大小来作大致的推算。较为广泛的人类学比较研究表明,史前聚落与人口之间关系的粗略统计数据为:聚落人口密度约为 1 万平方米 150 人,个人平均生活空间约 67 平方米。以这一标准推算,淅川下王岗的史前人口为 90 人,郧县大寺遗址的史前人口约为 75 人,而京山油子岭则有 300 人。但这样的推算实际上是非常危险的,其结果可能距事实非常之远。

77. 鲁西奇:《新石器时代汉水流域聚落地理的初步考察》,《中国历史地理论丛》1999 年第 1 期;鲁西奇:《区域历史地理研究:对象与方法——汉水流域的个案考察》,南宁:广西人民出版社,2000 年,第 91—115 页。

78. 鲁西奇:《青铜时代汉水流域居住地理的初步研究》,《中国历史地理论丛》2000 年第 4 期;《区域历史地理研究:对象与方法——汉水流域的个案考察》,第 158—173 页。

79. [法] 阿·德芒戎:《农村居住形式地理》,见氏著《人文地理学问题》,第 169 页。

卷二

—— 评论 ——

多元、统一的中华帝国是如何可能的？*

一　问题之提出

我们在日常生活中，常常会强烈地感受到不同区域之间在自然环境、居住人口及其生产方式、居住方式、文化形态（特别是方言和习俗）等各方面所存在的巨大差异。法国年鉴学派大师费尔南·布罗代尔曾用抒情的笔调写到法兰西的多样性：

> 它的地域"斑驳陆离为世所罕见"，顽强地显示其令人惊叹的"乡土特性"，犹如一幅"风景镶嵌画，其复杂多变竟是绝无仅有"。"远行人足迹所至……景色始

---

* 本文写于2008年夏，原为在厦门大学开设的"中国历史的空间结构"课程的一部分讲义，后经整理修改，刊于周宁主编《人文国际》第2辑，厦门：厦门大学出版社，2010年，第1—18页。

终在变化。"每座村庄,每个山谷,每个"地区",莫不如此。……每座城市、每个区域、每个省份更各有其鲜明的特征:不仅是别具一格的自然风光,不仅是人打下的各种烙印,而且也是一种文化习俗,"一种生活方式,以及确定基本人际关系的一整套准则:父母和子女的关系,男女之间的关系,朋友之间和邻居之间的关系。"[1]

显然,这样的描述同样适用于今天与历史上的中国。且不说在中国辽阔的国土上因较远距离而出现的区域差异(如大区之间与省际的差异),即便是在乡村旅行,我们也会发现,每隔二三十公里,生活方式、自然条件、聚落类型乃至田野形象和色彩全都会发生变化。每个村庄、每个乡镇、每个县都有属于自己的地域特征。这些地域特性早已渗透在平民百姓的心坎中,成为他们生活的一部分。虽然随着日新月异的现代化进程,地区特性似乎正在逐渐消失,但如果我们仔细观察,就会发现,每一个地区发生的变化,都有别于邻近的其他地区,或者变化的方式各具特点,从而造成了界线分明的新差异。

不同区域之间的差异不仅表现在地理景观上,还表现在区域社会经济与文化发展的过程与特点方面:不同区域经济开发的进程与开发模式、生产生活方式的演进乃至政治模式、文化形态诸方面都会有很大差异。就经济开发与社会发展进程而言,在汉代,当黄河中下游地区的农业文明已达到相当的高度时,长江中下游的所谓楚越之地,还是"地广人希,饭稻羹鱼,或火耕而水耨,果隋蠃蛤",基本上处于原始农业状态;[2]而当"安史之乱"以及之后的长期战乱给黄河中下游地区带来巨大破坏之时,南方地区却迎来了经济开发的重要契机，经济、社会与文化发展水平大幅度提高，最终导致"中国经济重心的南移"。[3] 就政治形态而言，中原地区较早从奴隶制过渡到封建制，建立了中央集权政权，实行统一的行政区划；而在北方草原地区，则长期盛行军事奴隶制或部落联盟，人民随季节迁移。部分山区和边疆地区人口稀少，居住分散，长期游离于中原王朝的统治之外。西北沙漠中的绿洲范围有限，相互间以及与外界的联系困难，所以形成"列国林立"的局面，其统治模式也与中原王朝有很大不同。[4] 凡此，都是地区社会经济发展进程与政治形态及其具体表现的差异，我们将这种差异称为"历史发展的区域差异"。也就是说，区域多样性包含两重含义：一是景观（包括自然与人文的景观）的多样性，二是历史发展道路与模式的多样性。[5]

区域多样性的视角，使我们认识到，中国历史的发展，并非一条单一的轨迹，不同的区域都可能有其自身的发展脉络。区域多样性的思想方法，不仅使我们更着意强调中国历史与文化的多元构成，强调中华帝国与中国文化的内部差异；还促使我们以一种更为宏大、包容的态度，去对待在宏大的中国历史叙述中未能占据"一席之地"的各种区域性的历史与文化，尊重诸种形式的区域特性及其文化表现形态，承认并致力于揭示其在人类文明和中国历史发展中的价值与意义。

然而，这些文化景观与历史发展道路、模式均呈现出多样性与多元化的"区域"——从村落、乡镇到施坚雅所谓的"大区"——都是统一中国之组织部分；其文化景观无论怎样绚丽多姿，甚至充满着"异国情调"，其"构图"的基本框架与"底色"却依然是"中国的"，其"中国性"或"中国式的一致性"或明或暗地显示出来，并构成"多样性"与"多元性"的基础；各地区的历史发展道路无论表现出怎样的分歧曲折，而其总体方向或"终极指向"却是相对一致的；其历史进程无论具有怎样的时空差异与地方特点，以及在这一进程中又形成越来越多的区域差异和地方特点，而"同一性"却越来越成为"大势所趋"。质言之，在丰富多彩的区域多样性与多元化背后，中国文化景观与历史发展的"一致性"或"统一性"仍然是显而易见的，甚至可以说，"一致性"或"统一性"是根本性的、最基本的，而区域多样性与多元性则不过是"统一性"前提下的一些具体表现形式而已。

今天，任何没有偏见的学者都不会怀疑中国文化与作为政治经济和文化实体的"中国"在整体上的"统一性"，以及这种统一性的长期存在和稳定延续；同样，任何一位没有受到狭隘民族主义或"国家主义"等意识形态障蔽的学人，也不会无视这种"统一性"掩盖下中国内部各区域间社会经济与文化的巨大差异，以及不同区域与人群间明暗相间的矛盾与冲突，也不会无视这种多样性与多元性乃至矛盾与冲突的历史基础和未来前景。由此，这就向历史学者（以及人类学者、社会学者乃至"文化学者"）提出了一个无可回避、也最具吸引力的课题：像中国这样庞大的政治经济与社会文化实体，涵盖了多种经济形态，包括了数十个不同渊源与文化背景的"人群"，内部有着如此巨大的文化差异，各区域所走过的历史进程又是如此不同，它是怎样形成、又是如何维系其"统一性"的呢？换言之，"多民族"、多元文化的中国是如何成立的？中国历史的"统一性"是如何体现的？或者说，"多元而统一的中华帝国"是如何可能的？

这是一个引人入胜的论题，很多学者与思想者提出了自己的阐释体系，其中，在学术与思想领域中具有深远影响的阐释理路主要有三种，我们分别将之概括为"军事征服与政治控制论"、"经济基础论"与"文化认同论"。[6]本文即试图梳理这三种阐释理路的出发点与主要分析框架，探究其内在逻辑及其缺失，并结合我们近年来的研究与思考，提出一些看法。

二 专制主义中央集权是统一的充分必要条件吗？

在我们的知识体系中，几乎没有任何一种中国史教材或通史论著，会直接简明地把中华帝国的形成描述为军事征服的结果，但事实上，中国历史上的每一次统一都伴随着征战杀伐，而中华帝国疆域的扩张也绝大多数都是依靠武力取得的。换言之，没有强大的武力，没有军事征服，就没有统一的中国。那么，统一的中国是如何得到保持并相对稳固地维系下来的？最简洁明了的答案就是：强有力的中央集权实施的强有力控制——没有强大的中央集权，统一的中华帝国就不可能得到维护，也就不可能稳定地延续下来。

我们可以将这一阐释理路概括为"军事征服与政治控制论"，它强调或者说承认军事征服在中华帝国疆域之形成与扩张过程中的决定性作用，以及专制主义中央集权在维系帝国统一过程中的核心意义，其具体分析路径可以表述为如下方面。（1）历代王朝崛起之初及其强盛时期大规模的军事征服与扩张，奠定了中华帝国版图的基本格局；而王朝中后期对帝国疆域内诸种反叛区域的武力镇压与军事渗透，则强化了王朝国家对帝国疆域内每一块土地的控制。（2）伴随着军事征服与武力镇压，同时进入新拓展疆域及重新或进一步控制疆域的,乃是强有力的官僚系统(以及附属于官僚系统的诸种制度设置,诸如选官制度、法律体系等),从而保证了对上述区域实施有效的行政控制,把这些地区的民众纳入王朝国家的户籍与赋役体系之中。(3)再进一步,则是所谓"教化"的展开,即王朝国家通过诸种手段或途径,诸如教育系统、选举系统、奖励表彰与惩罚手段等,推行所谓"王化",即将正统意识形态灌输到新拓展的新边疆及"内地的边缘","变夷为华"或"化夷为夏",最终完成对上述区域的"文化改造"。

这一阐释理路实际上将中华帝国描述为一个"同心圆式"的结构模式:从帝国体系的腹心地带(核心区),向遥远的帝国边疆(边缘区),王朝国家的政治控制能力与控制强度依次递减;经济形态依次由发达的农耕经济向欠发达的半农半牧、落后的游畜牧经济过渡;社会结构亦由相对紧密、典型的汉人社会向相对松散的非汉人社会渐变;文化内涵则由以所谓"儒家文化"为核心的华夏文化向尚武、"好巫鬼"的"蛮夷文化"递变;甚至各地民众对王朝国家(或"中国")的忠诚程度也随着其居地距王朝核心越来越远而越来越低。与此种同心圆式的结构相配合,其形成过程就被表述为从王朝国家统治的核心,不断向外辐射其政治、经济与文化支配力的军事扩张、政治控制与开展"教化"的单向的"融合"或"同化"的过程。这在本质上是"汉化"的阐释模式,"它假定一种单一的文明媒介,从汉人为基础的帝国中心,直接传导到不同种类的边陲人群当中。扩张、移民和文化传播的叙述,被看作一种不可逆转的单向同化方向,从而将中国文化不断吸收各种异质文化、并逐步形成自己特点的过程简单化了。它倾向于将地方社会与土著人群从国家建构的进程中排除出去,承认中原王朝对那些被视为弱小、微不足道的人群与地区进行了军事征服"[7]。

这一阐释理路强调武力与政治权力，看重自上而下的控制或镇压；也重视"制度"，认为整齐划一的"制度"及其有效推行和实施乃是保障帝国政令得以贯彻的"法宝"。在这一阐释理路下，关注的问题主要有三个大的方面。（1）王朝国家军事力量的变化，核心是兵制的变化、军事力量的大小、军事技术的改进、后勤供应体系的变化等。兵制（军事制度，主要是关于军队的组织与来源的规定）是军事力量的基础，军事力量的大小决定了帝国武力可能征服的范围，军事技术与后勤体系则与中华帝国的军事力量可以延伸的最远距离有着密切关联（特别是在中原王朝主要依靠步兵和小部分骑兵去征服广阔无垠的大漠草原的情况下）。[8]（2）官僚制度与官僚集团的变化，核心是官僚制度的变化、官僚集团的构成及其对权力的分享与制衡、官僚制度的有效性与官僚集团的控制能力（即是否能够有效地实现其统治）等。官僚制度变化的核心又在于如何从制度上保障并不断强化专制主义的中央集权，官僚集团的构成及其对权力的分享与制衡的核心则在于官僚集团如何吸纳更有生命力的社会集团与分子进入官僚集团以有效地扩大其统治的社会基础并减少其对立面，官僚制度的有效性主要着眼于官僚制度的运作及其效果。（3）赋役制度与国家对资源的控制。财富既是军事力量与官僚集团得以生存的基础，更是这两个集团的目标——攫取并占有更多的财富，最大限度地掌握更多的资源，乃是军事、官僚集团以及王朝国家所追求的目标，也是其实现军事征服与政治控制的基础。因此，在这一阐释理路下，赋役制度的变化以及王朝国家所掌握资源（主要是户口资源以及建立在户口资源的基础之上的兵源、财源）乃是核心论题之一。王朝国家对所谓"民生"的关注乃是假象，其真正关注的乃是"国计"，即王朝国家对财富和资源的占有和控制。

这一阐释理路崇拜甚至"迷信"强权，认为权力是创造并维系幅员辽阔的庞大帝国的关键性因素。因此，它假定：权力集中就意味着统一，而权力分散则意味着地方割据与分裂。在这一前提下，一部中国历史，就被描述为专制主义中央集权不断强化的历史。这主要包括两方面：一是权力向皇帝个人（及其亲信小集团）的集中，二是权力向中央的集中。前者涉及中国式皇权之成立及其特点，后者则主要涉及中央与地方的关系问题。这是中国政治史的两条核心线索，我们相关的历史知识体系也是以这两条线索为中心而展开的。在这两条线索中，中央与地方的关系，或者表达为地方集权于中央、地方权力不断受到削弱而中央权力不断强化，乃是帝国政府得以控制幅员辽阔的帝国疆域的根本要旨。

按照这样的逻辑，维系帝国统一的"法宝"就是集中权力，权力越集中，越有利于维护帝国的统一；这种逻辑推衍下去的极致乃是：欲保持中华帝国的稳定与统一，必须将权力集中于皇帝个人（以及他能够有效控制的小集团）手中。但是，权力的高度集中，实际上意味着权力运用的有效性在衰退。显然，当权力越来越集中在一个相对封闭的小集团手中时，不仅权力的有效行使有赖于这一小集团的智力水平和智慧能力（这一点又往往得不到保障），更重要的则是，由于得以分享权力的人越来越少，从而极大地削弱了权力的基础，而权力体系的高度僵化，则又导致其运作效能的高度衰减。换言之，专制主义中央集权的高度强化，与其权力效能的高度衰减，实际上是呈对应关系的。

由此出发，我们开始对传统中国后期专制主义中央集权不断强化，从而保证了中华帝国之统一的阐释理路，产生了疑问：中华帝国的稳定与统一，果真有赖于专制主义中央集权的不断强化吗？这一疑问实际上包含着两个问题：第一，在帝制中国的后期，专制主义中央集权确实表现为一种总体趋势吗？第二，集权，确实是维护统一的充分必要条件吗？

如所周知，自20世纪70年代以来，或者更早一些时候，美国学者从日本学者内藤湖南、宫崎市定等人提出的所谓"唐宋变革论"出发，提出了"帝制中国中晚期国家权力递减论"。其代表性人物当数郝若贝（Robert Hartwell）和包弼德（Peter K. Bol）。郝若贝在他著名的长文《中国的人口、政治和社会变革：750—1550》中论述说：自晚唐至北宋时期，人口与经济（特别是农业经济）的发展十分显著，完全可以形容为一次"人口爆炸"和"经济革命"，而人口增长、经济发展与社会整体财富的增加，对全国范围的政治社会结构产生了综合性影响，其中在政治控制方面的一个重要表现就是：帝国内部高密度人口地区的扩散引发了行政上的困难，从而迫使中央政府"下放"权力，具体表现在"路"的出现和"县"的独立性的加强。与此同时，中央政府的官僚化进程即使没倒退，也趋于停滞了。过去垄断着国家高级职位的半世袭的职业官僚阶层日趋没落，被地方性士绅家族所取代。[9]这一理论，在韩明士与谢康伦（Conrad Schirokauer）主编的论文集《燮理天下：走近宋代的国家与社会》（*Ordering the world: Approaches to State and Society in Sung Dynasty China*, Berkeley: University of California Press, 1993）之绪论中，有更清晰的表述；[10]而包弼德在《唐宋转型的反思》一文中则作了简要概述，即相对于人口的大幅度增长（一般认为北宋末年全国人口已超过了 1 亿）和经济的高度发展，政府在社会中的角色变小了，与唐代政府在土地、劳力和贸易等方面所拥有的权力相比，它（宋朝政府）的权力变弱了，变成了一个"相对小的国家"。"国家小"了，就给"地方的扩大"留下了空间；反过来说，地方精英的存在，也是"小国家"之成为可能的前提。"从长远来看，中央政府不能取消地方精英所处的中介立场，他们处在从事生产的平民和地方上中央任命的权威之间。在南宋，要臣（leading officials）鼓励地方的士人（即精英分子）成为负责地方社区之社会与道德状况的领袖。地方的精英家族所受的教育使他们对地方政务非正式的参与合法化，他们篡夺了地方政府的特权，或填补了有为的政府在退缩后留下的空间。"[11]

这是所谓"地方精英论"或"乡绅统治论"及其研究模式的出发点。应当承认，地方精英论或乡绅统治论，仍然属于政治控制论，是对王朝国家官僚统治阐释体系的补充，而不是否定，或另外的阐释体系。在"地方精英论"或"乡绅统治论"的思路下，国家与地方精英"共谋"并分享权力，控制社会，保持国家的统一与稳定。在这一分析模式下，国家与地方精英对权力（各种权力，经济、政治与文化的权力）的分享、争夺乃成为关节点。仔细琢磨其论说体系，不难发现，其所论地方精英们对地方权力的攫取及其与王朝国家的争夺，主要集中在如下领域：(1) 地方武力，从萧公权、孔飞力、魏斐德、芮玛丽，到罗威廉、玛丽·兰金，以及主要研究领域在南宋时期的韩明士、黄宽重等，无不把建立、控制地方武力作为地方精英崛起的标志与目标之一；(2) 地方人事权，地方精英干预地方官员的选拔、任用，通过各种途径影响乃至控制地方官府；(3)地方财赋，主要表现在用于地方公益事业的各种费用的征收、管理与使用方面，地方精英往往以兴办地方公益事业的名义，征集、掌握了大量财赋；(4)地方文化事业，主要表现在非正统意识形态领域的地方神祇、信仰方面。质言之，地方精英们怎样分享或争夺对地方社会的控制呢？不外通过这几个方面：建立并控制地方武力，干预乃至操纵地方官员的任用以介入地方官府的权力体系，在官方赋敛渠道之外另辟蹊径、攫取尽可能多的财赋，运用地方文化资源争夺对权力来源的文化阐释权。换言之，地方精英论或乡绅统治论，可以视作"王朝国家政治控制论"的地方版，其论说的核心仍然是"武力"与"政治权力"（政权）。

然而，无论是"地方精英论"，还是"乡绅统治论"，都意味着"分权"——与王朝国家"分享权力"，而这一过程正发生在帝制后期"统一的中华帝国"。如果不能否认这些事实与这一过程，就不能不承认：分权，或地方势力之兴起，并不必然导致分裂。换言之：集权，并非统一的充分必要条件。

今日观之，"军事征服与政治控制论"抓住了中华帝国政治体系的核心——武力与政权，认识到帝国政治体系的本质，乃在于通过武力征服与镇压、利益驱动下的官僚制度及其运作，以维系帝国政治体系的稳定与延续。但是，这一阐释理路却有其内在的局限性。首先，它"崇拜"甚或"迷信"权力，认为武力可以迫使大多数人屈服，权力可以强迫或诱使大部分人服从。一般说来，这个假设性前提是成立的，所以在很多情况下，这一阐释理路也是有效的。然而，在人类历史上，却总有一部分人，在信仰、气节或"愚勇"的鼓舞或驱使下，不计利弊成害，不惧威逼利诱，不惜牺牲自己和亲人的生命，就是坚持不屈服，抵抗到底。他们虽然大都被强大的武力和权力消灭得无影无踪，但其留下的血迹却时刻警示我们：武力与权力并不都是无所不能的，其效用是有"边界"的。

其次，它"崇拜"甚或"迷信"集权，认为集权对于建立和维护庞大的中华帝国是必不可少的，至少是有益的。由于帝国政治体系的基础乃是权力与利益，最大程度地控制与集中权力、财富和资源，乃是必然的选择。在这个意义上，"崇拜""迷信"集权，都是可以理解的。但是，集权并不必然带来权力的有效运用，甚至会导致权力有效性的衰退，因此，专制主义中央集权的强化，并不必然带来中华帝国的统一（反之，分权也并不必然导致分裂）；相反，集权，极大地强化了权力的诱惑与吸引力，引发了更为激烈的、对高度集中之权力的争夺，很可能导致更多的混乱与分裂。

最后，它假定权力是一个相对固定的"量"，主要表现为对武力、财富与他人人身的控制、占有与支配，因此，需要"争夺"才能占有与控制。但事实上，权力应当是一个不断变动的量，在人类历史上，由于社会经济领域的不断拓展，各种权力（政治权力，社会权力）也在不断扩展之中。比如，在人们尚未充分地意识到山林资源的重要性及其利用潜力之前，山林资源的所有权观念是不存在或不明晰的，也就不会为此而产生所有权之争。同样的道理，在"内地的边缘"地区纳入王朝版籍之前，官府在这些地区也并无多大的权力可言。一些社会领域，也在不断扩展，从而也带来了权力的扩展。比如，在商业发达之前，对商业活动的征税并不重要，或者竟无所谓"关市之征"；随着商业活动的发展，中央与地方对商税的分割乃成为二者关系的重要方面。因此，中央权力的扩张,并不必然以地方权力的缩小为前提,二者可能是同时扩张的,因为他们面对的"社会经济领域"及其权力内涵、潜力在持续扩展。在这个意义上,"权力"是不断被创造、不断扩张延展的,不一定必须通过"争夺"才能拥有。正是在不断"创造"权力、拓展权力空间的过程中,诸种力量形成了"协商"机制,而这种"协商"机制,只有在共同的地域与社会空间内才能进行并发挥作用。我们以为,这才是中华帝国得以长期维系统一局面的、来自社会内部的"内在驱动力"。

三 统一帝国的经济基础?

试图从经济领域中寻求对政治结构与事件的解释,乃是18世纪至20世纪前半叶西方社会科学的一种普遍取向。18世纪的启蒙思想家们相信:一个相对稳定、长期延续的政治结构的背后,一定有一个相对稳固的经济结构,乃至地理基础。随着近代民族国家的兴起,被赋予"国家"象征意义的君王、新兴的资产阶级都在努力寻求立国的根据、构建国家的民族、经济与文化基础。于是,一些极端的国家理论得以产生:民族国家应以单一民族为基础,国家应建立在统一的经济体系特别是市场体系之上,国家应有统一的意识形态与文化。换言之,统一的国家应建基于统一的民族、统一的经济、统一的文化之上。[12]

按照19世纪西方式的国家理论,大清帝国是不成其为"国家"的:没有统一的民族观念,没有统一的经济体系,也没有统一的文化。受到此种思潮的影响,中华民族觉醒的先驱者们,在"再造中华"的过程中,首先汲汲营求的,就是构建"统一的中华民族",

在晚清与民国时期，社会各界为此作出了巨大的努力。其次，是构建"统一的中国文化"。在思想学术界，主要是要把中国文化"论证成统一的"，并找出这个统一的中国文化的精髓（当然，这主要是儒家文化）。而最重要的，仍是建立统一的全国性经济体系，或者说，"实现一体化的民族经济"。民国时期，很多政治家、思想家与实业家们几乎异口同声地强调：只有通过构建一体化的民族经济结构，中国才能变成一个"现代国家"；只有经济上的统一才是国家实现政治与军事统一的基础。[13]

当然，试图从经济基础的角度讨论中国之统一必然性的思路，在更大程度上是马克思主义唯物史观有关经济基础决定上层建筑这一著名论断应用于中国的统一与分裂问题讨论中的直接推衍：既然中华帝国在政治上是统一的，那么，作为帝国政治体系经济基础的经济体系，也应当是统一的。论证中国历史上曾经存在此种"统一的经济体系"的路径主要有三方面：

第一，自古以来，中国范围内的各地区就存在着广泛的经济交流，特别是盐、铁、贵重的丝织品及其他奢侈品的交流。在中国历史的叙述中，北方游牧世界与黄河流域农耕世界的经济交流得到普遍重视，也确有诸多证据；在同样的理路下，张骞通西域以及武帝时代对西南夷地区的探险，均被描述为在一定程度上乃是受到某种经济交流愿望的驱动，而其所以成功，更因为在此前已有相当程度的经济交流作为背景。[14]至于这种经济交流或贸易流通在多大程度上加强了各地区之间的联系、其是否足以促进各地区之间的相互依存，则不能详知，或被忽略。这种经济交流不断发展的结果，是形成了一个统一的国内市场。当然，这个国内市场究竟形成于何时，以及如何断定存在着这样一种国内市场，学术界异见纷纭。[15]

第二，自古以来，中国境内就存在着相对完善的道路体系，而且历代王朝均十分重视道路体系的维护与拓展。全国性道路体系的建立，一直被作为中华帝国统一的象征之一，也是帝国境内各地区经济交往成为可能的保障。这些道路体系究竟在多大程度上被用作经济交往的渠道，并未经过充分论证，而被认为是一个不言自明的道理：道路交通体系当然可以而且必然促进地区间的经济交往。许倬云先生从中国历史上的道路体系出发，提出了道路体系、经济体系相互叠合的观点，他指出："在空间的平面上，中国的各个部分，由若干中心地区，放射为树枝形的连线，树枝的枝柯，又因接触日益频繁，编织为一个有纲有目的网络体系。几个地区的网络体系，逐渐因为体系的扩大，终于连接重叠成为更庞大的体系。中国的道路系统，经过数千年的演变，将中国整合为一个整体。"而"经济体系由交换资源而来，其体系的形成，自然与道路体系相叠，甚至重合。于是无形的交换网络，实在也可由平面二度空间的道路体系，类推而建立"。[16]这种思想方法，直接将全国性交通网络的建立与全国性经济体系的建立基本对应起来，从而将全国性经济体系之建立至少可以上溯至秦汉时代。

第三，朝贡贸易体制的形成、发展，使中国的边疆地区及其毗邻藩属国得以被纳入中国经济体系之中，从而强化了中国经济体系的内聚性，而此种内聚性显然有助于统一的经济体系的形成。[17]长安"西市"里来自遥远边裔的各种奇异商品，强化了帝国都城作为全国性经济中心的印象。几乎每一个朝代的都城，都被描述为帝国范围内的经济中心——它汇聚了全国最重要的财富，成为全国性贸易流通的中心。

我们在各种通史或断代史论著中，都不难发现就此三方面所作出的具体阐述。阐述这些内容，目的乃在于证明：中华帝国不仅是统一的政治实体，还是统一的经济实体。由于没有明确的指标界定"前现代"状况下怎样才算是统一的经济体系，因此，上述笼统的论述被认为是许可的，具备这些条件，即可以称为统一的经济体系，而此种经济体系的松散的统一性足以成为统一帝国的经济基础。

这样的论证方式在逻辑上是奇怪的：它首先假定统一的帝国应当具备统一的经济体系；然后选择几种经济指标，选择性地使用史料，叙述帝国内部各区域间的经济联系，认为这种经济联系的存在已足以表明帝国经济的一体化；最后，再反过来证明帝国的统一确实具有统一的经济体系作为基础。因此，这一论证无论如何繁复，在根本上仍然是一种循环论证。

如所周知，现代意义上的"经济体系"乃是指一群经济个体之间具有相互联系的关系，个体间的通货可以互相兑换，任一个体的变动都会对总体造成影响。即便是使用最为含混的经济体系标准，也很难确证帝制中国各地区（且不论这些地区是否可视为"经济个体"）间具有"相互联系的关系"，更无法证明任一个体（区域）经济的变动都会"对总体造成影响"或评估这种影响，因此，试图证明传统中国存在一种统一的经济体系，实际上是非常困难的。然而，问题的关键并不在这里，而在于专制主义帝国的统治并不必然以统一的经济体系为基础，而恰恰相反，它主要凭借暴力手段（赋税征敛和索取贡品）和贸易中的垄断优势来保证对经济资源的控制以及财富从边缘向中心的流动——凡其武力所及、官僚统治所在之区，都被纳入帝国的经济控制范围内。换言之，帝国内部各地区间所存在的经济联系，主要来源于王朝国家对各地区经济资源的控制与掠夺，是建基于王朝国家对各地区的政治与军事控制之上的。

或许正是由于充分认识到很难证明中华帝国之形成与统一乃建基于一个统一的经济体系，冀朝鼎提出了"基本经济区"这一概念，并试图运用这一概念作为杠杆，分析中国历史上的分裂与统一。他指出：

> 中国历史上的每一个时期，有一些地区总是比其他地区受到更多的重视。这种受到特殊重视的地区，是在牺牲其他地区利益的条件下发展起来的，这种地区就是统治者想要建立和维护的所谓"基本经济区"。

他认为：从公元前3世纪古典封建主义结束之后，中国就进入了一个以领土扩张、经济中心转移以及政治统治不断更替为特征的漫长时期。在这一漫长时期里，统一与分裂的交替出现，是在一种社会结构几乎全无变动、社会经济发展的水平大致如旧的情况下产生的。其间，中国商业发展的水平，从来都未能达到克服农业经济的地方性和狭隘的闭关状态的程度；各个地区性的组织是高度自给自足的，且彼此间又互不依赖；因此，在缺乏机械工业、现代运输与通信设备和先进经济组织的条件下，要实现现代意义上的中央集权是不可能的。"在这种情况下，中国的统一与中央集权问题，就只能看成是控制着这样一种经济区的问题：其农业生产条件与运输设施，对于提供贡纳谷物来说，比其他地区要优越得多，以致不管是哪一集团，只要控制了这一地区，它就有可能征服与统一全中国。"[18] 换言之,"基本经济区"有两层含义。第一,控制它就可以控制全国。第二,在分裂、动乱时期,它是各政治集团奋力争夺的对象;而在统一时期,则是统治者特别重视的地区,统治者给予它许多优惠条件以确保其相对于其他地区的优势地位。

冀朝鼎运用"基本经济区"这一概念,试图通过对中国历史上基本经济区的转移的分析,论证中国历史上统一与分裂的经济基础。这一概念着重强调中国经济的地区性,认为中华帝国政治上的统一"不像现代国家那样是用经济纽带联结成的整体,而是通过控制基本经济区的办法,用军事与官僚的统治组合而成的国家。这样的统一是不能持久的,而且当基本经济区的优越地位一旦受到挑战,统治势力就会失去其立足之地与供应来源。于是,分裂与混乱的现象就将发生。这一现象一直要延续到一个新的政权在一个基本经济区中固定下来,并成功地利用这一基本经济区作为重新统一的武器时为止",这就是中国历史上治乱分合的"经济基础"。[19]

冀朝鼎的研究理路,仍然是试图从经济领域中寻求对政治结构与事件的解释,其新意在于,他强调构建、控制基本经济区,乃是统治者控制帝国全境的手段,是从中华帝国政治体系的特质及其变动的角度展开讨论的。显然,认为统一的中华帝国的经济基础并非统一的全国性经济体系,而只是其所重点控制的一个或几个特别重要的经济区(基本经济区或核心区),这种观点,抓住了中华帝国疆域内各地区间经济发展极度不平衡这一重要经济特征,并进而指出了帝国政府的政治控制格局的根本特征——通过控制基本经济区,进而控制全国。然而,正如我们曾经指出的那样，经济资源并非中国历代王朝赖以建立并保持其对全国统治的根本性基础，经济发达之区也不必然被王朝国家视为实现统治的根基而受到特殊重视，并给予特殊优惠政策以确保其相对于其他地区的优势地位；恰恰相反，经济发达之区在很多时候实际上是王朝国家重点掠夺的对象，是利益受到损害的地区。[20]

同样，施坚雅模式的核心，也在于从经济的角度探究中国各地区间的内在联系。施坚雅的方法论有两个主题：大区和市镇的重要性。在有关市镇的讨论中，他论证说：在农业区域，最重要的聚落是那些定期集市，它们反映了农业经济日益增长的区域多样性。由此出发，施坚雅阐释了从农业经济中生长出来的地方聚落，是如何融入到更大的中国城市系统之中去的。更重要的是，他证明：这些集市乃至各层级市场中心的存在，根本上是一种经济结果，是由于地方零售贸易的存在，而不是行政控制或帝国统治的结果。[21]这种区别，就把重视王朝统治中心的历史观，转移到关注地方和区域社会与经济的讨论上来。施坚雅关于经济聚落构成一个完整体系的理解，也有助于打破以往将中国社会生活区分为乡村生活与城市生活两方面的做法，并从根本上削弱了这样的观念，即认为市场体系的兴起必须与工业资本主义的发展联系在一起的看法。当然，施坚雅的研究，更强调19世纪中国各个"大区"的内在联系及其相对独立性，从而隐含着直到19世纪乃至20世纪前期，中国并未形成统一市场体系的认识，但大区的分划，实际上仍是以中华帝国在政治与经济上的相对统一为前提的。

施坚雅模式受到了众多的批评，批评的核心问题有二：一是他立基于19世纪与20世纪前期中国特别是四川成都平原市场体系的研究，究竟在中国历史的时间空间上有怎样的普适性；[22]二是他把中国的乡村居民都看成是理性的经济动物，都会自觉使用成本最小化、效益最大化的市场法则，但我们知道，事实上并不都是如此。萧凤霞评论说：

> 施坚雅……运用新古典经济学派的工具和大量的人口统计数据，尝试描绘中国农村的市场结构。他首先提出了区域系统的概念，再以这些概念组成结构性的空间和时间，进而假设经济和行政机构就是在这结构性的时空中运作。在施坚雅这个形式主义的结构里，中国的农民是一个理性的经济动物，历史的偶然性、文化意涵和个人的生活，都没有占一明确的席位。它们都不过是从属的变数，都足以用经济或行政的结构所解释；这些经济和行政的机制尽管有着结构上的差异，却在功能上互相整合。[23]

严格说来，施坚雅模式还是一种控制论，只不过是将政治控制论转换成为经济-市场控制论而已。"控制论"最大的缺陷在于，被统治者往往被描述成被动者。政治控制论说：政府制定了政策，人民乖乖地适从，社会由此得以安定。经济-市场控制论看上去要好一些，至少它认识到人们首先要吃饭，然后才能考虑是否要听官府的话。但它忽略了其他要素，人毕竟不全是或不仅是经济动物；而当经济控制论被简化成市场控制论时，所有的人都被看作会精打细算的市场人，距离事实就更远了。

无论是统一的经济体系论，还是冀朝鼎的"基本经济区"以及施坚雅模式，都是试图从经济的角度，分析中华帝国的统一性，即为统一的中华帝国寻求"经济基础",我们可以把这些思考路径与阐释理路总概为"经济基础论"。显然,这种阐释理路揭示了统一的中华帝国在经济领域里的诸多表现与特征,但这些表现与特征并未能构成中华帝国统一的"经济基础"——与其说经济领域的这些表现与特征是统一之中华帝国得以形成的"基础"或"条件",毋宁说是其"结果"。

四 王朝统治下民众的"国家认同"与"参与"?

控制论(无论是政治控制论还是经济或市场乃至文化控制论)的考察视角,是站在王朝国家立场上、自上而下的。这有其根据,因为所谓"统一的中华帝国"首先是一种国家统治形态,保持国家统一,是"国家"最为关注的核心问题。在这些阐释理路上,帝国统治下的"民众"(臣民)是被统治者,是被动的客体:他们首先是"被征服",然后是"被控制"——被纳入版籍,被编入里甲,被作为王朝国家的编户齐民,"被传授"先进的生产技术,然后是被"教化","被标识"为某种特定的身份或族群……这些被动态的表达,充分地突显了这一阐释模式下"民众"在历史过程中的缺失或无足轻重。在这一阐释理路下,"民众"仅仅被视为王朝国家征服与统治的对象,而不是活生生的、与王朝国家之间存在利害关系的、懂得利用政治经济手段与文化策略的、具有历史与生活经验的、有矛盾的心理和情绪的"人"。站在人类学的立场上,这种阐释理路完全忽视个体在诸如族群认同、国家建构过程中的地位与作用,未能区分个人对主流群体的文化标志的采用(它可能是部分地与即景式地采用)与建基于中国政治共同体想象之上的主观身份认定，将二者混为一谈。它不能回答：一个人可以属于自己所不了解的那个族群、民族或国家吗？他可能采用不予理睬的方式而抗拒进入国家体系吗？换言之，如果"民众"（个体与人群）并不了解、认同或接受王朝国家"授予"他们的身份，他们又是如何成为王朝国家统治的对象的呢？如果他们逸出于国家建构过程之外，他们又是如何可能以及如何成为中华帝国体系之组成部分的呢？

正是从这里出发，首先是弗里德曼（Maurice Freedman）、武雅士（Arthur P.Wolf）、华德英（Barbara Ward）、萧凤霞等人类学者，然后是或多或少地受他们影响的科大卫（David Faure）、刘志伟、郑振满等历史学者，在不同的路径与方向上，不约而同地做出努力，跳出了上述阐释理路的局限，认为在民众与地方社会中存在着一种内在的能动性，促使他们去主动、积极地因应伴随着王朝国家和军事征服与政治控制而来的政治情势的变化，借助王朝国家的力量与权力话语，去获取他们在地方社会中的利益，界定或抬升其身份与地位。在这一过程中，他们通过各种途径，运用自己的创意和能量建立自己的身份认同（包括族性），将自己与王朝中心联系起来，从而成为国家建构过程的一部分。在这种视野下，"中央不再被看作是不能抗拒的扩张势力，而被视为在边缘地区需要加以界定或寻求显示的事项；汉文化也将被置于多元文化视野下加以透析。帝国伸缩的历史构图，就不再是汉人向热带地区进军或驯服草原游牧族群的历史，而是那些遍布于动态的中间地带的无数人群和个体不断互相适应、整合的过程，是那些人群被给予某种社会组织方式、被标识以及被'凝视'的过程，也是他们从经过选择的历史记忆中获取意义以看待并命名自身的过程"[24]。这样，地方社会的建构和土著人群就不再被置于国家建构过程之外或其对立面，而是通过各种各样的代理人和中介途径，参与到国家的建构过程中。地方的精英运用他们认为具有威权的朝廷的象征，在帝国的势力范围扩充的同时，为自己谋取利益和地位，并且利用国家的权力话语，创制自身的身份，对弱势群体加以标签和排斥。因此，无论是新疆的伯克们调适自己与清朝国家关系的诸种努力，还是苗疆的土司们凭借王朝国家的权力话语强化自己对地方社会的控制，以及大藤峡瑶人的入籍，珠江三角洲沙田上宗族团体的建立，实际上都属于国家建构过程的一部分。正是在这一长期而复杂的过程中，地方社会的建构、土著人群的族性与身份界定和国家建构与认同相互交织在一起，彼此渗透，相互依存。在这些边缘地区，王朝国家作为一种组织化的机器和行政工具可能相对缺失或较为薄弱，但它作为一种文化观念却无处不在，具体的文化实践可能有异，但在各地民众的日常生活中，却时常可以发现帝国的隐喻，这主要是由于土著人群有一套自己的方法去运用帝国的话语和隐喻，以确立他们在地方社会乃至帝国体系中的身份。[25]

许多人重视弗里德曼有关东南宗族组织的研究，认为他揭示了至少一种宗族组织的模式。在我们看来，更具意义的则在于，弗里德曼承认乡民可以因他们的需要主动地建构宗族——他描述说：在帝制中国晚期，中国东南地区的某些定居者建立了作为"控产机构"的宗族团体，让人们运用其亲属法则，建立组织，应付防御、水利和种植水稻等经济、社会生活的需要。显然，这是一种基于功能主义的假设建立起来的模型。由于弗里德曼主要强调的是宗族组织相对独立及其与国家对抗或冲突的一面，所以未能在宗族与国家之间建立起一座桥梁,以致人们更可能将弗里德曼的宗族组织理解为王朝国家的对立面。但实际上,弗里德曼在讨论宗族建立的两个基本观念——亲属和继嗣观念——时,已暗示这两种观念的普遍性,只不过他的侧重点在于这两种观念以不同的形态在各地的宗族群体中显现出来而已(虽然"服丧的民间体系与儒教国家提出的官方体系并非完全一致",但官方体系显然是民间体系的"原型")。[26] 事实上,在大部分关于宗族的讨论中,宗族往往被认为是使国家与个人之间能够联结起来的、同时具有实质性和象征意义的纽带或中介:一方面,宗族(或家族)被认为是专制主义王朝国家赖以建立的"模板",所谓"家国同构";[27] 另一方面,宗族在建立与扩展的过程中,又多方面地援引王朝国家的文化权力及其话语体系,从而在不同程度上将宗族建成了"具体而微的王朝国家"。[28] 在这个阐释体系中,中国传统社会中的诸种组织(不仅是社会组织,甚至还包括经济组织、军事组织),都可能归结为一种家族的模式。这样,认同家、家族或宗族,就等同于认同国家。

武雅士更明确地把目光转移到乡民心目中的国家上来。他在著名的论文《神、鬼与祖先》中,将民间信仰与宗教中的神灵结构视为帝制时期中国社会结构之投射,神、祖先、鬼三个类别分别反映官员、亲属、陌生人三个俗世人间社会类别:

> 因此,我们在三峡地区发现的超自然世界观念,其实是一个小村庄中的传统中国社会景象的精确反映。在这景象中首先出现的是官吏,代表帝国和皇帝;其次是家庭和宗族;第三是比较异质的陌生人、外地人、强盗

和乞丐。官吏变成神；宗族中的长老变成祖先；陌生人便成为具有危险性、被鄙视的鬼。一般来说，神与祖先又均可称为鬼，代表具有创造性的社会关系。二者在超自然的相反词，鬼，则代表一股危险性与破坏性的社会势力。[29]

武雅士强调人们的信念和仪式如何微妙地反映了王朝官员层级制的官僚体系，而仪式又如何体现了人们的亲疏里外之别；王朝国家"依照自己的模型创造了一个宗教"，从而使本土的神明都成为王朝国家体制的一部分，并进而为王朝国家政治体系之存在与延续提供了保障。这一阐释理路的意义在于，它提醒我们注意到：王朝国家，就在民众的日常生活中间，曾经被视为最基层的民间活动本身，也隐含着王朝国家的秩序与法则。民众在自己的日常生活中使用这些王朝国家的体系与法则，当然首先意味着对国家的认同；而民众在以王朝国家的政治体系和礼仪为蓝本举行宗教仪式的过程中，也同时学习了一套政治游戏与来往规则，从而使王朝国家的体系与法则渗透到民间社会的各个环节，并最终达成对王朝国家的认同。

郑振满主要通过对莆田平原村庙系统的形成演变及其与属于国家制度体系的里社制度之间关系的细致考察，详实分析了民间神庙系统和祭典组织所受到的官方意识形态与王朝国家体制的制约和影响，并在其一系列实证研究的基础上，概括出所谓"国家内在于社会"的论点。他曾经这样解释"国家内在于社会"论：

所谓"内在"，是跟"外在"相对而言的，也就是说，国家与社会的关系，不仅仅表现为国家机器的直接人身监控，精英文化对地方文化、民间文化的抽换，国家对象征资源的垄断和独享等等，以至于两者在根本上具有某种必然的张力；而是表现为两者的相互糅合、相互妥协，是一种我中有你、你中有我的状态，它是经过长时期的、复杂的"意义协商"的结果。当然，这需要某种媒介的作用，如士绅等；还需要某种社会机制的包容性，如制度的"在地化"的可能、社会的流动性、仪式的社会整合等等。在这些条件下，国家通过在社会中培植自己的"代理人"、把民间的某些象征"国家化"等方式，达到了一体化和维系最起码的国家认同的目的。作为意识形态的宗族能成为基层社会老百姓日常生活的一种基本框架或模型，就说明这种"内在化"取得了某种成功。同时，另一方面，在社会生活的最基本层面上，人们可以想象"国家"、膜拜各种权威、获得"正统性"和"文化霸权"，并以此为基础建构基层社会的权力体系和社会秩序。在这个意义上，我们可以把"内在化"看成是国家与社会的一种"双赢"或"互惠"关系。[30]

用郑氏的话说，之所以提出"国家内在于社会"的论点，"就是要把地方社会、民间文化跟政治体制、精英文化打通，就是要说明我们为什么是一个统一的国家，为什么能不断推进一体化的进程，为什么看起来什么东西都是循规蹈矩的"。其结论性认识则可概括为：国家即存在于社会之中（这是结果），国家进入社会与社会接受、利用国家的过程，就是所谓"内在化过程"，而内在化的实质则是所谓"同构性",即社会与国家的同构。社会与国家即已达致同构,当然就相互依存,也就无需论证社会对国家的接受与认同了。

虽然由于研究区域、学术传统与研究个性的差异,这一阐释理路下的研究者们在关于王朝国家与地方社会的关系问题上的表述各异,对某些具体问题的看法甚至有较大差异,但总的说来,其立场或出发点则是共同的,即从地方社会出发,去探究地方社会如何得以纳入到国家体系之中的过程。刘志伟说:

> 历史学家习惯用汉化模式去说明汉民族形成和帝国形成过程,在这个模式下,朝廷积极地和有目的地通过教化或军事征服,从中央向周边扩张。我们如果尝试摆脱这一模式的框框,提出另一视角,就不妨把帝国视为一个文化的观念,教化的过程,不是通过自上而下强令推行的,而是本地人自下而上利用国家秩序的语言,在地方社会中运用以提升自己的地位。……如果国家的建造过程是包含着本地人如何用自己的办法将自己同中心联系起来,我们与其将"边疆"视为一个承受国家制度扩张的开放空间,不如更多地关注地方上的人们如何运用他们的创意和能量建立自己的身份认同。[31]

显然,国家的构建过程,不仅包括国家自上而下的征服与教化,还应当包括地方社会自下而上地通过各种途径将自己融入到国家体系之中去,并在国家体系背景下,利用国家秩序的语言,以提升自己的地位。

这一阐释理路及其具体认识的提出与形成，经历了众多人类学者与历史学者的共同努力，虽然每一位学者研究的侧重点与学术路径均不相同，对某些具体问题的认识也有很大差异，但均将其所考察的民众视为娴于运用各种谋略和技巧（包括"创造性"地利用王朝国家的制度和权力话语）以获取自己利益、改变自己身份地位的蓬勃向上、富有朝气的、活生生的"人"，而不再是"忠厚老实""安分守己""宿命的"、匍匐于地等待王朝国家赐予身份的"臣民"；他们都承认并试图揭示地方社会内部力争参与到王朝国家建构过程中的内在驱动力，并从不同的角度、使用不同的个案描述了这一过程，指出正是在这一过程中王朝国家得到民众之"认同"。质言之，在这一阐释理路下，统一的中华帝国被看作是王朝国家与地方社会共同建构起来的，民众主动地参与到统一帝国的建构中来，并在其中取得了王朝国家的承认与授权；帝国借此而得到民众的认同，从而增强了其合法性与稳固性。

显然，这一阐释理路，对于理解中华帝国的长期延续与稳定，特别是帝制晚期各地区在政治与文化领域内的高度统一性，是非常有意义而且充满魅力的。但是，中华帝国毕竟不是在明清时期才形成的，而这一阐释理路，迄今为止主要运用于明清史的研究领域，它是否可以运用于秦汉以至宋元时期，因为此前未见有这种尝试，尚不能作出明确回答。在我们的学术视野与观念里，似乎很难论证秦、汉、隋、唐、宋、元等王朝特别是秦、元这样主要依凭武力的王朝之建立及其对中国大部分地区的统一，乃是得到了各地区民众"参与"或"认同"的结果（"人心所向"之说，与"天命所归"其实是同样虚幻的托词)，但它们作为统一的王朝，却是无可怀疑的。换言之，如果我们将目光从明清时期的华南地区放开去，将视野扩展到更大的时间与空间范围内，我们需要去追问（如果可能的话，去尝试）：这种研究理路，对于阐释历史上中华帝国的统一与中国文化的统一性，究竟在多大程度上是有效的？它是否可以超越明清时期的华南地区，而在更为广大的时、空范围内具备有效性？如果回答是肯定的，那么，如何将之运用到明清以前漫长的中国历史研究中？

五 "必然性"与"可能性"

历史学研究的根本特征之一，是研究者知道（至少是大致知道）其研究对象（历史过程）的"结果"，那就是我们今天所处的这个世界。换言之，历史学者们知道"结果"，是从"结果"出发，去探究形成这个结果的"过程"，分析其"原因"，"赋予"其"意义"。这种从"结果"出发的分析方法，隐含着一个预设，即这个"结果"是唯一的，因而也是必然的。但实际上可能并非如此。今天，越来越多的学者倾向于承认：在历史过程中的诸多环节，都可能存在着多种"可能性"，其中只有一种"可能性"成为"历史事实"；真实的历史过程就表现为诸多"可能性"成为"历史事实"的过程。换言之，历史事实与历史过程固然是唯一的，但在它成为"事实"之先或"过程"发生之前，却曾经存在着诸种可能性。

学者们"知道"迄今为止中国历史长期演进的结果之一，即统一的中国——统一的中华帝国与中国文化；从这个"结果"出发，去探究统一的中国形成的历史过程，分析其原因，为此，提出了诸种阐释理路与阐释体系。毫无疑问，这些阐释理路与体系都是在统一的中华帝国这一客观存在的前提下形成的，揭示了构成统一中华帝国的诸多要素和条件，但这种溯源式的分析方法，未能充分地考虑到中国历史进程中在一些重要关节存在的其他可能性，忽略了历史进程中潜在的、可供选择的其他路径，因此，实际上未能回答中国何以在存在多种可能性的诸多历史环节、最终选择了"统一"这条道路的根本性原因。

事实上，在中国历史上，曾经存在过相当长时间的"不统一"状态。姑不论西周分封制下与春秋战国时期列国林立的局面，即以秦统一中国之后而论，在两千余年的时间里，被明确认为处于分裂割据状态的时期即有魏晋南北朝时期（220—589年）、晚唐五代十国时期（755—960年）以及（南）宋金时期（1127—1279年）；北宋时期（960—1126年），中国疆域内实际上存在着宋、辽（契丹）、西夏、大理等政权，也只能看作分裂时期。如果再加上东汉后期、元明之际、明清之际等较为短暂的割据时期，分裂割据时期几乎长达900余年。完全可以说，"分裂割据"与"统一"一样，都是中国历史上的基本状态，而分裂割据格局的长期存在，正说明中国历史发展过程中，确实曾经存在过另一种可能，即区域性政权割据分治的可能。

迄今为止，有关中国历史上的分裂与统一的讨论，均将"分裂割据"视为一种"异常状态"（异态），而将"统一"当作不言自明、无需论证的"常态"，并分别给予"否定"与"肯定"的道德性判断或价值判断——肯定统一（哪怕是为了统一而杀人盈野、血流成河）、反对分裂（哪怕是自保型的割据），一直是中国历史叙述的主旋律。在这种具有强烈国家主义意识形态色彩的分析框架下，分裂割据向来被视为"少数人"（军阀、地方集团）

为了追逐自身利益、无视国家民族之统一的、"开历史倒车"的罪恶行为，其内在的合理性或"合法性"乃被彻底剥夺。这样的分析理路，完全无视每一次分裂割据局面的形成、每一个分裂割据的区域，都有其内在的动因与基础（自然地理的基础，经济形态的前提，以及地方社会对地方利益的追求与保护等），也就无法解释何以专制主义的中央集权如此强大，却一而再，再而三地形成分裂割据的局面或出现这种趋势。

如果我们跳出关于统一与分裂的固有认知模式与价值判断，承认中国历史过程中的分裂割据乃是与统一并列的状态，而且反映了中国历史发展的另一种潜在可能性，那么，统一的中华帝国的形成，就将可以被视为在历史过程的诸多环节中对多种可能性进行"选择"的结果。换言之，统一的中华帝国，并非中国历史发展的必然，而是多种可能性在诸多历史环节中进行选择性组合的结果。

在这一分析理路下，"多元、统一的中华帝国是如何形成的"这一论题，就将首先强调中华帝国的多元性与多样性，并承认这些多元性与多样性实际上蕴含着诸种潜在的可能性。换言之，很多区域历史发展的道路与模式，都曾经是中国历史发展的可能性之一。其次，这种分析理路，将探究在历史过程中，有哪些重要环节（或时期），曾经展现出多种可能性，最终又是如何进行选择性组合的？如上所述，由于分裂割据时期实际上较之统一时期显现出更多的区域发展趋势与可能性，所以，这一分析理路将更为关注中国历史上的分裂割据时期，探讨在存在其他可能性的情况下，历史是如何选择"统一"这条道路的。最后，这种分析理路，将着意于考察那些未能成为历史事实的、但确实曾经存在过的诸种可能性（"消失的可能性"），探究其所以未能成为事实的原因。沿着这样的理路，上述诸种阐释理路——"军事征服与政治控制论"、"经济基础论"与"文化认同论"，等等——都将被视作揭示诸种可能性之某一种或某一要素的尝试，并在这一意义上而具有合理性与有效性，从而在根本上消解这些阐释理路的"排他性"。

注释：

1. [法] 费尔南·布罗代尔:《法兰西的特性——空间和历史》，顾良、张泽乾译，北京：商务印书馆，1994年，第17页。

2.《史记》卷一二九《货殖列传》，北京：中华书局，1959年，第3270页。

3. 参阅冀朝鼎《中国历史上的基本经济区与水利事业的发展》，朱诗鳌译，北京：中国社会科学出版社，1981年；郑学檬:《中国古代经济重心南移和唐宋江南经济研究》，长沙：岳麓书社，2003年；等等。

4. 参阅张岱年、方克立主编《中国文化概论》上编第一章，"中国文化的历史地理环境"（葛剑雄执笔），北京：北京师范大学出版社，1994年，第29—30页。

5. 参阅鲁西奇《区域历史地理研究：对象与方法——汉水流域的个案考察》，南宁：广西人民出版社，2000年，第7—12页;《再论历史地理研究中的"区域"问题》,《武汉大学学报》(人文社会科学版) 2000年第2期;《区域多样性与中国历史发展》，《中国社会科学报》2010年2月25日第七版。

6. 有一些阐释理路与体系没有任何学术或思想意义，比如"同种同源论"，所谓"中华民族都是炎黄子孙，所以中国统一起来，并应当维持统一"。这种阐释虽然在意识形态领域较为流行，但并没有说服力——论证匈奴、突厥、蒙古以及现今生活在中国土地上的维吾尔、哈萨克等"民族"，都是所谓"炎黄子孙"，是非常困难的；即便此论成立，何以"同种同源"就必须"同国""同文化"？根据何在？又比如，"历史悠久论"，认为"中国自古以来就是统一的，有着悠久的统一的历史"，所以中国与中国文化都是"统一的"，而且应当保持"统一"。这种阐释既有循环论证之嫌，其前提亦颇值得怀疑：为什么历史上的统一国家就一直要"统一"下去？而且，"历史悠久论"实是一个危险的陷阱："统一的历史"需要多长时间才是恰当的"悠久"？如果一直向上推，"中国"当然有"未统一"的时期，岂不是很危险？因此，"同种同源论"与"历史悠久论"都不是学术与思想意义上的阐释体系，而主要是基于现实政治需求的"文化建构"。(参阅 [法] 吉尔·德拉诺瓦：《民族与民族主义》，郑文彬等译，北京：生活·读书·新知三联书店，2005 年；Pamela Kyle Crossley, "Thinking about Ethnicity in Early Modern China", *Late Imperial China*, Vol.11, No.1(1990), pp.1-35; *A Translucent Mirror: History and Identity in Qing Imperial Ideology*, Berkeley: University of California Press, 1994)

7. *Empire at the Margins: Culture, Ethnicity, and Frontier in Early Modern China*, Edited by Pamela Kyle Crossley, Helen F. Siu, and Donald S. Sutton. Berkeley, Los Angeles, and London: University of California Press, 2006, "introduction", p. 6.

8. Mark Elvin, *The Pattern of the Chinese Past*, Stanford, CA.: Stanford University Press, 1973, pp. 54-68.

9. Robert M.Hartwell, "Demographic,Political,and Social Transformations of China" ,*Harvard Journal of Asiatic Studies*. Vol.42, No. 2, pp. 365-442.

10. *Ordering the World:Approaches to State and Society in Sung Dynasty China*,Edited by Robert Hymes, Conrad Schirokauer. Berkeley: University of California Press, 1993, "introduction", pp.2-5.

11. [美] 包弼德：《唐宋转型的反思——以思想的变化为主》，刘宁译，载《中国学术》第三辑，北京：商务印书馆，2000 年，第 77 页。

12. 参阅 [美] 贾恩弗兰科·波齐《近代国家的发展——社会学导论》，沈汉译，北京：商务印书馆，1997 年，第 86—143 页；Anthony D. Smith, *The Ethnic Origins*

of Nations, Oxford, UK: Basil Balckwell Ltd., 1986; Anthony D. Smith, *The Nation in History: Historiographical Debates about Ethnicity and Nationalism*, Hanover: University Press of New England, 2000。

13. 参阅曾玛莉（Margherita Zanasi）《经济民族主义：1930年代国民党国家的经济建设计划》，载［加］卜正民（Timothy Brook）、［加］施恩德（Andre Schmid）编《民族的构建：亚洲精英及其民族身份认同》，陈城等译，长春：吉林出版集团有限责任公司，2008年，第146—182页。

14. 参阅余英时《汉代贸易与扩张》，邬文玲等译，上海：上海古籍出版社，2005年；龙登高：《中国传统市场发展史》，北京：人民出版社，1997年；等等。

15. 参阅许涤新、吴承明主编《中国资本主义发展史》第一卷《中国资本主义的萌芽》，北京：人民出版社，2003年，第11—18、83—114、276—336页；吴承明：《中国的现代化：市场与社会》，北京：生活·读书·新知三联书店，2001年，第111—303页；许檀：《明清时期城乡市场网络体系的形成及其意义》，《中国社会科学》2000年第3期；等等。

16. 许倬云：《试论网络》，载《许倬云自选集》，上海：上海教育出版社，2002年，第30—34页。

17. 参阅［日］滨下武志《近代中国的国际契机：朝贡贸易体系与近代亚洲经济圈》，朱荫贵、欧阳菲译，北京：中国社会科学出版社，1999年；John K. Fairbank, *Trade and Diplomacy on the China Coast*, Cambridge, Mass.: Harvard University Press, 1954；费正清：《中国的世界秩序：一种初步的构想》，载陶文钊编选《费正清集》，天津：天津人民出版社，1992年，第3—26页；等等。

18. 冀朝鼎：《中国历史上的基本经济区与水利事业的发展》，朱诗鳌译，北京：中国社会科学出版社，1981年，第8—10页。

19. 冀朝鼎：《中国历史上的基本经济区与水利事业的发展》，第3页。

20. 鲁西奇：《中国历史上的"核心区"：概念与分析理路》，《厦门大学学报》（哲学社会科学版）2010年第1期。

21. 参阅 [美] 施坚雅:《中国农村的市场和社会结构》,史建云、徐秀丽译,北京:中国社会科学出版社,1998 年;施坚雅主编《中华帝国晚期的城市》,叶光庭等译,北京:中华书局,2000 年,特别是《十九世纪中国的地区城市化》一文。

22. 参阅温振华《施坚雅之中国社会研究》,载于《民国以来国史研究的回顾与展望研讨会论文集》第二册,1992 年;任放:《施坚雅模式与中国近代史研究》,《近代史研究》2004 年第 4 期;《施坚雅模式与国际汉学界的中国研究》,《史学理论研究》2006 年第 2 期;刘永华:《传统中国的市场与社会结构——对施坚雅中国市场体系理论和宏观区域理论的反思》,《中国经济史研究》1993 年第 4 期;等等。

23. 萧凤霞:《廿载华南研究之旅》,程美宝译,《清华社会学评论》2001 年第 1 期。

24. *Empire at the Margins: Culture, Ethnicity, and Frontier in Early Modern China*, "introduction", pp.6-7.

25. 关于民众日常生活中对帝国隐喻与话语的使用,较早的论著主要有 Arthur P. Wolf, "Gods, Ghosts, and Ancestors". in *Religion and Ritual in Chinese Society*, edited by Arthur P. Wolf, Stanford, CA.: Stanford University Press, 1974. pp.131-182. 中译文为张珣译,见《思与言》35 卷 3 期(台北,1997 年),第 233—292 页; James L. Watson, "Standardizing the Gods: The Promotion of T'ien-hou ('Empress of Heaven') along the South China Coast, 960-1960", in *Popular Culture in Late Imperial China*, edited by David Johnson et al., Berkeley: University of California Press, 1985, pp.292-324; Stephan Feuchtwang, *The Imperial Metaphor: Popular Religion in China*, London: Routledge, 1992. 中译本为赵旭东译,南京:江苏人民出版社,2008 年; David Faure and Helen F. Siu, eds., *Down to Earth: The Territorial Bond in South China*, Stanford CA: Stanford University Press, 1995, 特别是 pp.1-19。另请参阅萧凤霞《廿载华南研究之旅》,《清华社会学评论》2001 年第 1 期,第 181—190 页。

26. [英] 弗里德曼:《中国东南的宗族组织》,刘晓春译,上海:上海人民出版社,2000 年,第 58 页。

27. 参阅金观涛、刘青峰《兴盛与危机：论中国封建社会的超稳定结构》，长沙：湖南人民出版社，1984年，第46—50页。

28. 参阅郑振满《乡族与国家：多元视野中的闽台传统社会》，北京：生活·读书·新知三联书店，2009年；科大卫：《皇帝和祖宗：华南的政府与宗族》，卜永坚译，南京：江苏人民出版社，2009年；Patricia Ebrey, James Watson, *Kinship Organization in Late Imperial China, 1000-1940*. "Introduction", pp.1-14。

29. Arthur P. Wolf , "Gods, Ghosts, and Ancestors", In *Religion and Ritual in Chinese Society*, edited by Arthur P. Wolf, Stanford, CA. :Stanford University Press, 1974. pp.131-182. 中译文为张珣译，见张珣、张灿腾主编《打破圈圈——从"祭祀圈"到"后祭祀圈"》，台北：南天书局有限公司，2003年，第228—278页，引文据张珣译文，见第242、269页。

30. 郑振满、黄向春：《文化、历史与国家——历史学与人类学的对话》，载张国刚主编《中国社会历史评论》第五辑,北京：商务印书馆,2007年，第468—491页，引文见第479页。后又收入氏著《明清福建家族组织与社会变迁》，北京：中国人民大学出版社，2009年，第235—268页。

31. 刘志伟：《地域社会与文化的结构过程——珠江三角洲研究的历史学与人类学对话》,《历史研究》2003年第1期，第63页。

"画圈圈"与"走出圈圈"*
——关于"地域共同体"研究理路的评论与思考

村落研究是传统中国乡村社会研究的出发点之一,这不仅因为村落作为一种由相对稳定的农业人群在相对清晰的地域范围内凝聚而成的地理实体和社会单元,是传统中国乡村社会的基本组织,其组织结构和文化传统在深层次上代表或蕴含了传统中国社会的结构和传统,还因为村落社会的变迁始终是中国历史变迁的重要方面,通过对村落社会的考察,可以窥知传统中国历史变迁的一般轨迹与总体脉络,把握传统中国社会及其变迁的结构性特征。[1]但是,村落研究并不是传统乡村社会研究的归结点,因为它还不足以回答:分散在广阔农村地域内的无数村落,是如何与

---

* 本文撰写于2009年。作者于2009年12月1日在复旦大学历史地理研究所曾就本文主旨作过一次座谈,承王振忠、张伟然、李晓杰、安介生、张晓虹、朱海滨等教授及历史地理所的博士、硕士同学给予诸多有益的批评与建议,谨致谢忱。原刊于周宁主编《人文国际》第4辑,厦门:厦门大学出版社,2011年。

统一的中华帝国联系起来的？具体地说，在不同的时期、不同的地区，通过哪些因素，采取怎样的方式，将分散的村落联系在一起，形成超越村落、包括若干村落的"村落联盟"或"地域共同体"，并最终将这些分散的村落纳入以王朝统治为核心的国家政治经济与社会文化体系之中的？

数十年来，历史学、人类学、社会学等不同学科的许多学者，均试图回答这一饶有趣味的问题。他们从各自的学科背景出发，结合具体的实证研究，形成了不同的研究理路与阐释理论，其中最重要的阐释理路可以概括为"水利共同体"理论、"基层市场社区"理论以及"祭祀圈"理论。本文即初步梳理这三种主要阐释理论的思路及其"发展"或"修正"，并结合我们在研究中的体会，分析其有效性和运用的局限性，进而探讨走出其局限性的可能路径与方向。

一 "水利共同体"理论及其运用和发展

"水利共同体"理论是日本学者提出、借以分析中国古代社会结构及其特性的一种理论体系。[2] 其基本论点可概括为：(1)在中国近世（大致相当于宋元明清时期），国家不再试图按照中古时代将自耕农编组为"编户齐民"的方式以控制农民，而是以村落共同体或一个水系的水利组织来进行把握，"在水利方面，堰山、陂塘等不仅成为经济上不可或缺的保证物品，并且官方的约束也涉及于此，而它们两者之间可能有相互倚靠之关系"[3]。换言之，水利共同体这种立基于水利工程与水利协作的社会组织，实际上成为王朝国家借以控制乡村社会的工具之一，而这一共同体之成立,也有赖于王朝国家权力的适当介入。(2)水利共同体以共同获得和维护某种性质的"水利"为前提,共同体之成立与维系的根本基础在于"共同的水利利益";在水利共同体下,水利设施"为共同体所共有",修浚所需力夫、经费按受益田亩由受益者共同承担;而水利共同体"本身虽具有作为水利组织之独立自主的特性,但在营运上却完全倚靠其为基层组织的村落之功能。另一方面,村落也完全经由水利组织的协助,完成作为村落本身之部分生产功能"。在这个意义上,水利共同体具有村落联合的特性。[4]

因此,所谓"水利共同体"实际上是对村落共同体的放大,或者说是村落共同体理论的延伸。[5]日本学者们论述水利共同体的几个要素——共同的水利利益("水权"),水利设施之为"共同体所共有",水利受益范围内的村民组合("水利组织"),以及水利共同体与王朝国家相互利用(或者说是"互动"),这四个重要方面,几乎都是村落共同体理论在村落联合体问题上的运用。所不同的是,研究水利共同体的学者,基本上均以专治宋元明清史特别是明清史为主,他们假设了一个前提,在宋代以前,亦即所谓"唐宋变革"发生之前,王朝国家对于农民(自耕农为主)的控制,主要采取直接控制的方式,即将其编为"编户齐民",以均田制之类的制度分配土地,通过租庸调制、两税法等向他们征发赋役;宋以后,则主要通过村落共同体或水利共同体之类的"民间组织",实行间接的控制,而水利共同体之形成,也有赖于国家权力之介入。因此,这一论点的理论背景,乃是所谓"唐宋变革论",其出发点也是王朝国家对地方社会特别是对自耕农民的控制。正因为此,日本学者有关水利共同体的研究中,一直强调两个方面：一是官府对水利事务的介入，特别是由官府出面重组水利秩序；二是官府的介入"毕竟是以当地往日之传统共同体的水利惯例为基础，将其提升为由官方公认者而已"[6]。

日本学者有关水利共同体理论的出发点，主要是对明清时期华北与江南地区灌溉农业地区水利事业的发展及其水利组织的形式、结构及其运作的分析；[7]可以说，迄今为止，国内外学术界有关水利共同体或相关理论的讨论也主要是围绕北方地区的灌溉水利和江南地区的圩田水利而展开的。近年来，最值得关注的研究，是蓝克利（Christian Lamouroux）、吕敏（Marianne Bujard）、董晓萍等人主持的陕山地区水利与民间社会调查。[8]较之于日本学者立足于水利功能与制度演进的分析，蓝克利、吕敏等人最大的贡献，在于揭示出这些水利区域所存在的一种内聚力和独特的文化传统。他们强调，每一个水利区域（不一定是灌溉区域），都有其自身的文化传统。在已出版的四本报告集的扉页上，编者都引用了山西洪洞、霍县交界地带四社五村农民的话："人活着就是个文化。"在"总序"中，蓝克利、董晓萍与吕敏共同写道：

> 我们对山西洪、霍交界的四社五村调查中发现，每个村庄，不论大小，都视水册为一种道德法规。村民确认这种法规，等于确认共同用水的社会契约，其中包括借水不还的习惯法等。当地人遵守各种水规祖制，证明大家是属于同一个用水社区的，而每一村社对这一社区的生存和发展，都负有责任和权利。[9]

显然，调查主持人强调的乃是此种由水利关系而产生的、又超越于水利共同利益之上的社区认同与社区界定,这种社区认同与界定,在有的地方已与水利功能相脱离,从而形成一种文化权力。在《不灌而治——山西四社五村水利文献与民俗》中,研究者指出:四社五村的社首集团核心"老大""老二""老三"村,近年已陆续打井,有的已改用井水,不再使用山泉渠水,但还在为"四社五村"的山泉水渠投资捐工,参与工程维修,恪守水规旧约。"对他们来讲,这是惟一的方式,能保证他们在社区集体中的位置,维护他们以往的水权。"[10]应当承认,这些认识相对于日本学者的"水利共同体"理论而言,乃是一个重大的突破,即水利关系造就了一种地域认同,而此种地域认同可能突破水利利益,成为脱离于水利利益的"存在"。

陕山地区水利与民间社会调查与研究的另一个贡献在于,对于民间水利组织与国家机器的关系,提供了另一种思考方式。在日本学者的论述中,王朝国家对水利事业的干预,在很大程度上乃是"水利共同体"得以成立并维持的重要原因,换言之,水利共同体之普遍存在及其统一性,来源于国家对水利事业的干预和制度性规定。蓝克利等人则强调指出:使用这些资料,可以发现不同地方社会的个别历史的统一性,可以描述个别的社会体系,也能研究地方社会的统一性,找出其大同小异的管理模式。但更重要的,"这种统一性的由来,不一定是国家行为或官方政府行政干预的结果,它往往体现了地方代言人(如地方知识分子、渠长斗长、社首和村民中能言好斗的强人等)的历史作用"[11]。这种思路,指向这些地方代言人对水利秩序的设计,与王朝国家的管理体系之间,存在着某种耦合,这种耦合,乃是"地方社会的统一性"的根源。换言之,地方社会之统一性的根本基础,乃在于地方社会对秩序及其延续性的诉求。

显然,并不是所有发展水利的地方都可能以水利为中心形成一种内聚性较强、有较清晰边界、内部存在一定的强制性规章、拥有相对明确权力的集体组织与部分公共财产的水利共同体。事实上,虽然已有的研究揭示出这样的水利共同体在很多地方是存在的,而且有某些共同的发展历程,但是,所有的材料却都不能证明这种水利共同体的形成与发展乃是一种必然,因而似乎不能证明水利共同体是普遍存在的——无论在时间上还是在空间上。问题在于:第一,并不是每一个地方,水利在社会经济生活中都具有重要的乃至核心的地位;第二,即便是水利具有重要的乃至核心的地位,也不一定会围绕水利关系形成一种地域共同体。

尽管如此,水利共同体的研究理路,仍启发我们:水利,这种因缘于基本生产生存需求的因素,可能演绎出一种社会关系网络,甚至形成一种"地域共同体",即拥有共同联系、自律或自治性管理、归属认同的地缘性社会组织。但水利共同体的存在与发展并不是普遍的,只是在某些地区才存在并发育成水利共同体。在一些地方,水利发挥了这种促成"地域共同体"形成的核心作用;而在另外一些地方,水利却没有能够发挥这种作用,只是围绕水利形成某种形式的社会关系网络或社会关联,而这种围绕水利而形成的社会关联只不过是地方社会中诸种社会关联的一种,并不一定具有特别重要的意义。那么,在怎样的地区,具备哪些条件,才能形成水利共同体?显然,要回答这一问题,还需要进行更多、更深入的个案研究与比较分析。在没有充足的证据之前,将得自于某些地区或某些水利灌区之个案研究的认识,扩展为具有普遍性的结论,在研究方法上是不足取的。

二 "基层市场社区"理论及其发展

施坚雅（G. William Skinner）最重要的学术贡献之一，乃是提出并论证了"基层市场社区"（standard marketing community）的概念。在杨懋春的基础上，[12] 施坚雅向前走了一大步，认为"农民的实际社会区域的边界不是由他所住村庄的狭窄的范围决定，而是由他的基层市场区域的边界决定"，因而构成中国传统乡村社会基本结构单元的应该是"基层市场社区"，而不是村落。[13] 所谓"基层市场"，是指这样一种农村市场："它满足了农民家庭所有的正常贸易需求：家庭自产不自用的物品通常在那里出售，家庭需用不自产的物品通常在那里购买。基层市场为这个下属区域内生产的商品提供了交易场所，但是更重要的是，它是农产品和手工业品向上流动进入市场体系中较高范围的起点，也是供农民消费的输入品向下流动的终点。"[14] 基层市场的辐射区域，除了市场交易方面的意义之外，还具有基本的社会生活和文化载体的含义，因而形成一种地方性的社会组织，亦即基层市场社区。

施坚雅主要从四个方面论证基层市场区域的社会与文化意义。（1）基层市场区域内农民的社会关系网络全部存在于基层市场社区内：其婚姻圈大都限于基层市场社区，"农民的姻亲结合因此而构成另一个遍布于基层市场社区的网络，并使结构更为完整"；同一基层市场社区内宗族的联系较为稳定，而"在不同的基层市场区域中地方化的宗族之间的联合常常受到时间的侵蚀"。因此，基层市场社区是农民社会关系网络的基本单元。（2）基层市场社区的权力结构与对市场的控制是紧密联系在一起的。各种各样自发组成的团体和其他正式的组织——秘密会社的分会、庙会的董事会、宗教祈祷会社等,都把基层市场社区作为组织单元,尤其是与农业有关的组织(例如看青会或者管水会),尽管与基层市场社区的界限不同,却往往整个位于基层市场社区内。特别值得注意的是"庙中供奉的神灵本身在尘世上的活动范围,被认为与基层市场区域一致";一年一度的神明巡游,"重新肯定了该社区的领地范围,并象征性地加强了它的以集镇为中心的结构"。(3)在一个基层市场社区范围内,度量衡、方言等文化传统都表现出相对一致性。施坚雅举例说,"在任何一个基层市场内,度量衡都应当是统一的,但在基层市场之间存在着较大差别",这表明了"作为经济体系的基层市场社区的独立性和孤立性"。不同基层市场区域可能使用有着明显区别的方言,因而有意义的基本方言单位正是基层市场区域。(4)正是在基层市场社区这个层面上,作为国家与农民中介的"乡绅"阶层才真正把农民与外面的世界隔绝开来。并不是每一个村庄都会有乡绅家庭,但几乎每一个基层市场社区都有一些乡绅家庭,他们在基层市场所在的集镇实行对基层社区的"社会控制"。乡绅和小商人作为农民与官宦上层和高层次中心地商人之间的"中介"都是在基层集镇而不是村庄层次上活动,正是他们把基层市场社区与更大的社会的机构、习俗联系起来。[15]

显然,基层市场社区的社会与文化关系是从其市场关系中衍生出来的,是以市场关系为基础的。换言之,基层市场社区是以基层市场为中心、围绕基层市场而形成的经济、社会与文化关系网络。正是从这里出发,施坚雅阐释了从农业经济中生长出来的村落,是如何通过市场的层级体系,逐步融入到更大的中国城市体系之中的，以及在这一过程中，居住在分散村落中的农户，如何通过基层市场社区，将自己纳入到中华帝国的经济政治与社会文化体系之中的。在这一阐释理路中，"市场"处于核心地位，在传统中国乡村社会结构的建构过程中，发挥了根本性的作用；而基层市场及各层级市场中心的形成和发育，根本上是一种经济结果，是由于地方零售贸易的存在，而不是行政控制或帝国统治的结果。[16]这样，构成中华帝国经济政治与社会文化体系的"底图"，就不再（或不仅仅）是由各级军政中心和官僚体系为主体构成的政治控制网络，而是由不同层级的市场中心和贸易体系为主体构成的市场经济网络。[17]

没有人（包括施坚雅本人）相信"市场"乃是构建社会关系网络的唯一因素。施坚雅的贡献，在于揭示了这个因素的重要意义；他的失误，也正在于过分强调或夸大了"市场"这个因素的重要性。对此，萧凤霞（Helen F. Siu）评论说：

> 施坚雅……运用新古典经济学派的工具和大量的人口统计数据，尝试描绘中国农村的市场结构。他首先提出了区域系统的概念，再以这些概念组成结构性的空间和时间，进而假设经济和行政机构就是在这个结构性的时空中运作。在这个极端形式主义的结构里，中国的农民是一个理性的经济动物，历史的偶然性、文化意涵和个人的生活，都没有占上一席位。它们都不过是从属的变数，都足以用经济或行政的结构所解释；这些经济和行政的机制尽管有着结构上的差异，却在功能上互相整合。[18]

这一批评，其最具洞察力之点，在于指出中国农民并不都"具有经济理性"，也不一定遵循市场法则。因此，"施坚雅也许提供了一个考察区域市场系统的形成过程的经济框架，不过，如果我们要了解实体政治、社会细胞和文化组织体现了权力和支配并提供了操控空间的能动性，就必须知道这种种元素都不是我们描述历史过程的陪衬品，而是分析这个历史过程不可或缺的部分"[19]。换言之，在地方社会的建构过程中，诸种因素都在发挥作用，一种预先设定某一因素（比如市场）在这一建构过程中发挥主导作用、而把其他因素看作"陪衬品"的做法，或者把经济（市场）机制置于政治、文化和社会机制之上的预设，可能掩盖了这一过程的真实。

正是从这里出发，萧凤霞试图在更为广泛而复杂的经济政治与社会文化背景下，揭示地方社会及其建构过程的复杂性，进而"发展"或"修正"施坚雅"较为简单的"基层市场社区理论。在她描述的沙田开发过程中，小榄这样的镇市，发挥了重要的作用。"在珠江三角洲从东至西，分布着一系列乡镇，就是在过去三百年逐步从沙田开发建立的据点发展成为财富和权力的中心。"她描述说，到19世纪后期，小榄已发展成为一个繁荣的城镇，其社会生活和地方政治由何、李、麦三个大族把持。通过对菊花会的考察，萧凤霞充分地揭示出：地方共同体的建立过程，包含着比施坚雅所论及的更为复杂的因素。"地方社会的形成，无疑牵涉到经济上各种精心的算计，但这些算计都是在一个社会分化、获得权力的机会不平等以及充满文化歧视的社会脉络里进行的。小榄镇之所以会发展成为一个财富和文化的中心和一个重要的市场中心，依赖于本地的豪强在多大程度上有能力操控更大的社会中的种种资源,来利用并维持种种不平等的关系。"换言之,这些市镇成为市场中心,本身就是一个社会过程,在这个过程中,当地豪强运用各种资源(不仅仅是财富与市场资源),使其成为市场(经济)与社会的中心。也就是说,市场体系与社会体系的关系,并非如施坚雅所认为的那样,是基础(市场体系)与衍生物(社会体系)的关系,市场体系的形成本身,就是与社会体系之形成同步的,二者互为背景,也互为结果。不仅如此,"小榄宗族组织不寻常的扩张和丰富的节庆仪式,可能不完全是由沙田的经济衍生出来的文化产物,而是一种本地居民在把自己整合到中国政治体系的过程中排斥他人的手段"。"地方豪强在明清两代积极攀上地方政治舞台时,借助更大的政体的文化象征来稳固自己的地位";在塑造其自身地位的过程中,这些地方豪强"利用了本来由上而下渗透的国家文化,去创造地方社会"。因此,文化话语就不仅是建构地方社会的手段,而且成为地方社会赖以成立的重要基础。

这样,萧凤霞就在很大程度上"发展"或"修正"了施坚雅的基层市场社区理论,她"在施坚雅结构性的历史分析框架上,加上了文化和权力的命题;同时,把弗里德曼的宗族语言放到一个涵化的历史的脉络中去理解,并且在武雅士(Arthur P. Wolf)提出的仪式的表达上,加上一层政治的考虑"。她消解了施坚雅阐释理论中市场体系的"基础性作用",将市场关系与权力的争夺和运作、文化话语的使用与创造、宗族组织的建构等政治、文化、社会因素置于同等重要的地位,并将其"放回"到相当复杂的历史过程,考察这些因素在地方社会建构过程中的作用与意义,而不再去追寻究竟是哪一种因素发挥了"基础性"或"根本性"的作用。更重要的是,她"强调历史过程是由充满文化创造性的人建构出来的,正是充满创造性的人的种种活动,形成了社会生活的起伏变迁",从而用"充满文化创造性的人"取代了施坚雅笔下那些遵从或屈服于"经济理性"的人。[20]

几乎与萧凤霞同时,杜赞奇(Prasenjit Duara)主要从华北的经验出发,提出了"权力的文化网络"概念,以"弥补"施坚雅市场结构理论的不足或缺陷。杜赞奇首先指出:即使在经济交往领域,市场也"不是决定乡村大众交易活动的唯一因素,村民纽带在提供多种服务、促成交易方面起着重要的作用";换言之,"是市场体系及村民纽带联合决定了乡村经济交往"。同样,市场结构理论也不能很好地解释水利体系的形成及其结构,因为"水利组织体系往往超越了村庄及市场(集市)体系",尽管集镇在水利组织(如闸会)的权力结构中起着重要的作用,"但水利管理体系并不能为市场体系所代替"。乡民们的婚姻圈与市场圈也并不吻合,集市中心也并不就是婚姻圈的中心;"市场体系理论只能部分地解释联姻现象,集市辐射半径在限定联姻圈和其他社会圈方面有着重要作用,但联姻圈等有着自己独立的中心,并不一定与集市中心重合"。由此,杜赞奇认识到施坚雅"基层市场社区"理论的局限性。但他也并未彻底否定市场体系的意义,而是试图将市场体系理论"同化"到他所提出的"权力的文化网络"理论中。因此,他所说的"文化网络"就"由乡村社会中多种组织体系以及塑造权力运作的各种规范构成,它包括在宗族、市场等方面形成的等级组织蜂巢状组织类型。这些组织既有以地域为基础的有强制义务的团体(如某些庙会),又有自愿组成的联合体(如水会和商会)。文化网络还包括非正式的人际关系,如血缘关系、庇护人与被庇护人、传教者与信徒等关系"[21]。换言之，市场体系是被涵括在"文化网络"之中的，但并不能概括或代替"文化网络"，而只是其中的一部分。

这样，杜赞奇就用较为抽象的"文化"代替了施坚雅的"市场"，用"网络"取代了拥有相对明确边界的"社区"或"共同体"。他并没有彻底否定市场的社会意义，不过是将市场视为构成其文化网络的诸种要素之一（"市场体系与其他组织一同联结为文化网络"）。通过这种"修正"，他有效地回应了施坚雅的"基层市场社区"理论不适合于华北平原乡村社会的批评，从而发展或改写了这一理论体系。当然，杜赞奇的阐释体系多少有些令人困惑：无所不包而又无所不在的"文化"及其"网络"，究竟是什么、在哪里呢？

即便是极端强调传统中国乡村社会之封闭性的学者，也不会完全无视市场的存在及其意义。问题在于：市场，即便是在迅速走向商业化社会的今天，在乡村民众的经济、社会与文化生活中，也并不一定占有根本性的绝对控制地位，"市场理性"也可能不全是制约或规定农民诸种社会经济行为的基本法则。因此，对施坚雅"基层市场社区"理论的反思与批评，归根结底是对"市场"因素在传统中国乡村社会中意义的评估和判断。如果我们不是试图把"市场"因素作为影响或决定传统中国乡村社会结构之形成与建构的、占据中心或核心位置的普遍性要素，即不试图将"市场分析"理路或"基层市场社区"理论作为一种普遍存在加以求证的话，施坚雅的市场理论仍然是很有启发意义的，它至少给我们提供了一种思考问题的切入点。

三 "祭祀圈"理论及其局限与修正

最初提出"祭祀圈"概念的是日本学者冈田谦。1938年,冈田谦发表了《台湾北部村落之祭祀范围》一文,指出台北州士林街地区的祭祀活动在小范围的土地公、妈祖之外,还有大范围的中元普渡;二者均明显区分出漳州人与同安人各自的范围。土地公、妈祖的祭祀范围约等于日人所称之"小字"(角头)或"大字"(庄),中元普渡则漳州人与同安人各有其参与普渡的庙宇与涵盖范围(由数个"大字"组成),而其涵盖范围恰相当于两群人各自的通婚和市场交易范围。在此基础上,冈田谦提出了"祭祀圈"概念,以指称"共同奉祀一主神的民众所居住的地域",并认为欲了解台湾村落之祖籍团体或家族团体之特质,需由祭祀圈入手。[22]

20世纪70年代,张光直推动开展"台湾省浊水大肚两溪流域自然与文化史科际研究计划"(简称"浊大计划"),以考古学、民族学的田野方法和跨学科整合的方式,研究台湾中部浊水、大肚溪流域古今居民的历史及其与自然环境之间的关系。[23]这一计划的民族学研究部分由王崧兴具体主持,参加者主要有陈茂泰、黄应贵、庄英章、许嘉明、施振民等人。他们首先注意到彰化平原因为"番害"与械斗,被不同祖籍群的人聚居,无法使用施坚雅的"基层市场社区"理论展开分区调查,[24]便尝试以冈田谦运用不同祖籍群的人会有自己的祭祀圈的做法,进行分区调查。[25]因此,"浊大计划"运用"祭祀圈"的目的,不是划分宗教组织的地域范围,而是借宗教组织(祭祀圈)来划分祖籍群范围,并进而去探讨汉人的活动空间、人群的地域组织及社会活动等。[26]在这一过程中,施振民综合使用相关调查资料,概括出一个"祭祀圈与聚落发展模式",认为"祭祀圈是以主神为经、以宗教活动为纬建立在地域组织上的模式"。"主神为经"表示人们根据主神神格的高低来判断聚落层级的高低,主神之间的从属关系与聚落之间的从属关系相对应;"宗教活动为纬"则表示,有关主神的各种祭典的共同举行把具有从属关系、不同阶层的聚落联结起来。具体地说,土地公常是地域层次最低的神,每一个"角头"奉祀一个土地公;数个角头集聚为一个庄,结合成为一个祭祀单位,奉祀一个共同主神;庄之上是叫"会庄"的联盟组织,妈祖通常成为会庄庙的主神(其他代表人群的主神也可能成为联盟的主神)。这样,施振民就突破了冈田谦的祭祀圈内涵,"不仅将祭祀圈当为一宗教信仰地域,而是宗教活动和组织的整个范畴,称为 Religious Sphere",从而突显了宗教活动和组织在地缘为基础的层级性聚落中的联结作用,使孤立的各个聚落凝为共神的一个地域单元。施振民更进一步指出:"台湾可能因生态环境不同,墟市未能成为地方中枢";"村庙制度在台湾也许可以代替墟市作为农村地方中枢",其分布依聚落的发展散开,而各个聚落之间存在层级性分别,联庄庙、村庄庙、角头庙就像"中心墟市、中间墟市和标准墟市一样,作为大小不同地区的枢纽"。这样,施振民就以"宗教信仰与祭祀"取代了施坚雅的"市场",用"祭祀圈"取代了"市场圈"。[27]

许嘉明主要通过对彰化平原福佬客地域性共同祭祀与联庄组织的考察,提出了"村落同盟关系的祭祀组织"的概念,并以此来界定祭祀圈:"以一个主祭神为中心,信徒共同举行祭祀所属的地域单位。其成员则以主祭神名义下之财产所属的地域范围内之住民为限。"即凡是祭祀圈都有一个主祭神,拥有共同的祭祀组织，举行共同的祭祀活动，具有一定的地域范围。他用成员与主祭神之间的四种权利义务关系（承担祭祀和庙宇维修的义务即"出钱有份"、头家炉主的资格、神明巡境的范围、婚丧嫁娶请神明的优先权），作为确定祭祀圈范围的标准，指出祭祀圈的具体对象是村庙，其适当的研究范围则应是乡镇。虽然没有论证，但许嘉明暗示：祭祀圈与地方组织及其发展过程有着密切关系，具有组织地方社区的特性。[28]

与施振民、许嘉明主要从地域组织的角度（即将祭祀作为组织地方社会和划分人群的一种方式）考察祭祀圈不同，林美容主要从民间信仰的角度，观察、界定祭祀圈。她指出：自己的研究对象乃是群体性、有组织性的民间信仰，最终目标则是"这样的民间信仰的活动中所运用的社会组织的原则"。她结合自己在草屯镇的调查，对祭祀圈作了进一步的界定："祭祀圈是一种地方性的民间宗教组织，居民以居住关系有义务参与地方性的共同祭祀，其祭祀对象涵盖天地神鬼等多种神灵，但有一个主祭神；祭祀圈有一定的范围，依其范围大小，有部落性、村落性、超村落性与全镇性等不同层次，它与汉人的庄组织与村庄联盟有密不可分的关系。"因此，它在本质上是一种地方组织，"表现出汉人以神明信仰来结合与组织地方人群的方式，其组织的人群或是村庄的人群，或是同姓聚落区内的人群，或是同一水利灌溉系统的人群，或是同祖籍的人群，不过也有可能是结合不同姓氏的人群，或是结合不同祖籍的人群。不论祭祀圈结合的是哪一种人群，其范围都有一定的清楚的界线，界线之内的居民就有义务参与共同的祭祀"[29]。而"不同层次的祭祀圈之间的扩展模式，表现出传统汉人社会以聚落为最小运作单位之融合与互动的过程"。[30]

无论是施振民、许嘉明，还是林美容及其他台湾学者，大抵皆倾向于把祭祀圈看成是台湾汉人移民社会特有的东西，是台湾民间社会的自主性发展，完全或主要是老百姓的自发性组织，与官方的行政体制无关。林美容说："研究台湾的地缘组织，不能不从民间信仰上看，这是台湾社会的一个特色。只有以神为名义，才能结合某一地域范围内的大部分人群。这也牵涉到在台湾社会，村庄是一个可能行动的社会单位，在这个单位内居民成为一个祭祀的共同体，共同祭拜天地神明；也只有在这个单位的基础上，才能作更大范围的人群的结合，而且仍然是要以神明信仰的名义才能达成。"[31] 换言之，对神明的信仰与祭祀构成了将不同人群结合成不同层级的社会组织的核心线索，在地方社会的构建中发挥了关键性作用。然则，民间的活力和组织力何以必须借着宗教信仰与祭祀的形式才能在空间上展示出来？或者说，信仰与祭祀何以能在地方社会的构建过程中发挥如此重要的作用？这显然涉及宗教理念与社会组织之间的关系，论者均未作出系统阐释。林美容试图主要从祭祀圈形成的社会原因角度加以阐释。她认为聚落性与村落性的祭祀圈大多可以用同庄结合的原则来解释，超村落祭祀圈可以同姓或水利结合的原则来解释，全镇性的祭祀圈则可以自治结合来解释。她描述说：

> 台湾在逐步开发完成、村庄形成之后，村庄之间、姓氏之间，以及不同祖籍人群之间的分类械斗异常鼎盛。……居民为求自保，常以神为名，结合较大地域范围内具同类意识的人群共同防卫，藉迎神赛会演绎武力，且庆典中神舆所经之地，盗梁之徒亦不敢觊觎。假神之

名以为防卫,这是在台湾汉人社会发展史上一个特有的现象。

显然,林美容采用了功能主义的立场来解释祭祀圈的形成。她在分析同庄结合而成的祭祀圈时说:"村落性的祭祀圈也不全是为了弥补聚落内祭祀的不足,而是自有村落内奉祀神明的需要。因为基本上土地公的信仰是聚落性的,而当聚落发展到逐渐有村落的形态时,光有土地公保佑收成丰饶是不够的,对那些能够驱病、防灾、防蕃、保佑人丁兴旺、护庄防疫的神祇,自然有共同祭祀的必要。"至于同姓结合而成的祭祀圈,则是宗族分枝的结果,使宗祠无法联结同姓聚居区内所有同姓的人群,更无法联结域内的他姓人群,故需要别建庙宇、以神明信仰为名,团聚同姓不同分枝的人群和他姓人群。[32]水利结合则是指同一水利灌溉系统的居民构成一个祭祀圈,"水利对于农业社会非常重要,水利的开凿与水利资源的合理分配更需居民全力以赴,同一水利灌溉系统的居民自然有休戚与共的感觉,藉着传统的宗教活动,可以增进彼此的和谐,减少冲突,并且化解纠纷"。自治结合是指地方社区为了自治防卫的需要而共祀神明,形成一个祭祀圈。[33]凡此,都将祭祀圈的形成归结于某种或几种功能性需求,祭祀活动、祭祀组织都不过是借以达致这些功能性目标的手段或形式而已。

因此,祭祀圈最终指向一种"地域共同体"(虽然林美容等都没有使用这个概念)。它与信仰圈最根本性的差别,就在于信仰圈仅仅是立足于对某一神明信仰的组织,是一种信徒组织;祭祀圈虽因信仰与祭祀而形成,但其目标却并非信仰与祭祀,而是更为广泛的社会经济功能。正是在这个意义上,林美容说:"祭祭祀圈未尝不是一个可与市场圈竞争的理论，或甚至祭祀圈才是台湾汉人社会生活的主体，台湾汉人社会发展的主导。"[34]

作为人类学者，林美容等人主要采取结构主义的探究方式分析祭祀圈的内在结构和本质，而较为忽略历史的取向，未能将祭祀圈放在适当的历史脉络里考察它与其他的社会、政治、经济和文化因素之间有怎样的关系。这种取向理所当然地会受到历史学者的强烈批评。对不同地区的祭祀圈展开考察的历史学者，均强调将祭祀圈置于更为广阔的历史背景之中，分析其历史成因与过程，借以探究其社会性质。如郑振满在有关福建莆田江口平原神庙祭典与社区发展的研究中，即首先追溯村庙的由来，认为这些村庙大多是由明代的里社演变而来：明初规定每里均要立社坛一所，祀五土五谷神；立厉坛一所，祭无祀鬼神。此种法定里社祭祀制度与里甲制度相配合，目的在于维护里甲秩序。明中叶以后，里甲组织逐步解体，里社祭祀也渐趋废弛，社坛成为一般的神庙；同时，随着聚落的分化，出现了许多新的村庙与村社，形成一社多庙的现象。同社不同庙的村落，虽然可以在各自的村内举行祭祀或绕境巡游，但仍属同一"境"。这样，就形成了境、社、村庙、庙四个分香与进香的层级关系。这样，郑振满就把"祭祀圈"（虽然他回避使用这个概念）描述成一个长期发展的结果，其源头则是王朝国家的基层行政组织——里甲。郑振满说：

> 作为江口中心庙宇的东岳观和东来寺，实际上可以视为社区权力中心。东岳观和东来寺的董事会，除了管理庙宇及主持各种社区性的祭典仪式，还曾经主管南安陂水利系统，调解当地的各种民事纠纷，创办书院、小

学、育婴堂、孤老院、义冢等文教及慈善事业，对社区事务实行了全面的干预。由里社演变而来的"七境总宫"，在社区生活中也有重要的影响。这是因为，"七境"集团是由里甲组织演变而来的，具有基层政权的某些职能。如征派赋役、维护治安等行政事务，照例都是在"七境"集团内部摊派的。南安陂水利设施的日常维修及管理，原来是由里甲组织中的"甲首"和"能干"分工负责的，在里甲解体之后也势必由"七境"集团承担。江口平原的村庙祭典组织，往往与基层政权相结合，成为里甲组织和保甲组织的有机组成部分。因此，村里的各种政治、经济、文化活动，都是由村庙出面主持的。民国以来，村庙与基层政权相对分离，但在经济、文化等领域仍有广泛的影响力。……神庙祭典为社区组织提供了必要的认同标志和行为规范，因而也就成为社区发展的普遍模式。[35]

郑振满描述的"祭祀圈"，与施、许、林等台湾学者所说的祭祀圈实际上有很大的不同：首先，它不"完全是老百姓的自发性组织"，而是从官方里甲制度中衍生出来、经过长期演变的结果。换言之，"神庙祭典组织的发展，固然可以视为地域社会的自我组织过程，但也受到了官方意识形态和政治体制的制约"。其次，它不仅是以信仰和祭祀为中心线索而形成的地方性社会组织，还是一种与基层政权组织相结合、在地方各种政治经济文化活动中拥有广泛权力的社区组织，是在王朝国家放弃对基层社会的全面掌控之后、基层社会的自治组织。最后，以祭祀圈为标志的地域组织，并不是台湾汉族移民社会的特殊历史产物，而是中国传统社会中的普遍历史现象。[36]

如所周知，对土地神祇的崇拜是农耕文明的普遍现象，起源甚早。土地之神不仅控制着作物丰歉、赐赠财富，而且是埋葬于地下的亡人的统治者，所以，对土地神祇的崇拜基本上是诸种农耕文明的"原始倾向"。早在先秦时期，祭祀土地神或地域神的"社"就相当普遍。[37]因此，以土地神祇的崇拜与祭祀为中心，形成大小规模不等的"祭祀圈"，应当源于民间自发的行为，而不是源于王朝国家的制度设计。同时，在地方社会的组织或构建过程中，某些或某一个神祇逐步"专司化"，成为某一地域人群或团体特别崇祀的神祇，也是相当常见的现象。马克斯·韦伯指出："如果社会化要持久得到保证的话，没有任何个人的行为和共同体行为可以没有和不需要其专门的神。凡是一个团体和一个社会化不是作为单一的当权派的个人权力地位，而是作为一个'团体'出现的地方，它都需要有一个专门的神。"[38]以神祇的名义，通过神明崇拜与祭祀活动，整合、组织或区分人群，建构社会组织与社会秩序，也是易于理解的。因此，我们倾向于认同林美容等台湾学者的看法，即祭祀圈当源自民间自发的行为，至少在源头上可以看作"老百姓的自发性组织"。

但立足于信仰与祭祀的地域社会组织（祭祀圈）并不具备强制性，其权威或权力的根据，归根结底，源自民众的信仰，所以其权威或权力的大小，在根本上取决于民众信仰、崇拜其所奉祀神祇的程度。对祭祀圈内民众的强制或约束力，大抵来自信仰之外，主要借助政治（包括武力）、经济（如用水权）、社会（如在地方社会中是否"有份"）和文化（包括祭祀仪式）的手段。祭祀圈获得对所属民众的超信仰强制的过程，是非常复杂的社会过程，它需要许多前提条件，诸如国家权力的缺失、默许或支持，地方大族的介入，所属地域民众经济或生存利益的共同性，人群分化或竞争的需要等。只有具备了这些条件，在特定的历史背景下，祭祀圈才可能形成强有力的地域社会组织，并进而发展成为掌控地方社区权力的"地域共同体"。因此，虽然立基于信仰与祭祀而形成的地域性社会组织可能是"广泛"存在的（也未必"普遍"），但具有"地域共同体"性质（拥有共同利益、共同组织、共同的规范和认同意识以及共同地域）的"祭祀圈"，却很可能只是在一些地区、在特定的社会历史环境中才形成的，并不一定"广泛"（更遑论"普遍"）存在于中国传统社会中。

四 "走出圈圈"：在民众与王朝国家间建立联系

长期以来，人们习惯于将传统中国描述为一个"同心圆式"的结构模式：从帝国统治的腹心地带（核心区），向遥远的帝国边疆（边缘区），王朝国家的政治控制能力与控制强度依次递减，经济形态依次由发达的农耕经济向欠发达的半农半牧、落后的游畜牧经济过渡，社会结构亦由相对紧密、典型的汉人社会向相对松散的非汉人社会渐变，文化内涵则由以所谓"儒家文化"为核心的华夏文化向尚武、"好巫鬼"的"蛮夷文化"递变，甚至各地民众对王朝国家（或"中国"）的忠诚程度也随着其居地距王朝核心越来越远而越来越低。与此种同心圆式的结构相配合，其形成过程就被表述为从王朝国家统治的核心，不断向外辐射其政治、经济与文化支配力的军事扩张、政治控制与开展"教化"的单向的"融合"或"同化"的过程。这种叙述站在王朝国家统治的立场上,在中华帝国的版图上画出一层层的"圆圈"(当然是不规则的),以此来区分各区域的重要与否、不同区域人群与王朝国家的亲疏程度,并据以确定王朝国家对不同区域与人群的统治政策。

本文讨论的三种研究理路,则试图站在地方社会或民众的立场上,描绘出民众日常经济、社会与文化生活的"圆圈",其出发点正与立足于王朝国家的帝国控制圈层相反。正因为此,这些研究理路均程度不同地强调民众自治的可能性。水利共同体理论虽然也重视国家权力的介入,但更突出在王朝国家不直接干预水利事务的背景下,民众在水利事务中的协作与组织,并认为这种源于水利协作的组织可能发展成为一种"地域共同体"(它甚至可能脱离水利事务而长期延续)。在施坚雅的"基层市场社区"里,几乎看不到国家或政治权力的踪影,它几乎是完全遵循市场法则运行着的,社区内民众的社会、文化生活也很少受到国家权力的制约或影响(虽然这是很难想象的)。施振民、许嘉明、林美容等台湾学者所描述的祭祀圈,是在王朝国家力量较为薄弱的汉人移民社会中形成的,国家权力在祭祀圈的形成过程中基本上是缺失的,所以民众才得以"自发地"建立起祭祀圈。即便是较多关注王朝国家权力介入的郑振满等先生,也毫不犹豫地将以祭祀圈为标志的地域组织,界定为"基层社会的自治组织"。因此,这些研究理路,可以说与"王朝国家控制论"的理路是针锋相对的。在"控制论"的阐释模式中,民众是"被动的":他们首先是"被征服",然后是"被控制"——被纳入版籍,被编入里甲,被作为王朝国家的编户齐民,"被传授"先进的生产技术,然后是被"教化","被标识"为某种特定的身份或族群……这些被动态充分地突显了这一阐释模式下"民众"在历史过程中的缺失或无足轻重。而在本文所讨论的三种研究理路中,虽然表述各异,侧重不同,但都把民众看作活生生的、懂得利用政治经济手段与文化策略的、具有历史与生活经验的、有矛盾的心理和情绪的"人",他们有足够的能力处理水利事务、经营市场、创造自己的文化(包括神明及祭祀),完全可能自我生存、管理并发展着。

但是,描绘民众的生活圈、揭示其自治的可能性,却并非这些研究的目标。如上所述,"水利共同体"理论的归结点,仍在于王朝国家如何间接地控制地方社会特别是自耕农民。施坚雅的"基层市场社区"之上,还有中间集镇、中心集镇、地方城市等,一直到全国性大城市。其目标,乃在阐释从农业经济中成长出来的农村聚落,是如何融入到更大的中国城市系统之中去的。杜赞奇、萧凤霞等以基层市场社区为蓝图、发展出来的"权力的文化网络"理论,更将国家权力驾驭并收编民间的文化网络作为论述的核心线索之一。同样,郑振满等改写或重新界定的"祭祀圈"理论,也强调王朝国家的制度设计及其变迁对于"祭祀圈"形成与演变的影响。因此,虽然这些研究理路都着眼于"画圈圈",重点在探讨超越村落之上的地域组织,但"画圈圈"并非目的,"走出圈圈",在地方社会或民众与国家权力之间建立起联系,才是其根本目标。

毋庸讳言,无论是"水利共同体"理论、"基层市场社区"理论,还是"祭祀圈"理论,都表现出试图将得之于局部区域的阐释模式普遍化的倾向,以为其所揭示的民众生活与组织方式及其与国家的联系方式具有普遍性;不赞同其说者也多据其他区域的历史经验加以批评。但是，如果我们不把这些研究理路作为一种普适性的阐释模式，将之还原到特定历史时段的区域社会中，就会发现，它们的确揭示了民众生活及其与国家间关系的某些重要方面。显然，可能的情形是：在中国传统社会，一些地区（如华北和江南的某些地方），水利事务发挥了较为重要的作用，将水利区域内的民众联系起来，形成某种意义上的"地域共同体"；而在另一些地区，市场或信仰、祭祀发挥了这种作用；在别的地区，则是其他因素（如宗族）发挥了同样的作用；或者，这些因素同时发挥着作用（虽然可能有一种或两种因素占据主导地位）。因此，考察诸种要素在不同区域内地方社会的构建过程中所发挥的作用及其发挥作用的过程，分析何种要素发挥了关键性作用，据以概括出地方社会及其与国家权力相联系的模式，将有助于揭示中国传统社会发展的复杂性和多样性，更全面地认识王朝国家与地方社会的关系。

注释：

1. 关于传统中国村落研究的总结和评论，请参阅李善峰《20世纪的中国村落研究——一个以著作为线索的讨论》，《民俗研究》2004年第3期；黄忠怀：《20世纪中国村落研究综述》，《华东师范大学学报》（哲学社会科学版）2005年第2期。

2. 关于"水利共同体"理论最简明扼要的阐述，可见［日］好並隆司《水利共同体における鎌の歴史的意義》，初刊《历史学研究》第244号（1960年10月），后收入氏著《中国水利史研究論考》，日本冈山市：冈山大学文学部，1993年，第214—228页；森田明：《明清时代の水利団体——その共同体的性格について》，刊《历史教育》第145号（1965年），第32—37页。更全面的了解，则可参阅

丰岛静英《中国西北部に於ける水利共同体について》,《历史学研究》第201号（1956年2月）；宫坂宏：《華北に於ける水利共同体の実態》,《历史学研究》第240、241号（1960年8月）；等等。

3. [日] 好并隆司：《中国水利史研究の問題点——宋代以降の諸研究をめぐって》,《史学研究》第99号（1967年10月），又见氏著《中国水利史研究論考》,第30—41页。

4. [日] 森田明：《清代华北的水利组织与其特性——就山西省通利渠而言》,见氏著《清代水利社会史研究》,郑樑生译，台北："国立"编译馆，1996年，第341—372页，引文见第363页。另请参阅森田明《清代水利組織の構造と性格》,见氏著《清代水利史研究》,东京：亚纪书房，1974年，第383—414页。关于森田明的水利共同体理论，除其本人的论著外，较好的概述可见好并隆司：《農業水利に於ける公權力と農民——森田明氏水利共同体論の陂田解釋について》,见氏著《中国水利史研究論考》第42—53页。

5. 关于村落共同体理论的简要阐述，可参阅旗田巍《中国村落と共同体理論》,东京：岩波书店，1973年，第1—26页；李国庆：《关于中国村落共同体的论战——以"戒能—平野论战"为核心》,《社会学研究》2005年第6期。据我们所见，较早将"村落共同体"理论"扩展"为"水利共同体"理论的，应当是清水盛光，见清水盛光《中国郷村の治水灌漑に現はれたる通力合作の形式》,《东方学报》第18册（1950年），第1—53页。

6. [日] 森田明：《明末浙东的水利——以诸暨地方为中心》,见氏著《清代水利社会史研究》,第3—42页，引文见第35页。

7. 日本学者好并隆司、丰岛静英、宫坂宏、前田胜太郎有关水利共同体理论的概括，主要源自对华北地区灌溉水利的考察，见前揭好并隆司《水利共同体に於けゐ鎌の歷史的意義》、丰岛静英《中国西北部に於ける水利共同体について》、宫坂宏《華北に於ける水利共同体の実態》,以及前田胜太郎《旧中国における水利団体の共同体の性格について》,《历史学研究》第271号（1962年11月）。森田明的有关研究，则有相当部分立足于对江南以及长江上中游地区水利的考

察，见氏著《清代水利史研究》，东京：亚纪书房，1974年；《清代水利社会史研究》，郑樑生译，台北："国立"编译馆，1996年；《清代の水利と地域社会》，日本福冈：中国书店，2002年（中译本为雷国山译，济南：山东画报出版社，2008年）。以治宋元水利史著称的长瀬守则不太使用"水利共同体"的概念及其研究理路，而更多地采用"水田社会""水利文化圈"等概念。见氏著《宋元水利史研究》之序"宋元水利史研究序说"，及第一编之序章，"东アジアにおける水利文化圏の特質"，东京：国书进行会，1985年，第11—42页。

8. 此一调查项目已出版四本资料集，分别是：（1）[法]白尔恒、蓝克利、魏丕信编著《沟洫佚闻杂录》，北京：中华书局，2003年；（2）秦建明、[法]吕敏编著《尧山圣母庙与神社》，北京：中华书局，2003年；（3）黄竹三、冯俊杰等编著《洪洞介休水利碑刻辑录》，北京：中华书局，2003年；（4）董晓萍、[法]蓝克利：《不灌而治——山西四社五村水利文献与民俗》，北京：中华书局，2003年。使用这批资料而提出的最新研究成果，则当推森田明《山陕の民衆と水の暮らし——その歴史と民俗》，东京：汲古书院，2009年。

9. [法]蓝克利、董晓萍、吕敏：《陕山地区水资源与民间社会调查资料集·总序》，见白尔恒等编著《沟洫佚闻杂录》，第6—7页。

10. 董晓萍、[法]蓝克利：《不灌而治——山西四社五村水利文献与民俗》，第7、322—324页。

11. [法]蓝克利、董晓萍、吕敏：《陕山地区水资源与民间社会调查资料集·总序》，见白尔恒等编著《沟洫佚闻杂录》，第7页。

12. 杨懋春在1945年出版的《一个中国村庄：山东台头》（Yang Mou-ch'un, *A Chinese Village: T'ai-t'ou, Shantung Province*, New York: 1945）一书中，已注意到村庄的外部联系，认为集镇以松散但明显的联系把若干村庄结合起来，从而构成了农民日常生活中超越村庄的社会空间。见杨懋春《一个中国村庄：山东台头》之"作者前言"，南京：江苏人民出版社，2001年，第7页。毫无疑问，施坚雅关于基层市场社区的论点，受到了杨懋春的影响。在《中国农村的市场和社会结构》引言部分的注释中，他曾提到乔启明与杨懋春"最早认识到了市场体系的社会意义"。见 G. William Skinner, "Marketing and Social Structure in Rural China: Part Ⅰ", in *The Journal of Asian Studies*, Vol.24, No.1.（Nov., 1964）, p.4.（中译本见第 56 页）

13. [美] 施坚雅:《中国农村的市场和社会结构》, 史建云、徐秀丽译, 北京: 中国社会科学出版社, 1998 年, 第 40 页。

14. [美] 施坚雅:《中国农村的市场和社会结构》, 第 6 页。

15. [美] 施坚雅:《中国农村的市场和社会结构》, 第 40—55 页。

16. [美] 施坚雅:《十九世纪中国的地区城市化》, 见施坚雅主编《中华帝国晚期的城市》, 叶光庭等译, 北京: 中华书局, 2000 年, 第 242—300 页。

17. 参阅 Barbara Sands and Ramon H. Myers, "The Spatial Approach to Chinese History: A Test", in *The Journal of Asian Studies*, Vol.45, No.4.（Aug.,1986）,pp.721-743; William Lavely, "The Spatial Approach to Chinese History: Illustrations from North China and the Upper Yangzi", in *The Journal of Asian Studies*, Vol.48, No.1.（Feb.,1989）,pp.100-113; William G. Skinner, "Rural Marketing in China: Repression and Revival", *in Chinese Quarterly*, 103（Sept., 1985）, pp.393-413; 温振华:《施坚雅（G.W.Skinner）之中国社会研究》, 见台湾大学历史系编《民国以来国史研究的回顾与展望研讨会论文集》中册, 台北: 台湾大学出版组, 1992 年, 第 1095—1112 页; 史建云:《对施坚雅市场理论的若干思考》,《近代史研究》2004 年第 4 期; 刘永华:《传统中国的市场与社会结构——对施坚雅中国市场体系理论和宏观区域理论的反思》,《中国社会经济史研究》1993 年第 4 期。

18. 萧凤霞:《廿载华南研究之旅》, 程美宝译,《清华社会学评论》2001 年第 1 期, 第 181—190 页。

19. 萧凤霞:《传统的循环再生——小榄菊花会的文化、历史与政治经济》,《历史人类学学刊》第 1 卷第 1 期（2003 年）, 第 99—131 页。原文发表于 1990 年。

20. 尽管如此, "基层市场社区"仍然是萧凤霞的出发点, 作为"市镇"的小榄,不仅是她的考察对象与研究背景,而且是她所描绘的那个复杂社会图画的"底图"。她后来的一些研究,也一直强调"市镇"作为地方性经济、政治、社会、文化中心的意义。参阅 Helen F. Siu, "Redefining the Market Town through Festivals in South China", in David Faure and Tao Tao Liu ed., *Town and Country in China: Identity and Perception*, Houndmills, Basingstoke, Hampshire: Palgrave Macmillan, 2002, pp. 233-249。

21. [美]杜赞奇:《文化、权力与国家——1900—1942年的华北农村》,王福明译,南京:江苏人民出版社,1996年,第13—33页。原书出版于1988年。

22. [日]冈田谦:《台湾北部村落之祭祀范围》,陈乃蘗译,《台北文物》第9卷第4期(1960年)。原文发表于1938年。

23. 参阅张光直《"浊大计划"与1972至1974年浊大流域考古调查》,见氏著《中国考古学论文集》,北京:生活·读书·新知三联书店,1999年,第279—311页。

24. 在此之前,Lawrence Crissman 曾试图将市场体系运用在彰化平原二林的实证研究,即发现市场理论不适用于解释台湾汉人社会。Lawrence Crissman, "Marketing on the Changhua Plain, Taiwan", in E. W. Willmott ed., *Economic Organization in Chinese Society*, Stanford: Stanford University Press, 1972, pp. 215-260。

25. 王崧兴:《台湾汉人社会研究的反思》,《"国立"台湾大学考古人类学学刊》第47期(1991年),第1—11页。

26. 参阅张珣《打破圈圈:从"祭祀圈"到"后祭祀圈"》,见张珣、江灿腾合编《台湾本土宗教研究的新视野和新思维》,台北:南天书局有限公司,2003年,第64—105页。

27. 施振民:《祭祀圈与社会组织——彰化平原聚落发展模式的探讨》,《"中央研究院"民族学研究所集刊》第36期(1973年),第191—207页。

28. 许嘉明:《彰化平原福佬客的地域组织》,《"中央研究院"民族学研究所集刊》第36期(1973年),第165—190页;《祭祀圈之于居台汉人社会的独特性》,《中华文化复兴月刊》第 11 卷第 6 期（1978 年），第 59—68 页。

29. 林美容:《由祭祀圈到信仰圈——台湾民间社会的地域构成与发展》，见张炎宪主编《中国海洋发展史论文集》第三辑，台北:"中央研究院"三民主义研究所，1988 年，第 95—126 页。

30. 林美容:《由祭祀圈来看草屯镇的地方组织》,《"中央研究院"民族学研究所集刊》第 62 期（1986 年），第 53—114 页。

31. 林美容:《彰化妈祖的信仰圈》,《"中央研究院"民族学研究所集刊》第 68 期（1990 年），第 41—104 页，引文见第 42 页。

32. 林美容:《由祭祀圈来看草屯镇的地方组织》,《"中央研究院"民族学研究所集刊》第 62 期（1986 年），第 99—103 页，引文见第 102、100 页。

33. 林美容:《由祭祀圈到信仰圈——台湾民间社会的地域构成与发展》，见张炎宪主编《中国海洋发展史论文集》第三辑，第 122 页。

34. 林美容:《由祭祀圈来看草屯镇的地方组织》,《"中央研究院"民族学研究所集刊》第 62 期（1986 年），第 110 页。

35. 郑振满:《神庙祭典与社区发展模式——莆田江口平原的例证》,《史林》1995 年第 1 期;又见氏著《乡族与国家:多元视野中的闽台传统社会》，北京:生活·读书·新知三联书店，2009 年，第 210—237 页，引文见第 236—237 页。

36. 除郑振满外，陈春声对于广东潮州樟林社神崇拜与火帝巡游的研究、刘志伟关于番禺沙湾北帝崇拜与祭祀以及关于粤东大洲岛神庙与社区关系的研究、罗一星关于佛山祖庙祭典的研究、刘永华关于福建龙岩适中镇盂兰盆会祭典组织的研究等，都在一定程度上证明了此种以祭祀圈为标志的地域组织，可能在中国传统社会中是"广泛"（而非"普遍"）存在的。这些研究的旨趣与理路与郑振满大致相同，即都试图追寻"祭祀圈"的历史成因与过程，并将之放于具体的政治经济与社会文化背景下加以考察，强调王朝国家的政治变动与制度变迁对此类民间社会组织的制约或影响，重视宗族、市场等多种因素与信仰、祭祀因素的纠结与互动性发展。可参阅陈春声《从"游火帝歌"看清代樟林社会》,《潮学研究》第 1 辑，汕头：汕头大学出版社，1993 年，第 79—111 页；陈春声：《社神崇拜与社区地域关系——樟林三山国王的研究》，《中山大学史学集刊》第 2 辑，广州：广东人民出版社，1994 年，第 90—106 页；陈春声：《信仰空间与社区历史的演变——以樟林的神庙系统为例》，《清史研究》1999 年第 2 期。刘志伟：《神明的正统性与地方化——关于珠江三角洲北帝崇拜的一个解释》，《中山大学史学集刊》第 2 辑，广州：广东人民出版社，1994 年，第 107—125 页；刘志伟：《大族阴影下的民间神祭祀：沙湾的北帝崇拜》，见汉学研究中心编《寺庙与民间文化研讨会论文集》，台北：台湾汉学研究中心，1995 年，第 707—722 页；刘志伟：《大洲岛的神庙与社区关系》，见郑振满、陈春声主编《民间信仰与社会空间》，福州：福建人民出版社，2003 年，第 415—437 页。罗一星：《明清佛山北帝崇拜的建构与发展》，《中国社会经济史研究》1992 年第 4 期；罗一星：《佛山神庙与佛山传统社会》，见张炳武主编《中国历史社会发展探奥——中国社会史第四次研讨会论文集》，沈阳：辽宁人民出版社，1994 年。刘永华：《文化传统的创造与社区的变迁——关于龙岩适中兰盆胜会的考察》，《中国社会经济史研究》1994 年第 3 期。

37. 参阅吴泽《两周时期的社神崇拜和社祀制度研究》，《华东师范大学学报》1986 年第 4 期；晁福林：《试论春秋时期的社神与社祭》，《齐鲁学刊》1995 年第 2 期；沈建华：《由卜辞看古代社祭之范围及起源》，中国文物研究所编《出土文献研究》第五辑，北京：科学出版社，1999 年，第 73—78 页；杨华：《战国秦汉时期的里社与私社》，见牟发松主编《社会与国家关系视野下的汉唐历史变迁》，上海：华东师范大学出版社，2006 年，第 109—129 页。

38. [德] 马克斯·韦伯：《经济与社会》，林荣远译，北京：商务印书馆，1997 年，第 466 页。

石泉先生的学术创获和治学方法[*]
——《石泉文集》编后感言

2004年12月,武汉大学社会科学部通知我们:学校决定为7位人文社会科学资深教授各编集、出版一部文集,以较全面地反映其学术创获与研究方法,展示武汉大学人文社会科学研究的部分风貌。当时,石泉先生已因病住进湖北省人民医院。当我在陪侍时将此事告知先生时,先生只是微笑着点了点头,表示同意,但并未能谈及具体的意见。

不久,就是先生87岁寿辰。在武汉的同门师兄弟会聚医院,给先生祝寿,因便就先生《文集》的编集工作做了一些安排,决定由徐少华教授全面负责,并参与《文集》全稿的审定;石先生的夫人李涵教授与女儿石莹副教授负责收集、整理先生的日记、书信及相关照片等,最后审定《文集》全稿;鲁西奇负责先生已刊、未刊之学术论著的编选、整理与史料校核以及地图绘制、学术年

---

[*] 本文撰写于2005年,初刊于《人文国际》第3辑,厦门:厦门大学出版社,2011年。

谱的编写等工作，承担《文集》的具体编务。2005年春节，在南方工作的张国雄教授来武汉探视先生病情，李先生召集当时在汉的徐少华、陈伟、杨果等教授开了个会（当时我回乡省亲，未得与会），就先生《文集》的编集原则、组成部分及篇目选择等问题进行了充分讨论，形成了一些意见。寒假结束，我回校之后，李先生将这些意见转达给我，并就具体编务作了细致安排。

接受任务之后，我即放下手头的工作，在繁重的教学科研工作之余，开始收集、编选、校核先生的学术论著。其间，每一论著的选定及某些具体细节的处理，均与李先生、徐少华教授仔细商讨；2005年5月上旬，先生辞世，我也趁机就《文集》编集事宜向前来吊唁的侯甬坚、张国雄教授等师兄作了汇报，他们也发表了很好的意见。

《文集》的编选力图尽可能全面地反映先生的学术体系与思想方法，所以，我们收录了先生大部分的已刊论著；然在篇目取舍上，考虑到其原发表、出版的时间等因素，而略有调整。比如，《古代荆楚地理新探》（武汉大学出版社1988年版，以下简称《新探》）是先生的代表作，出版较早，坊间早已绝踪，所以《文集》即收录了其中的大部分（约三分之二）；而《古代荆楚地理新探·续集》则出版不久（武汉大学出版社2004年版，以下简称《新探续集》），学界同仁易于见到，故收录较少。至于先生未刊论著，因尚未有全面整理，只收录了《关于提出"历史时期武汉市一带地理变迁"研究课题的一些想法》一种，以见先生晚年有关开辟武汉历史地理与近代地理变迁研究领域的某些设想。在附录中，则选录了先生在他八十寿辰庆祝会上的答辞和1945年的部分日记。前者足以见出先生晚年"壮心不已"的情怀，而后者则反映出先生早年的生活、学习环境，特别是陪侍陈寅恪先生，以及他在社会工作与学术研究之间左右为难、挣扎奋进的情形，正可见出先生一生所从事之社会政治工作与学术研究的两条线索。按照武汉大学社会科学部的要求，《文集》之前必须有一篇"自序"。然在决定编集先生文集之后，先生实际上已不能工作，所以这篇"自序"是我撷取先生《新探》、《新探续集》、《甲午战争前后之晚清政局》（三联书店1997年版，以下简称《甲午》）之"自序"及《我的治学道路与方法》（载《史学家自述——我的史学观》，武汉出版社1994年版，第51—84页）等相关部分编缀而成，除了语气转承与必要的字句调整之外，没有作较大改动，更未增加任何内容，并最后经李涵先生审定。所以，它应当比较切实地反映了先生自己的想法。

先生的论著撰写、发表于不同岁月，风格、体例均有较大差异，本次选编文集，除了将部分论著的文末注改为页底注、并核校了个别误字之外，大都皆仍旧贯，以存原貌。惟《关于提出"历史时期武汉市一带地理变迁"研究课题的一些想法》一文原系课题申请报告，有较大篇幅涉及经费筹措、任务分工等方面，学术意义不大，所以作了较大删削。我校核了先生荆楚地理研究论著中的大部分引文，而《甲午》一文所用史料我多不熟悉，未能校核，总觉得是个遗憾，只能请先生与读者原谅了。

现在，先生《文集》编选、校核工作已初步完成，《文集》全稿将交由李涵先生、徐少华教授、杨果教授最后审定（后于2006年由武汉大学出版社出版——作者，2010年10月），而先生辞世迄今已两个月了。最近一直奔波于乡间，文集"自序"初稿之整理即完成于陕西汉中市、武汉市新洲区与浙江温州市途次。

暑中酷热，凌晨早起，窗前静思，先生之音容笑貌宛在眼前。我并没有能力、也不宜于评述先生的道德文章，现在也还不是回忆、总结先生近二十年来对学生之教诲与影响之时，写下这篇文字，只想简略、平实地介绍一下先生《文集》的编集过程、结构与主要内容，并结合自己目前的认知水平，谈一点自己的想法。

一 《甲午战争前后之晚清政局》

石泉先生一生的学术研究，主要集中在两个领域：一是中国近代史领域，二是中国历史地理特别是荆楚历史地理领域。

先生在中国近代史领域的探索，集中体现在《甲午》一文中，所以《文集》据原貌收录了此文之全部。先生曾谈过此文写作之缘起与写作过程，谓：

> 本文写成于1948年夏，时就学于燕京大学研究院，是在先师陈寅恪教授指导下所作的硕士论文《中日甲午战争前后之中国政局》。此亦当时先师所指导学位论文中惟一属于中国近代史领域者。形成此一特例之原委，可追溯至1944年冬季。时先师因目疾致盲，在成都存仁医院手术后，生活不能自理，夜间尤需人照顾。作为入室弟子，我经常去值夜班。每当先师中夜失眠，则陪侍闲叙，兴之所至，几于无所不谈。某夜，先师问及毕业论文拟作何题？我率尔答称：对中国近代史感兴趣。近人王信忠先生已写成《中日甲午战争之外交背景》一书，私意颇欲就甲午战争中国惨败之内政背景进行探索：

何以中国与日本同于19世纪60年代起步仿效西方,而二十余年后,以甲午战争为标志,竟乃成败判然,国际形势、国内政局皆因之发生重大变化,下启我国此后更为动荡之历史新阶段?拟寻究其所以然之故。当时虽有此愿望,实未敢信其必能实现,因先师当时之主要研究领域乃魏晋南北朝至隋唐史。不料先师竟予首肯,认为此题可作,并告知:"其实,我对晚清历史一直是很注意的,不过我自己不能作这方面的研究,认真作,就容易动感情,那样,看问题就不客观了,所以我不作。你想要作,我可以指导你。"聆听之下,不禁喜出望外。此后即逐步搜集史料,但由于种种原因,实际上直到1947年春,始正式撰写。历时年余,终于完成。

写作过程中,进行每一章之前,皆曾向先师说明自己的初步想法,经首肯,并大致确定范围后,始着笔。每完成一大节或一小章(各章各节大小不等),则读与先师听,详细讨论后,定稿。先师对史料之掌握,极为严格:首先必须充分占有史料,凡当时闻悉并能见到者,皆须尽力设法搜集、查阅,不容有丝毫遗漏;而选用于学位论文时,则又尽量筛汰,力求精炼。其次则尤注意于史料之核实,同一史事,尤其是关键性的记载,彼此有出入者,必须认真加以鉴定,确定其某一部分为史实后,始得引以为据。在观点方面,则持之尤慎,必以史实为立论之基础。论文中每有分析性之论点提出,先师必从反面加以质询,要求一一作出解答,必至穷尽各种可能的歧见,皆予澄清之后,始同意此部分定稿。其高度谨严之科学精神，对我此后一生的治学态度、途径与方法，皆有深远影响。[1]

此篇论文之目的，乃以观察甲午战争前后，中国内部情势演变之过程，明其所以为近代史上一转折点之故，以求与远东国际局势之演变相表里。全文共分六章：第一章《甲午以前政局概观》，追溯甲午战争爆发前三十年的晚清政局，综论洋务运动与守旧势力之冲突、满人统治者对汉人新兴势力之猜防、宫廷矛盾与朝臣党争及三者错综复杂的关系，指出此乃导致中国自强运动之失败、甲午战争必败的根源之所在。第二、三、四、五章则详述战争期间（1894—1895）清廷内部政局之变化。战争时间虽短，但因国内政治势力颇倚外患之日亟而乘机加强活动，通过谋划战局以兼遂其打击对手（实力派之李鸿章与淮军将领，及中枢之孙毓汶等）之政治目的，终于随败局演变之同时，亦逐步形成朝局之重大变化。故以四章篇幅，论述其迅速递嬗之迹，与夫转折之焦点所在。第六章《战后政局新形势》则从北洋局面、中枢政况及当时新兴势力之崛起三个方面综合论析甲午战争对晚清政局的影响，与辛亥革命相呼应。

此篇学位论文颇历沧桑。当年清缮方毕，未及最后校阅，即逢国民党政府之"8·19"（即1948年"八一九黑名单"事件）点名拘捕，先生仓促脱身离校，进入华北解放区。清缮本虽得上交学校，但新中国成立后经院系调整，久已不知下落。而先生身边之底稿，亦在"文革"中荡然无存！至1991年始获悉，北京大学图书馆在接收燕大图书馆的资料中，存有此篇，先生遂于1993年前往复印全文，后略事整理，于1997年由三联书店出版。

此文亦是迄今所见先生唯一一篇关于中国近代史领域的论文，故弥足珍贵。先生虽自谦"文中之观点与见解，由于当时学术环境与自身思想认识之局限，衡以现今标准，必有疏失之处……私忖此文恐只能作为（二十世纪）四十年代、建国以前之产品看待，自不能与当前科研成果已达到之水平相提并论也"[2]。但我总以为这是先生一生中写得最好的学术论文之一，先生年轻时之识见、功力、才学以及忧国忧民、探求救国救民之路的赤子之情于此显露无遗。刘桂生先生尝谓：

> 甲午一战不仅导致中国国内政局、国际环境发生重大变化，而且更为此后更大动荡之造因，是为中国近代史上之关键性事件。所以，要懂得当代中国，不可不于此着手。简言之，作者是为深入认识当时的现实而研析这一事件的，寻究其前因后果、表相底里，借以求得历史与现实相统一的通解通识，进而对当时的国情世态加深认识，知其然并知其所以然，知其源流、真况，而又明其发展趋势……石泉教授在当时抓住这一课题孜孜以求，正是将民族命运、学术工作与个人人格心志三者合而为一，"述往事，思来者"（司马迁：《史记·太史公自序》），"本董生国身通一之旨，慕伊尹天民先觉之任"（陈寅恪：《读吴其昌撰〈梁启超传〉书后》），通过自己的研究工作，尽自己的职责。这种合"身"、"心"、"家"、"国"为一体，集"沉静学者"与"热血志士"两种身份于一身的家风，远承屈子"忧国向天"、史迁"疾世著述"的优良传统，近则直接得自寅恪先生的言传身教，其迹

十分明显。[3]

刘先生所示，正是先生此文之精髓，亦为先生治学之大要，其中之识见、功力与才学反而居其次了。相较之下，先生在新中国成立以后从事荆楚历史地理研究所撰之论著，虽亦不无对现实之关怀，然字里行间，却较少或竟不再见忧国忧民的悲悯情怀（非无此种情怀，实不能亦无以表述也）。此虽时势之使然，亦所治领域之限制，然就学理、文章而论，毕竟是少了一份浩然之气。简言之，治荆楚历史地理的石泉先生更是一位温煦蔼然的"沉静学者"，而当年活跃在燕园的"热血志士"刘適（石泉先生的原名）则已化为与中国共产党肝胆相照的"民主人士"了。当然，先生并未放弃对现实的关怀，对国家民族命运的思考，只是转换了方式。新中国成立以后，特别是20世纪80年代以后，先生的很多时间与精力都花在民主党派与政协工作上。这显然在相当程度上影响了先生的学术成就，但先生曾说：学问固然是名山事业，但如果一个知识分子仅仅局限于学术研究，对社会和国家的前途不加关注，那么他只是一个个人主义的知识分子，其学问也只是"为己"的学问；一个学者唯有胸怀天下，抱济世之志，在力所能及的范围内为社会做出自己的贡献，才不愧"知识分子"的称号。先生所从事的这些社会政治工作，效果与意义如何，我一直心存疑惑；但我理解这是先生的一腔热血在新形势下的抛洒方式，只是我更心仪那位在燕园叱咤风云、指点江山的Creative Team（创社）领导人，更仰慕那位与陈寅恪先生共话同（治）光（绪）、纵论时事的青年学子罢了——前些年时常在电视中看到先生坐在主席台上，总觉得作为全国政协常委、湖北省政协副主席的先生更是一个政治符号，而与我可敬可爱的恩师隔得很远。

我不熟悉中国近代史研究，对先生文中的观点、水平均无力也不宜做出判断，也不想引述学界前辈的褒扬之辞而徒事虚饰——弟子们的赞扬，即便完全发自真心，于先生又有什么意义呢？我读过好几遍《甲午》，每读一次，总能深切地感受到先生当年心脏的跳动，感受到先生当年对国患日亟、世事日非的痛切忧思；而其于细微处见真知的卓识，更每每令我拍案而起，长叹息而无言：这样的著作，即便一生只有一种，大约也就不枉此生了吧？而先生甫一出手，即成绝响，是先生之憾，抑学界之失？宁世事之使然耶？今日我辈下笔动辄万言，学生如我，著述之字数已快赶得上先生一生公开发表之著述的总数，是我等之才智远逾先生耶，抑用功之勤奋远逾先生耶？非也，非也，为稻粱计，不得不然耳。行走在乡间小道上，偶忆及先生之《甲午》，竟颇羡先生之生当乱世：吾等今日生逢盛世，既无外患，更无内忧，悲天悯人等同于杞人忧天，夫复何言？惟拾掇国学旧典，推演西学新知，即可坐致教授、专家乃至"大师"，成果还可远销欧美，弘扬中华文明，拯救世界文化，何需忧国忧民，靡费"思想"？

二　石泉先生关于荆楚历史地理的研究及其新解体系

石先生从事荆楚历史地理研究，源头虽然可上溯至1944年在燕京大学师从徐中舒先生以《春秋吴楚战地考实》为题写作本科毕业论文，但真正开始系统研究，却是1954年到武汉大学历史系任教之后。先生从未直接谈过自己何以到武大后决意弃其所长之近代史，而专治荆楚历史地理，只是说："经过仔细考虑，我终于决定自己今后'定向'搞历史地理。"[4]先生当年究是作了哪些"仔细考虑",已无以详知。然就时势与情感两方面揣测,或不外时势不宜、情感不便两端。自此之后,先生浸淫于荆楚史地领域垂半世纪,孜孜以求,辛勤耕耘,终得于此冷僻荒野中垦出一片田地,虽非良田美畴,亦足自存自立,且得培育弟子,开拓新地。

先生在荆楚历史地理研究方面的创获,大致可别为四部分:

第一部分,是围绕先秦楚郢都、秦汉至齐梁江陵城地望问题的长期探索,其成果集中在《新探》一书中。是书共收录先生自1956年至1987年30余年间所撰写的13篇论文,每篇都以传统解说体系的一个分支系统为对象,都是独立的学术论文,但又彼此呼应,形成完整的论证体系。其主要内容是:探讨先秦至六朝以楚郢都及其后继城市江陵城为中心的古代荆楚地区历史地理问题。从探讨中,提出了不同于流行说法的一系列新解,即:先秦楚郢都及其后继城市秦汉至齐、梁(下至梁末)江陵城,并非如流行说法所云在长江边今湖北省荆州市荆州区(原江陵县)境内,而是在汉水中游以西、蛮河下游今湖北省宜城市南境;与此相适应,古代荆楚地区一系列著名的山川城邑,如古荆山、景山、古沮、漳二水,楚郢都、汉魏晋宋宜城县,临沮、当阳、枝江等县,也都在汉水中游西面的今蛮河流域及宜城平原上。换言之,楚国以及此后七百年间直至梁陈之际的荆楚地区重心所在,乃应位于汉水中游地带,而非如隋唐以来千余年间逐步形成体系的传统说法所云,在长江沿岸和江汉平原的水乡洼地。问题的核心乃在于楚郢都、秦汉江陵城当在今宜城南境之楚皇城遗址,而非如流行说法所云,在今江陵纪南城遗址。

这是先生关于荆楚历史地理之新解体系的核心部分，也是先生费力最巨、用时最久的研究课题。因此，《文集》选录了其中的大部分内容，共包括8篇论文，即《古文献中的"江"不是长江的专称》《古代曾国——随国地望初探》《古邓国、邓县考》《楚都丹阳地望新探》《齐梁以前古沮（雎）、漳源流新探——附荆山、景山、临沮、漳（章）乡、当阳、麦城、枝江故址考辨》《古鄀、㰚、浰水及宜城、中庐、邔县故址新探——兼论楚皇城遗址不是楚鄀都、汉宜城县》《从春秋吴师入郢之役看古代荆楚地理》以及《楚郢都、秦汉至齐梁江陵城故址新探》，都是先生的代表作。

第二部分，是有关古云梦泽问题的讨论。关于古云梦泽，流行说法向来都认为是长江中游地区，包括江汉平原和洞庭湖区的一个古代大湖，或一大片湖群沼泽的总称。先生则在考察历史文献中一系列有关记载，进行了认真细致的分析之后，发现：前人对古"云梦"地望的解释，因时而异，有一个演变的过程。从较古的原始材料看，古代云梦泽实际上并不像今人所说的那样大；不同历史时期的云梦泽也并不是始终位于同一地点，而且同一时期也往往有不止一处被叫做"云梦泽"的地方，但通常只有一个较为著称。具体地说，（1）先秦至汉初的古"云梦"实位于汉晋江夏郡云杜县境，即今京山、钟祥间，大致相当于今浰水中上游温峡口水库一带，这是最早的"云梦"所在。（2）汉魏六朝时期著称的华容云梦泽（又名巴丘湖，即楚国的"江南之梦"）则当在汉晋南郡的"江南"地区，即汉水中游以西的今钟祥西北境，蛮河南面、浰河北面的沼泽洼地上。（3）唐至北宋时著称的安州云梦泽则在今安陆市至云梦县境。这三个云梦泽分别在三段不同的历史时期著称，其他与之同时的云梦泽则由于各种原因，或者尚未受到普遍重视，或者已渐趋衰微，终致消失，而鲜为人知。自唐以后，由于人们企图按照当时人的传统解释（其中包括未能鉴别以伪乱真的史料而造成的误解），以兼容并包的方式来协调、统一有关古云梦泽地望的各种矛盾说法，遂致把云梦泽越说越大，形成"跨江南北"的大云梦泽说。

先生关于古云梦泽问题的论点和主要论据，早在20世纪50年代后期即已初步形成，在"文革"的间歇期间，又进行了一些新的探索，开始系统化，写出了详细提纲。但直到1978—1979年，才有条件写成题为《古云梦泽故址新探》的初稿。后经修改，别为四篇论文，即《先秦至汉初"云梦"地望新探》《汉魏六朝华容云梦泽（巴丘湖、先秦"江南之梦"）故址新探》《唐至北宋时著称的安州云梦泽》及《统一的"大云梦泽说"之形成与演变》，与蔡述明先生从自然地理角度探讨古云梦泽的五篇论文合在一起，以《古云梦泽研究》为书名，由湖北教育出版社于1996年出版。这四篇论文单独成一系列，而《古云梦泽研究》一书印量很少，现已难见到，故《文集》将之全部收入。

第三部分，是关于六朝时期荆楚地理的探索。这一部分既是有关先秦郢都、秦汉至齐梁江陵城地望考察的直接延续，又相对独立；其观点虽形成较早，而成文则基本在先生晚年，即1993年至2003年十年间；其成果集中在《新探续集》中。其核心是古夏口城地望，"赤壁之战"军事地理，古湘、资、沅、澧与古夏水等古代荆楚地区的重要河流之所在，六朝时期宜都、建平郡地望以及与之密切相关的三国"夷陵之战"军事地理等问题的探讨。主要观点是：三国至齐梁时著称的古夏口城并非如流行说法所云在今武汉市，而当在汉水中游东岸、今钟祥市城关一带或稍南；古华容县、汉末三国巴丘城晋宋齐梁巴陵县等古城邑也并非如流行说法所云在今湖北省监利县和湖南省岳阳市一带，而当在今钟祥西北境。与此相联系，著名的赤壁之战的战场也不在今湖北赤壁市西北境的长江东南岸，而当在今钟祥市西北汉水东岸、中山口南的碾盘山附近。湘、资、沅、澧四水（以及与四水有密切关系的洞庭）的名称早在先秦时期就已出现，并相沿至今；但在不同的历史时期，其位置却有相当大的变化，并非一直是指今洞庭湖系的同名诸水。

由于《新探续集》出版未久，故《文集》仅选录了其中的《"赤壁之战"军事地理新探》《古夏口城地望考辨》《六朝时期宜都、建平郡地望新探——附吴蜀"夷陵之战"地理辨析》以及《梁陈之际长江中游地区地理面貌的巨变》等四篇论文，同样重要的《古湘、资、沅、澧源流新探》等文则因篇幅过大而未予收录。

第四部分，是开辟宋元明清时期长江中游地区的环境演变、经济开发以及武汉历史地理研究领域。先生在研究先秦至六朝荆楚地理时，还密切关注唐宋以后长江中游地区的地理变化。在探讨宋元明清时期长江中游地区地理变化时，他发现垸田的兴起是其中的关键。为此，在讲授中国历史地理专题课时，曾系统讲授垸田的兴起、发展与演变（《中国历史地理专题讲义》，1981年武汉大学油印本），后来又指导研究生从事这方面更深入的专题研究，发表了一系列成果。同时，先生又提出，应开展武汉历史地理的系统研究，并提出了具体的研究思路与方法。先生在这方面的探索多以讲义与课题论证形式出现，专门论文不多，所以《文集》亦仅收录了迄今见到的两篇文章，即《江汉平原的垸田兴起于何时》（与张国雄合写）及《关于提出"历史时期武汉市一带地理变迁"研究课题的一些想法》。

除以上四部分外，先生所涉及的研究领域，还有两方面内容，因篇幅限制，《文集》中没有反映。一是关于古巫、巴、黔中及百濮地望的考辨。流行说法向来将古巫、巴定在今长江三峡至重庆地区，以与主张古郢都、江陵在长江边今荆州市境内的传统说法相配套；古黔中地望，则一向定在今湘西、鄂西南一带。先生经过认真辨析，认定先秦时期的巴、巫、黔中均当在汉水上中游地区，其中古巴国当在今陕东南安康附近；楚巫郡当在今鄂西北竹山、竹溪与房县间，巫地（古巫中）的范围则继续向东包括今保康、南漳乃至宜城西南境；楚黔中郡则当在今豫西南丹水中下游西面的淅川、内乡以及鄂豫陕三省交界的汉水两岸；秦灭楚后设立的扩大的黔中郡则包括楚黔中郡、巫中以及"江南"（今蛮河以南）的广大地区。关于百濮地望，则主要有"江汉以南"说，云南、川南说，川东说及川西说。先生认为，百濮当在楚的东南方，今枣阳市境桐柏、大洪两山脉的山区丘陵地带；而与百濮关系密切的麇之地望也不出随枣走廊西口外、今滚河西入唐白河后的唐白河下游西北岸地（见《新探续集》所收之《古巫、巴、黔中故址新探》《春秋"百濮"地望新探》）。

二是关于古期思—雩娄灌区（期思陂）及芍陂（安丰塘）这两大古代著名水利工程的研究，即《古期思—雩娄灌区（期思陂）在今河南省固始县东南境考辨》《关于芍陂（安丰塘）和期思—雩娄灌区（期思陂）始建问题的一些看法》两篇论文（均收入《新探续集》）。前者主要是考定古期思—雩娄灌区（期思陂）的位置，认为古期思陂即《淮南子·人间训》所记之期思—雩娄灌区，当在今河南固始县东南境，与古芍陂（今安徽寿县南境之安丰塘）

灌区是地望截然不同的两处水利灌溉区。《淮南子》所记"期思之水"灌溉的"雩娄之野"是在今固始县东南境、史河北流出山之后的平野地带，即汉末、三国至唐宋时的茹陂，明清时著名的"百里不求天"灌区所在。后一篇论文则在前文基础上，进一步辨析芍陂与期思—雩娄灌区（期思陂）二者之间的关系，指出："子思造芍陂"之说，是今存有关主持兴建芍陂者的最早记载，其事当在楚顷襄王（庄王）时；期思陂（期思—雩娄灌区）的创建，应比芍陂早，故淮河流域最古的水利灌溉事业应是期思陂。

先生一生的著述，不算多。据不完全统计，除主编的《楚国历史文化辞典》（武汉大学出版社 1996 年版）外，先生迄今公开发表的论著大约有 120 万字（先单篇发表后收入《新探》、《古云梦泽研究》与《新探续集》者，不重复计算），其中《新探》43 万字，《古云梦泽研究》上编约 8 万字，《新探续集》34.5 万字，《甲午》20.8 万字，构成了先生论著的主体。本《文集》所收大约 80 万字，约占先生全部已发表论著的三分之二。除已刊论著外，先生还有已形成定稿的《中国历史地理专题讲义》（武汉大学历史系，1981 年油印本）、《湖北古代地理概述》（油印本，未署日期，大约在 1974 年前后）与《历史地理史料学》（稿本，大约撰写于 20 世纪 80 年代后期，后屡有增改，今见本大约为 1993 年修改本）等。无论怎样理解，作为一个学者，先生的著述确不算很多。其原因固然主要在众所周知的社会政治方面，特别是"文化大革命"的影响，以及先生将很大精力与时间花在社会工作上，但他所从事的古代荆楚地理研究将千余年来流行的传统说法做了一个大翻案，而传统说法又是经过长期复杂过程而形成的体系，绝非轻而易举即可触动的——人们也许不难从这个体系中找到某一个突破口，不过当意图由这一点出发而从这个体系中走出时，就会发现，几乎处处都有一套分支解说系统挡路，颇难由此脱身，只有经过由微观而宏观，又由宏观而微观的反复研究，切实把握传统解说体系在长期过程中形成的原委，并逐步探索出一套与之不同的相应的解说体系，然后才有可能突破传统解说体系并取而代之，这无疑是一项十分艰巨的工作。研究课题的难度与遇到的阻力之大，均超出了先生最初的想象，以致他无暇分身，从事其他课题的研究。

三 我对石泉先生有关荆楚历史地理新解体系的理解与认识

石先生所提出的有关古代荆楚地理的新解，由于对传统说法有很大突破，不易为人们所接受。所以，在长达三十年的时间里，石先生几乎是一个"孤立派"。对他的新说，一些学者曾目为奇谈怪论，在不了解其体系全部内容，甚至未阅读其著作的情况下，就依据流行说法全盘加以否定。和同时代的知识分子一样，石先生也经历了多次政治运动、思想运动的冲击，在很长的时间内处境颇艰难，再加上学术观点得不到学术界的一般承认，他所承受的压力是可想而知的。但他始终没有放弃自己的学术观点。在外人看来，石先生对自己的观点坚持得近乎固执，但是，这种坚持正是以坚实的科学根据为基础的。石先生常说：做学问就要敢于立新说。如果人云亦云，翻来覆去地"炒现饭"，那不是学问。而如果认定自己的观点有坚实的科学基础，就要持之以恒，不屈不挠。治学如此，做人也是这样。治学要有所持，做人要有所本，这"所持"与"所本",大而言之,就是一种信仰,失去了它,治学和做人就会失去根本和目标。先生常常谈及个别青年学者,头脑灵活,但不肯下苦功夫,抄抄写写,就是一篇文章甚至一部书。表面看来,成果很多,但中心空空,又无新义可供坚持,转眼之间,就可能另有"新见"。先生要我们以此为戒。

我于1989年硕士毕业后,即留校进入石先生主持的历史系荆楚史地与考古研究室(1996年改名为"历史地理研究所"),后又师从先生攻读博士学位,学位论文即为先生确定之《汉魏六朝时期长江中游地区地名移位之探究》(武汉大学,1995年)。1993年起,我开始兼任先生的学术助手,起初帮助先生打理些杂务,抄抄写写;逐渐帮助先生整理部分文稿、收集资料,特别是协助先生整理、修改《古云梦泽研究》与《新探续集》,尽了一些微薄之力。先生晚年的大部分论著,大都是我在电脑上打出来的,当然会读过很多遍,应当说是很熟悉。所以,我时常会被学界同仁乃至前辈问到对先生新解体系的看法,而我又势必不能以"不懂"或"不治此一领域"为由回避发表评论,特别是当前辈垂询时。然学生评价老师,固有诸多不便处——且不说"子不言父过"、"为尊者讳"与"吾爱吾师,吾更爱真理"之间,本身就存在着矛盾,即便是在遣词造句上,分寸之把握也很难恰如其分。然回避终不是久长之计,与其支支吾吾,闪烁其词,倒不如平实直白地说出来,反省却了诸多麻烦。

坦率言之,我对先生以楚郢都、秦汉至齐梁江陵城之定位为核心的有关古代荆楚地理的新解体系是存有疑惑的,现在还有,有不少。诸如:

(1)西汉南郡领江陵、临沮、夷陵、华容、宜城、郢、邔、当阳、中庐、枝江、襄阳、编、秭归、夷道、州陵、若、巫、高成等十八县，户125579，口718540；东汉南郡领县无鄀、高成二县，而增很山县，共为十七县，户162570，口747604。[5] 按照先生的新解体系，两汉南郡所属各县均在今襄阳南境、宜城西境、南漳北境与钟祥西北境的汉水西岸地，其中今襄阳县南境（汉水以南的襄樊、襄阳县地）有襄阳（在今襄阳，与传统说法同）、中庐（在今襄阳县西泥嘴镇）与邔（在今襄阳南境之欧庙镇附近）三县；今宜城县的汉水西岸地则集中了江陵（在今宜城县南之楚皇城遗址，即先秦楚郢都原址）、宜城（在今宜城县北境与襄阳县交界处之小河镇附近）、鄀县（在今宜城县郑集乡东南之郭海营、郝家集一带）、枝江（在今宜城南境璞河镇南，今蛮河入汉处）、当阳（在今宜城县西、朱市南之石灰窑、七里岗一带）、巫（在今宜城西南境刘猴集附近）等六县；今南漳北境则有临沮（在今南漳西长坪镇）、夷陵（在今南漳县东武安镇附近）、夷道（在今武安镇东十余里处）、秭归（在武安镇东南、安家集北）等四县；今钟祥西北境之胡集、双河二乡镇地，则有编（在今钟祥胡集镇北）、华容（在今胡集镇东、编县南）、州陵（在胡集附近）、高成（当在今双河镇乐乡关附近）、若（在今钟祥双河镇丽阳驿附近）等五县（均见先生有关著作）。在如此狭小的范围内集中了如此多的汉县，每一汉县所辖地域几乎不足现今之一个乡镇（特别是在钟祥西北境），县邑之密度甚至超过了陵邑密布的关中地区。何以会出现此种情况？南郡所领各县既集中于此一狭小地域，在此地域之外的广大地区又由何种方式加以控制？或者竟完全属于蛮荒之地？

（2）关于古江陵与周围各地间的里数问题。先生认为，古代荆楚地区古里与今里的比例大约是3∶1，即古里三里约相当于今里一里,并举出了大量证据。其说不易反驳,但《三国志》记赤壁之战前,曹操亲率精骑五千,急追刘备,"一日一夜行三百余里,及于当阳之长坂"。以古今里之比为3∶1计算,则曹操精骑一日一夜所行不过今之百里,何得谓为"精骑""急追"?最为重要者,《宋书·州郡志》记荆、郢、雍三州及其所属各郡去京都(建康,今南京)之水陆里程及各郡与州治间水陆里程甚悉,所记里程之标准亦大致一致。其中荆州(亦南郡治)去京都水三千三百八十;所领之南平郡(治江安)去州(荆州)水二百五十,去京都水三千五百;天门郡(治澧阳)去州水一千二百、陆六百,去京都水三千五百;宜都郡(治夷道)去州水三百五十、无陆,去京都水三千七百三十;巴东郡去州水一千三百,去京都水四千六百八十;汶阳郡(治僮阳)去州水七百、陆四百,去京都四千一百;建平郡(治巫县)去州水陆一千,去京都水四千三百八十;永宁郡(治长宁)去州陆六十,去京都三千四百三十。郢州(治江夏郡)去京都水二千一百,其所属之竟陵郡(治苌寿)去州(郢州)水一千四百,去京都水三千四百;武陵郡(治临沅)去州水一千,去京都水三千;巴陵郡(治巴陵)去州水五百,去京都水二千五百。雍州去京都水四千四百,陆二千一百。如按流行说法,将宋齐时的荆州定在今江陵,郢州在今武汉,雍州在襄阳,南平、天门、宜都、巴东、建平、汶阳、永宁、竟陵、武陵、巴陵诸郡治分别在今之湖北公安县南、湖南石门、湖北宜都、重庆奉节东、重庆巫山、湖北远安西北、湖北荆门北、湖北钟祥、湖南常德、湖南岳阳,则《宋书·州郡志》所记之水陆里程均能大致相合,且里数与今之水陆里数亦大致吻合。然若据先生之新解,却多有不合。特别是雍州治在今襄阳，先生新说与旧说相同，而《宋志》记雍州去京都水四千四百，荆州去京都水三千三百八十，若荆州治（江陵）在今宜城南境，其去京都水路与雍州去京都水路均走汉水，二州之间何得相距千余里（即便按先生的古今里为3∶1计算，亦有今里三百多里），而今宜城去襄阳水路仅得百余里。又按先生之说，郢州治夏口在今之钟祥，其去在宜城南境之荆州江陵水路不足百里，而《宋志》所记二州水路里程竟相差一千二百八十里（以古今里之比为3∶1计，亦有四百余里）。其各郡治与州治之间的水陆里程亦多不能相合。《宋书·州郡志》向称精审，先生亦不疑其伪误，那么，如何解释《宋志》所记荆楚地区的水陆里程与先生新说之间的矛盾呢？[6]

(3)《晋书·文苑传·庾阐传》(卷92)记东晋成帝咸康五年(339)，庾阐出任零陵太守，入湘川，吊贾谊，其辞曰："中兴二十三载，余忝守衡南，鼓枻三江，路次巴陵，望君山而过洞庭，涉湘川而观汨水，临贾生投书之川，慨以永怀矣。及造长沙，观其遗象，喟然有感，乃吊之云。"东晋零陵郡治在营水（今潇水）入湘水处（今湖南零陵）。庾阐自建康赴任零陵，先经巴陵，过洞庭，然后入湘川。又，《梁书·张缵传》(卷34)记梁武帝大同九年(543)，张缵为湘州刺史，回京述职之后归湘州，于途中作《南征赋》，述其旅途所经甚详。他由建康西上，沂金牛，睹灵山，睇赭岑，瞻鹊岸，息铜山，望南陵，入雷池，眄匡岭，途乎鄂渚，入郢城，临赤壁，然后，"望巴丘以邅回，遵洞庭而敞悦，沉轻舟而不系，何灵胥之浩荡。眺君、褊之双峰，徒临风以增想。偿瑶觞而一酌，驾彩蜺而独往"。按照传统解释，郢城（郢州）在今武汉，赤壁在今蒲圻，巴丘（巴陵）在今岳阳（洞庭湖在其西），则由建康至湘州，正是经郢州上溯，在今岳阳附近（流行说法定古巴陵在此）转入湘水，可以通解。如按先生之新解,古夏口（郢州）在今钟祥,巴陵（巴丘城）和洞庭均在今湖北钟祥西北境,则庾阐、张缵是溯江到达今武汉附近后，又进入汉水（而不是继续沿长江西上），沿汉水至今钟祥西北境之巴陵（巴丘），复南行，渡过长江，才进入湘川，入今湖南省境。这无疑是绕了一个大圈子，非常难以理解。而且由今钟祥西北境之巴丘，如何又有水路南与长江相通，更得入湘川，亦不能解。这两条材料虽出自唐人所修之《晋书》与《梁书》，但均为采录原文，很难遽然断其为伪；然若谓当时建康与湘州间的交通确实如此迂远，又实于情理难通，且难明所以。

此类疑惑，还有不少，兹仅能举其荦荦大者。1994至1995年间，我借居先生家中，常与先生作中夜之谈，因有机会就这些疑惑向先生请教。先生对此都作了回答、解释，如谓先秦至齐梁间荆楚中心地带（襄阳、宜城一带）周边的丘陵山地当为蛮人所居（东汉末至六朝时荆雍州蛮大起，亦说明此前长江中游丘陵山区多有蛮族，惟未得见于记载而已），其东之平原湖区则为沼泽沮洳之地，尚未开发；长江中游的水路，直到近代，仍常经行于江汉平原腹地的较小河道（如沌水、长夏河及鲁洑江等，亦即南宋时陆游《入蜀记》、范成大《吴船录》所记之途），以避开洞庭湖入江之处的风波险恶，等等。但先生的解答并未能完全解除我心中的疑惑，故至今仍常百思不得其解。

然而，先生在《新探》"自序"中曾提出评议其新解体系的三个原则，他说：

我衷心希望读者尤其同行们就以下三个层次，予以严格的审查：(1)我所依据的关键性材料是否有不可信靠的？如有，请批驳。驳倒了，其他建基于此的新解也就站不住了。那就只有放弃自己的看法。(2)如果所引据的材料可靠，那么，我对材料的理解是否有误？如有，也足以影响全局，甚至可以推翻新解，那就欢迎指出，并请见告：正确的理解应是什么？(3)如果我对材料的理解也不误，那么，是否在运用方面有问题？比如：是否有片面性？是否有移花接木现象？如然，正确地运用这条材料，应是怎样？在这三个层次中，无论哪一方面是我错了，都应认真改正。但是，如果尚不能证其必误，那就要坚持下去，决不半途而废。

实际上，这三项原则是评价历史研究中任何观点、见解的普适性原则。迄今为止，我虽然心存疑惑，但在先生的新解体系中并未发现或找到违背这三项原则的证据。事实上，迄今为止，我也未见到学界同仁、前辈在这三个层面上对先生新解体系的批评。特别是对先生引为关键性证据的关键性材料，如《世说新语·言语》"桓征西治江陵城甚丽"条刘孝标注所引盛弘之《荆州记》关于"荆州城临汉江"的记载，不同意先生之说者亦只能避而不谈，无人敢轻予否定。因为我迄未发现足以从根本上否定先生新说的证据，也未见有学界前辈指出这样的证据，所以，迄今为止，我在总体上对先生有关荆楚地理的新说是认同的，我认为这种方向是正确的。这并非因为我是学生的缘故，更重要的是，这应当是一种科学态度；而且，我也反对不了——没有证据足以从根本上推翻先生的新说,至少,我没有见到这样的证据。看来,问题的最终解决将有赖于"锄头"了——如果宜城楚皇城遗址最终得到考古发掘,并最终被证明其为先秦楚郢都、秦汉江陵城,那么,自唐以来关于楚郢都、秦汉江陵城在今江陵纪南城遗址的所有"证据"也就不成其为证据,而成为谬误了,而先生之新说亦可得最后之证明;反之,若楚皇城遗址最终被证明不是楚郢都、秦汉江陵城,而江陵纪南城遗址却得到了此种证明,则先生之新说及其论据自然会土崩瓦解,无以自存。然则,在未得此种证明之前,科学的态度唯有两存之,且不宜抑此扬彼,遽定是非。

然则,先生的新说一提出来,就遭到很强烈的反对,迄今仍被视为"异说",能认同其说者很少,而真正在学术层面上撰文论证其非者,却又微乎其微,其故何在?事实上,先生的著述不太好读,其论证繁复,考据周密,行文谨慎,而所考之山川城邑又大都较小,声名不著,不详知荆楚山川地理者,读来往往如坠云雾之中;先生又常综合使用先秦至六朝乃至唐宋明清史料,所涉及之史事纵横千余年,而其于史料之剖析、辨别又细致乃至近乎琐碎,致行文给人以烦冗之感;且几篇关键性论文,如《古鄢、维、涞水及宜城、中庐、邔县故址新探——兼论楚皇城遗址不是楚鄢都、汉宜城县》《楚郢都、秦汉至齐梁江陵城故址新探》等,均长达七八万字,读起来至为吃力。因此,即便是石门弟子,也并非都可以通读先生的所有著述,往往撷其与自己所治相关者加以研读。一般读者,大约皆略览其"自序"与相关篇章的结语部分而已。因此,大多对先生之说持反对意见者,其所以反对之缘由,大约都是认为:先生之说,不合情理。如上文所举我对于先生新说表示疑惑之理由,亦为从"情理"出发言之。而所据之"情理",

则为"今人之情理",亦即今人根据今天的地理观念以及对史事之理解而得出的"情理",而绝非"古人之情理"也。如上举庾阐、张缵之自建康赴湘川,我曾以"如按先生新说,则绕道迂远、不合情理"询诸先生,先生即反问:汝非庾阐、张缵,安知其时之人以迂远为累,不以覆舟之风险为畏?我当时的回答,也只能是:多走点路、累点没关系,还是命要紧些。陈寅恪先生尝谓:

> 凡著中国古代哲学史者,其对于古人之学说,应具了解之同情,方可下笔。盖古人著书立说,皆有所为而发。故其所处之环境,所受之背景,非完全明了,则其学说不易评论,而古代哲学家去今数千年,其时代之真相,极难推知。吾人今日可依据之材料,仅为当时所遗存最小之一部,欲藉此残余断片,以窥测其全部结构,必须备艺术家欣赏古代绘画雕刻之眼光及精神,然后古人立说之用意与对象,始可以真了解。所谓真了解者,必神游冥思,与立说之古人,处于同一境界,而对于其持论所以不得不如是之苦心孤诣,表一种之同情,始能批评其学说之是非得失,而无隔阂肤廓之论。否则,数千年前之陈言旧说,与今日之情势迥殊,何不可以可笑可怪目之乎?[7]

此即陈先生所揭橥之"了解之同情"。其所针对者,固是中国哲学史研究,然实可视为对待古人之所有立说乃至空间观念的普适性方法。盖吾人今日论古代空间观念与地理问题,决不可纯以今之空间观念与地理知识为标尺,以论其是非、衡其合理与否,而应准之以古人所处之时代下的认知水平与空间观念。石先生年轻时即颇得义宁之学的精要,其早年著作《甲午》论晚清清浊派之是非得失,即颇能"设身处地",与晚清之"局中人""处于同一境界",得其"情理"而论之。此点于先生有关荆楚地理的论著中迄未曾有明言,然观其文,则在在有之。如先生分析楚昭王自郢奔随路线,谓:"如按流行说法,楚昭王等已西涉睢水,南渡长江,辗转于江南湖沼地区,又怎能在吴师占领郢都(流行说法认为是在今江陵城北纪南城遗址)之后,正在到处捉拿楚王之时,却又北来,再过长江,进入吴师控制的地区,跑到今钟祥附近的成臼去渡汉江奔随?"[8]先生文中此例甚多,不具举。而此种方法亦适用于我们评论石先生的新解体系:欲论先生新说之是非,必切实了解先生所据之材料、推论之过程,明其所以不得不得出此种结论之原因,"始能批评其学说之是非得失,而无隔阂肤廓之论";否则,简单地以"不合情理"四字而否定之,又如何能让先生信服?!

四 我对石泉先生治学方法的学习与感悟

在先生生命的最后几年里,除了偶尔谈起他一直未能定稿的《"赤壁之战"地理新探》外,很少谈起荆楚历史地理问题。曾经有两次,先生很困惑地问我:"大家都说我的研究方法很好,是正确的,但为什么又不承认我的结论呢?难道用正确的研究方法做研究,得出的结论竟是错误的吗?"先生的这个问题,我回答不出,迄今也回答不出。那么,先生的研究方法到底有哪些特点呢?

我最大的感受是先生对文献在根本上有一种自觉的怀疑精神——任何文献都是不可尽信的，必须弄清其渊源来历，认真加以鉴别、核实，才能引以为据。此种精神，直接来源于陈寅恪先生的教诲，已见上引《甲午》之"自序"。注重对史料的鉴别，可以说是先生治学的最大特色，也是他有关古代荆楚地理之新解体系的立基点。他在探讨古代荆楚地理问题时，主要依靠先秦文献以及汉魏六朝（到齐梁时）人的注释，而对于唐初以后的历代学者注释及有关史料则较少引用，偶尔用之，亦必持慎重态度，以能与先秦记载及六朝古注相印证为原则。其所以如此，是因为他在研究探索中发现：有关古代荆楚地理的文献，按照其渊源线索，可以区分为作于先秦至齐梁与作于唐以后的两大类；两类文献记载之间有矛盾，而每类文献内部却可以找到一脉相承的关系，不同层次之间亦可大体相通。其所以会出现这种情况，主要是由于梁、陈及北齐、北周诸史皆无地志；后梁是西魏、北周、隋的附属藩邦，图籍史册更少流传；《隋书》诸志虽曾以《五代史志》为名单独成书，但其《地理志》还是以隋代的地理区划为主，其在荆楚地区范围内所记载的梁、陈以及后梁、西魏、北周等辖区诸郡县的地理沿革和治所的迁动，往往很不完整，疏误亦多，常有模糊不清以至自相矛盾之处。此后的唐人著作，在注释前代地理时，也往往习惯于以唐代同名的州（郡）县和一些相关的山川城邑湖泽等的地望来解释、比附六朝时以及前此的同名故址。日久之后，约定俗成，竟被视为定论，但实际却往往同汉魏六朝人的旧释很不一致，从而去史实更远。现今的流行说法关于古代荆楚地名定位的主要凭据，是唐宋以来直至明清的历代注释，而这种说法无论在史料依据上，还是从科学规律上看，都存在着不少难以自圆其说的问题。明确了这一点之后，先生就澄清了原始材料方面受到的千年蔽障，显示出六朝梁末以前一系列古记载之间彼此相得益彰的内在联系，而唐宋以来诸多矛盾混乱的地名定位与解释，在还它本来面目之后，也就各得其所了。

先生有一种遵守文献学"纪律"的自觉意识，从不给自己留下随意的余地。在史料面前，他一贯严肃认真，对于互相矛盾的说法，从不调和弥缝，而是清醒地承认它、分析它，以求说明它的所以然。他的这种态度，在面对历史上的一些大权威时也无所改变。例如，郦道元无疑是古代地理学的一大权威，他所著的《水经注》是一部内容丰富、价值很高的历史地理文献。但此书中经窜乱，讹误亦复不少，其中关于荆楚地名位置的记载，有不少同汉魏六朝时的其他记载不合，而与唐宋以后的流行说法倒是相符，并经常被流行说法引为证据。对此，先生的原则是：只取其能与齐梁以前其他较可靠的古记载相印证（至少不相矛盾）的部分，而对其中与同时代及前此的其他可靠记载不一致处（也往往是今本《水经注》本身自相矛盾之处），则宁可舍弃，决不轻用，因为这部分材料很可能是后人据后世的地理观念加以"订补"（实为窜改）后的产物，而非《水经注》原有的内容。

先生治学，深受寅恪先生的影响。义宁之学，善于从表面上似无牵涉的各种现象之间，看出其相互联系与因果关系，从而发现重大问题，并做出有说服力的诠释，往往从极常见的史料中分析出使人出乎意料继而又感到理所当然的独到见解。这对先生学术研究的思路与方法，都大有启迪。先生时常要求我们，对一些通常人们视为当然的说法，多问几个为什么；遇到显然存在矛盾、但又通常被忽视或避而不谈的问题时，更不能轻易放过，而要下功夫探明究竟，弄清真相。这实际上就是一种科学的怀疑精神，而怀疑的目的在于"求真"，弄清事情的本来面目。而此种怀疑精神，又正是对陈寅恪先生在治学中所提倡的"独立之精神，自由之思想"的实践诠释。

我的第二个感受是先生对待历史问题的历史主义态度，即将历史问题放到特定的历史环境中去考察，而尽可能排除个人好恶等感情因素之干扰，力求对历史事件、历史人物作出公正客观之论述。此点在《甲午》一文中有最好的体现。即便是在历史地理研究中，先生也力图贯穿此种原则。先生最初进入荆楚历史地理研究领域时，本想只探讨以楚郢都为中心的楚国历史地理问题。但具体着手后，就发觉不能仅限于此，必须与汉魏六朝时期的后继城邑和相关的山川湖泽等相结合，因为研究先秦时期的楚国地理，处处离不开汉魏六朝人的注释，而这些古注以及其他相关的地志、地记等都是用当时的地名来为楚国故地定位，也就必须对这些有关的汉魏地名进行定位，弄清这些地名在今何处，然后才能进而论证当年楚地的今址。总之，在为历史上的地名定位时，必须弄清其沿革关系，然后汇集不同时期的有关材料，前后互证，这样才可使古地名定位的依据更为充分。以楚郢都为例：所有汉魏至齐梁的有关注释都认为楚郢都就是汉江陵城和魏晋宋齐梁时的纪南城（在当时江陵城稍北处），因此，要弄清楚郢都地望，就必须也要连带弄清秦汉江陵城、六朝（下至梁末）的纪南城和江陵城地望。所以，对于楚郢都的定位，就要首先追踪其后继城市——秦汉时期的江陵，随后注意到三国时吴迁江陵与东晋中期桓温新建江陵城皆距秦汉江陵（即古郢都）不远，此后历宋齐直至梁末，江陵城址更无变动。当先生继续下追的时候，就发现江陵在隋末唐初已确定在长江边今荆州附近了。迁徙发生于何时？史无明文。在对梁末至隋这一段时间的历史背景作了具体分析之后，先生终于推定：原江陵城毁于被西魏攻破之后，迁徙发生于萧詧建立后梁小朝廷之时。除楚郢都、江陵外，对其他许多古地名，先生也都做了结合历史背景的连续追踪。显然，这种研究方法，将可以尽可能地减少研究者的主观随意性。

第三点，是重视实地考察以及文献研究与考古学成果的契合，充分使用考古学与地理学研究成果，注意多学科方法的综合运用。先生常常引述侯仁之先生早年对他说过的话：研究历史地理，光靠文献史料不行，必须进行野外考察，那里往往有很多古代遗迹，可向我们提供书本上没有的很有价值的第一手物证。先生一直非常注意考古学与地理学等相关学科的学者们的研究成果，并争取他们的帮助，迄今在这方面已得到不少有力的支援和配合。同时，他也尽可能地到实地去进行调查，依据各种有关文献提供的线索，既作地形地貌的观察，又作遗址与文物调查，还了解民间关于古迹的传说。这些第一手材料，对于他的研究工作起了相当大的作用。

先生非常重视与历史自然地理研究的结合。他有关古云梦泽问题的探讨就是一个典型的例证。历史地理学从根本上说是用历史方法与地理方法去探索历史时期地理变化过程及其规律的一门学科，如何在研究过程中将两大学科的思想方法融会贯通，是历史地理研究者经常思考的问题。先生与蔡述明先生合著的《古云梦泽研究》一书最大的特点，也是其成功之处，就在于他们分别从历史文献与自然科学角度出发而进行的独立研究，得出了不谋而合、相得益彰的共同结论。历史文献研究与历史自然地理研究相互结合的巨大功用在这本书中得到了充分的显示。

在研究中注意多学科方法的综合运用，作为一种方法论原则，说起来是容易的，但做起来很难。这就需要广泛的知识面，而且绝不仅限于泛泛地了解，而是较全面地学习。先生本来并无考古学与地理学的知识背景，为弥补此种缺失，他下了很大功夫，基本上达到了专业水平。在我师从先生攻读博士学位后的第一次谈话中，他就对我说：博士生就是要"博"，要有意识地、自觉地扩充自己的知识面。为此，他为我创造了很多难得的条件，让我能有机会学习一些现代地理学的知识与方法。他还时常提醒我注意向考古学出身的师兄们学习考古学知识，积累考古经验。虽然我对地理学与考古学只学了些皮毛，可能连皮毛也未曾触摸到，但对自己的学习与研究仍有很大的助益。

先生虽然特别强调治学要"从小处入手"，要为"专而精"之学，但也特别重视"从大处着眼"的问题。虽然迄今为止，先生在古代荆楚地理的研究领域里所做的大量工作，是考订史实，表面看来，是一些细小的具体问题，但从其著作文章中，仍不难见出其小中见大、见微知著之旨。他曾多次和我说过：历史上的问题很多，并不是每一个问题都需要研究、可以研究的；要抓核心问题、关键问题，解决了这样的核心问题、关键问题，其他相关问题也就迎刃而解，顺理成章了。

先生的治学方法，还有许多方面，此处所谈，仅为我个人感受最深的三方面。近年来，我颇着意于文献的解读，力图从何人所撰、为何而撰以及为何人所用等方面辨析古代文献（特别是近年所接触的民间碑刻资料）的功用与意义，强调将历史记载置入特定的时空之下加以认识；亦力图将文献研究与地理考察、人类学田野考察相结合，探索进一步拓展研究视野的途径（虽然尚未找到这样的途径），虽然也是受到近年一些学术思潮的影响，但更主要的源头，却是先生的教诲。这里绝无打先生旗号给自己壮声势的意思，只想说明：先生的思想方法，对我个人的影响是根深蒂固的，我的很多想法与努力，都源于先生。

说明：这篇评介我的老师石泉先生文集的稿子写于五年前。当时，我受命协助先生编集他的文集，其间先生却遽归道山（2005年5月4日）。办完先生丧事后，我终于和师母李涵教授（也是我硕士阶段的授业老师）一起完成了这项编集工作。在此之前，我给先生做了大约十年的助手，常常被学界前辈师友问到对先生学问的看法；在文集编集过程中，也有一些老师向我提问。2005年7月2日晚上，我最后通读了一遍先生文集全稿，全部打印出来。看着先生一生学问的精华尽萃于此，而先生却已不在了，心情久久不能平静。3日凌晨，开始写作这篇文字，一直工作到7月4日晨，最后完稿。

先生过世后，我即决意离开武汉大学，终于2007年夏来到厦门大学服务。虽是不得不然，但心中始终觉得愧对先生，所以也不敢以先生弟子自居。这篇文字，也就一直没有发表，但曾放在网上，流传颇广。现在，先生逝世已五年有余，我到厦大工作也三年多了。我非常怀念在珞珈山上度过的岁月（1982—2007），不仅是因为珞珈山景色秀丽，有我青年时代的激扬、欢笑与悲伤，更因为那里曾经生活过我最敬爱的老师。所以，我想借《人文国际》的几页版面，将这篇旧作发表。除按刊物要求加上了小标题、摘要、关键词，并删除了原文最后一部分纯粹表达个人情感的文字外，我没有再作其他改动，因为我相信我的评介对得起自己的学术良知。

2010年10月28日，于厦门沙坡尾

注释：

1. 石泉：《甲午战争前后之晚清政局》，北京：生活·读书·新知三联书店，1997年，"自序"，第1—2页。

2. 前揭《甲午战争前后之晚清政局》，"自序"，第4页。

3. 前揭《甲午战争前后之晚清政局》，刘桂生先生"序"，第1—2页。

4. 石泉：《古代荆楚地理新探》，"自序"，武汉：武汉大学出版社，1988年，第28页。

5. 《汉书》卷28上《地理志上》"南郡"，《续汉书·郡国志四》"南郡"。

6. 关于此点，何德章《读〈宋书·州郡志〉札记二则》（刊《魏晋南北朝隋唐史资料》第15辑，武汉：武汉大学出版社，1997年，第163—164页）曾有简略揭示，我也曾与何先生就此交换过意见。

7. 陈寅恪：《冯友兰中国哲学史上册审查报告》，见《金明馆丛稿二编》，北京：生活·读书·新知三联书店，2002年，第247页。

8. 石泉：《从春秋吴师入郢之役看古代荆楚地理》，见《新探》，第392页。

《椿庐史地论稿》读后 *

最初读到邹逸麟先生的论著，是在20世纪90年代初。当时，先师石泉先生让我研读岑仲勉、谭其骧及邹逸麟等先生有关黄河变迁的研究论著，揣摩其研究理路。记得读完谭先生《何以黄河在东汉以后会出现一个长期安流的局面》（《学术月刊》1962年第2期）及任伯平先生的驳论[1]之后，在当年的《学术月刊》第11期上即读到邹先生对任先生论点的回应[2]。三篇文章对读，饶有趣味。邹先生的这篇文章不长，基本上是对谭先生原文论点的进一步阐发与明晰。印象最深的是邹先生对《汉书·王景传》的辨析以及对河西地区牧畜数量的估算，也隐约体察到历史学者与水利或地理学者对待、处理历史资料的不同路径。后来，慢慢地算是走上了历史地理研究之路，读到的邹先生论著就越来越多了。但直到2003年秋，邹先生应邀来敝校主持博士论文答辩，我才

---

* 本文撰写于2006年春，原刊于《史林》2006年第3期。

有机会得以真正地拜见先生，向先生请益，并被先生儒雅阔达的风姿和广博睿智的学识所深深折服。

2005年夏因事赴京，在北大汉学书店见到邹先生的《椿庐史地论稿》（天津古籍出版社2005年版，以下简称《论稿》），立即买了一本；秋天开学不久，又收到先生亲赐之书，感激之余，深觉惶恐。2006年元旦刚过，王振忠教授即代《史林》编辑部约我为先生的这部文集写一篇介绍和评论。晚辈如我，承担如此重任，确有诸多不当：先生之学问，既博大精深，我等实无以窥知，而我更从未得先生亲炙，甚乃少有机会向先生请教，何敢"介绍"先生之学问？更何况以后生晚辈之身份，赞之、谀之不增先生之美，徒益学界不良风气；论先生学问之是非，非惟难以措辞，更兼力所不逮。然思学术乃天下之公器，不宜因私虑而废言。踌躇良久，最终写下这篇读后感。

一

众所周知，历史的发展变化都是在具体的地理空间环境中进行的，每一历史事件都发生在一定的地点或地区。如果将人类历史看作是一出戏的话，地理环境就是演出的舞台。因此，历史地理研究的首要任务之一，就是要弄清人类历史是在怎样的地理空间环境下发生、演进的，也就是复原这个舞台，至少画出它的大致模样。事实上，20世纪50年代以来，中国历史地理学虽历尽曲折但仍在艰难困苦中得到发展的一个重要契机，正是由于当年毛泽东主席希望在读史时能方便地知道历史事件发生在怎样的地方。

遥想当年谭其骧等老一辈学者试图描绘中国历史的地理构架并将其落实到地图上时所遭遇到的困难：历史地理空间的骨骼——山或山脉的位置并无太大的变化，只要理清古今名称的变化即大致可以了；而其血脉——河流却历有变化，特别是素有中华民族"母亲河"之称的黄河更以善淤、善决和善徙而闻名于世，其下游河道曾多次发生较大幅度的改道，并连带引发了黄淮海平原上其他河流湖泊的变迁，而这里又正是中华民族活动的核心区域之一，历史上诸多影响巨大的事件都发生在这里。邹先生说："历代东部平原河流的变迁，是编制历史图中比较棘手的问题。谭其骧对《汉书·地理志》时代的河流作了细致的考证，以后则有《水经注》可依，这样从秦到南北朝的河流变迁大致可以画出来了。但唐以后的河流变迁，前人没有系统、完整的成果可以利用，需要从头开始，谭其骧将这个任务交给了我。"[3]《论稿》所收《黄河下游河道变迁及其影响概述》《金明昌五年河决算不上一次大改道》《宋代黄河下游横陇北流诸道考》《隋唐汴河考》《宋代惠民河考》《山东运河历史地理问题初探》及《历史时期华北大平原湖沼变迁述略》等论文，都是围绕这一任务展开的研究成果。正是有了这些研究成果，人们对唐宋乃至元明时期华北大平原上以黄河为主的河湖水系及其变迁情况有了较清晰的认识。

如果说这几篇文章的侧重点主要是考定某一历史时期河道所经或湖泊位置所在的话，那么，《唐宋汴河淤塞的原因及其过程》《东汉以后黄河下游出现长期安流局面问题的再认识》等论文则着意探求其所以发生这些变迁的原因。显然，邹先生秉承谭先生《何以黄河在东汉以后会出现一个长期安流的局面》所揭示的研究理路，力图从流域或区域经济开发特别是土地利用方式的变化出发，探究河道淤废、改徙之间的关系，从而突破了就河流水文与治水措施论河道变迁的路数。比如，在讨论唐宋汴河淤塞原因时，就专有一节，考察汴河水运与沿途农田灌溉用水之间的矛盾，认为大量引用汴河水灌溉的结果，不仅妨碍了漕运，更重要的是减低了汴河的流速，"加速了泥沙的淤积，使河身淤浅、宽阔，促使了汴河的衰老"[4]。这一认识，今日观之，也许已显得平平无奇，因为这种分析理路现已成为历史地理学界分析河湖变迁及其原因的"范式"之一，但在当年，它在促使人们走上大河流域综合治理方面，起到了至关重要的作用。

也许，正是从这里出发，邹先生逐步从对河道变迁的研究扩展到区域历史地理综合研究方面。实际上，早在邹先生发表的第一篇学术论文《从唐代水利建设看与当时社会经济有关的两个问题》中，这种区域综合研究的取向即已初现端倪。顾炎武《日知录》卷12"水利"条云："欧阳永叔作《唐书·地理志》，凡一渠之开，一堰之立，无不记之。……而志之所书，大抵在天宝以前者居什之七。岂非太平之世，吏治修而民隐达，故常以百里之官而创千年之利；至于河朔用兵之后，则以催科为急，而农功水道有不暇讲求者欤？"常人读书至此，多从亭林之说，着眼于唐代水利事业的前后之别。而邹先生却由此出发，通过史料排比分析，指出唐后期南方诸道所兴修的水利工程大大超过了前期，"耕地面积也大大地扩大了，农业生产得到了空前的提高"[5]。显然，较之顾炎武的认识向前推进了一步，着眼于南北差别，并与我国古代经济重心的南移这一大论题联系了起来。这篇文章，邹先生虽自谦"写得很粗浅、幼稚"，但实已显现出宽广的学术视野，与冀朝鼎先生的名著《中国历史上的基本经济区与水利事业的发展》[6]对读，更觉当年邹先生的论点难能可贵。以后有关河湖变迁的各篇论著，以及《从含嘉仓的发掘谈隋唐时期的漕运和粮仓》《论定陶的兴衰与古代中原水运交通的变迁》《淮河下游南北运口的变迁和城镇的兴衰》《历史时期黄河流域水稻生产的地域分布和环境制约》诸文，也都显示出这种区域综合研究的取向。这主要表现在两个方面：一是论某一专项地理事物（如河、湖或农作物分布），并不专限于此一种地理事物本身所在之具体位置，而是将此一或某些地理事物置于更广大的区域之中加以考察，探究它在一定空间范围内的地位与作用；二是凡考察某一地理事物，必与其相关之社会经济乃至政治文化因素联系起来，将自然地理分析与社会经济乃至政治文化的历史分析结合起来。应当说，这种研究理路，在今天，也已得到历史地理学界的普遍接受和遵循，而在这一研究方法的摸索与确立过程中，邹先生曾发挥了重要作用。

《江淮平原的人文》一文，也许可以看作此种区域历史地理综合研究的一个典范。这篇论文最初发表在一部不多见的论文集《自然、文化、人地关系》里，读到者似乎不是太多，我也是偶然读到的。它基本采用叙述的方式，与一般论文体不同，看似平淡，但仔细读来，却知其中实包含着不凡的识见，而且是建立在扎实的史实考辨基础之上的（我猜想它可能是邹先生主编《黄淮海平原历史地理》的副产品之一）。文章虽以"人文"为题，但实涉及江淮平原自然、政治、人口、经济与社会、文化等诸方面，对其历史发展的总体脉络与特点作了很好的把握与阐述。我一直觉得，从事某一区域的历史地理研究，如果说有一个目标的话，那就是最后能写出这样一篇简明扼要、平实睿智的文章。

邹先生从河湖变迁研究扩展出来的另一个研究领域，是灾害与环境变迁研究——实际上，河湖变迁本身与灾害就是密不可分的。我觉得邹先生在这方面的贡献主要有二：一是重视对中国古代环境意识与环境行为的研究。今人论环境变迁和古代的人地关系，多站在今人的立场上，以今日的科学观念加以评述，而对古人所认知的环境以及由此而形成的环境观念和环境行为则甚少体察，故对古人往往苛察批评者多，缺少真正立足于"了解之同情"的体察，至多有肤廓乃至冷漠之论。邹先生《我国古代的环境意识与环境行为》一文，所论虽主要限于先秦两汉时期，然却一矫此弊，考察了古人的环境意识及其产生的历史地理背景，并分析了环境意识与环境行为之间的关系。我认为这是一篇纲领性的文章，沿着这种思路研究下去，我们对中国古代的环境变迁、行为及其与社会经济变动之间的关系，可能会得到一些全新的认识。二是强调自然灾害的社会属性，重视灾害与社会经济、政治乃至文化之间的关系。这在《"灾害与社会"研究刍议》一文中有系统的阐释。虽然很难说是出自邹先生的倡导，但邹先生的论点，对时下正方兴未艾的"灾害社会史"，显然有某种促进和指导作用。

如所周知，历史地理研究的另一重要方面乃是以空间的观念与方法考察历史的发展，即探究历史时期社会经济文化发展的空间格局及区域差异，以及此种空间差异对历史发展的影响。《论稿》所收《中国多民族统一国家形成的历史背景和地域特征》《从我国历史上地方行政区划制度的演变看中央和地方权力的转化》及《我国古代经济区的划分原则及其意义》《我国早期经济区的形成——春秋战国至汉武帝时期》等四篇文章代表了邹先生在这方面作出的努力。显然，"历史经济区域"概念及其区划原则的提出，具有重要的方法论意义：它不仅"是我们全面认识中国传统社会经济、文化的区域差异和区域整合问题的重要切入点",更有助于我们进一步认识我国历史上经济发展的过程和特点,"了解各经济区形成的自然和社会条件及其产业特点","揭示历史上不同经济区在整个社会历史发展中的地位和作用"。[7]而对于历史地理研究者来说,更重要的乃在于邹先生指示了一个广阔的研究领域,即不同历史时期的经济地域结构及其变动——《我国早期经济区的形成——春秋战国至汉武帝时期》一文为此提供了一个范例,沿着同样的理路,对不同时段的经济地域结构展开考察,显然是深化历史经济地理与经济史研究的重要途径。

虽然我们知道邹先生一代学者的学术取向与研究理路受时代背景、社会需求乃至政治因素的影响较大,很难一以贯之地循着一己之学术旨趣与追求而发展,但仔细研读《论稿》所收各文,我们仍然不难发现邹先生学术取向的一贯性及其不断演进的轨迹:他最初着眼于河、湖地望的考定,力图由河、湖地望的前后变化探究其变迁过程;为了探寻河湖变迁的原因,他开始离开河湖本身,着眼于区域(特别是流域)整体环境变迁与社会经济发展的考察,从而由自然、而经济、而社会,逐步发展到区域历史地理的综合研究;随着区域研究的深化和不断拓展,最后把目光扩展到全国,着眼于分析社会经济发展之区域差异特别是中国古代经济区的形成与演变及其与中国历史发展的关系。这种演进,很可能并非出自邹先生自觉的预设,而是学术内在理路不断发展的结果,也是一个学者持之以恒地追求新知、坚持不懈地探寻历史真相、不断进行理论思考、努力尝试方法论突破的必然结果。

二

历史时期地理面貌的变化,特别是自然地理面貌及经济与人文地理总体格局的变化,相对于政治、社会的变化来说,是相当缓慢的,在较短时间内难以察觉的,只有将其放在较长的时间范畴下加以考察,才能认识到这种变化的存在、变化方向及其意义。因此,可以说,历史地理研究,最适合也最需要长时段的考察。事实上,"年鉴学派"第二代大师布罗代尔(Fernand Braudel)最初提出"长时段"的考察方法,正是适用于他所谓"几乎静止的历史——人同他周围环境的关系史"的——"这是一种缓慢流逝、缓慢演变、经常出现反复和不断重新开始的周期性历史"。这就是后来布罗代尔所表述的"长时段"的历史——与之相对应的是所谓"结构",指长期不变或者变化缓慢的,但在历史上起经常、深刻作用的一些因素,如地理、气候、生态环境等——"地理能够帮助人们重新找到最缓慢的结构性的真实事物,并且帮助人们根据最长时段的流逝路线展望未来。"[8]

邹逸麟先生开始从事历史地理研究时,当然不会知道"年鉴学派"与布罗代尔,但学术研究的内在理路却使他自觉地运用了长时段的考察方法。邹先生最初侧重于唐宋时期河湖演变特别是河流变迁的研究,从中国古代史的研究理路观之,唐宋七百年,已足够长了,一个学者足以以专治唐宋地理而名家。然邹先生并未停留于此,即便其专治唐宋河流变迁时,也往往上溯汉魏,下迄明清乃至近代,至少在其知识准备上是如此。实际上,不仅《黄河下游河道变迁及其影响》《历史时期华北大平原湖沼变迁述略》《从地理环境角度考察我国运河的历史作用》及《我国环境变化的历史过程及其特点初探》等论文是贯通古今的大文章，即便是有关山东运河、江南运河（镇江、常州段）及淮河下游两岸运口变化的考证文章，也都兼论汉唐宋元明清，所涉时段几涵盖全部中国古代。以《淮河下游南北运口的变迁和城镇兴衰》一文为例，首论先秦至魏晋南北朝时期泗口与末口之所在，继述隋唐两宋以至金元汴口之重要与泗口之变迁（大小清口），再详考明清时期南北诸运口之繁复变化，从而对历史时期淮河南北运口变化形成了明晰的认识。若只是考辨某一时段之运口所在及其相关城镇之发展，固然也十分重要且有意义，然无以见其演变之总体趋势，而对于此一时段之运口状况之所以如此者，亦不能明其根源。

此文在邹先生的论著中或者只是一篇小文章，但它所揭示的方法论意义是非常重要的。我们知道，历史地理研究地理变迁，最基本的理路之一就是首先考证、弄清（或者说"复原"）某一历史时段的地理面貌，然后通过对不同历史时段地理面貌的比较，找出其前后的变化。H.C.达比曾经指出：如果地理学家能够勾画出一幅在时间系列中过去某个点的地理剖面，那么他应能照此继续勾画出数个这样的剖面。这些依次排列的地理剖面，便反映了演变。用历史叙述的方法，可以将逐次的剖面连接起来。于是，一系列的剖面和对剖面的历史叙述，便将地理学家的方法和历史学家的方法结合起来。[9] 然而，这种方法虽然在理论上是可行的，但应用起来却绝非易事。除了需要具备宽阔的史实知识背景之外，更重要的还在于：（1）两个或多个地理剖面的比较，往往只能在两个或多个时间段之间作推断，难以对变迁的动态作更深入的了解，而选择或确定怎样的时间段作为可供比较乃成为明了此种动态变迁过程的核心问题；[10]（2）可供比较的地理要素之间往往很难对应，或者说很难达到平衡，"因为地理景观中的不同要素，既不是同时，也不是同一速度变迁的。例如湿地的水排除了，但是荒地并没有开垦"[11]。在这篇文章中，邹先生对这些问题作了很好的处理。首先，河道（泗、汴、淮、黄、运）、运口与运口城镇三者是对应且平衡的：河道变迁影响乃至决定着运口的选择与重要程度，而运口之重与轻则关系到运口城镇的兴衰。其次，论文虽也分时段考察运口及其城镇的情况，但在每一时段内又着眼于这三个要素的变迁情形。换言之，在每一时间段内，这些地理要素并非静止的，而是动态的，这样所构成的时间地理剖面就是动态的剖面，从而尽可能地突破了通过比较相对静态的地理剖面、观察其前后变化这种研究理路所潜含的局限性。

显然，长时段的考察理路是建立在细致而精审的"断代研究"（姑且使用这个提法，虽然历史地理的"断代"往往并非、也不应是朝代式的）基础之上的，没有断代研究，也就不会有长时段的观察，因为不能"复原"某一时段的地理剖面，也就无以观察其前后的变化。所以，历史地理研究并非忽视断代研究，而是不宜停留在断代研究层面。这是历史地理研究的对象——地理变化的特质所决定的，也是学术内在理路演进的必然。

众所周知，历史地理研究离不开史料，史料的搜集、整理、鉴别与运用乃是历史地理研究的基本功夫。或许正因为此，学界一般把历史地理学科归入历史学科大范畴之内，应当说不是没有道理的，因为当今学科的分类在很大程度上取决于其研究的路径、方法或手段而并非其对象与目的——说到底，许多学科的考察对象与目的是一致的，唯其方法、手段不同而已。然则，历史地理研究使用史料，相对于其他历史学科特别是中国古代史研究来说，有怎样的特点？仔细研读《论稿》，有两点启发，或可言之。

（1）不以一时一地一人所见之史料为限制，而是上下贯通，将有关史料融会综合，互相勘比对照，从中发现其可信而真实部分，去其浮言，留其主干，以此作为立论之基础。治中国古代史特别是断代史，讲求以唐代史料言唐代史事，以宋代文献论宋代典章，使用文献自以最切近所研究时代者为佳。研究某一时代之地理，当然也主要采用本时代之文献。邹先生论史地变迁，亦首先遵循此一原则。如《宋代黄河下游横陇北流诸道考》即主要梳理、排比《续资治通鉴长编》《宋会要辑稿》等宋人之记载，以驳清人胡渭之误。然地理面貌变化既较为缓慢，有关文献记载对其变化较少之部分遂多相沿不改，或照录旧文，唯有将不同时段之有关记载综合排比，方能发现其前后记载之异同；若固守一代之史料，则无以明其所记何者为因袭前代而来，何者为本时代所衍生变化者。所以治历史地理，宜讲求综合使用相关文献，不宜囿于一代文献，即便是专治一代之地理，也是如此。读《论稿》所收各文，于此点皆颇有体现：如邹先生论唐宋河湖变迁，必上引汉魏南北朝地志，特别是《汉书·地理志》与《水经注》，下及明清方志与地理专书，特别是《读史方舆纪要》与《大清一统志》。又，治中国古代史，一般说来，选择证据，以古为尚，轻易不以后世之证据否定前人之记载，"以汉唐证据难宋明，不以宋明证据难汉唐；据汉魏可以难唐，据汉可以难魏晋，据先秦西汉可以难东汉"[12]。然此种一般性原则应用于历史地理研究中，则应作具体分析。盖古人于地理现象，或有一认识之过程，前人之认识不一定正确，后人加以辨析考订，明其虚实正误，故颇有可以后人之说证前人之非者。所以治历史地理的学者，必重视明清人乃至今人之地理著述与游历记载，是有一定道理的；而邹先生花费巨大精力于胡渭《禹贡锥指》的整理方面，盖亦念及此书实乃《禹贡》研究之集大成者，其于前人歧异诸说，多有辨正之故。

（2）重视实地考察与文献研究相结合，充分使用地理学研究成果，注意多学科研究方法的综合运用。邹先生是学历史出身（其实当今大部分历史地理学者均出身于历史学科），而以治历史自然地理与经济地理名家，他对于自然地理基本原理及其研究成果的运用，即便在专业的地理学者看来，也非常老道，甚至是精致。如《江南运河镇江、常州段历史地理问题之研究》一文论及运河河口淤塞及河道淤浅的原因，非对水文力学有一定了解则不能为；而关于改善运河通航之工程措施的讨论，则显然需要对古今水利工程技术有较通彻的认识。凡此，都是文章外的功夫。邹先生在这些方面花费了多少功夫，我们已无以详知，但其成果告诉我们：研究历史地理，必须"懂地理"；历史地理研究毕竟不是单纯的历史研究，仅仅依靠文献还是不够的，必须"脚踏实地"，尽可能进行实地考察，不能只是停留在"纸上说地"的层面上。如果说古代史研究更着意于探求历史本来面目的话，那么，历史地理研究则更讲究将研究对象与研究结论落实到当今的"地"上，即必须理清长期以来历史变迁的结果，亦即今日地理面貌的形成过程及其原因——也许，历史地理研究的现实性正是在这里得到了体现。

三

邹先生在《论稿》"自序"中写道："学术大厦本来是一代人

一代人累积起来的。我们这代人研究的内容、水平,以及我们的一些观点、想法,不论其价值如何,客观上反映了这一时代的学术背景。因而留给后人作为学术史来读还是有一定意义的。"智哉斯言!夫复何辞?

据说邹先生属于历史地理学领域的第二代学人,第一代自然是谭其骧、侯仁之、史念海等更老一辈的先生(我不知道顾颉刚先生怎样算,而且顾先生也不是"历史地理学者"所可涵盖的)。我并无能力评述邹先生这一代学人及其前辈们的学术贡献,也无力把握他们研究的学术史意义或时代意义,但我想有两点是可以确定的,一是描绘了中国历史地理变迁的大势与基本蓝图。在这方面,《中国历史地图集》《北京历史地图集》《中国自然地理·历史自然地理》等里程碑式的成果,使"历史上中国地理基本面貌得到了复原,为今后中国历史地理学的发展,打下了扎实的基础"[13]。二是建构并奠定了中国历史地理研究的某些基本范式与研究理路。在这方面,《历史地理学四论》(侯仁之)、《长水集》(谭其骧)、《河山集》(史念海)及邹先生等学者的论著,都做出了非凡的贡献,而他们所倡导并身体力行的思想方法与研究理路,包括历史主义地看待地理变迁、以长时段视角观察历史地理变迁、强调对区域政治经济与社会文化展开综合考察、重视历史地理文献分析与地理研究乃至考古学分析相结合、注意多学科方法的综合运用,等等,均已得到当今历史地理学界的普遍承认与奉行,使我们今天学习与从事历史地理研究有规矩可遵,有章法可循。有这两点就足够了。完全可以说:我们今日能有"历史地理学"这门学科,正有赖于包括邹先生在内的前辈学者筚路蓝缕、长期不懈的拓殖与耕耘。

然而，时代毕竟不同了，社会已经发生了巨大的变化。我们今天已不能、也不宜再有当年因毛泽东主席欲读史方便而促成历史地图集编纂那样的机遇了，似乎也很难再有当年编绘《中国历史地图集》《中国自然地理·历史自然地理》那样组织大规模集体合作研究项目的可能性。邹先生在回顾自己科研经历、总结治学体会时谈道："加强基础研究，开展大型集体科[学]研究项目，是发展学科、培养接班人的重要途径。一个学科的发展，一个科学工作者的成长，离不开大型基础研究的带动。"[14] 确实如此，这不仅是邹先生的切身体验，也是学科发展的必由之路。然而，具体到当今的历史地理研究乃至人文社科研究，却又不无值得踌躇之处：除这种大型集体项目难以组织、开展外，更重要的乃在于我们实在是处于一个功利的时代，又有几人能像当年邹先生那一代人那样不计利害得失、无视功名利禄（这当然是就理想状况而言）而心甘情愿地为集体项目默默奉献呢？而且，今日之大型项目，花费远逾当年者（考虑到物价上涨指数后，也大约是如此），又有几项成果可以与当年那些里程碑式的成果相比呢？我非常理解邹先生等老一辈学者们渴望年轻人成才、学科发展壮大的美意，但更痛切地感受到时代的巨变——今非昔比，邹先生所经历的那个时代，以及那个时代所取得的成绩，都已渐渐远去，慢慢地将化为"前朝遗梦"了。

当然，邹先生自己仍在继续前行，关于环境变化特别是环境意识与环境行为的研究，有关灾害与社会特别是"灾害社会学"的思考，都留下了邹先生不断奋进的足迹。据我所知，邹先生正承担着主持编撰《清史地理志》和《国家大地图集·历史地图》的部分编绘工作，在诸多领域中又有新的探索。他的笑声依旧爽朗，谈吐更趋睿智，其思想之敏锐丝毫不亚于年轻人。我们这一代人，至少在我自己，似乎注定了只能依稀遥望邹先生一代人的背影而前行，在他们开辟的路上填坑补洼，拾遗补阙，如此而已。

注释：

1. 任伯平：《关于黄河在东汉以后长期安流的原因》，《学术月刊》1962年第9期。

2. 邹逸麟：《读任伯平〈关于黄河在东汉以后长期安流的原因〉后》，《学术月刊》1962年第11期。《椿庐史地论稿》未收此文。

3. 邹逸麟：《我与中国历史地理学》，见《椿庐史地论稿》（以下简称《论稿》），天津：天津古籍出版社，2005年，第586页。

4. 邹逸麟：《唐宋汴河淤塞的原因及其过程》，见《论稿》，第94—98页。

5. 邹逸麟：《从唐代水利建设看与当时社会经济有关的两个问题》，见《论稿》，第79页。

6. 冀朝鼎：《中国历史上的基本经济区与水利事业的发展》，朱诗鳌译，北京：中国社会科学出版社，1981年。

7. 邹逸麟：《我国古代经济区的划分原则及其意义》，见《论稿》，第469—480页；引文见第471、480页。

8. [法]费尔南·布罗代尔：《菲利普二世时代的地中海和地中海世界》，唐家龙、曾培耿译，北京：商务印书馆，1998年，第8、19页。参阅张芝联《费尔南·布罗代尔的史学方法》，见布罗代尔《15至18世纪的物质文明、经济和资本主义》中译本第1卷（顾良、施康强译）前之"中译本代序"，北京：商务印书馆，1992年，第1—18页；何兆武、陈启能主编《当代西方史学理论》，北京：中国社会科学出版社，1996年，第518—520页。

9. [加]寇·哈瑞斯:《对西方历史地理学的几点看法》,唐晓峰译,《历史地理》第4辑,上海:上海人民出版社,1985年,第166页。

10. 参阅姜道章《论地理变迁》,见陕西师范大学西北历史环境与经济社会发展研究中心编《历史环境与文明演进》,北京:商务印书馆,2005年,第68—88页,特别是第71—72页。

11. [英]H.C.达比:《论地理与历史的关系》,姜道章译,《历史地理》第13辑,上海:上海人民出版社,1996年,第247页。

12. 梁启超:《清代学术概论》,北京:东方出版社,1996年,第99页。

13. 邹逸麟:《我与中国历史地理学》,见《论稿》,第585页。

14. 邹逸麟:《我与中国历史地理学》,见《论稿》,第584页。

"小国家""大地方"：士的地方化与地方社会[*]
——《官僚与士绅：两宋江西抚州的精英》评介

一

或许是因为王安石和汤显祖的缘故，抚州的名声，似乎远没有临川大——很多人知道王安石与汤显祖是临川人，却很少有人会把他们与抚州联系在一起。实际上，王安石之被称为"王临川"的"临川"，是指临川郡，亦即抚州，并非指临川县。宋代的抚州临川郡治临川县（即今抚州市临川区），领临川、崇仁、宜黄、金溪四县（南宋分崇仁置乐安县，故领五县），大致包括今江西抚州市临川区及崇仁、宜黄、金溪、乐安、东乡诸县地。

抚州自古即不处交通要道之上，而田畴良美，物产丰阜。曾巩《拟岘台记》谓："抚非通道，故贵人富贾之游不至；多良田，故水旱螟螣之灾少。其民乐于耕桑以自足，故牛马之牧于山谷者

---

[*] 本文撰写于2006年春，原刊于《中国图书评论》2006年第5期。

不收，五谷之积于郊野者不垣。"[1]可谓礼乐之乡。而"其俗风流儒雅，乐读书而好文词"，故其"人物盛多"，"冠冕一路"，号称多士。[2]当北宋时代，抚州所出的著名人物，除王安石外，还有晏殊、王安国（安石弟）、谢逸、邓考甫、聂昌、欧阳澈诸氏。其中，不仅王安石、晏殊位至宰执，居庙堂之上，得纵论国是，决断朝纲；聂昌、欧阳澈亦以忠君爱国自许，当国家民族危难之际，挺身而出，或以书生而历戎行（聂昌），或以布衣伏阙而见杀（欧阳澈），均以一腔热血，竭忠尽智，报效朝廷；即便是王安国、邓考甫辈，也都志在千里，心怀家国，临事不苟，而不以一己一家为念。

至若南宋，抚州士风却悄悄地发生了一些变化。论南宋抚州人才，自以金溪陆氏兄弟为最。陆九渊及其四兄九韶、五兄九龄都是著名的思想家，尤以九渊以所谓"心学"成就为一代宗师，得与理学大师朱熹相比肩。陆氏兄弟虽均步入仕途，然或为时甚短，或久居下僚，位不过知军之类的地方官，距离庙堂乃有千里之遥。这虽然有诸多客观原因，但陆氏既强调"发明本心"，"保吾心之良"，自然在主观上即无意于仕途之进取。不仅如此，陆氏的行为取向在南宋，带有很大的普遍性，至少在抚州，更多的士人留在了自己的家乡，经营家族或地方事务，而不是奔向王朝的政治中心，想方设法报效国家。

正是从这里出发，韩明士（Robert Hymes）观察到：两宋时期，士的志向与心态发生了一个很大的变化——如果说北宋的士大多怀有报效朝廷、忠君报国的志向，因而力图出仕中央，甚至不惜为此脱离故乡的话，那么，到了南宋，虽然并不排除仍有不少士子胸怀跻身庙堂之志，但更多的士子则把扎根地方作为自己的首要取向。韩明士说：

在南宋,"地方性"具备了新的意义:精英们不再关注国家的权力中心,也不再追求高官显爵,而把注意力转向巩固他们在故乡的基础方面。于是,在社会观念领域,也出现了一种精英"地方主义"……无论是婚姻圈、居住方式、捐献方式,还是"留在家乡"的策略——这使得南宋的家庭与北宋的移民形成巨大反差——都表现出立足于当地的倾向。[3]

这就是所谓"士的地方化"。它主要有三方面的含义:

首先,是士绅阶层的构成及其性质的变化。用包弼德(Peter K. Bol)的话说:"在7世纪,士是家世显赫的高门大族所左右的精英群体;在10和11世纪,士是官僚;最后,在南宋,士是为数更多而家世却不太显赫的地方精英家族,这些家族输送了官僚和科举考试的应试者。"[4]虽然读书—赴考—出仕仍是这些家族成员最重要的使命之一,但学识只是他们需要关心的诸多事项中的一个方面,"士掌握学识只是为其彼此的身份认同提供部分依据";而官位也不再是确定其士大夫身份的首要条件——也就是说,他们可以不当官,而且事实上,这些家族的确也只是偶尔产生一些官员。但他们必须是地方社会的领袖,在地方社会、经济、文化乃至政治事务中发挥着重要作用——他们对地方学校、书院投资,控制入学的机会;带头修建和布施当地佛寺、道观以及地方性庙宇,组织、领导道路、桥梁、水利工程及其他地方公共工程的兴修与维护;他们参与、有时领导着私人组建的地方自卫武装,在征税和组织劳役中扮演着领导的角色,在赈济饥荒等地方公益事业中作主要的贡献;运用习惯法和协商手段解决地方社会内部(家族内部、家族之间、不同利益群体之间）的矛盾与争端。[5]这里关键的变化乃在于：士绅不再必须做官，或者以做官为依归。也就是说，做官或准备做官不再是进入士绅阶层的必备条件。当然，读书还是必备前提，但读到何种程度、要具备怎样的学识却并无一定之规。这使得"士绅阶层"的边界趋于模糊化，其范围也大幅度扩大：比如，粗通文墨而热心地方公益的乡村土豪和商人就可能因此而被纳入"士绅阶层"。在这个意义上，"士的地方化"不仅意味着士绅阶层的扩展，更重要的乃在于它实际上已成为"地方精英"的同义词。换言之，士不再仅仅是国家（朝廷）的官僚和候选官僚，而主要是地方社会的"精英分子"。

其次，是士绅阶层与国家的疏离，或者说是与国家的"分离"（separation of elite from state，包伟民教授在《唐研究》第 11 辑上发表的书评将之译为"与国家分道扬镳"[6]）。士者，仕也；士大夫既要入仕为官，或以入仕为指归，自然需要附丽于国家（实际上是王朝）之上。而按照韩明士的说法，南宋时期的士绅阶层不再必须做官或以做官为追求目标，自然而然地就与国家（南宋王朝）产生了某些疏离感——这种疏离在北宋时已现出端倪，南宋时期得到进一步扩展。韩明士说：

> 我使用"separation"这个词正是为了强调这是一种正在变化中的进程，而并非已形成定局。显然，南宋时期的诸多变化——精英策略的转变以及国家权力的相对衰弱——都促使地方层面上精英利益与国家利益之间的裂痕进一步扩大与明朗化，巩固并强化了精英身份与社会地位的独立性，使他们不再仰赖于国家的承认与证

明,从而逐渐摆脱了国家的控制。当然,这种独立性并非全然是新生因素。一方面,人们开始使用拥有的财富、权势与威望作为标准来界定精英阶层;另一方面,精英阶层包括了那些通过朋友、亲戚和其他组织关系而结合在一起的成员。即便是在北宋,士大夫阶层也并不等同于官僚阶层或拥有功名的阶层。到了南宋,已经非常清楚,精英的身份是由他们自己界定的,从而显示出更大的独立性。[7]

这里的关键是:士大夫(或精英)的身份不再需要国家(朝廷)的给予、承认或法律证明,而是由他们自身界定的。换言之,"士"(或精英)是那些被地方社会所有其他的士(精英)承认为士(精英)的人。士(精英)不再是一个从国家法律上界定的群体,而是一个从社会角度界定的群体。这样,地方社会(它又是由士绅阶层所掌控的)就取代国家(朝廷),成为界定士绅(精英)阶层的主体。

士的身份界定既来自地方社会而非国家(朝廷),那么,士绅阶层的行为取向自然也就由以国家(朝廷)为指归转向以地方社会为指归。这就产生了"士的地方化"的第三层含义,即士绅家族的经营策略从全国转向地方,呈现出"地方主义"倾向。在本书第三章中,韩明士花了较大篇幅,描述了抚州精英在北宋与南宋不同的婚姻模式:北宋抚州精英倾向于在全国范围内选择素有声望的家族缔结婚姻,至少也要考虑对方是否为品官之家;而南宋抚州精英的婚姻圈则基本限于本县,设法与本地社会经济地位较高的家族联姻,而不太计较其是否为品官之家。[8] 这种婚姻模式的变化,非常典型地反映出士绅经营策略的方向性变化,而勿论他们的政治追求已由庙堂之上的国家（朝廷）政治和中央权力转向本县本乡的权势制衡与角逐了。

由此，韩明士把唐宋的社会转型定义为士或士大夫身份的重新界定，以及他们逐渐演变为"地方精英"的过程，以此来取代以往将这一转型定义为门阀制的终结和"平民"的兴起。他认为：应当把唐宋变革视为"双重变奏"（dual transformation），即紧随着士绅阶层构成人员的变化之后，士绅（精英）阶层的生活方式与经营策略也发生了转变。士绅阶层的平民化主要发生在唐宋之际，其标志是世家大族的衰落；而后一个转折则"区分了南北宋，主要是精英的经营策略从全国转向了地方"。"这不是一幅平民崛起的社会画面，而是关于一个精英阶层的描述，这个阶层基于地方，组成这一阶层的家族在想办法使自己不至于在社会流动中中落，这种中落来自不能代代为官以及祖业被分割的压力。"[9] 姑且不论抚州精英的这种变化在多大程度上是历史的真实，也不论抚州精英的这些变化在怎样的意义上具有普遍性（凡此，都还需要做大量的实证研究），仅就"唐宋变革论"的理论拓展以及突破王朝体系的社会发展观而言，韩明士揭示了历史发展总体趋势的一个侧面：士绅阶层走向"平民化"之后，又进一步走向了"地方化"。这种演变，至少作为一种趋势，无疑是存在的。

二

"士的地方化"理论（或假说，或阐释模式）并非韩明士所首创。他在本书绪论部分即坦承，他的研究乃是对郝若贝（Robert Hartwell）关于帝制中国中后期（宋元明时期）社会转型理论的一种实证与深化。郝若贝在他著名的长文《中国的人口、政治和社会变革：750—1550》中论述说：自晚唐至北宋时期，人口与经济（特别是农业经济）的发展十分显著，完全可以形容为一次"人口爆炸"和"经济革命"，而人口增长、经济发展与社会整体财富的增加，对全国范围的政治社会结构产生了综合性影响，其中在政治控制方面的一个重要表现就是：帝国内部高密度人口地区的扩散引发了行政上的困难，从而迫使中央政府"下放"权威，具体表现在"路"的出现和"县"的独立性的加强。与此同时，中央政府的官僚化进程即使不是倒退，也趋于停滞了。过去垄断着国家高级职位的半世袭的职业官僚阶层日趋没落，被地方性士绅家族所取代。这就是所谓帝制中国中晚期专制政府权力衰退论。[10]这一理论，在韩明士与谢康伦（Conrad Schirokauer）主编的论文集《燮理天下：走近宋代的国家与社会》之绪论中，有更清晰的表述；[11]而包弼德在《唐宋转型的反思》一文中则作了简要概述，即：相对于人口的大幅度增长（一般认为北宋末年全国人口已超过了1亿）和经济的高度发展，政府在社会中的作用变小了——与唐朝政府在土地控制、劳动力与贸易等方面所拥有的权力相比，宋朝政府的权力变弱了，变成了一个"相对小的国家"。"国家小"了，就给"地方的扩大"留下了空间；反过来说，地方精英的存在，也是"小国家"成为可能的前提。"从长远看，中央政府不能取消地方精英所处的中介立场，他们处在从事生产的平民和地方上中央任命的权威之间。在南宋，要臣（leading officials）鼓励地方的士人（即精英分子）成为负责地方社区之社会与道德状况的领袖。地方的精英家族所受的教育使他们对地方政务非正式的参与合法化，他们篡夺了地方政府的特权，或填补了有为的政府在退缩后留下的空间。"[12] 而在本书中，韩明士专辟一章（第八章），集中讨论南宋抚州地方政府权威衰落的具体表现，认为正是由于"国家在地方事务中的退缩，才给那些地方富豪或者说地方社会的领袖们打开了一个可供发挥作用的新领域，并给他们扩展自己的社会作用提供了机会"[13]。

这是"士的地方化"的第一个原因，也是其前提条件和客观背景。相比之下，第二个原因则主要是出于士绅阶层的主动。如所周知，随着科举制度的不断改革和学校教育的日益普及（特别是南宋时期书院的发展），在宋代，受教育的人数大幅度增加，其直接结果是：并不是每一个读书人（即便取得了功名）都有做官的机会。显然，做官的机会越来越少也是迫使士大夫们留在地方、转向地方事务的原因之一。而从士绅家族的角度来说，选官制度的变革使任何一个家庭都不再能保证世代为官，而家族人口不断膨胀，又使得他们维持其财产的能力一直在削弱。然则，在这种家族不能以仕宦为业的社会里，如何保全其家族的地位、使其社会经济地位不至中落，就成为一个大问题。显然，一个家族良好的经济状况有着十分重要的意义，这就促使士绅家族着意于经营"家产"，而最为稳妥的经济利益当然是在家乡，特别是家乡的土地。家族成员既集中居住在家乡，家族经济利益也集中在家乡，而家族财产之多少更关系到他们在乡里的地位，士绅家族经营策略的重心理所当然地是在家乡了。因此，"一个家族应该教育他的成员，努力保持和睦，与地方官和其他要人保持良好而端庄的关系，仔细管理家族财产、不动产、佃户和奴仆"[14]。而对于那些经济上没有依靠、"无世禄可守，无常产可依"的"士"来说，"取科第，致富贵"固然是上上之选，但其成功之希望既属渺然，则或开门教授以受束脩之奉，或事笔札、代笺简之役，或习句读、为童蒙之师，乃至"巫医僧道农圃商贾伎术，凡可以养生而不至于辱先者，皆可为也"[15]。而所有这些职业，均需立足于本地社会。

因此，"士的地方化"既是国家在地方上的权威相对退缩、权力相对缩小之后，需要地方精英填补这些权力空间这一总体趋势不断演进的必然结果，也是士绅阶层为了自身的生存、发展及维持其社会经济与文化地位而长期经营的结果。正是在这个意义上，韩明士特别强调它主要是士绅家族经营策略转变的结果。那么，士绅阶层究竟是如何走向地方化，或者说是通过怎样的路径演变成为地方社会的主导力量——地方精英的呢？

首先是要留居在自己的家乡，这是扎根地方的首要前提。韩明士指出："北宋时通过科举和入仕而取得成功的抚州家庭，大多长期或短期移居到宋帝国主要的经济和政治中心。而南宋则不同。一个士人做了高官后可能会移居他处，但1127年以后，没有一个抚州的高门大族举家搬离抚州。"[16]虽然这种变化也可以作出别的解释，但它确实反映出南宋士人居住方式变化的一个重要方面。

其次是要在本地经营自己的家族财产，无论是动产还是不动产。不动产（住宅与地产）固不必论，我们来看一看动产（浮财），它主要来自商业经营。南宋商业的高度发展及其地方化倾向，当然有诸多原因，但士绅阶层的参与一定与此有关：因为没有更大的财富，就很难支撑士绅家族持续不断地发展；而土地资源的有限性、地产分割对家族利益的伤害以及农耕经济在财富积累方面的局限，都促使越来越多的士绅家族或其部分成员投身于商业活动；而商业经济不断向深度发展的结果，也是越来越趋于地方化——换言之，士绅家族的商业活动主要是地方性的，反过来，这些地方性的商业活动强化了参与其中的士绅阶层的地方色彩，促进了地方经济体系的发育、形成与成熟。

第三，是要在本地经营自己的社会关系网络。一个士绅家族的社会关系网络主要包括官僚关系（那是北宋士绅阶层着意经营的网络，其中心在中央）、教育关系（在中央与地方各有一半，在中央的那一半附属于官僚关系；在地方的那一半，主要是师友关系）以及婚姻关系等（当然，它们往往交织在一起）。陈寅恪先生尝谓："唐代社会承南北朝之旧俗，通以二事评量人品之高下。此二事，一曰婚，二曰宦。凡婚而不娶名家女，与仕而不由清望官，俱为社会所不齿。"[17] 当唐、北宋时代，士大夫之婚姻苟不结高门或高官，则"其政治地位、社会阶级，即因之而降低沦落"，更不利于仕途之进取。于是婚姻关系往往附属于官僚关系网络，而因为官僚关系的指向在中央，故其婚姻关系的总体指向也是向上的、全国性的。至若南宋，官僚关系在士绅家族社会关系网络中的重要性既大为降低，士绅阶层的婚姻乃主要在师友、本地望族、经济往来对象中选择，于是婚姻关系越来越与教育关系、经济关系相重合，从而表现出更多的地方性。

第四，是要参与、组织与领导地方公共事务与公益事业，介入乃至主导地方政治。对此，韩明士在本书第四章"地方防卫"、第五章"社会福利"与第七章"庙宇建设和宗教生活"中作了详细阐述。其中，以社会福利为核心的地方公益领域本来就是专制国家权力较少也不愿干预的领域，且不必论，地方防务却本是国家的禁脔，士绅阶层的介入不可避免地意味着侵夺了国家在地方上的权力（即便国家已无力行使这种权力），而这确又是"士的地方化"最重要的表现领域之一。韩明士说："在抚州的大部分地方，并没有出现常设的本地私人武装以填补国家留下的空隙，只有当其家乡面临直接的危险时，士绅们才会投身于军事活动。如果不是政府无力派遣军事力量有效地控制乡村地区的话，金溪义军也不可能得到蓬勃发展，但义军的形成与发展，显然也是建立在地方特点之上的。并不是在国家退缩的所有地方，都有地方精英自动地去填补它。"[18]关键在于地方精英要自发地去填充国家权威退缩所遗留下来的权力空缺，主动经营地方防卫力量。被动地自保山砦与主动地营城据垒，虽然表面看来非常相近，但其性质却有根本性差别：前者主要是填补国家权力的空缺，而后者却主要是利用此种缺失以经营自己在地方上的势力。当家乡遭遇威胁时，北、南宋的士绅阶层都可能会组织地方武装以求自卫，其细微但意义重大的变化，正是在这里。

第五，是要逐步认同地方社会的信仰，亦即实现信仰的地方化。至少在理论上，士绅阶层的信仰需要与国家正统信仰相契合；在北宋，大部分士绅阶层也确实做到了或试图做到这一点。但在北南宋之交的变局中，抚州士绅阶层的信仰取向却与官方的正统取向发生了很大偏离：当时，朝廷推行神霄派道教，而抚州地方精英却更倾向于认同地方性的三仙信仰——三仙（三真君）最初只是崇仁县的地方神，其权威并非如正统信仰中大多数神祇那样，来自其高贵的出身（门阀贵族的折射）、天界的官僚或曾是地上的高官，而是来自个人化的知识传授、自我修养、德行和宗亲关系，其生前与成仙后和朝廷之间的关系一直比较紧张。对这样一个神祇的信仰，在南宋时期逐渐从崇仁县传播开来，成为抚州地方社会的主流信仰，这显然得到了地方精英的支持。关于这个问题，韩明士在本书第七章中只是约略提到，直到2002年出版的《道与庶道：宋代以来的道教、民间信仰和神灵模式》[19]才作了充分阐释，但其理路却是一脉相承的。

凡此，均显露出士绅阶层的主动性。正是通过这一系列主动的选择，士绅阶层逐步走上了地方化之路；而士绅阶层（精英）的地方化，使地方社会具备了更切实而丰富的内涵，逐渐形成了地方性的经济、社会、文化网络乃至权力网络；这种错综复杂的地方关系网络形成之后，必然相对稳定，也必然表现出相对于国家权威的独立性与自主性——这正是所谓"大地方"的实质。因此，"士的地方化"与地方社会的形成是同步的，而士绅阶层与国家的疏离，和地方社会之于国家权力的相对独立，也是一个问题的两个方面。

三

笔者最初注意到乡村聚落的"空心"现象，是基于对村落面貌的观察：在不少村落，因为近二十年来新建的房屋大多集中在靠近公路，或贴近市镇的方向上，原有村落的中心（在南方很多地方，往往是一个祠堂）地带只剩下无力改建新居的老户，房屋倾圮颓败，或者干脆废弃了，从而使村落呈现出外围新屋集聚、老中心却衰败空寂的面貌。后来，随着观察的不断深入，才逐渐认识到这种"空心村"现象还有着多元的表现形式与丰富的社会内涵：凡是"有一点能耐"的乡村青壮年都离开了村子,只剩下"老、弱、病、残、幼"，还有"土豪"和"地痞"，有文化、讲道德、能在乡村中发挥主导作用的"精英分子"确实是微乎其微了。

不管怎么说,从南宋及南宋抚州的士绅阶层,一下子说到今日乡村社会及乡村中"精英分子"之匮乏,这个"跨越"还是太大了些。但这里却正隐含着一种长时段观察的视角:南宋以来,随着士绅阶层的地方精英化以及"地方精英"范畴的不断扩大,乡村的"社会精英"在长期的总体演化趋势上呈现出一种姑且称之为"去文化化"与"土豪化"现象,即越来越远离"士"的本义——读书做官,忠君报国,越来越倾向于仅仅使用"财富"和"权势"来作为界定"精英"的标准,一步步地抛弃读书、文化教养以及附着其上的道德修养、伦理观念。显然,"地方精英的土豪化"可以看作"士绅地方化"的进一步延续,在很大程度上甚至是其演化的必然趋势;而"地方精英的土豪化"加剧了乡村社会内部的紧张,激化了各种矛盾,是促使明清以来特别是晚清以来乡村社会冲突不断加剧的原因之一。在这个意义上,今日中国乡村"文化精英"的缺失或许可以说是这一长期趋势不断演进的结果,城市化进程不过是促进了这一趋势的演进而已。

士绅的地方精英化——地方精英的土豪化,这一立足于地方社会主导或领导力量转型与地方社会演变的思考方式,促使我们把南宋的变化与其后元明清时期的发展联系起来加以考察,这应当是韩明士及郝若贝等人的研究最值得注意的学术史意义。张广达先生说:"郝(若贝)—韩(明士)说主张划出北宋南宋之间的分野(Northern Song-Southern Song divide),研究趋向主要是把握南宋和后世中国社会的连续性。诚然,唐代某些因素在北宋还有延续……可是,南宋也是明清社会诸多因素的滥觞。因此,郝—韩说宁将北宋视为唐代的延长,也要把南宋和后宋时代密切相联系。"[20] 实际上,这一研究理路,近年来已得到北美中国史学者越来越多的认同。2003 年出版的《中国历史上的宋元明过渡》论文集即试图以这一研究理路为基础,希望对宋元明时期中国历史的整体发展趋势作出说明,从而将西方中国史学者已经熟悉的帝制中期(唐宋,7—13 世纪)和帝制晚期(明清,1550—1900)中间的所谓宋元明过渡时期(transition period)的地位突显出来。[21]

那么,对于元明乃至清代的历史发展来说,究竟哪些因素是"南宋的遗产"?我们知道,任何判断都可能引发相反的意见,而每一种意见又都有很多至少看起来非常强有力的证据。然而,学术研究不能永远回避做出判断。我想,就本文论题有关的内容来说,或者有三个方面,可以约略言之:

首先,是强有力的、专制的、规模相对较小的国家,或者直截了当地表达为"专制的'小国家'"。这里,"国家"之上的三个界定词甚至"国家"本身都可能引发无穷的争论。较少争议的或许是"专制";而如果承认它是"专制的",那么,至少在表象上,它也是强有力的,"生杀予夺,在予一人",孰能谓为"软弱无力"?同时,虽然"帝制中国中晚期专制政府权力衰退论"自始即受到强有力的批评,但即便是最坚定的反对者,也不能不承认:相对于高度膨胀的人口总量和日益壮大的经济总量而言,国家权力机器至少在规模上表现出逐渐缩小的趋势,国家权力不及(无力"及"与不愿"及")的领域越来越大。就国家权力向社会基层的渗透而言,虽然尚有待证实,但如果说宋元明乃至清代,国家权力对基层社会的控制较之于汉唐为弱,可能不会是一种谬之千里的判断。如果我们承认上述判断有其合理性,即帝制中国中晚期是以"小国家"为标志的,那么,就必然会引出一个问题:

我们今天面对的国家权力无所不在的"大国家"又是如何形成的？它是不是中国式现代化道路的"必要而充分的条件"？

其次，是由地方精英主导的、有一定相对自主权的地方社会，亦即所谓"大地方"。这些地方精英集团虽然此消彼长，与国家权力之间的亲疏、互相利用与冲突也各有不同且历有变化，但他们盘根错节地立足于地方，自我赓续，相对于国家权力而言有一定的稳定性与独立性：朝代更替虽然会影响到地方某些家族的兴衰，但作为一个阶层或集团，却并不因朝廷更替而兴衰。国家权力欲有效地控制地方，必须程度不同、方式不一地仰赖于他们的合作与支持。他们行使权力、发挥作用的领域虽然主要是国家权力所不及之处，但也并非全然如此，在很多领域，比如地方防务与地方社会冲突的解决方面，他们会与国家权力发生或大或小的冲突，从而清晰地表现出其相对独立性。如果这样一幅图景历南宋元明清而具有某种普遍性，那么，我们不禁要追问：这种"大地方社会"又是如何消亡的？显然，地方精英的土豪化加剧了地方社会内部的紧张，是导致其衰亡的内因——在一定意义上，"打倒土豪"意味着铲除了地方社会的根基；而伴随着中国式现代化进程的国家权力的高度渗透以及城市化，更将所有潜在的"地方精英"因素连根拔起，令其消亡殆尽。

最后，是知识阶层逐渐"转向内在"。这里忽然使用"知识阶层"这个词，是因为地方化之后的士绅既不再以天下兴亡为己任，自也不可能成为"社会的良心"；而土豪化的"地方精英"更是蔑视读书，惟财富与权力是尚，全与知识无缘。但总是还会有一些人，不能"与时俱进"，不识时务地思考着国家、社会乃至人类的命运与实质。然而，国事自有天子圣裁，州县之事自有"青天大老爷"

做主,乡曲是非自有土豪劣绅为之"武断",家事不足为,所余下的,就只有修身养性、澄心悟道、思古怀旧,"念天地之悠悠,独怆然而涕下"了。

注释:

1. [宋]曾巩:《曾巩集》卷十八《拟岘台记》,北京:中华书局,1984年,第292页。

2.《舆地纪胜》卷二九,江南西路抚州"风俗形胜"栏,北京:中华书局,1992年,影印本,第1272页。

3. Robert Hymes. *Statesmen and Gentlemen: The Elite of Fu-Chou, Chiang-His, in Northern and Southern Sung*. London, Cambridge: Cambridge University Press, 1986, pp.210-211.

4. [美]包弼德(Peter K. Bol):《斯文:唐宋思想的转型》,刘宁译,南京:江苏人民出版社,2001年,第4页。

5. Robert Hymes. *Statesmen and Gentlemen: The Elite of Fu-Chou, Chiang-His, in Northern and Southern Sung.*, pp.8-11.

6. 包伟民:《精英们"地方化"了吗?——试论韩明士〈政治家与绅士〉与"地方史"研究方法》,《唐研究》第11辑,北京:北京大学出版社,2005年,第653—671页,特别是第634页。

7. Robert Hymes. *Statesmen and Gentlemen: The Elite of Fu-Chou, Chiang-His, in Northern and Southern Sung.*, p.212.

8. Robert Hymes, *Statesmen and Gentlemen: The Elite of Fu-Chou, Chiang-His, in Northern and Southern Sung*, pp.82-123.

9. [美]包弼德:《唐宋转型的反思——以思想的变化为主》,《中国学术》第三辑,北京:商务印书馆,2000年,第63—87页,引文见第75页。

10. Robert M. Hartwell. "Demographic, Political, and Social Transformations of China, 750-1550". *Harvard Journal of Asiatic Studies*. Vol.42, No2(Dec., 1982): pp.365-442.

11. Conrad Schirokauer, Robert Hymes, eds., *Ordering the World: Approaches to State and Society in Song Dynasty China*, Berkeley: University of California Press, 1993.

12. [美] 包弼德:《唐宋转型的反思——以思想的变化为主》,《中国学术》第三辑, 第77页。

13. Robert Hymes. *Statesmen and Gentlemen: The Elite of Fu-Chou, Chiang-His, in Northern and Southern Sung*, p.209.

14. [美] 包弼德:《斯文:唐宋思想的转型》, 第11页。

15. 袁寀:《袁氏世范》卷二《处己》,"子弟当习儒业",《丛书集成初编》本, 北京:中华书局, 1985年, 第40页。

16. Robert Hymes. *Statesmen and Gentlemen: The Elite of Fu-Chou, Chiang-His, in Northern and Southern Sung*, pp.113-114.

17. 陈寅恪:《读莺莺传》, 见《元白诗笺证稿》, 上海:上海古籍出版社, 1978年, 第112页。

18. Robert Hymes. *Statesmen and Gentlemen: The Elite of Fu-Chou, Chiang-His, in Northern and Southern Sung*, p.150.

19. Robert Hymes. *Way and Byway: Taoism, Local Religion and Models of Divinity in Sung and Modern China*, Berkeley: University of California Press, 2002.

20. 张广达:《内藤湖南的唐宋变革说及其影响》,《唐研究》第11辑, 北京:北京大学出版社, 2005年, 第5—71页, 引文见第52页。

21. Paul Jakov Smith, Richard von Glahn,eds, *The Song-Yuan-Ming Transition in Chinese History*. Cambridge, Ma.,: The Harvard University Asia Center, 2003.

化外之区如何步入王朝体系
——读《木材之流动：清代清水江下游地区的市场、权力与社会》[*]

一

我不曾到过黔东南清水江下游的锦屏，却刚从陕西黄河岸边的韩城回来。

韩城有韩原、少梁邑，有魏长城、司马迁祠，有龙门山、大禹祠、禹门渡；明清时期的韩城县城保存得很好，除了城墙已拆除外，城内街道格局基本依旧，文庙、城隍庙等重要建筑大抵如故；县城北十余里处的党家村精美的古民居令人想起它曾经傲视群伦的繁富，而村北的泌阳堡则提醒人们不要忘记曾经发生过的动乱与杀伐。在韩城，你随时随地都会感受到，这里的每一寸土地，都与中国历史的宏大叙事联系在一起。

司马迁生在韩城。他当然不曾到过锦屏，可以肯定，他根本

---

* 本文撰写于 2007 年，原刊于《中国图书评论》2007 年第 7 期。

就不会知道沅水的上源有一条清水江（他知道沅水）。事实上，在司马迁之后的千余年间，清水江一直处于朝廷及其士子文人的视野之外，即所谓"化外之区"。直到明清之际，顾祖禹在论及贵州形势利害时，仍然说："贵州之地，自唐宋以来通于中国者，不过什之一二。元人始起而疆理之，然大抵同于羁縻异域，未能革其草昧之习也。"[1]对于清水江流域，他甚至误把今之亮江（新化江）当作了清水江的正源，至于清水江，却只是说"出生蕃界，东至赤、白两江口合新化江"，仅知道其地为"生蕃"所居，"山箐险陀，苗蛮出没"。当然，"化外之区"并非没有历史，不过那只是"生蕃"、"苗蛮"们自己的历史：清水江及其众多支流静静地流淌着，两岸山峦起伏，绿竹桃花丛中掩映着山寨、人家；生计可能很艰难，所以不会没有争斗抢夺，也一定会有血腥的杀戮，但所有这一切，都只是"他们自己的事情"，只是对他们自己有意义；远在数千里之外深宫重殿中的皇帝及其朝臣们不会知道，似乎也不太希望知道；直到今天，我们也知道得不多，或者说很少，乃至微乎其微。

　　大约从明朝起，特别是在清代以后，人们（朝廷、士子以及今天的我们）对这一地区的了解越来越多，因为它逐步从"化外"走向了"化内"，进入了所谓"王朝体系"之中，成为王朝国家的一个组成部分。《木材之流动：清代清水江下游地区的市场、权力与社会》所描述的，正是清水江下游地区如何从"化外"走向"化内"的过程。用作者的话说，则是"清水江领域渐次成为王朝国家一个独特组成部分的过程"。换言之，也就是"王朝国家的秩序在（清水江下游）地方社会逐步建构的过程"[2]。作者概括这一过程说：

自明代开始出现的对清水江流域边缘地区的渐次开发，使得来自王朝国家的力量逐步向下游区域社会渗透，以致在清初即有沿江"生苗"村寨向地方官府"纳粮附籍"的情况发生；而雍正年间的开辟"新疆"之举，以及随后展开的对清水江大规模的疏浚，不仅使地方社会一步步进入到王朝国家秩序之中，而且促进了以清水江水道网络为基础的一个区域性市场网络的形成，直接带动了对区域社会产生深刻而广泛影响的经济贸易活动的发展。正是在这样的历史大背景下，种粟栽杉、伐木放排、当江市易成为清水江下游地区最为重要的经济活动。应该说，这是一个王朝国家力量、市场需求、地方社会自身发展逻辑等交互作用的结果。（第269页）

显然，王朝国家力量、市场需求与地方社会自身发展逻辑，是促使或导致清水江下游地区从"化外"走向"化内"或"进入到王朝国家秩序之中"的三方面动因或影响因素。虽然作者极力避免将这一过程解释为王朝开疆拓土、推行教化的结果，却不得不将"王朝国家力量"列于上述三方面因素之首，而且在叙述这一过程时，将王朝力量的介入、国家秩序的引入进程作为主线索之一。

诚然，"对于中国这样一个保存有数千年历史文献，关于历代王朝的典章制度记载相当完备，国家的权力和使用文字的传统深入民间，具有极大差异的'地方社会'长期拥有共同的'文化'的国度来说，地方社会的各种活动和组织方式，差不多都可以在儒学的文献中找到其文化上的'根源',或者在朝廷的典章制度中发现其'合理性'解释。区域社会的历史脉络,蕴涵于对国家制度和国家'话语'的深刻理解之中。如果忽视国家的存在而奢谈地域社会研究,难免有'隔靴搔痒'或'削足适履'的偏颇。""区域历史的内在脉络可视为国家意识形态在地域社会的各具特色的表达,同样地,国家的历史也可以在区域性的社会经济发展中'全息'地展现出来。"[3]这一认识,可以说是中国传统社会之区域研究的出发点,也是区域研究应当遵循的基本原则。但是,如何将这一基本原则落实到具体的区域实证研究中,却是每一个区域研究者最费踌躇、也最见功力的地方。就清水江下游地区地方社会的建构这一论题来说,包括大规模军事征剿在内的"王朝国家力量"的进入,显然是"王朝的国家秩序"在地方社会得以逐步建构的必要前提。作者对此作了充分的阐释。可是,我们仍然要进一步追问:"王朝国家力量"为什么要进入这一地区?最重要的是,清水江流域(以及广大的苗疆,甚至更广大的西南民族区域)并非真正意义上"边疆",早在汉武帝时代,即已纳入中华帝国的版图,只不过未设置与内地一样的地方军政机构、其居民亦未"附籍纳粮"而已。那么,"王朝国家力量"何以在明清时期特别是清代才渐次进入这一地区,甚至在雍正年间以军事征剿方式强行"进入"呢?我们当然可以将此解释为中央集权的渐次加强或朝廷强化中央集权的欲求,也可以解释为"王朝国家力量"只是到明清时期特别是清前中期才有充足的力量进入这一偏僻之区,但是,这种似是而非的阐释既得不到"证实",也无法证明其"相反的认识"为"伪":如何能证明洪武、永乐朝的"国家力量"一定赶不上康熙后期和雍正年间?我们又如何判断唐王朝在黔中道的"国家力量"较之清王朝在这一地区的"国家力量"一定为弱？如果我们不能证明确乎存在着一种"王朝国家力量逐步增加"的历史发展趋势（这种"国家力量不断加强"说，正在受到越来越多的批评，有的学者甚至提出了"帝制中国晚期国家权力衰退论"[4]），那么，又如何解释正是在明清时期特别是清前中期，"王朝国家力量"才逐渐全面地进入到这一地区？

当然可以有很多种解释，甚至偶然性与个人因素（如张广泗之经略古州）也不能忽略，但最根本的原因，也许应当从地方社会内部去寻找——更合理的假设可能是：地方社会的发展，需要"王朝国家力量"的介入，也具备了国家力量进入的条件。

显然，要证明地方社会确乎存在对"王朝国家力量"的需求，以及怎样才算是"具备了国家力量进入的条件"（这些条件究竟应当有哪些，都还值得讨论），可能比较困难，但也并非没有蛛丝马迹可寻。事实上，作者已洞悉到此种需求的存在。在讨论万历年间设置天柱县之缘由时，作者引述会同知县的话，说：

> 苗与侗民互相荼毒，官军收鹬蚌之利；如苗杀我民，官军声言剿捕，苗不得出入耕布；我民杀苗，无所告诉，统苗报复，或伏路要杀，或墩锁索赎，不问所报非所仇。卒之，利归剧豪，害遗苗类。苗所以愿建县也。（引见第21页）

地方社会中苗、侗冲突，苗、民（汉？）冲突以及苗中"剧豪"与"苗类"的分化，都是"苗所以愿建县"亦即愿意（或希望？）引进"王朝国家力量"的缘由。至于康熙中文斗上、下寨之分别

"纳粮附籍",特别是下寨"捐银赴天柱投诚",从而造成文斗"一寨隶两属"的情形,恰如作者所详细分析的那样,正是文斗寨内部"业已存在的不同人群之间矛盾冲突延续或进一步发展的结果,但也是地方社会生活中至关重要的地权界定与保护需要的一个必然后果"。具体地说,也许正如作者猜测的那样:

> 作为后续迁入者改变其不利境遇最有效的努力,莫过于对王朝力量的借助,所谓"见势可转移"成为春黎一支姜姓人群"率众输粮,始遵国制"的根本动因,其背后可能包含着他们对地方资源和利益重新分配的诉求,其中山林土地产权的界定与保护,似乎也就在王朝相关制度和政策介入之下成为可能。而下寨所作出的反应,尤其是所经历的均田摊粮,同样取得了土地权利界定和分配的实际效果。这样,官府对地方的统治与地方社会界分或确认土地权属与利益的愿望,得到了很好的配合与统一。(第 206 页)

类似的诉求很可能是普遍的,"王朝国家力量"在很大程度上是因应此种诉求进入这一地区的;而此种诉求之普遍产生,正是数百年来这一地区社会经济不断发展、社会结构渐次变化的结果。我们虽然还不是很清楚自汉武帝开辟西南夷以来特别是宋元以来这一地区究竟发生了哪些变化,但变化显然是存在的;正是在这些发展、变化过程中,地方社会希望"王朝国家力量"介入的诉求渐次突显出来。

二

"市场需求"是清水江下游地区从"化外"走向"化内"、进入王朝体系的另一个动因。事实上，全书的论述正是围绕着木材采运活动这一中心展开的，作者溯木材流动过程而上，一步步地展开了对清水江下游地方社会历史进程的描述：首先是以清水江水道网络为基础的区域性市场网络的逐渐形成，出现了以卦治、王寨、茅坪三寨（"三江"）为中心的区域性木材贸易中心市场；在清水江流域木材采运市场中心的建构过程中，既有官府介入下各种制度及市场机制的形成，也有不同利益主体在特定时空条件下的互动以及各种权力、社会文化资源的交互作用和影响（第一、二、三章）。其次是在木材进入"三江"中心市场交易之前，"山客"在上河地区木材流动过程中所发挥的核心作用，及其在上河地区的社会生活中所扮演的重要角色，以及某些有势力"山客"家族的起落和其间所反映出来的地方社会权力结构的变动（第四章）。最后则是在木材流动的起点，即以文斗寨为代表的村寨，在清代尤其是清中后期，围绕挖山种杉这一核心经济活动，在社会关系与观念体系方面所发生的重要变化，特别是以地权关系为核心的地方社会关系的形成与发展（第五章）。显然，木材采运活动所涉及的各个环节，是本书的中心线索，书名题为《木材之流动：清代清水江下游地区的市场、权力与社会》，正恰如其分地反映了该书的主题。由此，作者进而做出了一个很重要的推论（可能是本书最重要的论点之一），即："贸易的发展可能是将清水江流

域带入全国性市场,同时也使其加速进入王朝体系的更重要的动因。"(第277页)

我认同这一判断或揣测,丝毫不认为作者"过分强调甚或夸大市场的作用",作者在这方面的论述非常详密细致,因而是富有说服力的。显然,这种理路与认知应当来自施坚雅的启发,或者可以表述为"施坚雅模式"在清水江流域的演绎与拓展(作者或许不会同意这一说法)。我们知道,"施坚雅模式"的核心,在于从经济的角度探究中国各地区间的内地联系。在有关市镇的讨论中,他论证说:在农业区域,最重要的聚落是那些定期集市,它们反映了农业经济日益增长的区域多样性。由此出发,施坚雅阐释了从农业经济中生长出来的地方聚落,是如何融入到更大的中国城市系统之中去的。更重要的是,他证明:这些集市及不同层级市场中心的存在,根本上是一种经济结果,是由于地方零售贸易发展,而不是行政控制或帝国统治的结果。"施坚雅模式"既对中国历史与社会的研究产生了广泛而深远的影响,也受到众多的批评[5],批评的核心之一是认为他把中国的乡村居民都看成是理性的经济动物,都会自觉使用成本最小化、效益最大化的市场法则。但我们知道,事实上并不都是如此。萧凤霞评论说:

> 施坚雅……运用新古典经济学派的工具和大量的人口统计数据,尝试描绘中国农村的市场结构。他首先提出了区域系统的概念,再以这些概念组成结构性的空间和时间,进而假设经济和行政机构就是在这个结构性的时空中运作。在这个极端形式主义的结构里,中国的农民是一个理性的经济动物,历史的偶然性、文化意涵和

个人的生活,都没有占上一席位。它们都不过是从属的变数,都足以用经济或行政的结构所解释;这些经济和行政的机制尽管有着结构上的差异,却在功能上互相整合。[6]

把对施坚雅的批评挪过来批评本书的作者张应强博士,是极不公平的,因为他已经充分地意识到施坚雅的局限,并在自己的研究中非常注意克服此种局限,充分地揭示了清水江下游地方社会对王朝国家"正统性"的诉求,特别是对于体现在土地及山林资源控制上的各种权力和身份认同的表达。他总结说:

清水江下游地区自清代始纳入王朝国家版籍,逐步由化外"生苗"变成国家的编户齐民。在现实社会生活中,不仅汉文字得到普遍运用,而其承载的典章制度及其权威性也在区域内广为流播——譬如,随着契约的出现及其在社会生活中的广泛应用,国家意识形态主导下的法权观念也在地方社会得到不断传播;人们如同收藏土地山林契约一样抄存各种诉讼词稿,或者相应地将官府告示刊诸石碑,都体现了对来自国家的政治和文化权力的依重。同样,村落社会中逐步发展起来的对科举与功名的重视,以及对这种文化权力给社会生活带来的实惠的认识,也加强了人们对家族历史重要性的认知。无论是不同姓氏间相当一致的关于先祖来源的追述,还是对诸如"弃龙就姜"之类事件的合理化解释,都是人们在特

定时空条件下对具有文化认同意义的宗族话语的创造性运用。(第278页)

正是通过对清水江下游的主体人群如何自下而上地引进、利用国家秩序的语言,在地方社会中加以运用以界定自己的社会身份、提升自己的地位这一复杂过程的阐释,作者沿着所谓"华南研究"的理路,将地方社会对国家文化权力资源的引入与利用,"叠加"在基于经济法则的市场结构之上,从而在肯定市场体系及其在地方社会建构过程中之重要意义的同时,把区域认同发展的文化意义提到了一个新的认识高度上来。换言之,在作者的笔下,"清水江人"——无论是三寨"当江"的各色人等,还是上河有苗人身份的"山客",抑或文斗寨拥有山场地权的"三大房"、"三老家"之类——都不仅仅是"理性的经济动物",而是能够自觉地使用国家秩序的话语、可以熟练运用文化权力资源的人群。或者干脆直白地说:是一帮"有文化的人"(我甚至觉得他们太"有文化"了)。

我绝不怀疑这些人群的经济理性和市场能力,但依然要追问:他们的经济理性和市场能力究竟从何而来?是原始的本能,抑或地方社会长期发展过程中不断培育的结果?还是"王朝制度及正统文化向区域社会不断渗透、地方社会与王朝国家积极对话的结果"?抑或是上述各种因素共同作用的结果?

所有权(包括土地所有权)及所有权观念是经济理性的核心,也是市场体系的基石。作者抓住"地权"观念与地权关系这一关键要素,将清水江地方社会中经济理性与国家秩序的话语联系起来,认为:"由于地权观念的发展,山场土地买卖、租佃、继承和析分的频繁发生,构成了文斗寨社会生活的重要部分,而这些活动反过来又发挥着促进、巩固和深化土地法权观念的作用；与此同时，围绕地权关系的发展演变，新的社会关系也在地方社会逐步发展成形。"（第272页）此论颇具卓识。他强烈地暗示，清水江地方社会中以地权为核心的所有权观念以及对契约的使用，来源于国家秩序系统，是对"汉族地区普遍存在的地权观念在内的社会制度和文化"的吸纳，"是与王朝积极开拓和经营边疆地区意图同步的汉文化扩张和传播的一个重要结果"（第208—209页）。这一判断有一个似乎是不言自明的前提，即：在国家秩序和汉文化进入之前，清水江流域苗民中不存在所有权观念，或至少是不存在较为清晰的所有权关系。可是，这个前提却是颇值得怀疑的，至少是未经证实的。实际上，我们可能并不难找到在此之前（至少是宋代）这一地区的苗民已存在所有权关系和所有权观念的证据。[7]

作者多次强调，民间契约的出现和越来越广泛的使用，以及从形式到内容逐步趋于完善，乃是清水江下游地区渐次纳入王朝政府直接统治、地权观念逐步建立和发展的极其重要的表征之一，"通过'纳粮附籍'成为王朝的编户齐民，是获取这种对土地支配权的根本条件，而来自王朝的力量或者说相关的典章制度，则成为确认和保护这种权利合法性的依据"（第213—214页）。这里涉及民间在交易活动中写立契约的缘由与目的，也牵涉到官府对待契约的态度和相关法律规定，这里不宜展开讨论，只想指出一点：吐鲁番、敦煌所出高昌、唐、五代契约，多有"官有政法，民有私要（约）"之类的表达以及"遇赦不除"之类的规定，说明早期民间契约并未能得到官府的承认，也理所当然地得不到"官法"的保护。[8] 明清时期的"官法"究竟在多大程度上可以"保护"

(或者民众在观念上认为"它可以保护")民间契约,尚未得到切实的说明。实际上,虽然仍需作大量的实证研究,但我更认同这样的假设:民间契约很可能有其自身的渊源(由口头诺言、誓约向文字契约的演变,本身就是一个非常复杂的过程),并不一定来自国家秩序的话语或"国家意识形态主导下的法权观念",立契之缘由与目的也并不一定都是为了得到"官法"的保护,而可能更需要于地方社会内部去寻求。

由此,我倾向于认为:在王朝国家秩序在地方社会逐步建构的过程中,或者说清水江下游地区逐步由"化外"走向"化内"的过程中,最根本性的动因可能主要来自地方社会自身的发展。诚然,王朝国家力量的进入、贸易发展所导致的市场网络的形成及其纳入全国性市场,都是重要的、必不可少的契机,但这两方面,与其说是地方社会建构的前提或基础,毋宁说是这一建构过程本身的组织部分或者其结果——当然,这种因果关系,即便存在的话,也仅仅是思考逻辑上的因果关系,而不能理解为明晰的历史存在。换言之,清水江下游地区在清代逐步走向"化内"、成为王朝国家体系的组成部分之一,主要应当视作为长期以来(特别是宋元以来)地方社会经济文化各方面不断发展的结果(这一发展本身也是与国家力量的进入、贸易的发展联系在一起的),即便是清朝国家力量全面进入之前,它也并非真正意义上的蛮荒之区;在这种发展过程中,提出了王朝国家力量介入的诉求,也形成了发展贸易的趋势;正是在这种背景下,王朝国家力量的适时进入,以木材流动为核心的贸易发展,加速了其进入王朝体系的进程;而在这一进程中,地方社会对国家秩序话语的引入与利用,更应当看作是构建地方社会的一种途径,而非目的。

这样的表达，也许与作者的表述并无根本性不同，其细微的差别乃在于，我更愿意强调在地方社会的建构过程中，来自地方社会内部的动力。刘志伟先生在谈到所谓边疆地区的开发历史及其社会建构时，曾经说过："如果国家建造的过程是包含着本地人如何用自己的办法去将自己同中心联系起来，我们与其将'边疆'视为一个承受国家制度扩张的开放空间，不如更多地关注地方上的人们如何运用他们的创意和能量建立自己的身份认同。……移民、开发、教化和文化传播的过程，不仅仅是文明扩张的历史，更被理解为基于本地社会的动力去建立国家秩序的表述语言。"[9] 显然，"基于本地社会的动力去建立国家秩序"是这一认识的关键。也许是我未能很好地理解或误解了作者的意旨，但读完全书，我总的印象是，这本书很好地描述了王朝国家秩序在清水江下游地方社会逐步建构的过程，细致地阐释了这一地区的"人们如何运用他们的创意和能量建立自己的身份认同"，但对"本地社会的动力"却未能予以充分的揭示（至少是让一个读者未能充分地感受到这种"动力"）。

三

以一个历史学者，去批评一位主要出自人类学背景的学者未能彻底地固守"地方"本位，多少有些怪异。这很可能出自个人政治与学术理念的偏执，也可能因缘于我对作者的误读。我只见过张应强博士一面，希望他能原谅我的偏执与愚顽。

在这部严肃的学术著作中，作者较少表达自己的情感与感性认识；作者另一部学术随笔性质的著作《锦屏》（"乡土中国"

丛书之一种，三联书店2004年版）也不在手边。我不知道作者在锦屏山寨的日日夜夜里的所见所闻、所思所想，那一定是非常丰富且激动人心的。我想，本书所讲述的只是那些日夜里作者见闻与思想的极少一部分，其中最主要的又似乎是他在那里听到或感受到的、从遥远的皇宫里传来的微弱却威严无比的声音，即所谓"国家秩序的话语"。

这些年奔波在乡野里，也时常听到这样的声音——它当然是无所不在的；或许是由于政治理念的障蔽，我更愿意"装作"没有听见。这本书，以及《历史·田野丛书》所收的另几种著作，都提醒我不能"忽略"这种声音，或者"装作"听不见，虽然就我的本来愿望而言，更希望如此。

一个历史学者，似乎完全可以在书斋里度过自己的一生，为什么越来越多的历史学者却选择了走向田野的道路？在为这套丛书撰写的总序《走向历史现场》中，陈春声先生对此作了很好的阐释：

只有参加过田野工作的研究者才能真正理解，独自一人，或与一群来自世界各地、具有不同学科背景的同行，走向历史现场，踏勘史迹，采访耆老，搜集文献与传说，进行具有深度的密集讨论，连接过去与现在，对于引发兼具历史感与"现场感"的学术思考，具有什么样的意义。置身于历史人物活动和历史事件发生的具体的自然和人文场景之中，切身感受地方的风俗民情，了解传统社会生活中种种复杂的关系，在这样的场景和记忆中阅读文献，自然而然地就加深和改变了对历史记载的理解。……通过实地调查与文献解读的结合,更容易发现,在"国家"与"民间"的长期互动中形成的国家的或精英的"话语"背后,百姓日常活动所反映出来的空间观念和地域认同意识,是在实际历史过程中不断变化的。从不局限于行政区划的、网络状的"区域"视角出发,有可能重新解释中国的社会历史。(第Ⅵ页)

确然如此。可是,或许因为我从未有过如此高远的学术志向,所以更多地是停留在"感悟"的层面上。在这些年的田野经历里,我更多的是在乡野土地与居住其间的人们身上,感受到生命的跳动与流逝,并因为这种感受而体察到自己生命的意义。我倾听鬼魂们的言语,他们告诉我地下的世界是如何黑暗与凄冷;我聆听活着的人们的抱怨,非常清晰地辨析出抱怨中对美好生活的追求,并认识到这种追求是生命的原动力,是历史进步的真正动因。由此,我可以听到历史的脚步在大地上走过的声音。

我以为,倾听并记录这种声音,是历史学存在以及历史学者生存的理由与意义所在。

注释:

1. [清]顾祖禹:《读史方舆纪要》卷一二〇,《贵州方舆纪要序》,北京:中华书局,2005年,第11册,第5232页。
2. 张应强:《木材之流动:清代清水江下游地区的市场、权力与社会》,北京:生活·读书·新知三联书店,2006年(以下简称《木材之流动》),第277页。以下凡引用此书,均于引文后注出页码。

3. 陈春声:《走进历史现场》,《历史·田野丛书总序》,见《木材之流动》,第 V 页。

4. 见 Robert Hartwell, "Regional Economic Development and the Transformation of Chinese Society,750-1250A.D.", *Harvard Journal of Asiatic Studies*. Vol.42, No2: pp.365-442;[美]包弼德:《唐宋转型的反思——以思想的变化为主》,刘宁译,《中国学术》第三辑,北京:商务印书馆,2000年,第63—87页。

5. Carolyn Cartier, "Origins and Evolution of a Geographical Idea: The Macroregion in China", *Modern China*, Vol.28, No.1.(Jan.,2002),pp.79-142.

6. 萧凤霞:《廿载华南研究之旅》,程美宝译,《清华社会学评论》2001 年第 1 期,第 181—190 页。

7.《宋会要辑稿》"蕃夷五"中即保存了部分资料。关于这个问题,日本学者河原正博、冈田宏二等曾作过一些分析,参阅 [日] 冈田宏二《中国华南民族社会史研究》,赵令志、李德龙译,北京:民族出版社,2002 年,第 407—416 页。

8. [日] 请参阅仁井田陞《敦煌发见の唐宋取引法关系文书》及《吐鲁番发见の唐宋取引法关系文书》,见所著《中国法制史研究(土地法·取引法)》,东京:东京大学出版会,1980 年,第 647—826 页;Valerie Hansen, *Negotiating Daily Life in Traditional China: How Ordinary People Used Contracts, 600—1400*. New Haven and London: Yale University Press, pp.17-46。

9. 刘志伟:《地域社会与文化的结构过程——珠江三角洲研究的历史学与人类学对话》,《历史研究》2003 年第 1 期。

《传统中国日常生活中的协商：中古契约研究》评介[*]

耶鲁大学历史系教授韩森（Valerie Hansen）所著 *Negotiating Daily Life in Traditional China: How Ordinary People Used Contracts, 600—1400*（New Haven and London: Yale University Press, 1995）是她继《变迁之神：南宋时期的民间信仰》（*Changing Gods in Medieval China, 1127—1276*. Princeton: Princeton University Press, 1990；中译本由包伟民译，浙江人民出版社1999年版）之后推出的又一部力作。其书名直译当作"传统中国日常生活中的协商：老百姓怎样使用契约"，但这种译法并不能准确地反映出作者的本义。这里的关键是"negotiating"一词，它既有协商、谈判及通过协商解决问题、达成协议之意，又有曲折前行、越过障碍、最终获得成功的隐喻之义，而作者使用其现

---

[*] 本文撰写于2008年，原刊《中国学术》第29辑，北京：商务印书馆，2011年，第395—410页。

在分词形式，又意在强调这一过程。韩森教授曾向我解释这个词的内涵及她的本义，但要在中文语汇中找到一个恰当的对应表达，确实非常困难。我曾将它译为"协让共赢"，虽然于其本义或庶几近之，然"协让"失之太古，"共赢"又过于现代，并不如人意。

本书之主题是中国古代老百姓日常生活中的"negotiation"，实际上是官府、民（老百姓）与鬼神三方的"negotiation"：老百姓互相协商并订立契约，是为"现世契约"，或径称为"阳券"；老百姓与神鬼之间的协商与契约（买地券），是为"冥世契约"，即"幽契"或"冥契"、"阴契"；官府对待老百姓所使用之现世契约（"私契"或"民契"）的态度与政策前后历有变化，则反映了所谓朝廷"政法"与民间"私契"从对立、并存到契合的演变过程；而冥世契约则不仅反映出老百姓对死后世界的看法，还折射出冥府、鬼律与阳世官府、官法之间的对应关系。这样，作者即围绕着"契约"这一中心论题，揭示了中国中古时代官府、百姓、鬼神三者之间错综复杂的关系以及这三者相互协商、讨价还价并在这种角力中共存的社会过程，展现了中古时代社会变革的某些侧面。

本书提出了很多饶有趣味的话题，如冥契与现世契约之间的关系，"官法"与"私契"的关系，契约所涉各方（立契双方与保人、见人）间的关系，以及老百姓对官府和冥府的看法，等等，虽然作者并未能完全回答这些问题，其具体论点也或有可商之处，但这些问题之提出，本身即颇具启发意义。

一

将现世契约与冥世契约合起来加以讨论，是本书最重要的特点。除了绪论性质的第一章"为什么要研究契约"之外，全书分为两部分：第一部分即"现世契约"，原文直译为"与人立契"，共有四章，分别考察了唐前中期、唐后期至五代、两宋以及蒙古统治时期契约的使用、形式、官府对待契约的态度与政策以及契约的作用等；第二部分是"冥世契约"，原文直译为"与神立契"，包括三章，主要探讨冥契（买地券）的使用、形式、内容以及人们使用买地券的观念背景及其意义。虽然第一部分篇幅较大，但吸引我注意的，却首先是第二部分关于冥契（买地券）的讨论。

凡是接触过买地券的学者，大都会认为它是现世实用土地买卖契约的翻版，其格式、内容和用语，均与同时代的现世实用契约基本相同，有的学者甚至把部分早期买地券径看作是实用的墓地买卖契约，并进而据之讨论当时的土地买卖、价格乃至土地所有制问题。[1] 作者也是从这里出发的，她指出：这些埋在坟墓里的契约，为研究现世实用契约提供了一种有益的比较；而这些买地券，"清晰地反映出真实世界契约的影响，证明中国人普遍持有使用契约的观念。买地券各条款所涉及的许多问题，与现世契约所涉及的问题相同"；甚至这些买地券的意义、作用也与现世契约基本相同："这些买地券意味着持有者（殁亡人）可以在阴间拥有墓地所有权，他们将在冥府阴司出示这些契约"，就像在阳世遇到土地纠纷打官司时向官府提交地契以作为证据一样。[2] 本书有关买地券研究的独到意义也许正在于此，因为今存宋元时期的现世契约原件较少，而墓葬所出买地券文本却较多，显然，对买地券文本及其使用情况的分析,有助于弥补此一时期现世契约文本残存较少的缺憾。

将冥契与现世契约联系起来考察的观点,意义可能并不局限于此。问题在于,这些冥契果然全部是现世契约的翻版吗?换言之,冥契一定是对现世契约的模仿,或者说一定是先有现世契约而后才有冥契吗?作者在本书中没有正面回答这个问题,虽然她对冥契的溯源暗示它的使用可能早于现世契约;而她在为《变迁之神:南宋时期的民间信仰》中译本所写的"前言"中则明确地说:

> 最早从墓葬出土的契约,其纪年早至公元1世纪,它们看来是用于向冥王购买墓地的买地券,与人们在阳间购买墓地的地契或地券相对应。显然,想要将这两类契约区分清楚很困难,而且汉代的人可能并未将它们加以区分。人们可能首先在与阴君协商的时候用上了契约,然后才在人世间互相协商时签订契约文书。这不能不说是令人惊异的。[3]

也就是说,契约可能起源于人与神祇之间所订立的契约,而不是起源于经济发展所引发的人与人之间的经济协商。这个认识确实"不能不说是令人惊异的",尤其对于中国学者来说,因为它隐含着"宗教(或信仰领域的)变迁有可能先于经济发展而发生"。

韩森没有直接论证这一观点,但她提供了一个辅证:古文献中第一次提到冥钞(纸钱)是在6世纪的《冥报记》,它比宋代在11世纪初行用纸币,早了4个多世纪。这确是一条有力的佐证，虽然我们对冥钞与纸币的始用时间可能会有不同的看法，但几乎所有学者都会承认:使用冥钞要远比使用纸币早得多。[4] 显然，冥钞的作用（其"观念性功能"）与冥契相近似，而纸币则可与现世实用契约相类比。既然冥钞的使用早于纸币，那么，冥契自亦可能先于阳券而出现。

这一假说涉及《周礼》之"地官·质人"与"秋官·司约"等文献记载的理解、春秋盟誓之性质的认识、先秦青铜器铭文契约资料的阐释以及先秦秦汉时期傅莂、质剂、书契之性质与作用的判断等问题，不能具论。这里仅补充两点证据：

（1）研究表明，自东汉以迄宋元，买地券的书券人主要是阴阳生、术士、道士、僧人等信仰领域的从业者，与现世实用契约的书契人绝非一类人。买地券之形式、用语以及立券之仪式，固然与现世实用契约有诸多相同，但并不能因此而遽然判断它一定是受后者的影响，或是对后者的模仿——实际上，现世实用契约中的某些用语，如"忏悔"等，很可能是借用自买地券的（至少在今存材料中，这个词是首先出现于买地券中，然后才出现在实用契约中的）。因此，从文本上基本可以断定，现世实用契约对所谓"冥契"的模仿与借用，当超过后者对前者的模仿与借用。因此，"冥契（买地券）是现世实用土地买卖契约在阴间的翻版"的观点，至少得不到文本分析的支持。[5]

（2）不仅汉代的人们可能未区分冥契（买地券）与现世契约这两种契约，即便是唐宋乃至明清时期的老百姓，对这两种契约大约也是等量观之的，虽然很明白地知道它们的功用不同。一个重要的表现是他们可能会将这两种性质的契约混在一起。唐大中元年（847）安喜县刘元简为亡考买地券就是一个典型的例证：

维大中元年岁次丁卯八月甲午朔廿一日甲寅，□□刘元简为亡考押［牙］刘□□墓于定州安喜县［鲜］虞乡晖同村，于百姓乔元静边，用钱伍拾伍贯文，买地壹段，壹拾亩，充永业墓地。东自至，西至吴侍御墓，南自至，北自至。□括□□□□□□是卖地领钱人乔元静□□□□□□□。［保］人［李］□□、阎如岳。

东至青龙，西至白虎，南至朱雀，北至玄武，上至青天，［下至黄］泉，并属刘氏。先有居者，远□万里。石券分明。□□□□。知见人：岁月主者。一定以后，主人大富［贵］。[6]

此券是作为孝子的生人刘元简为其亡考买地的冥契。其上半部分，自"维大中元年"至"阎如岳"，显然直接采自实用契约，或本身就是实用契约；而后半部分，自"东至青龙"至券尾，则正是常见冥契之惯用语，很可能是后加上的。换言之，此券是缀合实用契约与习见冥契而成的。而山西大同金代冯道真墓所出墓志碑一通，其正面为墓志铭，碑阴则刻有买地契：

城西祖师坟买地契。西京刘宣差下武君福，今为要银使用，别无所得，遂将本户下宋家庄村西南地壹段南北畛记地贰拾伍亩，东至韩老地，南至官道，西至韩大地，北至小道。其地四至，立契出卖与本京龙翔观冯大师永远为主。两议定价银贰拾伍两，立契日各交分付讫。如日后但有诸般违碍，有人争占，卖地主武君福一面代当无词。一定已后，各不番悔；如有先悔者，罚银壹拾两。恐人无信，故立此文字为凭。乙巳年九月二十八日。

卖地人武君福（押）。同卖地母阿贾（押）。邻人韩老（押）。邻人韩大（押）。 见人王贞（押）。西京都税使司给年月同使（押）。[7]

这显然是一份典型的现世实用土地买卖契约，绝非冥契，而营葬人仍将其置入墓中，则至少在营葬人观念中，其作用与常见之冥契相同[8]，二者并无根本性不同。将现世实用契约与冥契等同并置于坟墓之中的观念，说明二者在起源上很可能存在着相关性，或者说可能是同源的。

如果冥契确实是先于现世实用契约而出现，那么，一个直接的推论就必然是，关于地下土地所有权的观念，可能早于现世土地所有权观念。亡人在地下要有栖身之所，这种观念并不鲜见；值得注意的是，亡人要取得地下土地的所有权，须向地下神祇（冥府）购买，而在现世生活中，平民百姓是不可能向官府（朝廷）"购买"土地的。阳世的土地所有权观念来源于冥世土地所有权观念吗？还是冥世的土地所有权观念是对在阳世未能如愿的土地所有权诉求的一种反映？显然，这里关涉到中国古代土地所有权观念的形成、演变与其实质，值得我们进一步思考。

二

吐鲁番与敦煌所出契约文书中，多有"官有政法，人从私契"或"官有政，民私要"之类条款，从而将官府（朝廷）之"政法"

与民间之"私契"对立起来;而敦煌借贷契约中有关"遇赦不除"的规定("中间或有恩赦,不在免限","或有恩赦流行,亦不在论理之限"等),则暗示着民众对朝廷法度的部分拒绝或抵制。正是通过对今存契约文本的分析,韩森抓住"政法"与"私契"的关系这一主线索,考察了官府对契约的态度及其政策的演变,以及契约所反映的老百姓对官府、朝廷法度的态度。实际上,本书第一部分有关现世契约的考察,就是以官府对待契约的态度及其政策的变化为主线的,"官府勉强承认私契"(第二章)、"官府承认契约"(第三章)、"官府征收契税时期"(第四章)等章目,即清晰地描述出官府不断强化对民间契约的干预这一过程,即从不愿干预民间的交易、勉勉强强地承认民间私契(唐前中期,755年以前),到逐步承认民间契约是所有权的凭证,并开始征收契税(755年以后、晚唐五代),再到不断试图规范契约的使用、千方百计地增加契税收入(宋代),而与此同时,契约的使用则越来越普遍,成为老百姓日常生活中必不可少的组成部分。

官府何以会不断强化对民间交易过程的干预?一个显而易见的理由是为了征收契税、以增加财政收入;其次是随着户籍制度与均田制的崩解,官府无法再根据官府籍帐以掌握民间田宅的所有权状况,遂不得不承认契约是所有权的凭证——其中最突出的表现乃是官府承认并依靠土地买卖(或典当、租赁)契约作为土地纠纷诉讼中的呈堂证据。作者对这一过程的描述及其动因的分析非常有趣,生动地再现了几个非常典型的个案故事,比如敦煌文书中所见寡妇阿龙告官的故事、日本学者竺沙雅章所首先提示的郑胜一之死案,等等。她认为,"征收契税,标志着官府对待契约的政策发生了一次转折":在唐前期,唐律禁止土地买卖,"唐律的编纂者试图努力与私人契约保持距离，并将国家的干预缩减到最小范围"；然而，随着均田制下户籍册的消失，"人们不得不使用契约以证明所有权，十世纪，地方割据政权将征收契约的印花税形成为制度。迈出了这一步，他们也使自己更全面地介入到契约的拟立过程中来，这种全面的政府干预是唐前期的统治者所无法想象的"[9]。

官府不断强化对民间交易过程的干预，意味着官府对民间经济生活的干预与控制逐渐加强吗？虽然作者没有明确这样说，但这应当是一个显明的推论。若果如此，那么，韩森在这里所蕴含的一种"国家与地方社会关系"的阐释模式，就与所谓"帝制中国中晚期专制政府权力衰退论"迥然有别。郝若贝（Robert Hartwell）在他著名的长文《中国的人口、政治和社会变革：750—1550》中论述说：自晚唐至北宋时期，人口与经济（特别是农业经济）的发展十分显著，完全可以形容为一次"人口爆炸"和"经济革命"，而人口增长、经济发展与社会整体财富的增加，对全国范围的政治社会结构产生了综合性影响，其中在政治控制方面的一个重要表现就是：帝国内部高密度人口地区的扩散引发了行政上的困难，从而迫使中央政府"下放"权威，具体表现在"路"的出现和"县"的独立性加强。与此同时，中央政府的官僚化进程即使不是倒退，也趋于停滞了。过去垄断着国家高级职位的半世袭的职业官僚阶层日趋没落，被地方性士绅家族所取代。[10] 这一理论，在韩明士（Robert Hymes）与谢康伦（Conrad Schirokauer）主编的论文集《燮理天下：走近宋代的国家与社会》的"绪论"中，有更清晰的表述；[11] 而包弼德（Peter K. Bol）在《唐宋转型的反思》一文中则作了简要概述：相对于人口的大幅度增长（一般认为北宋末年全国人口已超过了1亿）和经济的高度发展，政府在社会中的作用变小了——与唐朝政府在土地控制、劳动力与贸易等方面所拥有的权力相比，宋朝政府的权力变弱了，变成了一个"相对小的国家"[12]。而韩森在这里却似乎在说（虽然她并没有说）：不，我不知道国家权力变小还是变大了，只是看到官府越来越多地介入到老百姓日常生活中的交易活动中来——试图强制推行某种官府规定的契约样式，通过牙人征收契税（并不断提高税率），承认民间契约的合法地位（虽然不太情愿），等等。

这是一个有趣的比照：韩森的问题意识显然来自Hartwell式的"唐宋变革论"[13]，却并未受其理论预设的约束或局限，而是跳出了这一理论框架，从史料出发，得出了与其理论预设不甚吻合甚或是相反的认识。中国学者或者会批评美国学者研究中国历史问题的"痼疾"乃在"理论先行"（"先论后史"），至少在韩森的这本书中，我们较少会有这种感觉。

应当说，韩森就官府不断强化对民间交易的干预、契约使用越来越普遍这一历史进程的阐释是令人信服的，但是，对官府干预民间交易活动的动因，仅从官府被动地接受既定事实、不得不承认民间契约作为所有权的凭证以及增加税收等方面着眼，却总让人觉得还不够深入。在第四章中，作者利用《名公书判清明集》的材料，对南宋时期法官们推翻不正当交易所使用之契约的一些案例进行了分析，认为法官们虽然大都自觉地与法律规定保持一致，但在审查案件时往往会加上自己的道德判断和伦理主张，推翻那些他们认为不道德的婚约或离异，也可以推翻那些他们认为不正当的土地买卖，即便是双方所立的契约完全合乎有关的规定。[14]

我认为这虽然仅是部分官员的个人行为，却暴露出官府干预民间交易活动及契约的另一方面动因：推行官方的教化。实际上，立契本身，即与严格意义上的儒家伦理相冲突，更遑论那些不正当交易所立的契约了。研读《名公书判清明集》，可以清晰地觉察到，很多法官对民间契约持有根深蒂固的疑心——不仅怀疑其可能赝伪，甚至是怀疑立契的动机。联系到敦煌借贷契中常见的"遇赦不除"条款所显露出来的民间对朝廷恩命的拒绝之意，官府对民间契约持有某种敌意，所以要千方百计地予以控制，也就不难理解了。

由此，引出了另一个问题：老百姓为什么要写立契约？韩森承认，至少在七、八世纪的吐鲁番，百姓们订立私契时，并未预见到需要告官的问题——虽然发生契约纠纷时可以告官，但立契本身却并不是为了有朝一日用来告官或打官司时作为呈堂证据。然则，老百姓究竟是出于何种原因或目的而在交易时写立契约的呢？

我们从随葬买地券（及其前的告地策）的观念中得到了启发。如果说买地券的主旨在于获得地下神祇的同意、使亡人在地下有一块栖身之地的话，那么，现世生活中订立契约，很可能即在"建构"交易双方（或各方）的信用关系。如所周知，大部分买卖、借贷契约发生在不同财富等级的人之间，这种社会经济等级的差异导致了双方信用关系的缺失。简单地说，往往是有钱的人不相信穷人，所以在交易中处于优势地位的一方（放债人、买方）往往连名字都不署，更不用说画押了；而处于弱势的一方（借债人、卖方）却要签字画押，并对可能产生的纠纷负责[15]。在这个意义上，写立文字契约的原因实际上出于对弱势一方之信用的怀疑。也就是说：因为不相信弱势一方是值得信靠的，所以要写立文字契约。因此，交易时写立契约主要或首先是为了将"信用""坐实"在"白纸黑字"上，所谓"恐后无凭，故立此契"者，即是此意。

"保人"（及"见人"、"证人"）在契约中的作用及其与立契双方的关系，也是我们思考立契动机的一个切入点。在借贷、买卖等文字契约中，保人与弱者方的关系往往较近（往往是弱者方"倩人作保"），其社会财富地位可能也比较相近，但可能略高于弱者方（至少在本宗交易中），他们彼此之间至少在理论上是互相信靠的；而保人与优势方（买方、债权人）之间的信用关系则可能要弱一些，但也不会没有，否则就无法充当保人了。这样，由保人、证人作为中介的信用链就建立起来了。这个信用链，是契约得以成立的基础；在很大程度上，也是文字契约之所以成立的目的[16]。

既然"立契"是为了在交易双方（或各方）之间建立起一种信用关联，而此种"信用关联"又是中国传统社会的基础之一，那么，民间交易活动中写立契约本身，就成为老百姓自行组织、规范其日常经济生活秩序的一种方式。换言之，它表明（事实上也是如此）老百姓可以脱离官府与朝廷的法令，自行处理日常生活中的经济事务，并建立起其经济生活乃至社会生活的秩序。这就是"民有私要（约）"的本质。而民间"私契"与官府"政法"的对立及其对朝廷恩命的拒绝，均使官府以不信任乃至敌视之态度看待"私契"。这是官府不断强化对民间契约之干预的重要原因之一，如果说不是根本性原因的话。随着官府对民间交易活动干预的不断强化，民间契约的"官法"色彩越来越明显，"立契"本身也逐渐成为官府控制民间社会经济生活秩序的一种手段；尽管如此，立契时沽酒设宴、宣示邻里的仪式，悔约状况下主要由民间社会自行协商的解决方式（告官是最后不得已的办法），以及直到明清时期也有大量"白契"这一事实，仍顽强地显示出民间契约的"民间自主性"，官府的干预仍然是有限的。

我们再回过头来看看"冥契"（买地券）中所反映的亡人与鬼神间的关系。早期的买地券大多是殁亡人向已亡的鬼魂"买地"，"沽酒同吃"的见人也可以肯定都是其相邻墓地的亡魂，其着眼点显然在建立亡人与其鬼魂邻里及地下神祇之间的"睦邻、共处"关系，取得冥世的"入住权"[17]。宋代及其以后的买地券，更强调其作为亡人在冥世拥有墓地所有权的凭证意义，故多有"券付亡人某某收执，永远照用"之类的条款，并规定如果发生纠纷，亡人可以"执此地契碑牌，经赴三天门下陈告，依女青天律施行"[18]。显然，买地券可以在冥世诉讼里呈交给阴间法司的证据。韩森还引用《夷坚志》（支戊，卷五，"刘元八郎"条）所记受了冤屈的夏主簿在弥留之际嘱咐其子要将"凡向来扑坊公帖并诸人负课契约，尽可纳棺中，将力诉于地狱"，认为在当时人的观念中，"在现世法司上用的证据，同样可以呈交给阴司作为证据"，并指出：

> 当现世法司未能给予应得的公正判决时，阴间的法司会提供另一次审理……大凡有关冥司的小说中的主角，都抱持着强烈的正义感，他们情愿在死后仍继续追求公正。他们坚信，杀人而不受惩处、侵占邻人田地、杀害已降叛军以及破坏别人的婚约，都是不对的。令人感到惊奇的是，现世法司未能使这些正义的理想得以实现，并未削弱这种理想，因为阴间法司的存在，使这种

理想焕发了生命力。[19]

然而，这个主持正义的（未必都是如此）阴间法司究竟在哪里？究其实，它毕竟只能存在于老百姓的心中。因此，所谓"阴司的公正判决"或"神判"，也只能是一种观念；而当这种观念得到百姓的普遍接受并被表达出来时，遂形成"公众舆论"——诸多"果报"故事就是这种"公众舆论"的表达方式之一。在这个意义上，"阴司的判决"不过是利用信仰与观念的力量来建立一种观念上的"公正"与"正义"而已，也可以视作民众在观念领域里构建"秩序"的努力。

将阴间法司与阳世法司相比照的理路，当直接来源于武雅士（Arthur Wolf）著名的"神、鬼、祖先"模式，[20]这一模式的核心是认为传统中国民众是根据现实世界中的帝国官僚体系构建其观念中的神界体系的。显然，阴阳二法司存在着诸多相同之处，对此，本书第七、第八章作了详细论述。然而，买地券中的一些表达，却说明民众观念中的阴司也有不同于阳世法司之点。在最常见的《地理新书》式买地券中，先是分配了墓葬神煞的职责："内方勾陈，分掌四域；丘丞墓伯，封部界畔；道路将军，齐整阡陌……若辄干犯诃禁者，将军亭长，收付河伯。"即便是将这些墓葬神煞比附为阳世的乡里吏员，也无法想象老百姓可以给他们分配职责。最值得注意的是下面还有一句："若违此约，地府主吏，自当其祸。"显然，这是阳世百姓对阳世官吏的愿望，可惜很少"如愿"，只能"移情"于"地府主吏"了。这是民众观念中的冥府秩序，它与其说是现世官僚体系的折射，毋宁说是对这一官僚体系的批判。由此出发，我认为中国传统社会中不仅存在着民众认识神祇、与神祇交往的非官僚模式,甚至还存在着某些"反官僚模式"。

三

作为一个中国学者,挑剔西方学者在中文史料理解、使用方面的缺陷或失误,自然较易,然毕竟有些失于厚道;而且,对于中国读者来说,此种缺陷、失误非常容易辨别,一般无需辨析指摘,故此亦从略。这里,仅就作者在收集、运用材料方面的特点略作评论。

本书所涉及的时段公元600年至1400年,跨越了隋唐、五代、两宋元及明初。对于习惯于断代(基本以朝代兴亡为断)研究的中国古代史学者来说,的确是太长了些;但就其所研究的问题本身而言,却又太短了,因为这一时间限定使作者不能充分地讨论契约与买地券的起源(也许,就作者的知识背景而言,这个时段限定是恰当的)。由于涉及时段较长,其所使用之材料必然主要依靠第二手资料及前人相关研究成果。显然,日本学者仁井田陞有关唐宋文书与法制史的系列研究是作者从事契约史研究的基础,而山本达郎、池田温等合编的《敦煌吐鲁番所出社会经济史文书》以及池田温《中国历代墓券略考》[21]则是其所依据的基本文献。这似乎是西方中国史学者的普遍倾向:研究中国史,首先关注日本学者的研究,主要采信日本学者整理的史料。在本书第48页注释中,韩森还特别说明:"读者可能希望将《敦煌社会经济文献真迹释录》作为可供选择的释文本和照相图版,但一般说来,这个本子不如山本和池田的释文可靠,所以,除非我发现它非常有用,否则不会引用它。"无论韩森(及其他西方学者)

有多么充分的理由或偏见，作为一个中国学者，读到这里，我非常沮丧而且伤心。

较之于大多数中国学者来说，西方学者的优势之一是可以更多地采用非汉文文献。本书所引用之 851 年来到中国的一位苏来曼（Sulaiman）商人以及 1304 年来到中国的波斯编年纪作者 Rashīd al-Dīn 关于中国契约的描述，都是非常珍贵的材料[22]。1908 年俄国将军科兹洛夫（Piotr Kozlov）从内蒙古额济纳黑水城掠走的一批蒙古文文书中，有两件借贷谷物的契约，其中一件曾由著名蒙古史学者柯立夫（Francis Cleaves）译成英文，故韩森得以据柯立夫的英译展开讨论[23]。这份契约尚未见有中国学者使用过，故这里据英译勉强译成中文，或可引起有关研究者注意：

> 我说："龙年四月初九日，我等逊屈立、逊亦失玛目、苏哥喀拉，为需用小麦，今从苏迭哥处借得麦三石五斗，以铁升斗量，并无利息。我等答允：将无条件地于同年七月十五日聚齐还清。若收麦人苏哥喀拉避不偿还，携其勒勒车和骆驼逃走，'内外不在'，保人纳木不情愿无条件地代赔所借之数。"
>
> 这个手印是我逊屈立的。　　　　（押）
> 这个手印是我逊亦失玛目的。　　（押）
> 这个手印是我保人纳木不的。　　（押）
> 这个手印是我上都乌哥铁木儿的。（押）
> 证人：苏萨拉姆巴巴克。　　　　（押）
> 证人：张逊。　　　　　　　　　（押）
> 证人：苏德师。　　　　　　　　（押）[24]

吐鲁番、敦煌所出民间契约及各地墓葬所出买地券，或有残缺，或多漫漶不清，书法亦多朴拙，即便是对于中国学者来说，释读也往往不易，特别是对某些字句，非下大功夫，不能通解。本书所讨论的大部分契约和买地券，虽然均已有较好的释文，但也有部分未有较好的释文足资凭借，特别是江西所出的几种柏人书，是作者据图版或照片录出释文、然后又译为英文的——仔细比照其所据图版、照片与作者的英译，虽不无可商之处，但大都精审可靠。如所周知，当代中青年辈西方中国史学者，阅读中文典籍均不成问题，但毕竟不能如中国学者那样在广泛阅读的基础上大量占有史料，其特点乃在于专精某一论题，对所涉史料仔细琢磨——由于要将所引用的汉文史料译成英文，就不得不尽可能充分地理解史料中的每一字句，从而促使他们提出了一些中国学者意想不到的问题（在很大程度上也是源自文化与研究背景的差异）。本书第七章逐句讨论了《地理新书》所载买地券样式，其中在券文"谨用钱九万九千九百九十九贯文，兼五彩信币，买地一段"的分析中，讨论了冥钞与阳世真钱的兑换问题[25]，即颇具新意。我亦曾仔细研读作者引用的《地理新书》式买地券样式及太原所出北宋明道二年（1033）陶美买地券，却未注意到此点。

阅读并评论一种西方学者研究中国历史的论著，本身就是读者与作者、两种学术理念乃至文化背景之间的 negotiating process。中国学者固然可以批评西方学者（特别是美国学者）的研究有"理论预设太多"、"于中国历史与现实难免有所隔阂"等问题，西方学者亦可能觉得中国学者或未能得其真意，所论不免隔靴搔痒，甚或曲解其意，不着边际。陈寅恪先生尝谓：

盖古人著书立说，皆有所为而发。故其所处之环境，所受之背景，非完全明了，则其学说不易评论。而古代哲学家去今数千年，其时代之真相，极难推知。吾人今日可依据之材料，仅为当时所遗存最小之一部，欲借此残余断片，以窥测其全部结构，必须备艺术家欣赏古代绘画雕刻之眼光及精神，然后古人立说之用意与对象，始可以真了解。所谓真了解者，必神游冥思，与立说之古人，处于同一境界，而对于其持论所以不得不如是之苦心孤诣，表一种之同情，始能批评其学说之是非得失，而无隔阂肤廓之论。否则数千年前之陈言旧说，与今日之情势迥殊，何一不可以可笑可怪目之乎？[26]

将陈先生所说的"古人"易为"西人"，"去今数千年"、"数千年前之陈言旧说"改作"去我万余里"、"万余里外之西言新说"，亦颇能与今日之情势相合。然则，欲真正做到与著书立说之西人"处于同一境界"，做到"同情之了解"，谈何容易！但愿本文的阅读、理解与批评、推论不至于因"误读"而谬之千里，则幸莫大焉。

注释：

1. 最早研究买地券的罗振玉将其所见墓券分为买地券与镇墓券两类。他在《蒿里遗珍》中提出："以传世诸券考之，殆有二种：一为买之于人，如建初、建宁二券是也；

一为买之于鬼神,则术家假托之词。"《贞松堂集古遗文》卷一五《铅券》所录铅券七种,分为买地券与镇墓券两类:即将"买之于人"者视为土地买卖文书,称为"地券";而把"买之于鬼神"的明器,称为"镇墓券"。这种看法,得到后来绝大多数学者的认同。方诗铭《从徐胜买地券论汉代"地券"的鉴别》(《文物》1975 年第 3 期)、《再论"地券"的鉴别》(《文物》1979 年第 8 期)更明确地指出,东汉买地券属于土地买卖文书,而镇墓券则是"宣扬封建迷信的";"东汉以后,真正属于土地买卖的'地券'几乎绝迹,所谓'地券'都是属于'镇墓券'性质"。史树青先生也说:"我国各地出土过不少的汉代以来的'地券',其内容可分二种:一种是实在用的地券,多铸铅为之,上面刻上某人向某人买地,钱地两清的券文,例如洛阳出土的房桃枝买地券。一种是迷信用物,俗称'买山地券',或称'地莂',最初是把券文用朱砂写在陶罐上或砖上,后来渐渐的刻在砖上或石板上,例如会稽出土的杨绍买地莂。"(史树青:《晋周芳命妻潘氏衣物券考释》,《考古通讯》1956 年第 2 期)。日本学者仁井田陞把传世的汉魏六朝买地券全部看作是现实生活中的土地买卖文书(《中国法制史研究(土地法·取引法)》,第一部分第二章,《汉魏六朝の土地卖买文书》,东京:东京大学出版会,1980 年,第 400—461 页)。对于六朝以后的买地券,诸家虽皆认同其随葬明器性质,是葬家为死者虚构的一种置买墓地的契约,但同时也均强调它在形式与内容上是对现世实用契约的模仿,或是后者在阴间的翻版。参阅郭沫若《由王谢墓志的出土论到兰亭序的真伪》,《文物》1965 年第 6 期;张传玺《论中国历代契约资料的蕴藏及其史料价值》,见张先生主编《中国历代契约会编考释(上)》,北京:北京大学出版社,1995 年,第 6—33 页。

2. Valerie Hansen, *Negotiating Daily Life in Traditional China: How Ordinary People Used Contracts, 600—1400.*(以下简称"*Negotiating Daily Life*")New Haven and London: Yale University Press, 1995, pp.3-4.

3.《变迁之神:南宋时期的民间信仰》,包伟民译,杭州:浙江人民出版社,1999 年,"中文版前言",第 9—10 页。

4. 关于冥钞的使用,最近的考证文章有赵睿才、杨广才撰《"纸钱"考略》(见《民俗研究》2005年第1期），于相关史事、文献梳理甚悉，请参阅。

5. 请参阅拙文《汉代买地券的实质、渊源与意义》，《中国史研究》2006年第1期；《六朝买地券丛考》，《文史》2006年第2期；《隋唐五代买地券丛考》，《文史》2007年第2期。

6. 此券初见于叶昌炽《语石》卷五，谓其于光绪庚子（二十六年，1900）冬自北京厂肆中购得。录文不全。罗振玉《地券征存》收有摹本，跋语称："专高一尺六寸五分，广九寸九分。九行，行字不等。正书。"池田温《中国历代墓券略考》（见《东洋文化研究所纪要》第86号，1981年，第235页）与张传玺主编《中国历代契约会编考释（上）》（第255—256页）均据以录出释文。

7. 解廷琦：《山西省大同市元代冯道真、王青墓清理简报》，《文物》1962年第10期。

8. 唐大和九年（835）《扬州扬子县徐及、刘夫人合祔铭》后半部分所附地契（见《江苏通志稿·金石志》卷五）、浙江慈溪上林湖地区所出唐光化三年（900）明州慈溪县《唐故扶风郡马氏夫人墓铭并序》之后半部分所附地契（见章均立《上林湖地区出土两件唐代瓷刻墓志》，《文物》1988年第12期）、河北定县所出宋太平兴国九年（984）"安喜县马隐、安琼等卖坟地券"（见罗振玉《地券征存》，未编页，原题作《宋马隐卖地券》；释文另可参见前揭池田温《中国历代墓券略考》，第241页）等，均可断定就是现世实用墓地买卖契约。这种埋入坟墓的现世契约仍可举出甚多，此不具举。

9. *Negotiating Daily Life*，pp.76-77.

10. Robert M. Hartwell, "Demographic, Political, and Social Transformations of China, 750-1550". *Harvard Journal of Asiatic Studies*. Vol.42, No2 (Dec., 1982): pp.365-442.

11. Robert Hymes and Conrad Schirokauer, (eds.) *Ordering the World: Approaches to State and Society in Sung Dynasty China*. Berkeley: University of California Press, 1993.

12. 包弼德：《唐宋转型的反思——以思想的变化为主》，《中国学术》第三辑，北京：

商务印书馆，2000 年，第 63—87 页。

13. 关于 Hartwell 式的"唐宋变革论"的要旨与精髓，及其与内藤湖南、宫崎市定为代表的日本"唐宋变革论"之间的区别，请参阅张广达《内藤湖南的唐宋变革说及其影响》，《唐研究》第 11 辑，北京：北京大学出版社，2005 年，第 5—71 页；罗祎楠：《模式及其变迁——史学史视野中的唐宋变革问题》，《中国文化研究》2003 年第 2 期。

14. *Negotiating Daily Life*，pp.101-108.

15. 大部分买卖契约都规定，如果所卖之物（田、宅、婢、牛、马、驼等）以后发生问题，诸如"寒盗识认"、"呵盗识名"或"有外人栏占"之类，并是卖人"自祇当"，或"一仰主、保知当"，均"不及受产人之事"、"不干买人之事"。韩森注意到立契双方在社会经济地位方面的差别，书中多处论及。

16. 关于唐宋时代契约中保人的地位与作用，请参阅［日］仁井田陞《唐宋时代の保证と质制度》，见所著《中国法制史研究（土地法·取引法）》，东京：东京大学出版会，1980 年，第 490—539 页。

17. 考详前揭拙文《汉代买地券的实质、渊源与意义》。

18. 此句引文据江西鄱阳县明墓所出"周宽与田氏买地券"，见陈柏泉编《江西出土墓志选编》，南昌：江西教育出版社，1991 年，第 585—587 页。

19. *Negotiating Daily Life*，p.229.

20. Arthur P. Wolf，"Gods. Ghosts, and Ancestors"，in *Religion and ritual in Chinese society*，eds. Arthur P. Wolf, Stanford, Calif.：Stanford University Press, 1974. pp131-182. 中译文为张珣译，见张珣、张灿腾主编《打破圈圈——从"祭祀圈"到"后祭祀圈"》，台北：南天书局有限公司，2003 年，第 228—278 页。

21. ［日］池田温、山本达郎：*Tunhuang and Turfan Documents concerning Social and Economic History*. Volume 1，2，3，东京：东洋文库，1981、1986、1987 年；池田温：《中国历代墓券略考》，《东洋文化研究所纪要》第 86 号（1981 年）。

22. 关于苏来曼商人，见 Joseph Toussant Reinaud. *Relations des voyages par les Arabes and les Persans dans l'Inde et à la Chine.* Paris: Imprimerie Royale, 1845, pp.42-44; Jean Sauvaget. *Relation de la Chine et de l'Inde.* Paris: Association Guillaume Budé,1948, pp.19-20;[日]仁井田陞:《唐代法律文書の研究》,东京：东京大学出版会,1983 年，第 76 页注 45。关于 Rashīd al-Dīn，见 Henry Yule. *Cathay and the Way Thither, Being a Collection of Medieval Notices of China.* Volume 3. New York: Paragon Book Gallery，[1914]1966。

23. Francis Woodman Cleaves. "An Early Mongolian LoanContract from Qara Qoto." *Harvard Journal of Asiatic studies* 18(1955): 1-19。韩森关于此契的讨论，见 *Negotiating Daily Life*，pp.138-140。

24. 这份粮食借贷契约实际上是由汉文原本经过畏兀儿文本转化成蒙古文本的。它仿照汉文契约，起首先叙日期，但它只给出了以生肖命名的年份，并没有给出以年号表示的日期。Cleaves 将其定在 1368 年之前，那么，这份契约的系年就可能是 1304、1316、1328、1340 或 1352 年。此处的中译定有诸多不当，尚祈教正。

25. *Negotiating Daily Life*，pp.167-169.

26. 陈寅恪：《冯友兰中国哲学史上册审查报告》，见《金明馆丛稿二编》，北京：生活·读书·新知三联书店，2001 年，第 279 页。

"帝国的边缘"与"边缘的帝国"*
——*Empire at the Margins: Culture, Ethnicity, and Frontier in Early Modern China* 读后

一

许倬云先生在探讨中华帝国的体系结构及其变化时，曾论及中华帝国体系之成长有两个层面。一是向外扩大，"由中心的点，扩大为核心的面，再度由核心辐射为树枝形的扩散，又由树枝形整合为网络，接下去又以此网络之所及，作为下一阶段的核心面，继续为下一阶段的扩散中心。如此重复进行，一个体系将不断地扩大，核心开展，逐步将边陲消融为新的核心，而又开展以触及新的边陲"。这一层面上的成长，基本可理解为帝国体系在空间上的扩展。二是向内充实，即体系内部的充实。许先生说：

---

* 本文撰写于2010年秋，原刊于刘迎胜、姚大力主编《清华元史》第一辑，北京：商务印书馆，2011年。

一个体系，其最终的网络，将是细密而坚实的结构。然而在发展过程中，纲目之间，必有体系所不及的空隙。这些空隙事实上是内在的边陲。在道路体系中，这些不及的空间有斜径小道，超越大路支线，连紧各处的空隙。在经济体系中，这是正规交换行为之外的交易。在社会体系中，这是摈于社会结构之外的游离社群。在政治体系中，这是政治权力所不及的"化外"；在思想体系中，这是正统之外的"异端"。[1]

中华帝国体系"向内充实"的过程，就是不断"填充"这些"体系所不及的空隙"、将"空隙"中的"游离社群"纳入社会结构之中、将"化外"之区置于王朝国家的控制之下、将其信仰与思想"教化"为"正统的"信仰与思想的过程。

在这里，许先生实际上揭示了两种类型的"边陲"或"边疆"：一是我们平常所说的"边疆"或"边陲"，即 border 或 frontier，指靠近国家边界的地区或地带，它相对于帝国统治的核心地带而言，属于政治军事控制的"边缘"，并随着王朝国家军事政治势力的进退而发生变动。二是许先生所谓"内在的边陲"（internal frontier），指那些虽然在中华帝国疆域之内、却并未真正纳入王朝控制体系或官府控制相对薄弱的区域。这些区域多处于中华帝国政治经济乃至文化体系的空隙处，是帝国政治经济体系的"隙地"。长期以来，国内外学术界所关注的重点一直是前者，即处于帝国边境地带的边疆或边陲，而对于帝国体系内部的"边疆"（内在的边陲）则甚少着意。

《帝国在边缘：现代早期中国的文化、族性与边陲》（*Empire*

"帝国的边缘"与"边缘的帝国"

at the Margins: Culture, Ethnicity, and Frontier in Early Modern China. Edited by Pamela Kyle Crossley, Helen F. Siu, and Donald S. Sutton. Berkeley, Los Angeles, and London: University of California Press, 2006）所探讨的"边缘"（Margin），实际上就包括了这两种类型的边陲（Frontier）。在"绪论"中，三位主编指出："边陲，有时位于帝国的政治边境，也常常处在政治疆域内部社会、经济或文化体系的缝隙处。"[2] 从讨论的对象区域上看，本书第二部分"新边疆的战争叙事"（Narrative War at the New Frontier）所考察的清代西部边疆（The Qing and Islam on the Western Frontier, by James A. Millward and Laura J. Newby）与西南边疆（The Cant of Conquest: Tusi Offices and China's Political Incorporation of the Southwest Frontier, by John E. Herman）均属于传统意义上的"边陲"范畴。第三部分"华南与西南地区的老式角逐"（Old Contests of the South and Southwest）所收三篇文章分别考察的广西大藤峡地区（The Yao Wars in the Mid-Ming and their Impact on Yao Ethnicity, by David Faure）、湘西及黔东南的"苗疆"（Ethnicity and the Miao Frontier in the Eighteenth Century, by Donald S. Sutton）、"黎人"集居的海南山地（Ethnicity, Conflict, and the State in the Early to Mid-Qing: The Hainan Highlands, 1644-1800, by Anne Csete），以及第四部分"未曾标明的疆界"（Uncharted Boundaries）所收两篇论文探讨的"畲"人散居的浙、闽、赣、粤山地（Ethnic Labels in a Mountainous Region: The Case of She "Bandits", by Wing-hoi Chan）、珠江三角洲的沙田地带（Lineage, Market, Pirate, and Dan: Ethnicity in the Pearl River Delta of South China, by Helen F. Siu and Liu Zhiwei），在明清时期均早已纳入王

朝国家的政治疆域之内，故皆属于所谓"内在的边陲"，亦即中华帝国"政治疆域内部社会、经济或文化体系的缝隙处"。第一部分"帝国核心的身份界定"（Identity at the Heart of Empire）所收三篇文章中，有两篇分别讨论构成清朝统治核心集团的"满人"（Ethnicity in the Qing Eight Banners, by Mark C. Elliott）与"蒙古人"（Making Mongols, by Pamela Kyle Crossley）的形成或创造，但考虑到满族与蒙古族在现代中国族群体系与社会文化体系中大抵皆居于"边缘"地位，二文的归结点实际上也在于洞察这两大曾居于帝国统治核心的族群又是如何演变为"内在的边陲"的；另一篇文章《好勇斗狠：清代法律中的伊斯兰教和穆斯林》（"A Fierce and Brutal People": On Islam and Muslims in Qing Law, by Jonathan N. Lipman）的考察对象是散居帝国各地的汉人穆斯林（"汉回"、回族），无论其居地，还是其在清代政治经济与社会文化体系中的地位，均可界定为"内在的边陲"。因此，本书考察的重心，乃在中华帝国体系"内在的边陲"。我认为，对此种"内在的边陲"的探讨，将有助于揭示中华帝国政治经济乃至于社会文化体系在空间格局上的重要特征。

众所周知，中华帝国（以及现代中国）并非一个均质的政治经济与社会文化实体，而是由政治控制与经济发展极不平衡、族群构成与社会结构各不相同、文化内涵与价值取向千差万别的各个地方、区域，在历史的长河中，不断互动、整合而形成的一个巨大系统。很多研究者已充分注意到这一系统的内部差异，并致力于探究这一系统的"形成过程"（making process）或"结构过程"（structuring process）。然已有研究的关注点，主要集中于中华帝国体系逐步由核心区向边疆区不断拓展的过程，特别是以中原为核心区的汉地社会("华夏文化")与各边疆区的非汉族社会("蛮夷文化")之间互动与整合的历史过程。这一研究理路虽然较之将中华帝国视为铁板一块的单一实体的研究理路已有较大转换,但它实际上描述了一个"同心圆式"的结构模式:从帝国体系的腹心地带(核心区),向遥远的帝国边疆(边缘区),王朝国家的政治控制能力与控制强度依次递减,经济形态依次由发达的农耕经济向欠发达的半农半牧、落后的游畜牧经济过渡,社会结构亦由相对紧密、典型的汉人社会向相对松散的非汉人社会渐变,文化内涵则由以所谓"儒家文化"为核心的华夏文化向尚武、"好巫鬼"的"蛮夷文化"递变,甚至各地民众对王朝国家(或"中国")的忠诚程度也随着其居地距王朝核心越来越远而越来越低。与此种同心圆式的结构相配合,其形成过程就被表述为从王朝国家统治的核心,不断向外辐射其政治、经济与文化支配力的军事扩张、政治控制与开展"教化"的单向的"融合"或"同化"的过程。这在本质上是"汉化"的阐释模式,"它假定一种单一的文明媒介,从汉人为基础的帝国中心,直接传导到不同种类的边陲人群当中。扩张、移民和文化传播的叙述,被看作一种不可逆转的单向同化方向,从而将中国文化不断吸收各种异质文化,并逐步形成自己特点的过程简单化了。它倾向于将地方社会与土著人群从国家建构的进程中排除出去,承认中原王朝对那些被看作为弱小、微不足道的人群与地区进行了军事征服。"[3]

"汉化"的阐释模式受到诸多批评,事实上,自从20世纪80年代以来,它在西方"中国研究"学者中的影响越来越小。[4] 显然,本书的意义,并不在于给予此种已趋衰落的阐释模式以进一步抨击,而是试图摸索一种新的阐释路径。[5] 作为一个历史地理学者，我最重视的却是本书对中华帝国体系"内在的边陲"的关注与探讨，认为这意味着"汉化阐释模式"下所描述的那种从核心到边缘的"同心圆式"结构实际上并不存在，即便存在，也是"千疮百孔的"，因为在这个体系的内部，到处都是大小不一的"空隙"——即使是在帝国统治的腹心地带，也存在着这样的空隙。这些空隙（内在的边陲）的普遍存在，不仅使中华帝国的政治经济与社会文化版图不再能被描绘为从核心向边缘扩散的几何图案，而表现为"支离破碎""漏洞百出""凹凸不平"的复杂画面；更重要的还在于，它引导我们将更多的注意力集中于这些"空隙"（内地的边陲）是如何"被填充的"（即王朝国家是如何进入此类地区的），这些空隙及居于其间的人群是如何组织自己的社会，并将自己融入到帝国体系之中去的（即他们是如何参与到国家建构过程之中的）；而对这些问题的探讨，很可能极大地改写我们对中华帝国政治经济与社会文化体系之形成过程及其空间格局与变迁的认识。

二

在"汉化"阐释模式中，"边缘"（包括帝国的边境地带和"内在的边陲"）及居于其间的土著人群，一直是"被动的"：他们首先是"被征服"，然后是"被控制"——被纳入版籍，被编入里甲，被作为王朝国家的编户齐民，"被传授"先进的生产技术，然后是被"教化"，"被标识"为某种特定的身份或族群；与此同时，这样的区域"被移入"汉人移民，其土地资源"被开发"为农耕地……这些被动态在英文语境下如此令人触目惊心，充分地突显了这一阐释模式下"民众"在历史过程中的缺失或无足轻重（只是作为中国的历史学者，我们似乎已经习惯了国家的无所不在与强大威权，民众？他们在哪里？）。在这一阐释模式下，边缘区的"人"（土著以及移民）仅仅被视为王朝国家征服与统治的对象，而不是活生生的、与王朝国家之间存在利害关系的、懂得利用政治经济手段与文化策略的、具有历史与生活经验的、有矛盾的心理和情绪的"人"。站在人类学的立场上，"汉化"的阐释模式完全忽视个体在诸如族群认同、国家建构过程中的地位与作用，"未能区分个人对主流群体的文化标志的采用（它可能是部分地与即景式地采用）与建基于中国政治共同体想象之上的主观身份认定"，将二者混为一谈，它不能回答：一个人可以属于自己所不了解的那个族群吗？他可能采用不予理睬的方式而抗拒进入国家体系并被界定为"边缘"吗？换言之，如果边缘区的"人"（个体与人群）并不了解、认同或接受王朝国家"授予"他们的身份，他们又是如何成为王朝国家统治的对象的呢？如果他们逸出于国家建构过程之外，他们又是如何可能以及如何成为中华帝国体系之组成部分的呢？

这正是本书作者们的出发点。"跳出汉化模式的假设，文化变迁的进程即很不相同：中央不再被看作是不能抗拒的扩张势力，而被视为在边缘地区需要加以界定或寻求显示的事项；汉文化也将被置于多元文化视野下加以透析。帝国伸缩的历史构图，就不再是汉人向热带地区进军或驯服草原游牧族群的历史，而是那些遍布于动态的中间地带的无数人群和个体不断互相适应、整合的过程，是那些人群被给予某种社会组织方式、被标识以及被'凝视'的过程，也是他们从经过选择的历史记忆中获取意义以看待并命名自身的过程。"[6] 这样，地方社会的建构和土著人群就不再被置于国家建构过程之外或其对立面，而是通过各种各样的代理人和中介途径，参与到国家的建构过程中。地方的精英运用他们认为具有威权的朝廷的象征，在帝国的势力范围扩充的同时，为自己谋取利益和地位，并且利用国家的权力话语，创制自身的身份，对弱势群体加以标签和排斥。因此，无论是新疆的伯克们调适自己与清朝国家关系的诸种努力，还是苗疆的土司们借王朝国家的权力话语强化自己对地方社会的控制，以及大藤峡瑶人的入籍，珠江三角洲沙田上宗族团体的建立，实际上都属于国家建构过程的一部分。正是在这一长期而复杂的过程中，地方社会的建构、土著人群的族性与身份界定与国家建构与认同相互交织在一起，彼此渗透，相互依存。在这些边缘地区，王朝国家作为一种组织化的机器和行政工具可能相对缺失或较为薄弱，但它作为一种文化观念却无处不在。具体的文化实践可能有异，但在各地民众的日常生活中，却时常可以发现帝国的隐喻，这主要是由于土著人群有一套自己的方法去运用帝国的话语和隐喻，以确立他们在地方社会乃至帝国体系中的身份。[7]

因此，边缘区域的地方社会与各种人群对国家建构过程的参与，是本书的核心线索之一。虽然各篇论文讨论的主题各异，作者们对一些核心问题的理解与看法也并不相同，但总的说来，各篇论文都程度不同地涉及这一中心论题，并通过具体的个案考察，展示在其研究区域内地方社会与土著人群进入到国家建构过程中的具体形态与进程。如：在《清廷与西部边疆的伊斯兰教》(*The Qing and Islam on the Western Frontier*) 中，米华健（James A. Millward）和吴劳丽（Laura J. Newby）指出，18 世纪中期至

19世纪中期，清廷并未向新疆推广汉文化或政治结构，亦未试图对新疆地区的居民采取同化政策。可是，那些得到清廷授权治理"回疆"的伯克们，却穿着清朝的官服，参加王朝国家的儒教祭典仪式，帮助清朝军队镇压叛乱，甚至让儿子去学习满语，而同时又大都奉行伊斯兰法规、以地方社会成员的形象出现并行事。显然，伯克们在与清廷的合作中不仅获得了在商业贸易领域的优势，而且借助清朝限制阿訇权力的政策，成功地将自己的权势伸张到宗教领域，比如利用清朝官府提供的资金维护伊斯兰学校、圣墓和清真寺，并尽可能地扩展自己控制的地盘，强化对穆斯林社会的控制。[8] 又如：在《18世纪的苗疆与族群》(*Ethnicity and the Miao Frontier in the Eighteenth Century*) 中，苏堂栋（Donald S. Sutton）则试图证明，正是在苗疆土著居民与外来移民围绕土地资源与商业利益的竞争与冲突中，土著族群逐步凝聚起来，建立起自己的"族性"。"在18世纪，经济起伏不定与多种族群并存，给生计维艰的人群带来持续的压力，迫使他们作出策略性的选择，以重新界定自己。"有些苗人剃了发，穿上清式服装，成为工头、生员或清军士兵；有的苗人妇女嫁给了汉人，却把当地苗人的观念教给他们的孩子；两个龙姓的堂兄弟长期失和，既试图遵照苗人习惯解决，也诉诸清朝官府的法庭。显然，"自我界定的个人策略，可能抵消甚至压倒其固有的族性界定"。在1795年的苗民起义中，湘西的五个苗人家族（clan, 姑且使用这个表达）表现出引人注目的凝聚力，其群体意识之形成既是对其所面临的严酷局势的应对，也是长期发展的结果：共同的语言、血亲谱系、通婚以及宗教实践，三王信仰，"苗王"的观念，都证明到18、19世纪之交，湘西苗人的族性意识已经形成。在这一过程中，苗疆土著人群以自己的方式，通过多种途径，采用对自己有利的国家话语与隐喻，包括家族的联合，界定自己的族性，并最终参与到国家的建构过程中。[9]

在 John E. Herman 所描述的西南边疆土司与明清王朝官府的合作或联合、[10] 科大卫（David Faure）所描述的大藤峡瑶人在入籍问题上的策略、[11] Anne Csete 所描述的海南山地黎人在与外来商人客民争夺山区资源过程中对王朝国家权力的仰赖与运用、[12] 陈永海（Wing-hoi Chan）所描述的山地畲人的"反向的汉化"(the reverse of "sinicization") 及其与"客家"的矛盾冲突、[13] 萧凤霞和刘志伟所描述的珠江三角洲沙田区地方士绅在争夺地方经济与政治资源过程中对诸种国家话语的运用等故事中，[14] 我们都可以读到与此类似的描述。在这些故事里，作者们所讨论的"不再是边陲人群怎样采用汉文化，而是那些地方性的要素怎样变成了汉文化的标志；也不再是边陲地区汉人与非汉人的简单并存，而是那些自认为是汉人、或多或少地具有汉文化特征的人群，与那些明确地将自己与汉人区别开来的人群，二者之间的关系；(作者们)也不再是将文化认同与政治认同等同起来，而是区分出抗拒中央但接受文化的人群，和愿意与帝国权威合作但不愿接受汉文化的人群"[15]。显然，在这些个案研究中，本书的作者们揭示出地方社会及土著人群中存在着一种内在的能动性，促使他们去主动、积极地因应伴随着王朝国家和军事征服与政治控制而来的政治情势的变化，借助王朝国家的力量与权力话语，去获取他们在地方社会中的利益，界定或抬升其身份与地位。在这一过程中，他们通过各种途径，运用自己的创意和能量建立自己的身份认同（包括族性），将自己与王朝中心联系起来，从而成为国家建构过程的一部分。将边陲区域地方社会的建构及土著人群身份（包括族性）的界定与王朝国家的建构过程联系起来，揭示地方社会内部参与到国家建构过程中的能动性，是本书给我们的又一方面重要启发。[16]

三

族性或族群性（ethnicity）是本书讨论诸种人群参与或进入国家建构过程的切入点，也是本书的核心论题之一。在"绪论"中，三位主编开宗明义地指出："族性是一种过程，既有开始，也有结束。……族群现象不仅是一个动态的时间过程，还是在命名自身与他者的错综复杂的活动中产生的。在这一过程中，人们使用语言、宗教、经济活动或家庭组织等'族性的'的表征，或者完全不用外在的标识、仅仅依靠某种相同和不同的感觉。"这表明，本书作者们在族性问题上的基本立场，乃是所谓"社会建构论"（social constructivism）。[17]

我们知道，在族性或族裔认同（ethnic identity）问题上，"原生论"（primordialism, 或译作"原基论"）假设人类是自然而然地被划分为不同的种族（race）、部落（tribe）、族群（ethnie）或民族（nation）的，这些群体通过共同的基因继承捆绑在一起，通过共享的语言、宗教、亲缘性、习俗等文化而得到加强，因此，这样的"单位"具有"血缘、语言和文化的一致性"，而且从远古时代就或多或少地存在着。[18]而"社会建构论"则强调族性、族群归属需得到族体大众的主观认同，认为它们都是在特定历史社会文化背景下，为了特定的利益与权力，主观上加以构建的结果,是由历史、社会和文化决定的;它们甚至是被"发明"或"想象"出来的,其形成与演变是文化进程而非物质进程;族性不仅是建构物,还是一种象征或标识,是对人群的一种区分方式。[19]本书主编之一柯娇燕(Pamela Kyle Crossley)是较早运用"社会建构论"的思路与方法,研究中国历史上族群与族性问题的学者之一。她认为族性是通过社会政治秩序的层级而得以体现出来的,而这种社会政治层级又是根据特定地区和特定文化形态的"典型性"(normal)或"代表性"(classic)来划分的。在清初,统治集团的内在联系将东北与北方的一些特定人群"捆绑"在一起,组成一个征服精英群体,清王朝并主动采取各种措施,将这一精英群体与被征服者区分开来;到18世纪,随着军事征服基本终结,清王朝在界定诸种人群及其社会身份方面发生了许多复杂的变化,但并未形成"国族性的"(national)人群分类,相反,在清朝征服所形成的新的历史性层级之下,从明代继承而来的向心性与边缘性仍然隐约可见,在不少地区还相当活跃;结果,帝国各地的文化进程非常不和谐,产生了一些关于忠诚、身份和团体的新阐释,而某些传统阐释则受到遮蔽。[20]本书的主旨就是梳理1600—1800年间传统中国各种族性(族群)被建构的过程,将不同的特定族性及其形成过程置于具体的社会政治情境与过程中加以考察,质言之,即在历史过程中探究族性的形成。

就具体论证路径而言,本书所收各篇论文大致有两种类型:一是通过对编年史、方志、司法文书、行政规章等官方话语的解析,从"边缘"区域纷杂变化的历史过程中,辨析出哪些因素出自王朝中央的意识形态,考察哪些人参与到族性的制造过程中,这些制造出来的族性究竟有哪些被其对象所接受或拒绝,以及这些族性最终如何促使个体与群体作出不同的回应；二是通过对族谱、仪式、社区节日及宗教文献等地方文献的分析，考察那些地方代理人是怎样寻求自身的身份界定、定义地方特性，并在这一过程中与真实或想象中的王朝中央"相互协商"的。[21] 在各篇论文中，这两种论证路径交织在一起，但大致说来，其第一部分的三篇论文，主要遵循第一种路径，而其余各篇，则主要遵循第二种路径。

柯娇燕所撰《创造蒙古人》(*Making Mongols*) 应当是第一种分析路径的典范。在这篇文章中，柯娇燕首先指出："蒙古人"与"满洲"一样，是清王朝为了其统治需要和利益，在17世纪后期和18世纪通过各种制度和文化手段刻意"创造"出来的。然后，她详细论证了这个"创造"过程，认为清朝利用蒙古各部将自己与成吉思汗联系起来的传统做法，但拓展了这种联系的范围，成功地将分裂的蒙古各部重构为新的蒙古人；并通过蒙古八旗组织和理藩院，按蒙古各部对清朝的忠诚程度，将其区分为若干层级，从而将蒙古各部"编制"成以蒙古八旗为核心的结构形式。将清朝所创造的"蒙古人"联结在一起的，既非语言或宗教联系，也不是共同的经济生活方式，而是他们与成吉思汗家族及其组织的联系。在这一过程中，很多说蒙古语的群体并未被纳入"蒙古人"的范畴，而许多说突厥语的群体却被当作了"蒙古人"。同时，成为"蒙古人"乃是蒙古各部贵族们取得统治其所部之合法性的必要前提，正因为此，他们也努力争取"成为蒙古人"。[22]

《宗族、市场、盗寇与疍民——明以后珠江三角洲的族群》(*Lineage, Market, Pirate, and Dan: Ethnicity in the Pearl River Delta of South China*) 则可以看作是第二种分析路径的代表。在这篇文章中，萧凤霞与刘志伟主要依靠族谱、笔记、地方志等地方文献，结合人类学田野考察，对数百年间珠江三角洲沙田区的社会与文化变迁作了详尽细致的刻画，揭示了地方人士在使用各种族群标签的过程中，复杂的政治与经济资源的争夺。他们指出：族群分类是一个流动的社会与文化变迁过程，其间地方上各种力量都会灵巧地运用王朝国家的符号象征，来宣示自己的权势和特性。以沙田区"疍民"的认同为例：珠江三角洲乡镇中拥有大面积沙田的强宗大族，使用各种文化手段，将沙田区的人群贴上"疍"的标签；而那些沙田区的居民，则建立自己的市场，祭祀自己的神祇，并逐步"挤进"乡镇社区的社会文化活动之中，以谋取改变自己的身份，提升自己在地方社会中的地位；尽管如此，在当地人眼中，"疍"这个标签仍然代表着社会的边缘群体。[23]

总的说来，"社会建构论"的理路与分析方法，贯穿了本书所收各篇论文有关族性问题的讨论中。实际上，本书出版后，大部分书评所着意推介和肯定的也都是这一点。如 Antonella Diana (Professor of The Australian National University) 评论说："本书将历史分析方法与人类学的探究方法完美地结合在一起，给有关中国族性和国家的讨论带来了新概念。作为一个整体，本书可以看作是一部中华帝国诸种族群实体在与王朝统治中心互动中形成、变迁的族群史（ethnographic history）。"[24] 因此，将族性看作一种社会与文化过程及其结果，将其置入复杂的历史情境与进程中加以考察，乃是本书在方法论上最重要的特色。

今天，至少在学术界，很少会有人相信：一个人，仅仅因为其长相、肤色、语言、信仰和习惯，就会被简单地归入某一族群（ethnic group）或民族（nation），而他自己也会认同这种归属和界定，并以他被归属的那个族群或民族的"文化"作为自己生活、行为的规范和指针。虽然在社会上还有一定的影响，但就学术思想界而言，无论在西方，还是在中国，极端的原生论（种族论）已被彻底摒弃。越来越多的学者接受这样的看法：个人与群体的族性身份和族群归属，绝非"先天的""与生俱来的"，而是"后天的"，是在复杂的社会过程中"被授予"和"获得的"。血缘、语言和文化上的一致性，无论这种一致性是"真实的"还是"想象的"，虽然可能是构成族群或民族的必要条件（也并非完全如此），但绝非其充分条件，更非充分必要条件——换言之，共同血缘（真实的或想象的）、语言和信仰固然"有可能"、但绝非"必然会"将某些人群凝聚成一个族群。个人与群体的族性身份和族群归属，首先是一种社会身份和社会分类，它在特定的社会中才存在并具有意义；其次是一种文化权力或标签，它将某些人纳入某一群体，拥有特定的权利和义务，而将另一些人排斥在外；最后，它还是一种行为规范和道德准则：作为或成为某一族群（或民族）的成员，就必须（理论上）遵从其行为规范和道德准则，按照被族群大众所认可的方式"行为"。

这正是本书的思想意义之所在。在本书作者们的笔下，中华帝国的臣民们不再是"忠厚老实"、"安分守己"、"宿命的"、匍匐于地等待王朝国家赐予身份的"奴才"，而变成了懂得并娴于运用各种谋略和技巧（包括"创造性"地利用王朝国家的制度和权力话语）以获取自己利益、改变自己身份地位的，蓬勃向上、富有朝气的、活生生的"人"。我以为，将历史文献中的诸色"符号"，还原成曾经鲜活地生活在这个世上的个体，乃是人类学方法给历史学研究最大的启迪。

注释：

1. 许倬云:《试论网络》,《新史学》二卷 1 期（1993 年），又见《许倬云自选集》,上海：上海教育出版社，2002 年，第 30—34 页，引文见第 32 页。

2. *Empire at the Margins: Culture, Ethnicity, and Frontier in Early Modern China*，"introduction", p.3.

3. *Empire at the Margins: Culture, Ethnicity, and Frontier in Early Modern China*，"introduction", p.6.

4. 关于西方学者对"汉化"模式的讨论，请参阅 Pamela K. Crossley, "Thanking about Ethnicity in Early China", *Late Imperial China*, Vol.11, No.1 (June 1990): 1-35; Evelyn S. Rawski, "Re-envisioning the Qing: The Significance of the Qing Period in Chinese History." *Journal of Asian Studies*, Vol.55, No.4 (1996): 829-850; John Robert Shepherd, *Statecraft and Political Economy on the Taiwan Frontier, 1600-1800,* Stanford, CA: Stanford University Press, 1993; Ping-ti Ho, "In Defense of Sinicization", *Journal of Asian Studies*, Vol.57, No.1 (1998): 189-214。

5. 参阅 David G. Atwill (Professor of Pennsylvania State University) 关于本书的评介，见 *Journal of Asian Studies*, Vol.65, No.3 (2007): 604-606。

6. *Empire at the Margins: Culture, Ethnicity, and Frontier in Early Modern China*，"introduction", pp.6-7.

7. 关于民众日常生活中对帝国隐喻与话语的使用，较早的论著主要有 Arthur P. Wolf, "Gods, Ghosts, and Ancestors." in *Religion and Ritual in Chinese Society*, edited by Arthur P. Wolf, Stanford, CA: Stanford University Press, 1974. pp.131-182，中译文为张珣译，见《思与言》35 卷 3 期（台北，1997 年），第 233—292 页；James L. Watson, "Standardizing the Gods: The Promotion of T'ien-hou ('Empress of Heaven') along the South China coast, 960-1960", in *Popular Culture in Late Imperial China*, edited by David Johnson et al, Berkeley: University of California

Press, 1985, pp.292-324; Stephan Feuchtwang, *The Imperial Metaphor: Popular Religion in China*, London: Routledge, 1992, 中译本为赵旭东译，南京：江苏人民出版社，2008年；David Faure and Helen F. Siu, eds. *Down to Earth: The Territorial Bond in South China*, Stanford CA: Stanford University Press, 1995, 特别是 pp.1-19. 另请参阅萧凤霞：《廿载华南研究之旅》，程美宝译，《清华社会学评论》2001年第1期，第181—190页。

8. "The Qing and Islam on the Western Frontier", by James A. Millward and Laura J. Newby, in *Empire at the Margins: Culture, Ethnicity, and Frontier in Early Modern China*, pp.113-134, 特别是 pp.117-123。关于这一问题，Peter C. Perdue 在 *China Marches West: The Qing Conquest of Central Eurasia*（Cambridge, MA: Harvard University Press, 2005）中的论述似更为深入详实，请参阅。

9. Donald S. Sutton, "Ethnicity and the Miao Frontier in the Eighteenth Century", in *Empire at the Margins: Culture, Ethnicity, and Frontier in Early Modern China*, pp.190-228, 特别是 pp.217-220, 同作者关于湘西苗族的研究，另有 "Myth Making on an Ethnic Frontier: The Cult of the Heavenly Kings of West Hunan, 1715-1996", *Modern China*, Vol.26, No.4 (2000), pp.448-500。而对其研究的回应与讨论，则可见谢晓辉《苗疆的开发与地方神祇的重塑——并与苏堂［栋］（棣）讨论白帝天王传说变迁的历史情境》，《历史人类学学刊》6卷1、2期合刊（2008.10），第111—146页。

10. "The Cant of Conquest: Tusi Offices and China's Political Incorporation of the Southwest Frontier", by John E. Herman, in *Empire at the Margins: Culture, Ethnicity, and Frontier in Early Modern China*, pp.135-168. 同作者关于这一问题的论文，还有 "Empire in the Southwest: Early Qing Reforms to the Native Chieftain System", *Journal of Asian Studies*, Vol.56, No.1(1997), pp.47-74。与此一研究理路相近的最新相关研究成果，则可举温春来《从"异域"到"旧疆"：宋至清贵州西北部地区的制度、开发与认同》，北京：生活·读书·新知三联书店，2008年。

11. "The Yao Wars in the Mid-Ming and their Impact on Yao Ethnicity", by David Faure, in *Empire at the Margins: Culture, Ethnicity, and Frontier in Early Modern China*, pp.171-189. 唐晓涛在科大卫的基础上，对明清时期大藤峡地区的族群、社会等问题展开了全面考察，见所著《礼仪与社会秩序：从大藤峡"瑶乱"到太平天国》，中山大学历史系博士学位论文，2007 年；《三界神形象的演变与明清西江中游地域社会的转型》，《历史人类学学刊》6 卷 1、2 期合刊（2008.10），第 67—109 页。

12. "Ethnicity, Conflict, and the State in the Early to Mid-Qing: The Hainan Highlands, 1644-1800", by Anne Csete, in *Empire at the Margins: Culture, Ethnicity, and Frontier in Early Modern China*, pp.229-252. 同作者关于海南黎族的研究，另可参见 "The Li Mother Spirit and the Struggle for Hannan's Land and Legend", *Late Imperial China*, Vol.22, No.2 (2001), pp.91-123。

13. "Ethnic Labels in a Mountainous Region: The Case of She 'Bandits'", by Wing-hoi Chan, in *Empire at the Margins: Culture, Ethnicity, and Frontier in Early Modern China*, pp.255-284. 对此项研究最有意义的回应与讨论，当是黄向春《"畲／汉"边界的流动与历史记忆的重构》，见《学术月刊》2009 年第 6 期。

14. "Lineage, Market, Pirate, and Dan: Ethnicity in the Pearl River Delta of South China", by Helen F. Siu and Liu Zhiwei, in *Empire at the Margins: Culture, Ethnicity, and Frontier in Early Modern China*, pp.285-310. 此文之中文改写本以《宗族、市场、盗寇与疍民——明以后珠江三角洲的族群与社会》为题，刊于《中国社会经济史研究》2004 年第 3 期。

15. *Empire at the Margins: Culture, Ethnicity, and Frontier in Early Modern China*, "introduction", pp.16-17.

16. 参阅刘志伟《地域社会与文化的结构过程——珠江三角洲研究的历史学与人类学对话》，《历史研究》2003 年第 1 期；温春来《从"异域"到"旧疆"：宋至清贵州西北部地区的制度、开发与认同》，第 314—317 页；鲁西奇：《化外之区如何步入王朝体系：以木材流动为例》，《中国图书评论》2007 年第 7 期。

17. *Empire at the Margins: Culture, Ethnicity, and Frontier in Early Modern China*, "introduction", pp.1.

18. Clifford Geertz, "The Integrative revolution: Primordial Sentiments and Civil Politics in the New States" (1963), in *The Interpretation of Culture: Selected Essays by Clifford Geertz*, New York: Basis Books, 1973, pp. 253-259; Anthony D. Smith, The *Ethnic Origins of Nations*, Oxford, UK: Basil Balckwell Ltd, 1986; Anthony D. Smith, *The Nation in History: Historiographical Debates about Ethnicity and Nationalism*, Hanover: University Press of New England, 2000. 姚大力《"满洲"如何演变为民族》一文（刊《社会科学》2006年第7期，又见氏著《北方民族史十论》，桂林：广西师范大学出版社，2007年，第18—63页）之第五部分关于"民族意识与前现代民族的形成"的讨论，使我注意到Anthony D. Smith的论点，并惠赐上述两种论著的复印本，谨致谢忱。需要说明的是，Smith并非严格意义上的原生论者（姚先生译作"原基论"），对此，姚先生已有辨析。对原生论的批评，可参阅Jack David Eller, and Reed M. Coughlin, "The Poverty of Primordialism: the Demystification of Ethnic Sentiments", in *Ethnic and Racial Studies*, Vol.16, No.2, pp.183-202。

19. 参阅 Patrick Harris, "The Roots of Ethnicity: Discourse and the Politics of Language Construction in South-East Africa", in *African Affairs*, Vol.87, No.436(January 1988), pp.34-39; Ernest Gellner, *Nation and Nationalism*, Oxford: Basil Balckwell Ltd, 1983; Charles F. Keyes, "Towards a New Formulation of the Concept of Ethnic Group", *Ethnicity*, No.3(1976), pp.202-213; Terence Ranger, and Eric Hobsbawn, *The Invention of Tradition*, Cambridge, UK: Cambridge University Press, 1992; Paris Yeros, *Ethnicity and Nationalism*, Landon: Macmillan, 1999; Michael Herzfeld, *Cultural Intimacy: Social Poetics in the National state*, New York: Routledge, 1997. 据我的理解，族性（Ethnicity）问题上的"社会构建论"与民族（Nation）、民族主义（Nationalism）问题上的"现代论"（Modernism）是密切联系在一起的，而其归结点则是现代民族与民族主义的产生。我对这一问题的学习才刚刚开始，这里的理解与讨论相当肤浅，很

可能存在偏差与失误。

20. 参阅 Pamela Kyle Crossley, "Thanking about Ethnicity in Early Modern China", *Late Imperial China*, Vol.11, No.1(1990), pp.1-35; *A Translucent Mirror: History and Identity in Qing Imperial Ideology*, Berkeley: University of California Press, 1994。

21. *Empire at the Margins: Culture, Ethnicity, and Frontier in Early Modern China*, "introduction", p.3.

22. "Making Mongols", by Pamela Kyle Crossley, in *Empire at the Margins: Culture, Ethnicity, and Frontier in Early Modern China*, pp.58-82.

23. "Lineage, Market, Pirate, and Dan: Ethnicity in the Pearl River Delta of South China", by Helen F. Siu and Liu Zhiwei, in *Empire at the Margins: Culture, Ethnicity, and Frontier in Early Modern China*, pp.285-310. 萧凤霞、刘志伟的一系列论著，使用不同案例，论述了这些认识，请参阅 Helen F. Siu, *Agents and Victims in South China*, New Haven, CT: Yale University Press, 1989; 萧凤霞：《妇女何在？——抗婚和华南地域文化的再思考》,《中国社会科学季刊》(香港) No.14 (Spring 1996), 第 24—40 页；萧凤霞：《传统的循环再生——小榄菊花会的文化、历史与政治经济》,《历史人类学学刊》1 卷 1 期（2003 年），第 99—131 页；刘志伟：《地域社会与文化的结构过程——珠江三角洲研究的历史学与人类学对话》,《历史研究》2003 年第 1 期；《地域空间中的国家秩序——珠江三角洲"沙田—民田"格局的形成》,《清史研究》1999 年第 2 期, 等等。

24. 有关本书的英文书评，据笔者所见，共有五种，其作者与登载刊物分别是：(1) David G. Atwill, *The Journal of Asian Studies*, Vol.65, No.3 (2006), pp.604-606;（2) Frank Dikotter, *The China Review*, Vol.7, No.1(2007), pp148-150;（3) Richard H. Thompson, *American Anthropologist*, Vol.109, No.1(2007), pp.209-210;（4) Antonella Diana, *The China Journal*, No.57(2007), pp.201-203; (5) Morris Rossabi, *History*, Vol.34, No.2 (Winter 2006), pp.59。中文书评，主要有两种：(1) 赵世瑜，见《历史人类学学刊》4 卷 2 期（2006 年），第 171—173 页。

赵世瑜另有题为《在历史中发现族群，于草野间审视朝廷》的详细评论，刊澳门《神州交流》3卷3期（2006年），第70—87页，惜未能读到。(2) 袁剑：《以族群建构的视角找寻中国边疆历史》，见中国人民大学社会学理论与方法研究中心主办"社会学视野"网（http://www.sociologyol.org），未见正式发表。

卷三

——— **讲谈** ———

学问须于不疑处有疑[*]

一 引言

到厦门大学工作快四年了，除了必须承担的教学任务之外，我没有走上讲台，面向非历史专业的同学说话。这原因，除了我不太会表达之外，更主要的是因为，我怀疑自己真的有什么东西可讲吗（我真的掌握别人不掌握的知识，拥有某些别人未曾拥有的思想，或具备别人不具备的技能吗？）？我所说或所写的话真的是我想表达的吗（我说出来的话或者写出来的文章，总让我觉得遥远，有些陌生感，让我怀疑是我自己所说和所写的，包括我

---

[*] 本文写于2010年3月，是为厦门大学人文学院盛嘉教授主持的"人文经典系列讲座"准备的讲稿，后经整理修改，刊于盛嘉主编《学者的使命》（《厦门大学人文经典系列讲座讲演集》第一辑），厦门：厦门大学出版社，2012年，第16—34页。

现在说的话)？我所说的和所写的那些东西真的有意义吗（真的有听众或读者愿意和有耐心听、读我的那些话吗？他们真的有兴趣理解并给予分析或批判吗？如果有一言片语被人家听进去，对他们真的没有消极影响吗)？即便是在讲课或写文章时，我也在不断地这样追问自己。不幸的是，答案往往是否定的。它使我感觉到倦怠、消极和无奈，甚或处于失语的状态。当然，这种怀疑是我内心深处对自己的拷问，也是对这个社会（包括各位）的智慧和思想能力的不信任或者说没有信心。偶尔，会有一个声音对我说：你可以不相信自己，因为你可能了解自己；但你没有充分的理由不相信别人，因为你并不能全面而准确地了解他们，就像了解你自己一样。当盛嘉老师让我和大家谈谈读书的感悟和体验时，这个声音跳出来说了话，所以，我现在就多少有点勉强地坐在了这里。

那么，说点什么呢？回想自己年轻时读过的书，对自己的思考或思想的形成与生活道路的选择带来影响的，主要有西方马克思主义的马尔库塞、阿多诺，康德的批判哲学，海德格尔、罗兰·巴特，以及，很抱歉，还有佛经。所以，我最初告诉盛老师：我来说说28年前读的康德吧，我受康德哲学的影响最大。后来，看到盛老师的"人文经典阅读讲座"的计划，猜想绝大部分老师可能都将要讲西方的人文经典著作，不免有点气馁——中国还是应当有一种两种吧。考虑良久，就选择了梁任公的这本小书——《清代学术概论》。

很多年前，我的一位老师（请原谅我不提及先生的名讳，以免给人拉大旗之嫌），向我谈起上个世纪20年代他有一次机会听任公先生讲座的情形。那时候不知道珍惜，不曾记下老先生叙述的内容。只记得他说起任公先生讲《箜篌引》,用抑扬顿挫的广东白话,吟读《公无渡河》:"公无渡河,公竟渡河。渡河而死,其奈公何?"(我后来查书,知道后两句应当是:"公堕河死,当奈公何。"但当时听说的,的确是这样的。)老先生复述完任公先生讲的这段琴曲,停下来,久久没有说话。那时候我虽然年轻,却也能感觉到一股悲凉萧瑟之气在天地间弥散开来。世间已无梁新会。天地钟秀,一个世纪以来,中国无垠的土地上,却不曾再孕育出另一个任公先生来。

  这本小书写作的缘起,诸位都应当耳熟能详。它本是作者为友人蒋方震(即蒋百里)著《欧洲文艺复兴史》所写的序言,原题"前清一代中国思想史之蜕变","既而下笔不能自休,遂成数万言,篇幅几与原书埒。天下古今,固无此等序文,脱稿后,只得对于蒋书宣告独立矣"。这本只有五六万字的小册子,概述明末至清末近三百年的学术进程,却并非严格意义上的学术史,而是一部以所谓"时代思潮"为主线,以佛典所谓生住异灭的流转来比喻清学的蜕变(启蒙期、全盛期、蜕变期、衰落期),寓论于史,以强烈的主观认知,整合、涵括客观事实的,主观性极强的学术史论,其"论"的成分大于"史"。如果说三年后成书的《中国近三百年学术史》主要可以看作是一部学术史著作的话,那么,这本书则可看作是有关清代学术思想的总评论。[1]

二 《清代学术概论》

  这本书虽然只有五六万字,然所论却涵括清代学术思想之各方面。任公先生认为:有清一代学术,带有时代思潮之色彩者,在前半期为"考证学",在后半期则为"今文学"。梁任公将前半期分为启蒙与全盛二期:前者包括顾炎武、胡渭、阎若璩、黄宗羲、万斯同等人;后者即我们常说的"乾嘉考据学",亦即任公先生所谓"正统派",包括惠栋、戴震、王鸣盛、钱大昕、汪中、江藩、程瑶田、段玉裁、王念孙王引之父子等。后半期,梁任公别为蜕变与衰落二期,其蜕变期之代表人物,任公先生说,"则康有为、梁启超也","皆抱启蒙期'致用'的观念,借经术以文饰其政论,颇失'为经学而治经学'之本意,故其业不昌,而转成为欧西思想输入之导引"。至于衰落期,"率因袭补苴,无复创作精神;即有发明,亦皆末节,汉人所谓'碎义逃难'也。而其人犹自倨贵,俨成一种'学阀'之观"[2]。然即便在此期内,仍有俞樾、孙诒让、章炳麟等可称为大师者。梁氏于诸派学术思想之根柢、治学之要旨与得失、学术路径之指向皆娓娓道来,所言大抵皆切中肯綮,又多平实可信,确为知者之言。

这本书我读过很多次。读到精彩处,常常掷卷叹息,反思我们今天所做的学问,较之前贤往哲,究竟还有什么意义。如其论顾亭林所以能成为一代开派之大宗师者,在其能建设研究之方法,一曰贵创,二曰博证,三曰致用。我曾经以这三点,检校今日学界之大佬,知当今衮衮诸公,能有希望成为"一代开派之大宗师"者,几乎尚未得见。任公先生曾引亭林之言,论及著述之难,谓:"必古人之所未及就,后世之所不可无,而后论之。"这个标准,我虽然做不到,但一直悬为自己努力的目标:凡读书偶有一得,必追问此论前人是否已有充分论述,所论于世人是否有意义(后一方面常常做不到,亦甚为难知)。

然而,在我做学生的时代,读及此书时,留下最深刻印象且于后之读书治学影响最巨者，却是任公先生所讲的戴震的故事和他的学问：

> 震十岁就傅，受《大学章句》，至"右经一章"以下，问其塾师曰："此何以知为孔子之言而曾子述之？又何以知为曾子之意而门人记之？"师应之曰："此先儒朱子所注云尔。"又问："朱子何时人？"曰："南宋。"又问："孔子、曾子何时人？"曰："东周"。又问："周去宋几何时？"曰："几二千年。"又问："然则朱子何以知其然？"师无以应。

所谓"右经一章"，即"大学之道，在明明德，在亲民，在止于至善"，这一段讲明德的《大学》总论。朱子注云："右经一章，盖孔子之言，而曾子述之。其传十章，则曾子之意而门人记之也。"塾师所言，根据就在这里，所说有根有据，完全可以说是一个好老师。我常常自问，如果我遇到这样的学生，也只有"无以应"。

梁任公接着说：

> 此一段故事，非惟可以说明戴氏学术之出发点，实可以代表清学派时代精神之全部。盖无论何人之言，决不肯漫然置信，必求其所以然之故；常从众人所不注意处觅得间隙，既得间，则层层逼拶，直到尽头处；苟终无足以起其信者，虽圣哲父师之言，不信也。[3]

我最初读到这段文字，大约是在1984至1985年间吧。今天，大概已经很难想象我读到这段话时所感受的震撼。"苟终无足以起其信者,虽圣哲父师之言,不信也。"我们那时候所面对的"圣哲父师",比今天大概要多得多吧。这段话,当然还有康德,指引着我,使我走出了对"圣人"的崇拜,对哲人的迷惑,对父祖的尊崇,以及对师门的敬畏。大约到1990年代中后期,我初步形成了自己对学问和社会的看法,我深信:怀疑是做学问的第一步,只有怀疑才会有研究,才可能有自己的思想。梁任公在《中国历史研究法》中说:"夫学问之道,必有怀疑,然后有新问题发生;有新问题发生,然后有研究;有研究,然后有新发明。百学皆然,而治史特其一例耳。"[4]胡适之先生有一句名言,是大家都知道的:"做人须于有疑处不疑,学问须于不疑处有疑。"前一句我做得不够好,虽然也力争做着;后一句,则是基本贯穿于近二十年来我的读书、治学生活的。

三 历史知识及其体系与思想方法之可疑

近两年来,我开始有意识地思考一些方法论上的问题,其中的任务之一就是试图去解释,学问何以必须从怀疑出发?我们所面对的知识系统及其思想方法,为什么是值得怀疑而且必须怀疑的?以及我们怎样打破固有的思想体系强加于我们身上的桎梏,而真正独立地去追求真知,达至"独立之精神,自由之思想"?这当然是一个非常复杂的问题,我远没有想清楚,更不可能说清楚,仅能结合我自己比较熟悉的历史研究这门"学问",谈一些粗浅的看法。

我们面对的历史知识体系,大致可区分为三个层面:

一是作为正统意识形态的历史叙述和阐释。我们从中学乃至小学时代所学习、一直到读博士还要考的那些历史教科书,作为国家和党的政策方针依据的历史叙述与阐释,大抵都属于此类。这一类著作均先有一种历史预设,比如假定人类的发展遵从一种一致性的规律,必然会经过某些阶段(如五种社会形态演进)之类,然后选择、剪裁、整合相关历史资料,以论证其说。

二是作为知识基础与思想根基的历史知识体系,大多数专业的历史著述,从历史系学生必然会读的断代史、专门史著作,大部分学者的论著,到二十四史、《资治通鉴》等历史上的史书,都包括在这里。它的思想方法,是相信历史文献中的记载,程度不同地反映了客观的历史事实,我们可以通过对历史文献的分析,最终弄清历史的真相,并"总结"出某些规律性的认识,概括出对现在和未来有益的经验和教训。

三是所谓"原始材料",即档案、回忆录、书信、日记之类"当时"或"事后"留下来的记录,一般被认为是最可信靠的,是我们构建对历史认识的基础。

这三个层面的划分,显然不是严格的,特别是第一与第二个层面之间、第二与第三个层面之间,有很多交叠、模糊的部分。它仅仅是一种为思考方便而做的大致区分而已。

(一)"原始材料"之不可尽信

上述三个层面上的"历史"的真实性及其意义都是值得怀疑而且必须怀疑的。我们先来看似乎最不需要怀疑或者说最为可信的"原始材料"。

1. 来源于"记忆"的原始材料

人类之所以有历史，是因为人类有记忆。

由于对"记忆"的界定有不同的理解，所以，我们无法讨论哪些动物群体有记忆，以及有怎样的记忆，但可以基本肯定，大部分动物群体的记忆（如果有的话）是建立在重复经验基础上的，是不自觉或非主观的记忆。而人类的记忆则是自觉的、主动的记忆，因而也是有选择的记忆——一个人来到一个陌生的环境，会时刻提醒自己带好证件，记住走过的路，这是典型的自觉而主动的记忆；我们当然不是也不可能记住周围所有的事物，也不是记住我们所说和听到的所有的话，而只是记住了那些对我们有意义或者我们认为有意义的事项，这就是有选择的记忆。

因此，记忆是我们之所以会有历史的根源。换言之，我们所知道的历史，不是历史过程与历史事实本身，而是人类记忆中的历史过程与历史事实的相关素材。当然，这些记忆的素材所根据的乃是客观的历史过程与历史事实，但我们所面对的所有东西，不过是经过记忆选择过滤之后的那些素材罢了。用学理性的话表达就是：历史过程与历史事实的主观映象，而非其本身。

有一些文字记载的记忆是在事件发生时或者说是在历史过程之中留下来的。比如，我们一边劳动，一边歌唱，唱的就是劳动的感受，这些唱词被记录下来，就是"即时性的记忆"文字。我们在历史文献中，偶尔可以看到这种即时性的记忆文字，虽然它也是事后被整理出来并经过改造的，但我们仍然可以感受到那种"即时性"的场景。《诗·大雅·生民篇》大约可以看作是欢庆丰收的节日庆典上所唱的颂歌。它首先叙述了后稷的传说和周室的建立，然后是关于那个祭典的描述：

诞我祀如何？或舂或揄，或簸或蹂。释之叟叟，烝之浮浮。载谋载惟，取萧祭脂。取羝以軷，载燔载烈，以兴嗣岁。

卬盛于豆，于豆于登。其香始升，上帝居歆，胡臭亶时。后稷肇祀，庶无罪悔，以迄于今。[5]

我们试着翻译一下这段诗：

怎样来祭祀我们的祖先呢？有的人在舂谷，有的人在扬掉糠皮。有的人忙着用簸箕筛掉米头子，有的人在仔细地揉搓谷米。淘米的声音沙沙响，蒸米的热气呼呼升。另一群人围在一起，商量了半天，然后分头去采择香蒿和油脂。抓住一头公羊，拿它来先祭路神。

把火烧起来吧，火烧得越旺，来年的运道收成就会越好。把蒸好的米饭、大肉、油脂盛在木盆瓦罐里，盛得满满的。香气升起来了，上帝天神安详地享受着这种香气。那些馨香的气味真是恰到好处啊。

自从后稷创造了祭祀的仪式，一直到今天，我们再也没有遭遇灾难。

可以相信，这一段文字，最初很可能就是祭祀（"尝"）的劳动号子——你甚至可以想象一群人在忙着祭祀（祭祀"诞我者"，也就是生育我的祖先），不同的人在做不同的活计，高声地嚷着，欢快地大笑着，有一个人，可能是巫，就唱起歌来。这首歌先是被口口相传，代代相承，后来被形诸文字，并加以整理，就是我们今天读到的这篇《生民》。

我们今天面对的诸多历史文献中，相当部分的书信、诗作等文学作品、部分文书，都可能是"即时性记忆"留下来的文字。我们写一封信，在写信的同时，就留下了这个足供记忆的凭据，是典型的即时性记忆。不少思想性与情感性的作品，也是在撰写的同时成立的——那种情感，在被书写时，才真正地突显出来，而在被书写之前，它可能是朦胧的；同样，某些思想，在书写的过程中才得到论证并清晰或体系化，而在此之前，它可能只是一些想法、念头，即思想的火花。官府的一些制度性文书，如户籍簿、过关文书、讼诉文书，也是在其制作过程中成立的，所以，我也把它们归入"即时性记忆"的类别里。

显然，即便是"即时性"的记忆，当它被表达出来时，也是一个"制造"的过程。这个制造的过程，不仅是指某一事项从外界进入我们的头脑，在头脑中形成一种框架性的观念，然后再以话语（包括肢体性语言等）、文字的形式表达出来，这个将事项映象化、观念化并表达出来的过程，还指某些"记忆"并没有具体的事项或映象做基础，它可能完全是被"创造"出来的，即是从"无"中生"有"的。比如：我们可能并没有某个想法或者观念，但在某种场境下，我们完全不自觉地表达出那种想法或观念，完全无意识地，以为这种想法或观念是我们本来就具有的。我们在生活中，会出于各种原因，随机地说一些谎言，善意的或不善意的，有功利心的或无功利心的，这些谎言，就是一种制造出来的"即时性记忆"。我们大概都会不同程度地说过这种谎话，也都有经验与教训：说了一句谎话，就要有一大堆的谎话来完善它，从而形成一个"谎言系统"。而我们常常"记不住"自己说过的谎话，所以下次要圆谎时往往不能自圆其说。质言之：制造出来的"即时性记忆"在本质上是一种"假记忆"，这不仅因为它没有具体的事项或事实做基础，更因为它往往"记不住"。

但是，这种"假记忆"却也是构成我们今天面对的"历史叙述"的来源之一，甚至可以说：我们的历史叙述本源中充满了这种"假记忆"。今天，我们中间的绝大部分人，包括我自己，都在"制造"这种"假记忆"。甚至在表达感情时，那些山盟海誓，也是"制造"出来的"假记忆"。我无须再去列举更多的例证，包括文书、统计资料、档案，乃至极度私密化的书信，其中同样充斥着谎言。当这些谎言被以文字、图像等形式记录下来，它就成为历史叙述的一种来源。

如果我们充分地意识到自己也在参与制造"假记忆"，如果我们明白我们的那些"假话"可能会被未来的历史学家作为"原始证据"来采用，你又怎么会相信曾被告知是"客观事实"的历史过程和文化传统？如果你清醒地意识到恋爱时的山盟海誓说出来就是为了违背的（我相信，我们每一个人都知道，在我们的有生之年，大海不会枯竭，高山也不会平夷，那些海枯石烂的话，说了不过就是骗人的），你又怎么会相信那些你触摸不到的诺言和对美好世界的描绘？如果你自己不能区分自己的"记忆"哪些是真实的，哪些是"假记忆"，又如何可能辨别这个世界的"真"与"假"？

2. 来源于"回忆"的原始材料

更多的记忆是在事情发生之后或者说是过程之外，通过回忆而得到梳理、记录下来的。我们很多人有写日记的习惯。夜深人静，一灯如豆，我们坐在窗边，或趴在床头，回想这一天的事情，某些场景会历历在目，这就是"回忆"的过程。回忆是对记忆的唤醒，显然，被唤醒的不会是全部记忆，而只是其中的一部分，甚至可以说是很小的一部分。这中间已经有一个过滤与筛选的过程。我们把那些经过筛选的事件或场景形诸笔端（对今天的大多数人来说，是敲击键盘），加上自己的感受或思考，这就是我们的日记。同样的，我们不会把我们认为可能有意义的每一件事情、场景、想法都记录下来。换言之，在我们撰写日记的过程中，又有一个筛选的过程（在这里，我们还不去考虑那种写给别人看的日记，那是一种"历史编纂"，而不是回忆了）。

当我们年龄越来越大，我们开始回忆那些越来越远的岁月。在我这个年龄，我越来越多地回想起我的童年、少年时代和青春岁月，不用说，在我的回忆中，过滤掉了诸多艰苦、困顿乃至被欺凌、被侮辱的情节，以及那些悲伤、孤独、无助的情感体验，还有诸多少不更事的失误与歧路，留下的主要是成功、荣耀、得意（虽然很少）以及温馨的亲情、友谊，如画般的场景，弦歌一样的岁月。如果把它们写下来，我相信会是一幅美得让人心悸的白描山水。不幸的是，作为一个历史学者，我时刻在提醒自己，这个美丽的图画仅仅是梦中的幻相。

我们把回忆"述说"出来或记录下来，天长日久，当后人"回忆"起我们的这些回忆时，它就成了史料。我们今天所读到的历史文献中有关历史事件与事实的大部分记载，都来源于回忆，当然不是一个人的回忆，而是群体的回忆，是后人回忆起这些回忆时，将之加以剪裁、整理而形成的记录。

我们来看《左传》中一段著名的记载，即"曹刿论战"。《左传》庄公十年（齐桓公二年，公元前684年），齐、鲁之间发生了一

场战事,长勺之战。经文云:"王正月,公败齐师于长勺。"传曰:

十年,春,齐师伐我。公将战,曹刿请见。其乡人曰:"肉食者谋之,又何间焉?"刿曰:"肉食者鄙,未能远谋。"乃入见。问:"何以战?"公曰:"衣食所安,弗敢专也,必以分人。"对曰:"小惠未遍,民弗从也。"公曰:"牺牲玉帛,弗敢加也,必以信。"对曰:"小信未孚,神弗福也。"公曰:"小大之狱,虽不能察,必以情。"对曰:"忠之属也,可以一战。战则请从。"

公与之乘。战于长勺。公将鼓之,刿曰:"未可。"齐人三鼓,刿曰:"可矣。"齐师败绩,公将驰之,刿曰:"未可。"下视其辙,登轼而望之,曰:"可矣。"遂逐齐师。

既克,公问其故,对曰:"夫战,勇气也。一鼓作气,再而衰,三而竭。彼竭我盈,故克之。夫大国,难测也,惧有伏焉。吾视其辙乱,望其旗靡,故逐之。"[6]

这段记载,我们都耳熟能详,它涉及长勺之战的三个环节:战前策划,战斗过程与战后总结,其描述惟妙惟肖,读之如临其境,自来被视为史家叙述之典范。那么,这段文字从何而来呢?

这段文字特别突出了曹刿的作用。的确,曹刿其人可能在此次战役中发挥了最重要的作用。但是,你可以想象吗?战前鲁庄公未与其大臣商议,也未作详密的布置,而只是与一个陌生的乡下人(非肉食者)曹刿商议,即作出"战"的决定;在战事过程中,这个只是"与从"的曹刿竟可以决定进军与否,他的身份是什么?战后论功行赏,亦不见其他将帅。这些疑点,使我们相信,这段记载，最大的可能，乃是来自曹刿本人的回忆，是他自己讲的，为后人所传说，并最后被史官记录下来的。如果是这样的话，其战前的议论、战事中的作用，就是他的言说而已，是经过过滤、筛选的回忆。

我们今天读到的历史文献中有关事件过程的大多数记载，我相信都是出于事后的"回忆"，而不是"即时性记忆"，即便史官或其他记述人就在事件发生的现场，或本身就是事件参与者，他也很少有可能在当时即记录下来，因为事件在发生过程中，其实是没有任何头绪的，事件中人，很难看清其发展的过程与方向，所以也很难记录下来。事后回忆——且不论回忆距事件发生的时间长短——事件的发生过程，加以梳理、过滤、筛选，然后按时间先后或因果关系，或其他逻辑，叙说或记录下来，或者经过一段时间的传说变异之后，再被记录下来，就成为我们今天读到的有关事件过程之记录的"原始史料"。将这些立基于"回忆"的原始史料按照"回忆者"分类，可以分成：事件亲历者的回忆，旁观者的回忆，闻听者对事件当事人或旁观者之回忆性叙说的回忆，以及书写人对诸种回忆性叙述的剪裁性回忆，等等，其史料价值，总的说来，是依次递减。就文献类别而言，大部分日记、行记、游记、回忆录，以及部分官方档案，如诉讼案卷中的口供材料，大抵都可以归入"回忆"性文献的类别。

显然，"回忆"有很大的欺骗性：它首先欺骗我们自己，因为我们的"回忆"是选择性的；其次，它欺骗别人，因为任何人的"回忆"都是主观的，带有自己的功利考量与好恶选择，也受制于自己的记忆力和"回忆能力"。但这并不意味着否认"回忆"的意义，如果没有回忆，我们怎么会有"历史"？

然而，如果你不能反驳上述对"回忆"之形成及其本质的论述，你又如何能够让我相信：那些立基于带有很大欺骗性的"回忆"的历史叙述，是可信的呢？

3.来源于"追忆"的原始材料

在我们的回忆中，会有很多空缺，我们回忆不起来或者不愿想起。如果忠实于我们的回忆的话，应当把这些空缺留下来，所以就只能画一幅白描山水了，粗粗的几笔，很多事情，只能是略过。但有些关键的环节，对我们很重要，我们需要把那个故事讲全，并给它一个"意义"（重要性），我们就要有一个简单的叙述框架，把故事的不同部分加以调整、组合，然后把那些缺失的部分填补出来（我们强化或者挖掘出那部分回忆来），突出我们希望突出的那部分，最后形成一个有首有尾、有意义的故事。这就是"追忆"的过程。追忆是对回忆的强化性改写，是对故事的重构。

回忆与追忆的区别是微妙的。我引用宇文所安曾经讨论过的一首诗，来讲这个问题（宇文用它来讲往事诗的魅力），那就是杜甫的《江南逢李龟年》：

岐王宅里寻常见，崔九堂前几度闻。
正是江南好风景，落花时节又逢君。

宇文固执地追问：这首诗究竟有什么好呢？它的诗意在哪里？他有很好的阐释，可以去参看。[7]我们仔细想这首诗，杜甫与李龟年，本来也许不算是好朋友的：当年，在岐王府与崔九（崔湜）的家里，两人在宴乐时是时常相见的，但那时，李龟年不过是一个乐工，虽然很优秀，总不过是一个伶人罢了。宴乐时及其之后的那些夜晚，杜甫并未觉得李龟年和他的音乐有多少值得回忆的东西。当年的"寻常见"与"几度闻"又被忆起，是在乱离之后的江南了。落英缤纷，故人相见，执手唏嘘，共话开、天旧事，当年的"寻常见"与"几度闻"遂被赋予世事沧桑的时代内涵。这不仅仅是回忆，回忆只是重温当年相见时的情景，而追忆则赋予了当年的相见以"意义"——岐王宅里的相见与崔九堂前的乐声，代表着盛世的绝响；而江南的落花，则象征着乱离与悲凉。

因此，每一次追忆都是对回忆中的事件与过程的重新改写，通过追忆，不同的人完成了对同一个记忆或回忆的重新建构，并赋予其所追忆的对象以不同的意义。在中国历史上，关于祖先起源的追述，大都是建立在"追忆"基础之上的。我们看各种族谱，其关于族源的叙述，多追溯久远，特别于其始祖（或始迁祖）叙述甚详。可以相信，这些叙述都是后世"追忆"的结果，如果不加分析地信以为实，那就大错特错了。满族关于其族源的叙说，是追忆而不断加以建构的典型例证。姚大力先生在《"满洲"如何演变为民族》一文中对此作了充分论证，可以参看。他指出：明代女真人大部分来源于被金猛安谋克女真所疏离的边缘人群，金代女真的光荣与辉煌从来没有进入过他们的共同记忆。所以，当努尔哈赤初起之时，根本就不知道自己的部落与曾经建立过金帝国的女真人之间曾有过关系。因此，在努尔哈赤早中期，主要使用"诸申"这个词来指称与自己同类的诸部人群。在《旧满洲档》中所见关于满洲祖先最早的版本，是说：

> 吾之父祖世世代代生活于布库里山下的布勒霍里湖……布勒霍里湖有天女三人——曰恩库伦、哲库伦、

佛库伦，前来沐浴。时有一鹊衔来朱果一，为三女中最小者佛库伦得之，含于口中吞下，遂有身孕，生布库里雍顺。其同族即满洲部是也。彼布勒霍里湖周百里，距黑龙江一百二十里至三十里。生吾等二祖后，由彼布勒霍里湖起行，住于撒哈连江之名为纳尔浑地方。

这时候的满洲，还没有想到要把自己与金女真联系起来。至努尔哈赤建国，以"金"为国号，看来已试图将自己与金女真联系起来。努尔哈赤的讨明檄文，明确使用"我本大金之裔"的表达。姚大力先生说：努尔哈赤之借重"金"这个符号的主要用意，是试图以之张大己方与外部三国——明、朝鲜、蒙古——交涉过程中的政治合法性，提升自己的政治身份与历史品格。但是，到了皇太极时代，政治需要又发生了变化：与蒙古各部的关系提到了最重要的位置上来，科尔沁、察哈尔诸蒙古部相继降附满洲，而面对蒙古各部，自称为大金后裔，就显得有些不妥，因为金女真亡于蒙古，而且金亡之后，女真曾隶于蒙古统治之下。这样，满洲就要重新"追忆"自己的祖源，大金后裔的说法不再被提起，而回到了上文所引那个最早的传说，并不断地加以充实、改写。满洲始祖的发祥地，由原先"距黑龙江一百二十至三十里"，变成了"长白山之东北"（向东南移动，因为要与蒙古拉开距离）；布库里雍顺建国的故事，变得更具体起来：他不再是朝向北面的撒哈连江迁徙，而是坐小舟向南顺流而下，到达长白山东南，并被当地的"三姓"奉为首领。最初版本的故事里完全没有提到长白山，而太祖实录的故事却是围绕长白山而展开的，并逐步把长白山神圣化。这些故事，到乾隆时代，又经过一次大的改写，这就是《满洲源流考》中所述说的满洲起源。[8]

追忆，与回忆最大的不同在于，它是一种主动的"回忆"，有着相当明确的"目的"，是有目标的回忆。所有的"回忆"都是围绕着那个目标而展开的。因此，追忆，是一种对过去的建构过程，它距离所谓"真实"更为遥远。

在这里，我尝试着从本源上"解构"所谓"原始材料"的"真实性"：记忆、回忆与追忆，无论哪一种，在本质上都是对历史过程、事件或事物映像的述说，是某个时代的一部分人，对自己所处时代、所生存之环境、所经历之事件、所听闻之事实的一种感知与记忆，它们不是客观的历史过程与历史事实。我们通过这些史料，所可窥知者，首先是那些人的感知与认识，然后，凭借我们的辨析能力与想象力，或许可以触及某些客观的历史过程与事实，但当我们将我们的感知与认识撰写成文，所反映者也只是我们的认知，而绝不是所谓客观的历史过程与事实。

（二）"历史著述"之值得怀疑

如果我们承认上面所说"原始材料"之不可尽信，那么，历史著述之值得怀疑，其实已经不太需要论证了，因为据说（虽然我并不完全相信），历史著述大多是以原始材料为根据的。

但是，我还是需要再进一步辨析历史著述的不可信靠和值得怀疑。首先，在历史学家从事历史撰述和研究时，有时（甚至会时常）增加一些东西，梁任公把它称作"增益"。这些增益的内容并不来源于"原始材料"，即并不以上面我所说的记忆、回忆和追忆为基础，而完全是"制造"出来的。

还记得大学一年级的时候，我开始读《史记》，读到《高祖本纪》

记刘邦母刘媪"尝息大泽之陂，梦与神遇。是时雷电晦暝，太公往视，则见蛟龙于其上。已而有身，遂产太祖"，心中颇有疑惑。又读其醉斩白蛇，且有老妪夜哭，更疑之。其时刘邦不过是一个小吏，其事后何由知之？盖假造以蛊惑人心也。我们读历朝开国皇帝乃至其他大人物的传记，这样的例子有很多，我们都不能不打上一个大大的问号。这样的故事显然不可能来自真实的记忆，我想刘邦自己吹牛可能还不至于这么胆大，只能是他周围的人假造的，史家编撰史书时又将这种假造的故事写进去了。幸好不太有人相信。但那些大人物年少时神话般的故事还有很多，有时候也还不至于编得这样不好，于是就迷惑了很多人。

历史著述中最多而且也是最难理清的"增益"，就是因为各种各样的"造神运动"而在本来比较简单的历史事件、人物或其思想身上堆积了越来越厚的粉彩，这些粉彩一层层地累积起来，遮盖了历史的真相，并且形成了更为庞大的历史叙述与阐释系统，常常使我们在读书时不知所云，无所适从。

讲到这个问题，当然不能不提到顾颉刚先生的"层累地造成的中国古史观"。顾先生对于古史最早的怀疑，"是由《尧典》中的古史事实与《诗经》中的古史观念相冲突而来"。他将《诗》《书》和《论语》三部书中的古史观念作比较，发现禹的传说是西周时就有的，尧、舜的传说到春秋末年才产生，这个古帝的传说越是后起，越是排在前面，等到有了伏羲、神农之后，尧、舜、禹又是晚辈了。于是他提出了一个假设："古史是层累地造成的，发生的次序与排列的系统恰是一个反背。"这个假设的意思是：战国、秦、汉以后的古书中所讲的古史系统，是由先后的不同时代的神话一层一层累积起来的，不同的古帝神话传说发生时代的先后次序和古书中所讲的古史系统排列的先后恰恰相反。具体地说：周代人心目中最古的人是禹，到孔子时有了尧、舜，到战国时有黄帝、神农，到秦有三皇，到汉以后有盘古，等等。因此，他主张将古史的传说层层剥离，把每一件史实的种种传说，依先后出现的次序排列起来，研究其渐渐演进的过程。顾先生关于古史的许多具体论点，现在已经受到越来越多的质疑，但他的这种思想方法，仍然是值得肯定的。

不仅古史如此。事实上，历史知识系统中相当大部分的"阐释"，特别是关于历史原因与意义的解释，很多都是"增益"上去的。以五四运动为例。在我们的心目中，五四运动的伟大及其划时代意义是无可怀疑的。但五四运动的直接参加者并没有太多的伟大感，也不可能意识到自己在从事一项将改变历史的伟大事业。舒衡哲在《五四运动新探》中指出：五四运动"实际上是为数不多的一批知识分子为唤醒自我而进行的一场软弱无力且混乱不堪的运动"。随着五四运动成为一个伟大的事件，围绕着它无数的人写下无数的文章与著作，其中有多少是五四运动的"本事"，有多少是后人为适应某种需要而加上去的？我想，可以直白地说：增益的部分，要多于属于其"本事"的部分。而且，也如古史系统的层累一样，对同一历史事件、事实或过程的阐释，也是越晚出的阐释（或者说越"新"的阐释）越居于历史知识体系的最上层，并广为传播，成为构成大众历史知识体系的最主要部分。

其次，历史学这门学问，区别于其他学科的最大特征之一，乃是我们知道"结果"，那就是我们今天所处的这个世界。历史学家们知道"结果"，是从"结果"出发，去探究形成这个结果的"过程"，分析其"原因"，赋予其"意义"。一个历史学家撰写一个朝代的历史，这个朝代已经灭亡了，所以他自然而然地、轻而易举地将它划分为"兴起、鼎盛与衰落"三个时期，然后具体落实到时段上，并分析每个时期的特征及其原因。显然，你很难相信一个生活在乾隆时代的人，知道自己正处在大清盛世，过些年，清朝就要走下坡路了。这种在知道"结果"的前提下，构建出来的叙述框架或者结构，是历史学家加于历史过程之上的，但历史的结果却并不是历史发展过程中唯一的可能，而只是诸多可能性的一个而已。因为知道"结果"，从而使历史学家可以将前后发生的一些在当时看来也许并不相关的事件联系起来，并赋予在事件发生的当时并不存在因而也就不可能为事件的参与者所知的意义。

不仅如此。所有的历史著作（即使是其中最出色的那些）也都是对过去的高度简化与浓缩，而不是对所有历史现象、事件、人物及其思想的重现。实际上，"按原样恢复历史"是不可能的。当我们谈论历史时，更多的时候并不是指实际发生的事情，也不是时时处处都存在的宇宙乱象，而是经过整理后写进书中去的历史，是历史学家对时空和人物的观察与叙述。任何历史著作都是对过去的一种叙述与解释，而事实是错综复杂的。换言之，历史过程是凌乱、复杂和不明晰的，而历史著作则是把杂乱无章的历史过程条理化和明晰化了。以义和团运动为例，我们知道，一个人参加义和团有各种各样的原因：饥饿、仇恨外国人、复仇、不参加会给家人带来不幸等，研究义和团运动就是要在诸多的动机中找出一些有意义的范式，把特别复杂和混乱的事件清楚而完整地描述出来，且能言之成理。这样，一个义和团运动的研究者就要回答：义和团运动为什么会爆发？它怎样爆发的？它为什么失败?这样,历史学家们就写了很多书、文章。

最后,历史著述范式对历史事实与记载的改造,使历史著述对历史的叙述与阐释很可能程度不同地偏离了历史本身。任何一门学科都有自己的所谓"规范",有的还称之为"家法"。任公先生在《清代学术概论》中论及清代正统派学风之特点,举出十点:

> 凡立一义,必凭证据;无证据而以臆度者,在所必摈。
>
> 选择证据,以古为尚。以汉唐证据难宋明,不以宋明证据难汉唐;据汉魏可以难唐,据汉可以难魏晋,据先秦西汉可以难东汉。以经证经,可以难一切传记。
>
> 孤证不为定说。其无反证者姑存之,得有续证则渐信之,遇有力之反证则弃之。
>
> 隐匿证据或曲解证据,皆认为不德。
>
> 最喜罗列事项之同类者,为比较的研究,而求得其公则。
>
> 凡采用旧说,必明引之,剿说认为大不德。
>
> 所见不合,则相辩诘,虽弟子驳难本师,亦所不避,受之者从不以为忤。
>
> 辩诘以本问题为范围,词旨务笃实温厚。虽不肯枉自己意见,同时仍尊重别人意见。有盛气凌轹、或支离牵涉、或影射讥笑者,认为不德。
>
> 喜专治一业,为"窄而深"的研究。
>
> 文体贵朴实简絜,最忌"言有枝叶"。[9]

这里虽然有十条之多,其要旨却只有一条:"凡立一义,必凭证据。无证据而以臆度者，在所必摈。"这一条，真可说是历史研究的根蒂所在，所以，有人说，历史学是一门讲究证据的学问，或者是以证据为基础的学问。看上去这里一点问题都没有。但是，在我们上面讲了那些原始材料之不足信之后，又有谁敢说那些证据就是那么可靠呢？孤证不为定说，诚然，所以历史研究就是要罗列尽可能多的证据，然而，这里的前提果真就没有问题吗？证据越多，就越真实？"选择证据，以古为尚"，也是不错的，但谁又能确定一个汉代人的胡说八道，就一定比一个唐人的胡说八道更有道理呢？"隐匿证据或曲解证据，皆认为不德"，那么，如果公布证据或正解证据，是有害的，可怎么办呢？所以，历史研究的讲究证据，是有限度的，也可能不全是有道理的，它可能带来一些混乱，认为有证据就是可靠的、真实的，甚至是真理，就太过绝对了。

我来总结一下历史著述是怎样成立的。首先，历史学者知道历史的"结果"，即历史过程或事件的结果；历史学者根据这个结果，将历史过程划分出阶段，或将历史事件、人物区分出类别，即分类，形成一个大致的认知架构。这是第一步。第二步，去读有关这个时代的历史著述，看人家怎么说的，形成一些总体认识，吸纳别人的长处，琢磨别人的短处或缺失，找到了这个短处，写论文，揭出来，找证据，立自己的"说"。把这个时代或事件中的几个大问题这样下了一通功夫，历史学者就形成了对这段历史的总体看法，再用这个总体看法，去整合那些原始材料和论点，就可以走第三步，写一部专著。如果读书时多背了些成语，下笔千言，文采斐然，这就有了"辞章"；再到西方人那里找点"理论"，"洋为中用"，于是就有了"义理"。考据、义理、辞章兼而有之，就很可能成为名著了。

四　结束语

　　回到《清代学术概论》上来。梁任公引戴震之言曰："学者当不以人蔽己，不以己自蔽。"任公先生说："学问之难也，粗涉其途，未有不为人蔽者；及其稍深入，力求自脱于人蔽，而己旋自蔽矣。"[10]我们初入读书门径，每读"大师伟著"，辄惊为天人卓识，遂乃匍匐于地，拜倒称臣，于其所论，倾心钦服，不敢略有疑问，是为"蔽于人"，即为人所遮蔽也。至略有小成，写出几篇文章，出了两本书，教了几个学生，那些学生没有办法，每天要"尊崇"老师，老师遂得自比于圣哲前贤，以为自己出世之前，天地间一片黑暗；自己大作出，遂廓清迷雾，天地间方得见光明矣；然后乃自高自大，不惟自己从不怀疑自己，更不准别人怀疑自己，是为"蔽于己"，即为自己所遮蔽也。各位今日之处境，大抵处于"蔽于人"之境，当前之急务，乃在破除"人蔽"。我呢，"人蔽"尚未破除，复有"己蔽"之虞。蔽于人倒也罢了，若有一天，我也为己所蔽，不知天高地厚，尚望识者唾弃之。

注释：

1. 关于这本书撰写前后任公先生的活动、思想转变及学术旨趣之所在以及本书之价值，上海古籍出版社1998年版附有一份朱维铮先生所写的《导读》，可以参看。见梁启超撰、朱维铮导读《清代学术概论》，上海：上海古籍出版社，1998年，第1—43页。

2. 梁启超撰、朱维铮导读《清代学术概论》，上海：上海古籍出版社，1998年，第5—6页。

3. 梁启超：《清代学术概论》，第34页。

4. 梁启超：《中国历史研究法》，上海：华东师范大学出版社，1995年，第99页。

5. 王先谦：《诗三家义集疏》卷二二《大雅·生民》，北京：中华书局，1987年，第882—884页。

6. 杨伯峻：《春秋左传注》，"庄公十年"，北京：中华书局，1990年，第181—183页。

7. [美]宇文所安：《追忆：中国古典文学中的往事再现》，郑学勤译，北京：生活·读书·新知三联书店，2004年，第4—8页。

8. 姚大力、孙静：《"满洲"如何演变为民族——论清中叶前"满洲"认同的历史变迁》，初刊《社会科学》2006年第7期，后收入姚大力《北方民族史十论》，桂林：广西师范大学出版社，2007年，第18—63页。

9. 梁启超：《清代学术概论》，第47页。

10. 梁启超：《清代学术概论》，第35页。

权力的产生、形式及其集中 *

一　权力无所不在

在这个课堂里，弥漫着权力，我们可以明确地感受到权力的存在：首先，周宁老师让我和他一起，来组织这个课堂，开展一次对话；我同意了，做了准备，如期坐在这里。这里有意愿的表达或指令的发布（周宁老师），以及服从和执行（我）。这就是权力及其运作。现在，周宁老师和我，坐在讲台上，周宁老师先讲，我接着说话，权力的层次或结构遂得以显现出来。更重要的是，周老师与我坐在台上，而各位坐在台下听众席，这种空间格局，使权力结构借助于空间表现出来：周老师和我成为规则的制定者、监督者以及知识、思想的发布者，而诸位则是规划的遵守者、执

---

* 本文写于2014年6月，是应厦门大学人文学院中文系周宁教授之约，与他展开一次"跨界·对话"而准备的讲稿。

行者以及知识与思想的接受者、参与者。而诸位同学各自的座位，也显示出一些权力的结果：自然的过程，很可能是，先来的同学占据了自己希望占据的座位，而后来的同学，选择的余地越来越小，最后坐的座位可能不是自己希望的，甚至是不情愿坐的。而第一排的某些座位，显然被一种潜在的规则所规定着，它们空着，或者被几位有特殊地位的听众坐着。

所以，在这个课堂里，有几种不同性质的权力在发挥作用，也显示出并不那么简单的权力结构（相对于社会与政治而言，已经非常简单了）。我们先不去分析这些权力的性质和结构，只想指出一个简单的事实：权力无处不在，它笼罩在我们每一位的头上，渗透到我们生活的每一个角落。所以，我们生活在权力之中。

不仅如此，权力又几乎是我们每一个人所渴望的东西。今天，很多历史学家、人类学家和政治家（或政客）都相信，对权力的追求乃是人类文明之发生、发展或进步的根源，他们假定，所有的人都为威望和追求权力的欲望所驱使（因为他们自身往往就是这样）。历史学者与人类学者对早期文明起源的探讨，几乎都是从权力的产生开始的；而政治家或政客们更是声称，没有他们就没有人类的进步与社会的发展。虽然我们可能更愿意相信，没有他们，人类可能过得更好，社会更和谐，人间更美好，但是，很不幸，只要有可能，我们都在争取机会，成为我们没有成为他们之前曾深恶痛绝的权力拥有者。在这个意义上，权力不仅在这个世界上，它还在我们心中。

这就是"权力无所不在"的内涵。

二 权力的产生

世界上为什么会有权力？权力是怎样产生的？它对于人类来说，究竟有怎样的意义？质言之，权力的本原与实质是什么？

这可是一个大问题，无数思想家都曾经做出过思考，给出了无数的答案。我无意于讨论这些答案，而只想谈谈自己的思考与认识。

你可以想象居住在洞穴或圆形半地穴式草屋里的一个早期人类的家庭（我相信，一夫一妻制家庭是人类最基本的生活方式与社会细胞，认为人类很早以前就确立了由一夫一妻及其子女组成家庭的婚姻、家庭方式，其一直处于主导地位；建立在一男一女结合之上的家庭，作为一种生活单元［未必是经济单元］，居家度日，生儿育女，是人类之所以成为人类，并得以繁衍生息的根本保障），在居住屋内的中间或偏内的地方，有一处火塘。这个火塘，是这个家庭炊事、饮食、取暖、睡眠、团聚的中心。一个傍晚，母亲抱着一个孩子，坐在火塘的左边或右边，那应当是火塘边最好的位置，既可以较好地取暖，又不受烟熏，还便于取食；父亲从外边进来，提着一只刚刚打到的野物，他在门边整理好野物，顺便坐在火塘靠门的地方，开始烤肉；肉烤好后，他递给抱着孩子的母亲，以及其他的孩子。这是一个自然的格局，虽然有功能的分化，但其中并无明显的权力，也即强制性的占有以及对他人的剥夺。在这个家庭中，母亲、父亲和孩子们，无论坐在怎样的位置上，怎样分配食物，都属于自然法则，我们在很多灵长类动物群体中也都可以看到同样的现象。父亲可能会指责母亲，父亲和母亲也都可能惩罚孩子，但这些并不构成权力。马克斯·韦伯给权力下的定义：权力是迫使他人按照权力拥有者的意愿行事的能力，而被迫者在其他情况下并不会如此行事。对于这个家庭来说，父亲、母亲、孩子都不是"他人"，都是"自己"，命令的发布者与执行者之间，没有我者与他者的区分，所以这中间虽然有"强制"，但不是权力。

可是，妈妈爱上了另外一个人。另一个男子来了，也带着他打的野物，进门之后，最初也坐在靠门的那个位置上，处理野物，从门外抱来柴火，烤肉，递给母亲和孩子们。看上去一切如旧，但是，家庭成员间的关系变了。至少，对于孩子们来说，这个新来的男子是"他人"。母亲命令这个男子做事情、服从这个家庭旧有的规矩，包括坐的位置以及烤肉的方式等；或者反过来，这个男子命令母亲或孩子们做什么、服从他所来自的那个家庭的规矩，或者他自己制定的新规矩，这就构成了权力。

另外一种情形，是这个家庭的孩子们长大了，可没有出去。作为一个成年人，无论男女，对于父亲和母亲来说，他开始成长为"他人"。他虽然还在这个家庭里，血缘关系没有变化，但他已是这个家庭的"他者"。父亲与母亲可能规定他应当做的事情，迫使他去做某些事，并占有其劳动成果，分配给整个家庭，这也构成了权力。

这当然是一种抽象化的历史过程。我讲这个故事，是想说明三点：

（1）权力是在共生条件下产生的。所谓"共生"，即共同生存、生活与发展。一个群体或特定地域里的若干个体形成共生关系，加入到群体中共同生存的人，在生存与交往过程中，服从在生理有机体的存在基础上的共同条件和选择的限制，比如都需要食物，为了获取食物都需要劳动；需要情感的慰藉与性的满足，以及繁衍后代，为此而需要性爱和相对稳定的家庭。因为这些条件与限制对所有的参与者都是共同的，这就是共生条件；调节此种共生关系的诸种因素及其关联，就是共生机制。在共生条件下生存、生活的每一个成员，与其他成员构成相互依赖的关系。换言之，权力之所以产生，是因为人们事实上需要生活在一起，即以群体生活为前提。如果不构成这种相互依赖的共生关系，权力就无从发生。比如我离开厦门大学人文学院，周宁院长的权力（他当然仍很有权力）对于我来说就不再有意义，或者说，周院长与我之间，就不存在权力关系。对于我们每一个人来说，我们之所以受到各种权力的束缚，根源就在于我们处于或试图进入某种共生关系中。如果我们彻底放弃这种诉求，我们也就不再处于各种权力的笼罩之下，连心中也不再有权力。

(2) 权力是在"我者"与"他者"之间产生的。"我有权不吃饭"，这不是一种权力。当然，"我"可能分裂，一个"我"命令吃饭，另一个"我"服从或拒绝，这对于"我"来说，也许可以勉强算作一种"权力"，一种没有意义的"权力"。首先，权力是在两者之间发生的，涉及一个人对另一个人的控制、剥夺及其所属资源的支配。如果世界上只有一个人，所有资源都是你一个人的，那么，你占有这些资源乃是一种自然状态，无所谓权力，因为无人与你分享这些资源。亚当、夏娃也本是一体的，他们共同占有这个世界；而一旦智慧的光芒照耀了他们的心灵，亚当、夏娃成为各自独立的自我，这就有了"我"与"他"，这个世界也就分属了"我者"与"他者"。最初合作建造巴别塔的那群人，无论有多少，都是一个整体；后来，自我觉醒了，才有了各自独立的个体，也就有了"我者"与"他者"。由于在"我者"与"他者"之间没有建立起适当的权力机制，所以巴别塔没有建成。这是一个共生条件下分化的个体之间没有形成适当权力机制的例证。

（3）权力的产生是人类历史上最重要的创新之一。功能主义认为，权力的需要和可能，是共生条件下人们之间的相互依赖性及其不断增长的结果，而人们之间相互的依赖则是性爱与生育、生产等一系列生命活动本身不断分化的结果。在刚才我们假设的那个早期家庭里，男女的性别及其在性爱、生育、生产、生活活动中的不同角色与功能，可能导致了最初的分工或功能分化，而此种分工或功能分化强化了家庭成员间的依赖性；性别之间的体质差别，以及年龄之间的体质差别，产生了地位与作用的差异，从而形成了支配与被支配的关系。这是我们最为熟悉的权力与早期社会分工、阶层分化的阐释。但是，同样的事情也发生在很多动物群体，特别是灵长目的族团社会里，如黑猩猩等。但是，这些动物群体，灵长目动物族团，并没有形成真正的权力运行的规则。所以，在动物群体中所见到的基于性别、体质差异而形成的地位与功能差异，的确存在着产生权力的可能性，但并没有真正产生权力，因为对他者的控制、剥夺以及对相关资源的占有都是暂时的、偶发性的。存在产生权力的可能性，不等于产生权力；同样，有这种需求，与真正形成权力之间也不能画等号。你不可能假设，人类发展以它需要的形式自发地产生权力，也不可能假定不同地域的不同人群在同样的需求下产生权力，因为，显然，在共生条件下的需求是一致的，而权力的产生及其进入所谓"文明社会"的步伐却千差万别。对于相同或类似共生关系下相同或相似需求条件下，权力产生过程及其形式的千差万别，最可能的、合乎逻辑的解释是：权力并不直接产生于对权力的需求，而是产生于共生关系中某些要素的变异，也就是偶然性。共生导致依存、差异产生分工、分工导致分化、分化产生权力，这种"自然发生论"的功能主义阐释，在我看来，很可能是错误的。

在我们的故事里，母亲的新爱人、成年后却没有离开家庭的孩子，就是自然血亲家庭的变异；母亲对新的家庭成员或父母亲对成为独立自我的成年孩子的要求和命令，就是权力。显然，变异引导并催生了创新：共生关系变化了，原有的规则不再能全部适应，就需要创造新的规则，从而催生了权力。在这个意义上，我相信权力的产生，以及建基于权力之上的文明社会，都是人类群体共生关系发生变异的结果，而此种变异的发生，带有很大的偶然性。所以，权力之发生、文明之起源以及由此而走上的人类文明之路，在根本上来说，是偶发的，或然的，并非必然的，也非自然的。

在一个成熟的社会中（比如现代社会中），新的权力因素，也是在旧有体系发生变异的情况下，为了应对这种变异而创造的。权力本身、新的权力形式或类型、权力新的内涵，都是人类历史上最重要的创新性内容。权力的创新，不仅是人类文明发展的重要表征，还可能是其重要动因或推动力之一。

还有一种说法需要辨析。社会契约论、社会复杂化理论的文明起源论者，自觉或不自觉地暗示，权力是为了建立秩序而产生的，认为人们为了建立起生活的秩序，而让渡了自由与自主，把自己的选择与决定力拱手"让"给某一个人或者一群人，从而产生了权力。这在本质上也是一种功能主义的解释，同样犯了"需求导致结果"的逻辑失误。最重要的是，这种说法，无法确定那个"秩序"，究竟是什么人需要的秩序？谁的秩序？同样，以为权力建立了秩序，或者说以权力为中心，建立起了某种秩序，很可能也是错误的。事实上，权力打破了人们生活中原有的格局和法则，使人们的生活被加上了强制的意味。这样的秩序，很难说是共生群体下每个人或大多数人诉求的"秩序"。

三　权力的基本形式

权力是一种力量。我们知道，力量有不同的来源，比如身体、水力、电力等。根据力量的来源，我们可以将权力区分为三种基本形式，即暴力权、领导权和认知权。

1. 暴力权。暴力，特别是物质暴力，根源或立基点在于人的身体能力。暴力是权力表现的一种极端方式，却又是其最基本的形式之一。它以威胁、破坏乃至消除人的身体与生命为手段，迫使、强制特定的人或群体去做或不做某种或某些具体的、特定的事情，或者遵照指令行为或行动。暴力强制以及类似于暴力的强制意味着剥夺被强制者选择其他的行动可能性，并剥夺其对于生存资源的占有乃至生命本身。暴力权，就是行使暴力的权力。

暴力很难说或者很难证明是最原初的或者是最先使用的权力方式，但无论在何种状况下，它可能都是最简单的，因而也是直接而粗暴的方式。它是权力的极端方式，因而也就意味着权力的终结。在许多情况下，我们甚至可以说，暴力消解甚至是消灭了权力。当一个人、群体、组织或政权不得不使用暴力来解决问题时，实际上意味着他的权力正在失去；或者说，正是在缺乏权力的地方，才不得不实施强制，特别是暴力强制。

虽然我们说权力由于物质暴力的实际实施，而宣告无效，它似乎是权力的"最后一招"，但事实上，它至少作为权力的一种威慑手段，而普遍存在着。直到今天，我们仍然无法想象一个没有暴力权力的社会存在。那么，权力的暴力手段产生与持续的根源究竟在哪里呢？

在我们前面的故事里，家庭被视为一种共生条件而存在。为了实现共生，维系共生关系的存在与持续，暴力不仅被许可，而且成为必须。比如，虽然两情相悦（爱）是性与生育的前提，但如果拒绝性与生育，将危及群体的生存与存续，那么，暴力为基础的性关系，强奸，就被认为是必须的。性暴力是古老的暴力之一，而且很可能是最普遍的暴力。

共生关系是一种安全体系，共生机制为其群体中的一员提供意义不同的安全。这种安全是以相互依赖、相互保障为前提的，如果其中的一分子，放弃或破坏这种建基于相互依赖与保障之上的关系，势必会破坏这种安全体系。换言之，共生关系是一种集体主义的关系。当个人行为可能逸出于集体规则并对集体主义关系造成威胁时，暴力强制也就成为必须。组织暴力（不仅仅是有组织的暴力，更主要的是建立与维系组织的暴力）是从共生关系中由共生机制衍生出来的，或者说，它本身就是共生机制的一种。最强大的组织暴力是国家暴力，国家暴力的主要指向，是建立、维系国家这种组织形式。这就是国家暴力的根源。

所以，暴力普遍性的根源在于共生机制，在于共生关系的建立、维系和持续，在于实施并接受暴力的群体内部。共生机制形成暴力。暴力的主要面向是对内的，而不是对外的。无论何种形式的组织，包括国家，其暴力权力实施的主要方向，都是其内部，而非其外部。表面上看针对外面的暴力行为，不仅对其自身的作用方式是暴力的（暴力同时也造成了对其自身成员的暴力破坏），更重要的是，其目标乃是指向通过对外暴力，强化对内的暴力控制。在那个著名的《德国，一群老鼠的童话》里，威利巴尔德关于屋子外时刻有一个大老猫在窥伺、准备冲进来吃掉老鼠家族的威胁以及老鼠群体所做出的诸种暴力准备，目标都是强化对鼠群的控制。现代的主权国家的产生，基于对使用物质暴力决策的垄断，而且膨胀到无以控制的复杂化水平。在《动物农场》里，动物们的军事化，也主要是针对内部的。

还必须指出，物质暴力针对人们有意图地实施，以行动消灭行动，排除了复杂的沟通传递与协商过程，因此显得简单有效。更重要的是，暴力排除了决策者或最高统治者之外的个人性，使暴力实施者和被实施者在暴力面前实现了最大程度的一致性。在一个共生条件下，如果以自我需求和满足为核心的个人性被排除的话，它就很容易被组织起来，因而可以集中起来。所以，暴力是最有效的组织手段，暴力组织也是最有效力的组织。这可能也是暴力的诱惑力之所在。

2. 领导权。这是在今日社会里最普遍存在的权力。我们说，我们时常处于权力之中，包括笼罩我们的权力和我们心中向往的权力，都是指这种领导权力。有一位作家，陈俊昊，写过一本书，书名就叫《领导力》。但是，他所讲的，主要是领导的能力。他给出的领导力的界定是：领导力 (Leadership Challenge) 可以被形容为一系列行为的组合，而这些行为将会激励人们跟随领导去要去的地方，不是简单的服从。而我这里要讨论的，却主要是领导的权力。所以，我在这里使用的提法是"领导权"。

领导权可以区分出若干层次，因为其所领导的对象的差异而更为复杂，我们甚至很难辨析出一个领导者究竟具有哪些权力，这些权力又从何而来，以及究竟会起怎样的作用。排除这些纷杂、繁复的讨论，简单地说，领导权主要是指领导者在决策与管理意义上的权力，其所发挥的主要是权力的决策与管理功能，主要内涵是由权力掌握者具体确定、规定他人（被管理者）的行为、行为方式和行为范围。

领导权主要通过三种方式行使。一是单一性的指令，比如要求一个人尽可能牢固地旋紧给定的螺钉，命令行进中的队伍就地休息，让教室里的同学们安静或者指令某某人发言等。这是最典型，因而也是最明确、简单的领导权行使方式。二是决策，即决定采取怎样的策略、方法，以实现怎样的目标。决策是一种选择的过程。首先选择的是目标，然后选择的是方式、策略，包括选择怎样的人去实际运作。决策权是领导权的核心，或者说是其最主要的方式。如果没有选择的可能性，实际上也没有决策权力。决策权力存在的前提，是可供选择的可能性。没有其他可能，也就不存在决策权力了。所以，决策权力的实质，是在诸种可能性或可能的范围（域）内作出选择。三是协调。领导者在决策过程中，给定了一个行动及其目标的范围；行动者（被领导者）在这一被许可的范围内的行为，是可以作出选择的；而当行为者触及被许可的边界或者前提条件发生变化时，就需要领导者的协调。在这一层面上，权力的功能在于调节偶发事件，即当事件的发展超出预设可能范围时，发出调整性的指令。

但是，更具意义的领导权力还不在这里，而在于创新。领导权力是一种机会，它给予领导者机会，即创造或制造前此未有的可能性，或者在诸种已存在的可能性中，实现不大可能的选择组合。领导者的创新权，有两重含义：一是创造新的可能性，二是在旧有的可能性中制造新的组合可能。创新是领导权力的重要方面，也是真正的领导者的魅力所在。

这里说到领导者的魅力。领导者为什么可以拥有并行使其领导的权力？这是个复杂的问题。在高度抽象的正面意义上讲，领导者拥有权威和声誉，并据此而行使其权力。

子曰："君子不重则不威。"这里的"重"，一般解释为庄重、严肃，这是就外貌形态与神情而言的。我把这个"重"字，释为地位重要、占有重要的职位。文雅高贵的君子，如果不能处于重要的位置上，他就没有权威，他的文雅与高贵也就没有意义。孔子是个入世的人，他希望真正忠信仁义的君子能占据重要的政治社会地位，行使威权，使自己的学问道义得以稳固地推行。我是个做遁世梦的人，不能遵从孔子的教诲，但肯定他讲得有道理。所以，权威来自领导者所处的地位。

关于这个问题，法家讲得最明白。如所周知，法家尊君，非尊其人而尊其所处之权位。《管子·法法》说："君之所以为君者，势也。"势，就是地位。对于君而言，就是君位。韩非子说："贤人而诎于不肖者，则权轻位卑也；不肖而能服于贤者，则权重位尊也。尧为匹夫，不能治三人；而桀为天子，能乱天下。吾以此知势位之足恃，而贤智之不足慕也。"尧为匹夫，不能正三家；桀为天子，能制天下。威权之操存乃赖于君主所处之地位，人民承认君主之地位而服从之，君主凭借此地位以号令人民，与君主（领导者）个人之道德才能，并无直接关系。我全然不同意法家的说法，但我的同意与否没有意义，在历史长河的大部分情况下，这是事实。

还需要指出的是，领导者的"尊位"或"重位"及其权威，固然是一个客观的事实，但同时也是被领导者的认同、想象或期望所塑造的。在很多时候，它不太依赖领导者的能力本身，相反倒是依赖被领导者对领导者能力的假定和对它的过高估计。我们说某个人是某一领域的权威，并不在于他在这个领域里拥有怎样的能力，而在于人们对其能力的假设、想象与期望。

领导者可供行使领导权力的另一个基础或者依据，是他的声誉或声望。"声誉"这个词，几乎无法界定，至少我没有能力给出一个简明扼要的定义来。事实上，声誉不来自领导者本身，而来自被领导者，换言之，领导者的声誉是被领导者赋予的。声誉的基础在于这样的假定：被领导者希望给出一个自己接受领导者领导、指挥与影响的正当性理由。在大学里，某某领导学问好、人品好、道德高尚、领导组织能力强，在复杂的人际关系网络中游刃有余，等等，所以，有很好的"声誉"；所以，"我"愿意追随他，受他的领导。领导们的美好声誉和崇高声望，是"我"这样的追随者（被领导者）们为了说服自己、给自己找个"卖身为奴"的理由不断制造并追加的。绝大多数的领导者很享受这种建基于追随、崇拜之上的"声誉"，并以此作为自己领导他人的根据。但在本质上，这种声誉与领导者本人的能力、品德也同样并没有直接的关系，至少是不以后者为基础的。它更主要的，是与被领导者的追随意愿有关，是被领导者赋予领导者的。

3. 认知权。认知的权力，这种提法看起来有些怪，因为认识世界，应当被视作与生存权、发展权一样的，每个人都拥有的自然权力；而我这里所要讨论的，实际上是通过对认知工具与手段、知识与信息、思想素材等认知必备条件的控制，而实施的对他人认知与认知过程的控制，以及对认知结果（认识与思想）的剥夺或占有。换言之，也就是通过控制认知资源、手段与工具，剥夺或占有他人的认知资源和产品，以实现对他人的控制。

语言与专门的、具有普遍可识性的符号（包括文字），是认知成为可能的基础之一。所以，掌握语言、文字或其他专门的、符号化的认知媒介，就意味着控制认知权力。文字与书写，是专门的符号系统，作为认知媒介发展的重要标志，极大地拓展了人类的认知潜力，使它超出个人的范畴，并使认知逐步成为人类的群体行为，其成果表现了人类集体的智慧。没有书写，人们不可能创造出政治与行政官僚制中的复杂权力结构，更不用说对政治权力的民主控制了。因此，控制文字与书写，就是典型的对认知权力的控制。在很多社会与政治体中，对文字与书写的控制或垄断，不仅是控制人类认知的重要方面，更重要的，它本身就成为一种权力，或者说是权力的一种展现方式。

在著名的《1984》中，奥威尔对控制认知权力的运作过程，作了细致的描述。温斯顿工作的真理部，就是控制认知、制造"真理"的总部：持续地、狂热地重复，不断"核正"、"制造""真相"，以彻底改造并消除个人的记忆与思想。"真理部的主要任务不是改写过去的历史，而是为大洋国的公民提供报纸、电影、教科书、电视节目、戏剧、小说——凡是可以想象得到的一切情报、教育或娱乐，从一具塑像到一句口号，从一首抒情诗到一篇生物学论文，从一本学童拼字书到一本新话辞典。"总之，全部的知识与思想产品。"谁控制过去就控制未来，谁控制现在就控制过去。""过去是可以改变的，但是却从来没有改变过。凡是现在是正确的东西,永远也是正确的。这很简单。所需要的只是一而再再而三、无休止地克服你自己的记忆。"这就叫"现实控制",也就是所谓"双重思想"。[1]

因此,控制认知与思想的核心,是控制已有的认知与思想,归根结蒂,是控制人的记忆与思考,而其最重要的手段或方式,则是控制知识、信息等认知与思想的资源或素材。奥威尔揭示说:

> 篡改过去是英社的中心原则。这一原则认为,过去并不客观存在,它只存在于文字纪录和人的记忆中。凡是纪录和记忆一致的东西,不论什么,即是过去。既然党完全控制纪录,同样也完全控制党员的思想,那么党要过去成为什么样子就必然是什么样子。同样,虽然过去可以篡改,但在任何具体问题上都决不承认篡改过。因为,不论当时需要把它改成什么样子,在改以后,新改出来的样子就是过去;任何其他不同样子的过去都没有存在过。甚至同一件事在一年之中被改了好几次而改得面目俱非时,也是如此。党始终掌握绝对真理,很明显,绝对的东西决不可能会不同于现在的样子。……要控制过去,首先要依靠训练记忆力。要做到所有的文字纪录都符合当前的正统思想,这样机械的事好办。但还需要使得大家对所发生的记忆也按所要求的样子。既然有必要改变一个人的记忆或者篡改文字纪录,那么也就有必要忘掉你曾经那样做过。[2]

当然,这是一个"理想",但确实是"非虚构作品"。

四　权力的集中

权力的集中是不是必然的？在现有的大多数回答中，都是肯定的。许多人类学家、考古学家与历史学家都相信，权力最初是分散的，然后逐步集中起来。"分散"有两层含义。一是在空间上是分散的，形成若干个权力中心；后来较大的权力中心通过各种方式吞并、融合了更多较小的中心，实现了区域中心的整合，从而使特定空间范围内的权力集中起来。二是在社会结构中是分散的，权力分散在一个共生群体中的若干人手中，可能是类别分散的（如军事权、祭祀权的分离，即王与巫师的分离），也可能是阶层分散的（即将群体划分为若干更小的、有等级或其他差别的群体，每一群体可能受制于上一层的或他种性质的群体）；后来，某一种权力（如军事权）逐步扩张，合并了其他类型的权力，或者某一阶层的权力得到增强，剥夺了其他阶层的权力，这两种方式都实现了权力的集中。在很多阐释体系中，权力的集中被看作是与财富集中、社会整合、文明发生与发展同步的，是早期国家形成并出现的标志，所以，围绕权力集中的叙述与阐释，就成为早期文明形成与发展之叙述与阐释的主线索。

但基于与上述讨论权力产生时使用的同样的思考方法，我不赞同这样的分析理路。理由很简单：权力集中的需求，与产生权力的需求一样，很可能是人类原初的欲望，是普遍的；而历史过程中的权力集中形式及其过程，却是千差万别的。认为权力集中乃属必然的看法，源自归纳性的综合。它假设从归纳得出的认识结果是历史的必然过程，因为它更频繁地发生。但频繁地发生的并不意味着必然会如此,而更可能只是因为同类的条件下重复发生了类似的事件与过程而已。

从我的立场出发,我更愿意假设,权力的集中,可能是一种创新,是在原有分散的权力项上进行的重新组合。比如,我们可以设想,一个部落中原本只拥有军事权的军事首领,为了某一次战事的需要,暂时行使了巫师的权力,祭祀并占卜。这本来只是一种临时性举措,但一旦实施,结果又非常有效,就可能被承续下来,从而最终导致军事权与宗教权的集中。而更可能的情况是,在相对较长的战乱过程中,军事首领长期发挥着作用,从而取得了行政管理权。长时间的战乱,就人类发展而言,也应当是一种变异。所以,我更倾向于认为,权力的集中乃是诸种变异的结果,是在人类进程中出现了某些新的偶然性因素而导致的。所以,权力的集中,也可以说是一种创新。

但是,权力一旦集中,就获得了不可逆性。正如权力一旦产生,也就很难取消或消失一样,试图将已经集中的权力重新分散开来,是如此困难,以致几乎完全没有可能性。在人类历史上,虽然一直存在着权力分散与集中的两种趋势,但总的说来,是集权,而不是分权,一直占据着主流。分散权力的事情虽然也时有发生,但一般又会回过头来,走上集中之途。在有的社会或国家里,分散权力的呼声与实践相对占有优势,而其所以能够占有优势,正在于其社会群体中的大多数对于集权持有严肃的警惕乃至排斥的态度,其根源则在于对集权所带来的恐惧和灾难的记忆。

权力集中的不可逆转或趋势,根源有三:一来自人性,一来自权力本身,一来自社会。几乎每个人在其内心深处、原始的本能欲望里,都可能潜含着要超越、压倒、控制他人的欲望,也就是想要比别人强、让别人服从自己，并进而剥削、占有他人，因此，绝大部分的人，都可能为获取威望、控制他人的欲望所驱使，这就是"权力"的根源。而一个人一旦获取了这种权力，就会不断谋求更大的权力，以实现对更多的人与资源的控制和占有、剥夺。所以，几乎每个拥有、掌握权力的人，都在抱怨说：我的权力太小了，受到的限制太多了，那些刁民太不好治理了。我需要更多的权力。掌权者的"理想"几乎完全是一样的，没有任何悬念：拥有无所不能的权力，占有天下所有的财富和美女，成为天下"最有智慧、最具思想"的人。毫无疑问，权力掌握者是权力集中的最主要的推动者与实现者，也是权力集中的最大渴望者和受益者。

当权者要求集中权力，最重要的理由之一，就是集权是最有效的、高效率的，有利于秩序与发展的；而分权则是无效的、低效率的，不利于社会秩序的建立和社会经济的发展，甚至会带来混乱和无序。旧、新威权主义者们呼吁"有智识的威权领导者"出现并实行领导，根据也在这里。要求更多权力的当权者、知识精英中的威权主义者，都有其理由，可能还相当充分。单纯从权力运作及其效率的角度看，集权，至少在可控程度内的集权，确实是有效率的。它使决策、实行与监督合为一体，使权力单线或一元化地从上向下传输，最大程度地消弭当权者之外的其他个人意志、能力等因素在权力运作过程中发挥影响的可能性，从而使权力运营成本最小化，并实现其效益的最大化。在这个意义上，集权，是权力运作的内在需求。

社会对集权的承认和要求，是权力集中的肥沃土壤。作为被控制者的社会大众，在很多重要的历史关头或时期里，都显现出几近狂热的对集权，甚至是专制主义集权的渴望，并几乎是众星拱月般地推出了自己的"救世主"或"英雄"。卡莱尔说：

> 君王是人们的统帅，可以被认为是最重要的伟人。我们要忠诚地放弃我们的意志，要服从他的意志，并以此来获得我们的幸福。对我们来说，他实际上是各种英雄主义人物的总和：教士、导师，任何我们所能想像的世俗的或精神的尊严在这里都具体体现在这种人身上；他统帅着我们，为我们提供永恒的实际的学说，告诉我们每时每刻应该做什么。[3]

对于很多人来说，把"幸福"寄托在"伟人"身上，是企盼、呼吁领袖领导人民向前进的理由。他们让渡了自己的意志、思想、自由乃至生命，希望得到"幸福"。幸好，在人类的长河中，总是还会有另外一些人，虽然可能不多，但却一直没有死绝，不太相信某个人或某些人具有超凡脱俗的能力，也不相信"幸福"会来自"伟大领袖"们的恩赐，所以不愿意为了"幸福"而出卖自己的一切，并且总是对那些自以为是、社会大众们也承认并拥护的"伟大领袖"们投去怀疑的、不加掩饰的轻蔑的一瞥，尽管可能为此付出了沉重的代价，甚至是生命。不仅如此，那些掌握了巨大的集中权力的当权者们，自己也往往很不争气，总是会放纵自己卑鄙的情欲，无限制地扩展自己的狂妄与贪婪，从而让自己的愚蠢与无能一步步地暴露在阳光之下、大众面前。当权者所犯下的一系列过错和罪行，彻底否定了他们提出的集中权力的根据，使集权趋势受到阻滞，并且使集权主义受到全面质疑乃至批判。

五　权力的结构

权力在运作过程中涉及三个要素：一是权力的主体，即掌权者、控制者，或占有者、剥夺者；二是权力的受体或客体，即受驱使者、被控制者，或被占有者、被剥夺者；三是权力的媒介，即武力工具（武器）、经济工具（从食物到金钱）、认知工具（语言、文字、信息等交往与交流手段与工具）、领导工具（专业的管理系统、官僚集团等）。所谓权力结构，主要是指这三者之间的关系及其形式，特别是权力的主体与受体二者之间的关系及其形式，因为权力的媒介往往受制于这二者之间的关系形式。

从权力运作过程中三要素间的关系出发，我把权力的结构区分为两种类型：

一是"绝对主义的权力结构"。在这种结构模式下，掌权者主要通过暴力手段获得权力，其权力的来源并不需要得到被统治者的同意或支持；掌权者对被控制者拥有绝对的控制权，可以无条件地驱使后者，剥夺后者的财产乃至生命，对经济财富与社会资源拥有几乎全面的支配权。恺撒的名言，"我来，我见，我征服"，扼要地说明了这种权力结构的起源及其实质。当然，这种权力结构还可以加上一句话："我劫掠、剥夺，我垮台。"显然，武力与专业化管理是绝对主义权力最主要的媒介，所以，军队与官僚集团是绝对主义权力结构的核心。事实上，暴力是绝对主义权力的主要体现方式。绝对主义控制人民与领地的主要方式之一就是残忍地使用暴力，使恐怖深深地烙在被统治者的记忆中。恐怖手段往往是有效的，虽然并不能持久。

绝对主义的权力结构的主要特征可以概括为：(1)"一元化

领导"。即一人或较小的权力集团掌握全部最高权力,处于权力的最顶端,拥有决策、领导、监督等权力。一元化领导是一种绝对主义的权力制度。(2)金字塔式结构。权力自上而下传输,下级的权力来自上级的授予,故仅对上级负责,从而形成金字塔式的权力结构。(3)权力不受制约。持有最高权力的人不需要对任何人负责,或者说只需要对自己及自己所属的权力集团负责;权力是不受制约的,更不受被统治者制约。被授予权力的下级仅受到权力集团自身的监督与制约,而这种监督与制约(就像让我们自己管自己)是非常有限的。

显然,欧洲历史上的绝对主义(absolutism)政权、东方专制主义(despotism)政权、不同形式的神权政权,其权力结构都是绝对主义模式的。在现代经济与社会组织乃至政治组织中,绝对主义的权力运作模式仍然是最重要的(如果不能说是最主要的话)权力结构模式。

二是"相对主义的权力结构"。在这种结构模式下,掌权者(权力的主体)是通过与被统治者的协商(沟通、意见交流,包括不同形式的选举)产生的,在不同程度上得到全体中多数被统治者的同意;掌权者对于被统治者的控制、支配及社会经济资源的占有与支配都是有限的,需要得到后者的同意或授权。在两者发生矛盾冲突时,后者有可能通过非暴力的手段改换前者,并在正常的权力运作过程中施加影响。因此,在这种权力结构中,权力是相对的:掌握权力的人所掌握的权力是有限的,受到很多方面的制约;权力在运行过程中有许多力量参与,互相制约;权力主体所拥有的军事、经济、组织与文化资源,其效用随着权力主体的结构性变化而改变;掌权者与被控制者之间没有明晰的、固定的界线，两者之间可以互相渗透、转换。质言之，在这种权力结构中，权力主体、受体、权力的媒介、权力的限度等都是相对的，所以，我把这种权力结构称为"相对主义的权力结构"。

现代国家的权力结构，基本上可视为一种"相对主义的权力结构"。不同的掌权者或权势集团占据了不同的组织系统，能够从被控制的社会群体手中攫取资源。掌权者或权势集团是流动的，它们互相斗争，以争取更大更多的权力；也因此而互相制约，使任何一个掌权者或权势集团均无法独霸权力，成为绝对主义势力。某一类掌权者或权势集团攫取利益的能力取决于众多掌权者、权势集团之间的结构及其与被控制者之间的关系。因此，无论哪一种掌权者、权势集团都不能独占权力资源，而只能与其他权势集团分享权力，并以此为基础形成权力制衡机制。

与绝对主义权力结构的独占、排他不同，相对主义的权力结构是包容的、分享的。约翰逊总统有一句名言："宁可让他在我们的帐篷里向外撒尿，也强过让他从外面朝我们的帐篷里撒尿。"(I'd prefer to have him inside our tent pissing out than outside our tent pissing in.) 尽可能把潜在的、有潜力的人与势力集团纳入到权力集团内部，给予其分享权力的机会或可能，是相对主义权力结构得以建立与维系的基础，也是在这种权力结构下，控制者与被控制者可以相对自如流动的原因。在这里，权力的内涵不再主要是控制、占有与剥夺，而更意味着相互制约、互相占有与剥夺，也就意味着分享权力。

绝对主义权力与相对主义权力，是我所理解的权力结构的两种基本模式。显然，这是高度抽象的模式类型。在历史过程中，绝对主义的权力结构中一定会有相对主义的因素，因为事实上任何权力都是受制约的，比如称为"天子"的中国帝王受到"上天"的制约；而相对主义权力结构中也有可能出现绝对主义倾向，比如在现代政治与社会体系中，也总是有独裁者的出现或独裁权力的形成。所以，对绝对主义权力与相对主义权力的区分，更主要的是一种分析工具。

注释：

1. [英]乔治·奥威尔:《1984》，董乐山、傅惟慈译，沈阳:万卷出版公司，2010年，第46、39页。

2. [英]乔治·奥威尔:《1984》，第181页。

3. [英]卡莱尔:《英雄和英雄崇拜——卡莱尔讲演集》，张峰、吕霞译，上海:上海三联书店，1988年，第318页。

秦汉帝国的形成及其他[*]

一 对待文献的态度与史料批判

澎湃新闻：我读《何草不黄：〈汉书〉断章解义》时，注意到您在讲义中特别着意辨析史料。在很多地方，您都在追问：这段记载是怎么来的？为什么要讲这件事，而不是别的事？史书为什么会这样写（包括为什么要用这样的表达）？您在《后记》里也说，这本书不是要讲述西汉历史，而是想通过对《汉书》的解读，说明应当怎样阅读历史文献，并通过阅读去洞察历史真相。这种自觉而执着地追问史料是如何成立的态度与方法，在您的其他论著中也可以见到。您可以谈谈您的这种读史与治学方法的源头与主要内涵吗？

---

[*] 本文是接受澎湃新闻"私家历史"栏目编辑饶佳荣先生访谈时的记录稿，后经整理发表在《上海书评》2015年10月11日第2—3版。

鲁西奇：这是从先师石泉先生那里继承来的。石先生治古代荆楚地理，最大的特色就是注重对史料的鉴别。他对待文献在根本上有一种自觉的怀疑精神——任何文献都是不可尽信的，必须弄清其渊源来历，认真加以鉴别、核实，才能引以为据。他在探讨古代荆楚地理问题时，主要依靠先秦文献以及汉魏六朝（到齐梁时）人的注释，而对于唐初以后的历代学者注释及有关史料则较少引用，偶尔用之，亦必持慎重态度，以能与先秦记载及六朝古注相印证为原则。之所以如此，是因为他在研究探索中发现：有关古代荆楚地理的文献，按照其渊源线索，可以区分为作于先秦至齐梁与作于唐以后的两大类；两类文献记载之间有矛盾，而每类文献内部却可以找到一脉相承的关系，不同层次之间亦可大体相通。

这种态度与方法，对我影响很大。慢慢地，我在读史书时，会自觉地去追问史书所记载的内容，是在怎样的背景下、由谁记录书写的，它是在怎样的知识与文化系统中被表达出来的，以及做这样的表达究竟是为了什么。简单地说，就是谁写的？为什么写这个？以及为什么这样写？前两个问题平平无奇，一般的史学方法论都会讲，只是在具体的研究中，并不是每个学者都会注意。最后一个问题，是我这几年着意琢磨的。历史记录的书写，历史著述的成立，其实是非常复杂的学问。我主要关注的，有三个方面。一是文本的结构，是怎样建立起来的。比如叙述一个历史事件，在时间关联之中，就隐含着因果关系，而这种因果关联，实际上在很大程度上决定和影响了叙述的方向与叙事文本的结构。二是叙述所使用的概念，特别是其中的关键性用语，如时间、地点、观念的表达方式等。三是叙述者对事件主体的表达方式，因为从中可以看出叙述者对于事件的价值判断。我们经常说，要回到历史现场，还原历史语境，那就要对历史文献中的相关叙述作分析，也就是解答上面几个问题。

二　关于秦汉帝国的形成

澎湃新闻：秦汉帝国是中国历史上第一个统一的专制主义集权国家。从先秦到秦汉，为什么最终会形成这样一个国家？

鲁西奇：秦汉帝国形成的历程，前人已有很好的论述，几乎没有什么钻研的空间了。不过所有这些分析，都是在已知既定事实的前提下展开的，也就是从秦汉帝国已经建立这个结果出发的。而我更想追问的是，专制主义中央集权的帝制国家这种国家形态，是不是唯一的可能、必然的结果？先秦以来的历史发展，以及秦汉时期的政治实践，是否还有建立起别的国家形态的可能？

我认为，在先秦时期的政治实践与政治思想中，除了专制主义集权国家这种国家形态，还存在过诸多可能性。

第一种是封建制。我们知道，先秦时期国家形态的主流，是分封建国；超越封国之上的政治联合，是作为"天下共主"的周天子，这是一种松散的封国联合体的封建制国家。日本学者松井嘉德曾经构建出一个王都、内服、外服三层的空间结构模型，显示出周王朝作为"天下共主"的政治构图。这个政治构图中虽然也存有层级和强制，但却是相对松散的。天下共主与封国自治，是西周分封制所建立的国家形态。这种国家形态的模式，在秦统一全国的前后，以及西汉建立之后一段时间里，都曾经是可供选择的国家建设模式。

从政治思想层面来说，先秦儒家的主张，在根本上就是这样的一种国家形态。孔子说："周监于二代，郁郁乎文哉！吾从周。"孟子、荀子也一样，他们都把周制作为一种典范。所以，可以说，儒家的政治主张是建立像周王朝那样的国家，即天下共主、诸国自治的统一而松散的国家。秦和西汉时期郡县制与封建制的争论，背后就是采用哪一种国家形态的问题。天下共主之下的封国自治（封建制），就是一种选择。这种形态，因为有西周的政治实践，最有"历史根据"。秦楚汉之际，项氏尊戴楚怀王为义帝，实际上就是"虚君式"天下共主那一套。

第二种可能性，是联盟制。战国纵横家的政治理想，就是建立一种联盟体制的国家形态。所谓"春秋五霸"，就是这样的形态，他们依靠盟会这种方式确立其霸主地位。东周时期，各诸侯国纷纷摆脱周王室的控制，周王与诸侯君主的关系由"君臣"关系变成事实上的"君君"关系，天下共主、诸邦自治的国家形态趋于解体，即所谓"王纲解纽"。周王虽在名义上仍然是天下"共主"，但已经无法掌控天下，于是出现了诸侯争霸和混战等与国家一统不相协调的局面。一些诸侯国为了某些共同利益而结为同盟，以盟会来稳定彼此的关系，从而形成了形式与性质均不相同的联盟。战国时期的合纵与连横，实际上也是不同形式的联盟，只是更为松散、不稳定而已。秦汉之际的张楚政权、西楚政权，都是"霸主"政权，其性质属于联盟制的国家。

第三种可能，是城邦制。战国时代，小国寡民的城邦国家实际上只留下一些遗存，但墨家的政治主张，就是以这种政治蓝图为理想的。我们读《墨子·尚同》，它描述了一个非常理想的政治状态，实质上是一种民享政治论。墨子的政治理想，是民众分享政治权力的有限君主制。所以，墨子思想中，并不主张绝对专制，更不主张一统专制，其思想核心，是以兼爱为本，非攻为术，列国分治。道家中的老子一系，也是倾向于这种政治理想的。老子的无为之政，实际上也指向小国寡民，或者说是最低限度的政府干预，接近于无政府主义了。无政府主义是一种政治思想或政治理想，却很难成为政治实践。

除了上述三种可能，还有一种，就是君主专制的帝制国家。这是法家的政治主张。他们认为，一个国家必须有统一的指挥，才能在列国竞争中生存下来；权力的多元化必将导致混乱。所以这一派主张，君主不但要成为唯一的权力中心，而且是唯一的决策者；乾纲独断是其令人敬畏的权力的真正来源。法家的政治原则，大约可概括为三方面：一是尊君，二是制臣，三是抑民。这是法家政治思想的三个基本原则或出发点，从商鞅变法，至秦始皇统一，秦国所走过的历程，就是不断贯彻此三方面的进程。

因此，我认为在春秋战国到秦西汉时期，无论是在客观的历史过程中，还是在思想设计层面上，都存在着四种潜在的国家形态的可能，即天下共主、封国自治的封建制国家（儒家持之），不稳定的联盟制国家（纵横家持之），小国寡民的城邦国家（墨家、道家持之），以及君主专制的帝制国家（法家持之）。这四种潜在的可能，在历史发展过程中，前三种均被放弃，而第四种成为现实。战国以降，法家关于一切权力集中于君主的主张一步步得到实现，并最终表现为秦统一中国，建立起专制主义集权的帝制国家。

因此，如果我们要进一步讨论专制主义中央集权的帝制国家的形成，可能需要同时去思考，另外的三种历史可能性，是如何被放弃的，或者说是如何未能成功的；然后，再去看法家的政治思想,是如何得到实践并成功的。也许,这样去思考,才有可能对前人的一些认识,形成一点突破。

三 "楚人"何在?

澎湃新闻:在反秦的战争中,楚人最勇猛最激烈,甚至有"楚虽三户,亡秦必楚"的说法。那么,是什么原因导致楚人成为反秦的先锋和主力?

鲁西奇:我想这里有一个问题,需要首先明晰:反秦的楚人,究竟是些什么样的楚人呢?

自太史公以来,论及陈胜、吴广、项氏叔侄及陈婴、刘邦之徒,多概称为"楚人"。可是,我们仔细考察秦末乱离中反秦的"楚人",可以发现,他们大多出于楚"东国"故地,而甚少来自春秋中晚期以来最为发达的楚国腹心地带之鄢、郢地区。陈胜、吴广分别为阳城(秦时当属颍川郡)、阳夏(秦时当属淮阳郡)人,正是楚国东迁后中心地带的人。陈胜嫡系部属,武臣、周文为陈人,邓宗为汝阴人,上柱国房君蔡赐是上蔡人,宋留为铚人,皆出楚"东国"故地。与陈胜前后起事的葛婴据有东城(属九江郡),立襄疆为楚王。陵(属东海郡)人秦嘉、铚(属泗水郡)人董緤、符离(属泗水郡)人朱鸡石、取虑(属泗水郡)人郑布、徐(属泗水郡)人丁疾等,将兵围东海守庆于郯,后立景驹为楚王。阳城人邓说据郏;铚人伍徐据许。这些人,都是楚东国故地的"楚人"。陈王死后,其故涓人将军吕臣为苍头军,起新阳,攻陈下之,杀庄贾,复以陈为楚。新阳汉时属汝南郡,在春秋战国时亦为楚东国的"方城之外地"。

《史记·项羽本纪》谓项羽为下相人（汉属临淮郡，秦时当属泗水郡），亦属楚"东国"故地。起事之前，项梁、项羽叔侄避仇吴中，得吴中子弟之心。吴中在战国晚期归楚，其在楚时是否属于"东国之地"虽不能确定，但它是楚国新拓疆土，绝非楚国核心地带，却是可以肯定的。项梁受陈王命为楚王上柱国，渡江而西，与陈婴合。陈婴为秦东阳令史，受县中少年所推，得为长，所领部众称为"苍头"。晋灼解释说："殊异其军为苍头，谓著青帽。"东方尚青，陈婴所部，以苍头为号，虽不能判明其所认同之东方，乃相对于楚国腹心地带而言，然其所据之地，却确属楚"东国之地"。继陈婴之后归附项氏的，还有黥布、蒲将军。黥布为六县人，曾"亡之江中为群盗"，其早期活动地域显然在九江郡一带。项氏得陈婴、黥布、蒲将军之众，所部之众"凡六七万人"，盖以楚"东国"之人为主。项氏谋臣范增为居巢人，亦出楚东国故地。刘邦本人虽系出自魏之大梁徙居丰邑的魏人移民，但丰、沛一带早已并入楚国，刘邦早年的活动多在沛县，是"沛中豪杰吏"之一；在其起事过程中发挥重要作用的萧何、曹参、樊哙等皆为楚人，故刘邦集团的最初成员主要是沛县一带的楚人。

因此，秦末反秦的主力，主要是楚"东国"故地的"楚人"，大多来自楚"东国"故地，而甚少来自楚国故腹心地带鄢郢地区者。鄢郢地区自春秋以来就是楚国的核心之区，入秦最早，其"苦秦"自比楚"东国"地区为"久"，其地楚俗与秦法的冲突当最为尖锐，却何以甚少"反秦"？而楚"东国"之地特别是淮北泗上之地（"下东国"、"新东国"）、淮南、"江东"吴越故地，入楚甚晚；方城外的汝颍上游地区虽然入楚较早，但楚国的控制并不稳固，垂沙之役（前301年）后更有大片疆土为韩、魏分割。其地之人，对作为征服者的"楚国"何以会形成强烈的认同感，并自居为"楚人"，甚至誓言"复楚"？进而言之，这些"楚人"，究竟是何种人？他们是如何认定自己为"楚人"，或者是如何被当时人及后世史家界定为"楚人"的？

这是一个复杂的问题。我试图从乡里制度的实行这一角度，使用云梦睡虎地秦简、里耶秦简、北大藏秦竹书水陆里程简册以及岳麓秦简的材料，来说明这个问题。我认为：自公元前278年白起拔郢之后，由于秦国在楚国故腹心地带的鄢郢地区推行秦式乡里制度，楚国腹心地区的土著人群，久居秦统治之下，"楚人"之政治认同已渐趋消失。所以，当秦末乱离，所在蜂起，"楚人"扛起反秦的大旗，并成为反秦战争的主力，而故楚国腹心地区的南郡、南阳、长沙（合洞庭、苍梧二郡而来）三郡之地，却并无大规模反叛之事发生，大概就是因为他们已成为"新秦人"，而不再是"楚人"了。

而白起拔郢之后，楚国重心东迁到淮水中游，着力经营淮北泗上之地及淮南江东的吴越故土，原先的"东国"成了政治、经济、军事、文化的重心地区。楚东迁后，更密弥诸夏，"楚人"意识乃进一步强化。考烈王时春申君相楚，北伐灭鲁，并将吴国故地纳入楚国控制之下，从而形成了楚国"复强"的局面。其时春申君与齐孟尝君、赵平原君、魏信陵君并称"四公子"，楚国声威大振，成为山东诸国之首。这对于战国晚期"楚人"的政治认同与"国家意识"之成长，皆当有重要意义。换言之，楚人的国族意识，在东迁后得到全面强化，并逐步突显起来，成为凝聚楚东国故地之人的旗帜。

秦灭楚据有楚"东国"故地之后，也全力推行秦式的乡里制度，以期全面控制新征服地区的户口，征纳赋役。秦的行政效率相当高。在短短的十余年时间里，很可能就基本建立起秦式的户籍控制与乡里制度。在如此短的时间里将分散的民户编排起来，组成乡里，征发赋役，必然以严酷的法治作为前提，方有可能实现；而在推行秦制的过程中，必然打乱各地原有的乡里组织与秩序，又兼以大规模的移民，必使天下骚然，黔首不安。对于普通百姓来说，真正的不安与其说来自楚国之灭亡（不过是换了秦国而已），不如说更来自旧有生活秩序的被打乱：在一个陌生的制度下生存，本身就没有安全感，更遑论还要被征发到遥远的地方去运输、劳作与战斗。陈苏镇先生说：秦统一前，各国人民只在本国输租服役，距离不会太远，成本也不会太高。而秦统一后，关东人民特别是楚地人民要到关中及长城一线输租服役。由于距离遥远，他们的实际负担便大大增加了。此说是很有道理的。对于生长在江淮流域的楚人来说，无论是屯戍北河、渔阳，还是千里挽粟，负担均远比燕、齐、韩、赵、魏五国之人更为沉重，且更不能适应。所以，如果说楚"东国"故地的普通民众"思楚"的话，也主要是因为在楚国统治下负担相对较轻的缘故。

　　总之，激烈巨大的变革，沉重的负担，使楚"东国"故地的各种人群，在外来的压迫面前，强化了对已经灭亡的楚国的认同，并在"反秦"的旗帜下团聚起来，实现了"楚人"的自我觉醒。换言之，楚"东国"广大地区的居住人群，在楚国灭亡之前，实际上并未能整合成整体性的人群，除了楚人外，应当还有宋人、鲁人、吴人、越人乃至陈人、蔡人等之别。正是在楚国灭亡的过程中，面对强秦，楚"东国"地区的各种人群才渐渐团聚起来；楚亡之后，在秦强力推行秦式制度、"移风易俗"的过程中，楚地民众逐步强化了对已经灭亡的楚国的认同,在"反秦"的旗帜下,实现了"楚人"的"自我觉醒"。

澎湃新闻:陈苏镇先生在《〈春秋〉与"汉道"》一书中用"区域文化的差异与冲突"来解释秦楚汉之际的历史,强调的是秦法与楚俗之间的差异。他认为秦始皇完成了对六国的军事征服和政治统一,但未能实现对六国旧地特别是楚、齐、赵地的文化统一,这是秦朝二世而亡的重要原因。在陈先生那里,强调的是秦与六国的差别,也就是东西之间的差别。您也强调秦、楚之间的差别,认为秦制的推行可能是导致楚东国故地的楚人反秦的重要原因。您与陈先生的看法有怎样的异同?

鲁西奇:陈先生强调秦的法律令与关东诸国间的差异,并把楚归入关东诸国的范畴,所论沿用自来史家重视秦与六国对立的基本理路,自无问题。如果一定要说不同的话,可能由于我一直在武汉大学学习的缘故,我可能更愿意观察楚(以及吴、越)在文化传统与制度方面与中原诸国(包括秦)的差异,亦即南北之别。

举乡里制度为例。我们知道,自商鞅变法起,秦国就逐步建立起一种非常规整严格的乡里控制体系:乡村民众被集中居住在有土垣围绕的"里"中,有严格的户籍编排制度,民众且要相互监察,并承担互保之责。若干里置有一乡(大率十里一乡);在乡里之外,又有专司治安的亭。

秦式乡里制度是以法家学说为依据的。由此,我推测韩、魏乡里制度(也可能还包括赵)与秦式乡里制度相近。云梦睡虎地所出秦简《为吏之道》的末尾附有两条魏国的律,其中第一条是户律,为我们了解魏国的户籍制度提供了一些线索;而甘肃天水放马滩所出秦简《墓主记》所见大梁人王里、市,以及垣雍里,则说明至迟到战国中后期,魏国已建立起与秦国很相近的里制。

今本《管子》之《立政》《乘马》《度地》诸篇所记,可能是战国时代的齐国乡里制度。在轨—游—里—州—乡五级制中,里是乡村控制的基本单元与居民居住的基本单元,每个里(百家)都筑有"障"(土垣),堵塞旁出的小路(匿),出入道路受到管制(一道路、专出入)。里有司称为"里尉",应当是武职。里中居民出入、衣服、日常生活均受到伺察管制。

虽然受到材料的限制,我们不能详知齐、魏诸国的户籍赋役乡里制度,但从以上所举齐、魏二国的情形揣测,二国之制与秦制应当是比较相近的,而与楚制则可能有较大差别。楚国地广人稀,又以稻作生产为主要经济生产方式,很难想象能够设计出将民众集中居住在土垣围绕的"里"中的制度,可能也难于推行严格的户籍编排制度。陈伟先生主要使用包山所出楚简材料,讨论了楚国的邑、里与州,认为简书所见楚国的邑应当属于一种居民组织或者说行政区域,是基层或接近于基层的组织;它分布于乡间野外,各有一定的地域范围;其土地(至少是其中的一部分)可由国家分授和收回,邑中设有官吏;在邑之上,还存在较多层级的组织机构,但在其下则未见有更低层次的划分。里可能是城邑中的地域组织,与邑大致处于同一层级,可以共存于同一层级较高的单位之中,并无隶属关系。州的规模、地位,与邑、里相当,但主要分布在楚都附近地区,应当是一种特殊的地域组织。楚国这种邑、里、州并行的基层地域控制制度,显然与秦国的乡里制度有很大不同。

我不能确定北方诸国的政治经济与社会文化体系在多大程度

上具有一致性（是否可以区分出秦、三晋与齐国等不同类型），但我更愿意强调楚（以及后来为楚所吞并的江淮诸国，包括越）相对于北方诸国的独特性。这种观察角度，是与我思考的"中国历史的南方脉络"联系在一起的，我现在还没有能力提出系统的看法。

澎湃新闻：在《何草不黄：〈汉书〉断章解义》里，您曾经讨论西汉前期宫廷用乐多为楚声，特别是说到宫廷燕乐本诸周乐，至汉初改用楚声而歌，也就是用楚声唱周乐，音调旋律是旧乐，发音则用楚地方言。新作之辞，更多用楚地词汇，于是就变成了楚乐。您举七言与三言相杂的新辞为例，说是变化楚辞的七言而来（两个三言句是省略了楚辞中常见的中间的"兮"字而成）。这里隐含着一个很有意思的命题，即汉初楚文化的北渐。那么，从总体上看，入汉以后，楚文化的命运如何？

鲁西奇：自春秋战国以至于秦汉，文化发展的总体趋向是清楚的——首先是区域文化的高度发展，然后是随着统一帝国的形成与统一格局的稳定，区域文化逐步走向整合，而在整合过程中，旧有的区域差异并没有完全消失，同时，又出现了新的区域差异，并逐步形成了新的文化地域格局。

通观战国晚期至于汉初文化的区域发展，可以见出一种大的文化趋势，即楚文化与秦文化的扩张，以及齐鲁文化的合流和独立发展。李学勤先生曾说：楚文化的扩展，是东周时代的一件大事。春秋时期，楚人北上问鼎中原，楚文化也向北延伸。到了战国之世，楚文化先是向南大大发展，随后由于楚国政治中心的东移，又向东扩张，进入长江下游以至今山东省境。战国晚期以及秦楚之际，特别是秦楚之际,乃至汉初,似乎是楚文化影响之地域范围最盛之时。

至于入汉以后楚文化的命运,必须与所谓"汉承秦制"联系在一起才能讨论。显然,政治制度上基本上是秦化的,即"汉承秦制";但在政治运作与政治思想上的黄老思想,则可能来源于楚。而在一般文化层面上,楚风则可能更盛一些。汉初宫廷多用楚声的看法,我不知道最初是何人论述的,我是在鲁迅先生《汉文学史纲要》中读到的,后来萧涤非先生沿用其说,我不过是顺手采撷过来而已。汉武帝的《秋风辞》,也是楚风。我们还可以举出更多的例证,比如楚巫在西汉宫廷及社会上的广泛影响,以证明西汉时代楚文化的北渐。但是,我们一定得承认,汉代政治制度与文化的基本架构,主要是来源于秦的,这就是以法家思想为中心的文化。

我以为在西汉前中期,主要有三种自春秋战国以来即得到长足发展并形成系统的文化在发挥作用,并逐步融会,最后形成为武帝时代的大一统的文化格局。它们分别是秦文化、楚文化与齐鲁文化。汉的政治制度、经济制度基本上是秦的,其背后是法家思想;对世界的基本认知及其方法、情感的表达与寄托等方面,则大多受楚文化的影响,其背后则是黄老的道家的思想。而齐鲁文化的影响则主要表现为儒家文化与阴阳方术之学,二者又渐次熔冶,形成以董子学为代表的汉代新儒家。这三种文化系统,一步步融会发展,各自也都有创新。当然,这是一种漫画式的表述,其具体的历史表现与过程要复杂得多。

四　知识与思想的融会

澎湃新闻：汉武帝时代是一个大变革的时代，甚至有人说发生了一场"文化大革命"。在您看来，汉武帝时代是一个怎样的时代？

鲁西奇：对于这个问题，我想再往前追溯一下。汉代国家建立后，最初几十年上上下下一直都在反思、讨论秦朝灭亡的问题：国家已经建立起来了，为什么没有一个坚实的基础？我们读《史记·秦始皇本纪》，惊异地发现秦始皇没有"天命"的授予。他的出生和少年时代都没有任何可以表现出天命所归的异迹，也就是那些神乎其神不可思议的事情。早期的文献讲到秦始皇的伟大功业时，几乎完全归功于他个人的魅力、才能和智谋。在平定天下后，秦始皇在诏书里追述攻灭六国的历程，也只是说："寡人以眇眇之身，兴兵诛暴乱，赖宗庙之灵，六王咸伏其辜，天下大定。"除了赞颂祖宗神灵的保佑外，并没有提到"上天"的任何作用。在著名的琅琊台刻石中，他甚至直接指斥古代的五帝三王，假借鬼神，欺骗民众。

所以，秦始皇是不讲"天"的，他的天下是靠武力打下来的，统一天下靠的是他的雄才大略和勇将猛士。这是事实，但这个事实却不能构成帝国政治的合法性基础。所谓"马上得天下，却不能马上治天下"（当然，秦始皇大概并不骑马，他主要是乘车）。那么，权力是谁授予的呢？合法性从何而来呢？我认为，从春秋战国到汉武帝时代，一直都在摸索建立一个怎样的政治体制，并且为这种政治体制奠定思想和理论亦即合法性基础。汉武帝基本完成了这个建构。所以，我更愿意强调武帝时代的建设性，认为经过百余年的摸索（从秦始皇统一），到汉武帝时代，才基本完成了统一帝国的政治经济与社会文化的建构。

汉武帝一生的功业，大致包括三个方面：一是"罢黜百家，独尊儒术"，诸如兴太学、改正朔、建封禅等文化事业；二是"外攘夷狄，开疆拓土"，包括收两越、击匈奴、通西域、开西南夷等对外军事、外交活动；三是"内修法度，立法建制"，包括行察举、削王国、改兵制等政治、军事措施，以及经济上一系列改革。可以说，那是一个创制的时代。

不仅如此，我也受逯耀东先生《抑郁与超越：司马迁与汉武帝时代》的影响，特别强调汉武帝时代是一个知识融会的时代。自春秋战国以来，存在着不同的地方性知识系统，其中最重要的，有齐鲁的知识系统、三晋的知识系统、秦的知识系统，有楚的知识体系，或者还有吴越的知识系统、巴蜀的知识系统，等等。不同的地方性知识系统，随着战国以来不断增加的人口流动、社会阶层的流动，以及战争所导致的吞并和扩张，逐步扩散、整合：鲁人、晋人通过楚人知道了越人（《左传》与《竹书纪年》），吴人开始把自己与周人联系起来，等等。帝国的统一不仅给地方性知识的交流、融合提供了条件，更重要的是，国家需要一个统一的知识体系，所以使用国家的力量推行这种文化的统一。车同轨，书同文，还只是开端。这个过程，要到武帝时代才大致完成。

因此，我很赞同逯耀东先生的说法，认为孔子时代是中国历史上第一个知识融会的时代，孔子把当时散见的各种书汇合在一起，他做的工作是把不同时间里形成并累积在一起的知识，融会在一起，加以整理、统合，形成一个知识与思想体系。到了汉武帝时代，又形成了一个知识融会的时代。司马谈父子整理图书，对孔子以来的学术思想做了系统的整理,这是中国文献的第二次集结校整。这次结集的重心,除了把不同时间里形成的文献及其所包含的知识融会在一起之外,更重要的,是把不同地方的知识系统融会在一起。我们可以把前者称为"层累的知识"(借用顾颉刚先生的说法,强调的是知识在时间轴上的累积),而把后者称为"汇聚的知识"(强调的是不同的地方知识系统的融会整合,亦即知识在空间维度上的汇合)。

到了汉武帝时代,形成了一个相对统一的知识系统。这个知识系统的形成,正好是跟统一帝国的思想基础或者政治合法性的建立联系在一起的。中华帝国是先有了政治上的统一,在这个过程中,逐渐形成知识体系的统一,然后形成思想的统一,出现了作为政治统一的思想基础,然后在这个过程中努力实现经济上的沟通。这个春秋战国以来持续展开的历史过程,是在武帝时代完成的,或者说告一段落的。

五　失声的平民百姓

澎湃新闻：为什么古代史书里主要记载的是帝王将相,而缺少平民百姓的生活？

鲁西奇：第一,那些史书是写给帝王将相或帝王将相的候选人看的(至于他们看不看,那是另一个问题),是为他们总结治理国家与社会的经验教训的,写史书的人,一般也是帝国将相集团的一分子。这里补充一句,所谓帝王将相的候选人,也就是陈胜、吴广、赤眉、绿林之类,他们是作为王朝国家的对立面而出现在历史舞台上并被记录下来的,是贼、盗、寇。如果他们成功了，就会成为另一批帝王将相。他们曾经是普通百姓，但在历史叙述中，却是作为失败的帝王将相候选人而得到记录的，已经不再是普通百姓。绝大多数的平民百姓，只是作为王朝国家的"编户齐民"，也就是在国家户籍编排、管理、统计册上被记录的符号，以及需要向王朝国家纳税服役的"户口"而存在的，并不是活生生的、有血有肉的生命个体。

第二，平民百姓没有话语权，他们甚至没有话语愿望。前一句话不需要说明，关于后一点，在《汉书》讲义里，我曾经这样写道：千篇一律的图景、日复一日没有变化的生活、面貌性情均雷同相似的人，都很难引起我们的回忆。长期生活在单调"正常"环境中的人，生命的轨迹既然已经确定，回忆也就变得越来越奢侈，从而逐渐失去回忆的愿望，最后导致了回忆能力的衰退。这就是"淡漠"。"淡漠"包涵了三层含义：一是生活的平淡，生命轨迹的模式化；二是人与事件的类同，过去与现在乃至未来也看不出有什么区别；三是回忆能力的衰退，偶有回忆，也不再能转化为记忆，更不能成为生命和历史中的记忆。在卷帙浩繁的历史文献中，有关芸芸众生的叙述非常之少，有很多原因，最根本性的原因，大概是他们的生活不被他人所"回忆"，他们自己的回忆则得不到记录，其总的根源，在于他人以及他们自身的"淡漠"。

一句话：我们老百姓的生活太单调枯燥了，我们自己都不想提起它，更不觉得有写下来的必要。更何况，我们想写下来也做不到，说不定还会惹来祸端。

第三，偶或有之，也不会被不是平民百姓的后世史家所注意。古代史书中当然不是完全没有关于平民百姓的记载，认真看看，还是挺多的，只是后世读书的人，有谁是甘于做平民百姓的呢？

带着不想做平民百姓的心去读史书，遇见平民百姓的记载，也不会留心的。

澎湃新闻：人们常说"男耕女织"，这是秦汉时代普通百姓日常生活的写照吗？

鲁西奇：首先，男子要不要织，我没有材料说明，但大部分女子，是一定要耕的，不会仅仅在家里纺织。秦役之重且不必说，有汉一代的役其实也很重。大致说来，汉代的徭役，包括兵役和力役两部分。兵役，就是丁男被甲。一个"大男"，从十五岁到五十六岁都是应役期，除去两年到京师与边疆去服"正卒"之役，还有四十年应役期，每年一个月的更卒，合起来有40个月在郡国服兵役。这样，他的一生之中，就要服五年四个月的兵役，其中一年驻守京师，一年屯戍边疆（边郡的大男，大概不要到京师去驻守，其服役地点，应当都在本郡），余下的三年多，分成若干次，到郡国去"践更"。郡县之役，可以出钱雇人代役，或出钱免役，称作"过更"。当然，这得有钱才行。力役的范围很广，既包括到都城去修城，也包括在本县修治城垣、道路、桥梁、水利工程等，而最重的，应当是传送，即转输之役。转输之役，不仅需要自己备好牛车、草料、工具，还要自备途中的食用，路途遥远，备极艰辛，死于途中者更不鲜见。而郡县之役种类既多，又没有固定、统一的时间，其负担可能差别甚大。

甚至女子也可能需要服役，特别是运输之役。张家山汉简《二年律令·徭律》规定："免老、小、未傅者、女子及诸有除者，县、道勿敢徭使。"但是，我们对这样的法律条文，可以实事求是地去理解：法律禁止的，更可能是在事实上常见的。所以，这条律文规定县、道不能徭使女子，更应当理解为事实上县、道经常性地徭使女子。汉武帝时，临淄人严安上书，说到秦始皇时"丁男被甲，丁女转输，苦不聊生，自经于道树，死者相望"。可以相信，在路旁树上上吊自杀的，主要是那些从事运役的女子。东汉和帝时，何敞上书说："凉州缘边，家被凶害，男子疲于战陈，妻女劳于转运，老幼孤寡，叹息相依。"男子打仗，女子运输，老幼在家"留守"种地，虽然所说只是凉州边地的情形，但想来并不孤立。

晁错说："五口之家，服役者不下二人。"就是说一个五口之家，一人在外服兵役，一人在外服力役，是普遍性的状况，也是常态。换句话，在汉代，一个五口之家，青壮年男子在边关、郡邑服役，老弱妇孺在家里耕田营生，老人、妇女、未傅籍者，也可能临时被征发到离家较近的地方从事力役，乃是常见的情形。男耕女织、奉慈养幼的安宁生活，其实是非常难得的。

后　记

本书所收的18篇文章，是我近年来（2005—2016年）为因应不同需要而撰写的。文章的形式并不一致，有的是比较正式的学术论文，有的是为讲课或讲座准备的讲稿，有的则是为了回应读者或澎湃新闻记者的问题而准备的访谈稿。所以，这本小册子，大抵只能界定为学术随笔集，并非专业的学术论文集。

常有师友告诉我：和我聊天，比听我讲课或讲座好；听我的课，比读我的文章好；读我的文章，比读我的书好。这就是我决定编集这本小册子的大部分理由。这里，有些聊天的记录，但也不全是；它们所反映的，离我真实的想法以及我想说的话，还有很大的距离。这中间的原因很多，倒也无须去说。我需要自责的是：我常常没有能力写清楚自己想说的话，有时候顾虑太多，缺乏勇气，也不够坚强。

空间、时间与人，是我近年来思考的三个关键词。我最初的研究，集中在历史地理方面，特别是长江中游地区的历史地理，

后　记

自然而然地，空间，特别是区域、地方等，是我关注的核心问题；2007年以来，研究重心放在中古史方面，侧重于在较长时段内观察中古南方社会的变化，遂更多地考虑时间的因素；最近三四年，略历纷扰，又尽可能地反省、观照自身，不免回到"本质主义"的老路上，去思考人的本质之类的傻问题。因此，这些显得有些零乱的文章，反映了我近年来的一些思考，其中不乏一些迷茫、彷徨、摸索和很可能是没有意义的坚持。或者，通过这些文章，你可以看到一个人，立在雾霾满天的路边，浑身疲惫，却仍然背着行装，一副不管不顾、决意远行的样子。那就是已逾"知天命"之年的我吧。

　　文章分为三组：第一组，"思考"，包括七篇文章，是一些不成熟的思考和研究设想；第二组，"评论"，包括八篇文章，是评论或介绍性文字；第三组，"讲谈"，包括两篇讲座稿（是讲座前写好的讲稿，不是记录稿）和一篇访谈稿（是澎湃新闻记者饶佳荣先生整理成稿的）。这些文章，体例既已不一，内容亦略显零乱，可我自量大概没有能力将这些思考系统地形成思想，故只能以这样的面貌展现给读者了。各篇文章所论，间有重合之处，为保持文章论述完整性，亦未作删节，尚祈读者原谅。

　　这些文章的内容，均在不同的场合讲过，听我谈话并提出问题、与我对谈切磋的师友，数以十百计，无法列举。我从他们的反应、问题和对谈中获益良多，很多想法，是在这个过程中形成或明晰的。感谢的话无从说起，因为他们是我生存、思考的基础，是这些思考的"大自然"。尽管如此，我仍然希望能向以下几位师友致以特别谢意，是他们促成了这些谈话的进行、文章的撰写和本书的编辑：澳门大学《南国学术》总编辑田卫平先生，澎湃新闻记者饶佳荣先生，厦门大学人文学院周宁教授、盛嘉教授，《厦门大学学报》陈双燕先生，广西师范大学历史文化与旅游学院江田祥副教授，广西师范大学出版社李琳女史；以及最后，却可能是最重要的，陈勤奋，作为我的太太，她编排、核校乃至修改了本书。

鲁西奇
2017 年 2 月 21 日